U0630991

陇上学人文存

LONGSHANG XUEREN WENCUN

陇上学人文存

范　鹏　卷

范　鹏 著　成兆文 编选

甘肃人民出版社

图书在版编目（ＣＩＰ）数据

陇上学人文存. 范鹏卷 ／ 范鹏，马廷旭总主编 ；范鹏著 ；成兆文编选. -- 兰州 ：甘肃人民出版社，2022.5（2024.1 重印）
ISBN 978-7-226-05802-2

Ⅰ. ①陇… Ⅱ. ①范… ②马… ③成… Ⅲ. ①社会科学－文集 Ⅳ. ①C53

中国版本图书馆CIP数据核字(2022)第037453号

责任编辑：肖林霞
封面设计：王林强

陇上学人文存·范　鹏卷

范鹏　马廷旭　总主编
范鹏　著　成兆文　编选
甘肃人民出版社出版发行
（730030　兰州市读者大道568号）
德富泰（唐山）印务有限公司印刷
开本890毫米×1240毫米　1/32　印张12.5　插页7　字数315千
2022年5月第1版　2024年1月第2次印刷
印数：1001~3000
ISBN 978-7-226-05802-2　定价：60.00元
（图书若有破损、缺页可随时与印厂联系）

《陇上学人文存》第三辑

编辑委员会

《陇上学人文存》第五辑

编辑委员会

《陇上学人文存》第七辑

编辑委员会

《陇上学人文存》第八辑

《陇上学人文存》第九辑

编辑委员会

总　序

　　陇者甘肃，历史悠久，文化醇厚。陇上学人，或生于斯长于斯的本地学者，或外来而其学术成就多产于甘肃者。学人是学术活动的主体，就《陇上学人文存》（以下简称《文存》）的选编范围而言，我们这里所说的学术主要指人文社会科学研究。《文存》精选中华人民共和国成立以来，甘肃人文社会科学领域成就卓著的专家学者的代表性著作，每人辑为一卷，或标时代之识，或为学问之精，或开风气之先，或补学科之白，均编者以为足以存当代而传后世之作。《文存》力求以此丛集荟萃的方式，全面立体地展示新中国为甘肃学术文化发展提供的良好环境和陇上学人不负新时代期望而为我国人文社会科学事业做出的新贡献，也力求呈现陇上学人所接续的先秦以来颇具地域特色的学根文脉。

　　陇原乃中华文明发祥地之一，人文学脉悠远隆盛，纯朴百姓崇文达理，文化氛围日渐浓厚，学术土壤积久而沃，在科学文化特别是人文学术领域的探索可远溯至伏羲时代，大地湾文化遗存、举世无双的甘肃彩陶、陇东早期周文化对农耕文明的贡献、秦先祖扫六合以统一中国，奠定了甘肃在中国文化史上始源性和奠基性的重要地位；汉唐盛世，甘肃作为中西交通的要道，内承中华主体文化熏陶，外接经中亚而来的异域文明，风云际会，相摩相荡，得天独厚而人才辈出，学术思想繁荣发达，为中华文明做出了重要贡献。

　　近代以来，甘肃相对于逐渐开放的东南沿海而言成为偏远之地，反而少受战乱影响，学术得以继续繁荣。抗日战争期间作为大后方，接纳了不少内地著名学府和学者，使陇上学术空前活跃。新中国成立之后，人文社会科学领域的专家学者更是为国家民族的新生而欢欣鼓舞，全力投入到祖国新的学术事业之中，取得了一大批重要的研究成果，涌现出众多知名专家，在历史、文献、文学、民族、考古、美学、宗教等领域的研究均居全国前列，影响广泛而深远。新中国成立之后，人文社会科学几次对当代学术具有重大影响的争鸣，不仅都有甘肃学者的声音，而且在美学三大学派（客观派、主观派、关系派）、史学"五朵金花"（史学在新中国成立之后重点研究的历史分期、土地制度史、农民战争史等五个方面的重点问题）等领域，陇上学人成为十分引人注目的代表性人物。改革开放以来，甘肃学者更是如鱼得水，继承并发扬了关陇学人既注重学理求索又崇尚经世致用的优良传统，形成了甘肃学者新的风范。宋代西北学者张载有言："为天地立心，为生民立命，为往圣继绝学，为万世开太平"，此乃中华学人贯通古今、一脉相承的文化使命，其本质正是发源于陇原的《易》之生生不已的刚健精神，《文存》乃此一精神在现代陇上得到了大力弘扬与传承的最佳证明。

《文存》启动于中华人民共和国成立六十周年之际，在选择入编对象时，我们首先注重了两个代表性：一是代表性的学者，二是代表性的成果，欲以此构成一部个案式的甘肃当代学术史，亦以此传先贤学术命脉，为后进立治学标杆。此议为我甘肃省社会科学院首倡，随之得到政界主要领导、学界精英与社会各界广泛认同与政府大力支持，此宏愿因此而得以付诸实施。

为保证选编的权威性，编委会专门成立了由十几位省内人文社会科学领域著名学者组成的专家指导委员会，并通过召开专题会议研讨、发放推荐表格和学术机构、个人举荐等多种方式确定入选者。为使读者对作者的学术成就、治学特色和重要贡献有比较准确和全面的了解，在出版社选配业务精良的责任编辑的同时，编委会为每一卷配备了一位学术编辑，负责选编并撰写前言。由于我院已经完成《甘肃省志·社会科学志》（古代至 1990 年卷，1990 至

2000 年卷）的编辑出版工作，为《文存》的选编提供了坚实的基础和基本依据，加之同行专家对这一时期甘肃人文社会科学发展的研究，使《文存》能够比较充分地反映同期内甘肃人文社会科学的基本状况。

我们的愿望是坚持十年，《文存》年出十卷，到 2019 年中华人民共和国成立七十周年之际达至百卷规模。若经努力此百卷终能完整问世，则从 1949 至 2009 年六十年间陇上学人以"人一之、我十之，人十之、我百之"的甘肃精神献身学术、追求真理的轨迹和脉络或可大体清晰。如此长卷宏图实为新中国六十年间甘肃人文社会科学全部成果的一个缩影，亦为此期间甘肃人文社会科学学术业绩的一次全面检阅，堪作后辈学者学习先贤的范本，是陇上学人献给祖国母亲的一份厚礼。此一理想若能实现，百卷巨著蔚为大观，《文存》和它所承载的学术精神必可存于当代，传之后世，陇上学人和学术亦可因此而无愧于我们所处的伟大时代，并有所报于生养我们的淳厚故土。

因我们眼界和学术水平的局限，选编过程中必定会出现未曾意料的问题，我们衷心期望读者能够及时教正，以使《文存》的后续选编工作日臻完善。

是为序。

2009 年 12 月 26 日

目 录

第三部分　敦煌哲学研究

第四部　哲学基础理论与重大现实问题研究

编选前言

甘肃有位范老师。

提起范老师，似乎有万语千言，却又难以言表。在范老师首倡且大力推进的近百卷的《陇上学人文存》大型学术丛书中，我来为范鹏老师编辑他的文集，既感到光荣，更感忐忑不安。二十多年来，跟随范老师学习，目击他的治学历程，可谓熟悉熟知。编辑文集照例是要写一篇编选前言的，材料我已经筛选几番，认为大体可以了，但讲其学术人生，却迟迟无法下笔，也许越是熟悉的人，越难以下笔为传主画出其思想及人格的标准像，这是一个共性，更源自我内心的尊敬和对此工作的看重，生怕有丝毫的不准确和轻慢都有负于同仁的期待。

2000年，范老师刚刚四十出头，早已晋升教授，履新甘肃省委党校副校长，意气风发，在学术上宏图大展，被公认为甘肃哲学界的骨干。那年12月，范老师从自己的老师兰州大学林立教授手中接过甘肃省哲学学会会长的大旗。林立老师说：干了这么多年，哲学学会活动不够，该交给年轻人了。范老师当场表态，哲学学会未来至少一年召开一次学术研讨会。那一次换届会议，我印象最深的不仅在于他表态讲话的高屋建瓴，更在于他的谦逊与热情。学会会员汇聚全省哲学界同仁，在合影留念中，他坚持把几位老先生请到中间坐，而他和我们初涉哲学界的年轻学子半蹲在前面。就是那个小小的举动，让我心中暗自欣喜：我遇到了真正的老师！

在其后的十年里，他忠诚履行自己的诺言，每年至少主持召开一次大型学术研讨会,间或有别具特色的小型学术会议,从未间断。十年间,甘肃哲学人凝心聚气,参与的广泛性、学术包容性大大增加,一支有实力的哲学研究队伍逐渐壮大起来。二十多年来,目睹范老师从各个领导岗位调换,从一开始年轻英俊的娃娃脸逐渐成熟持重,前几年成为"孙管干部",一切悄无声息。当我得知 2022 年范老师将要退休、职业生涯也即将写下一个圆满的休止符时,似乎无法相信。但又如何能不信呢?他原本漆黑的头发已经花白,尽管目光依然炯炯,但明显多了几分慈祥,偶尔在校园内看见他带着孙女开心地玩耍,已然是含饴弄孙的时段了,我只能感慨时光如梭。

范鹏老师祖籍山西新绛,1959 年 8 月 11 日出生于甘肃会宁,生长在甘肃临洮。他的父亲是一名 1946 年参加革命,1947 年入党的军医,在 1949 年解放战争中随第一野战军转战大西北。50 年代又参加了抗美援朝。老父亲"解放战争扛过枪,抗美援朝渡过江"一直是范老师的骄傲,以至于他常常念起,也是理解其职业生涯很重要的因素。范老师素以严格要求自己著称,是高标准的"布尔什维克",这与他出身红色家庭不无关系。他的父亲后来转业时自愿选择了边远的大西北和艰苦的会宁县,由于积极参与 20 世纪 50 年代末 60 年代初启动建设的引洮工程,最终落户于临洮县,曾长期担任临洮县医院院长,退休后回到兰州,和范老师生活在一起,受到了很好的照顾,年逾八旬去世。范老师母亲是闻名全国的高考状元县甘肃会宁人,那里既是红军一、二、四方面军胜利大会师的革命圣地,又以崇文重教之风炽盛、民风淳朴坚韧而闻名陇上。范老师对两位老人是毕恭毕敬,每天嘘寒问暖,老太太晚年腿脚不好,常常看见范老师推着轮椅带老太太晒太阳,这一推就是六七年,后来他老父亲又患脑溢血,他们兄妹三人又推了三年轮椅。我常常听到年长的同事私下议论:范校长真是个大孝子!这个赞叹,发自内心,也是范老师最真实的人格底色,从他身上也许多少可以捕捉到他讲《论语》、谈忠孝的影子。他曾写过一篇论文,专门探讨《传统孝道与现代亲子关系》,还曾多次在《走近国学》等电视栏目和一些学校(包括他的母校兰州大学)就孝道发表过演讲,可谓知行合一。

范老师青少年时代正值国家多事之秋,他常说自己"生于饥饿的年代,长在动乱的时期,成熟于改革开放的大潮之中"。1976 年 3 月,中学毕业的他作为知识青年到甘肃省临洮县玉井公社白塔大队深沟沿生产队插队锻炼,这一段当农民的经历与他的朴实、厚道、百姓情怀有很大关系。1978 年他以优异成绩考入兰州大学哲学系,从此他就和兰大结下了不解的缘分,也与哲学相伴一生。刚上大学,因如饥似渴学习,用"力"过猛,他得了神经衰弱,在校医的建议下,开始了跑步锻炼。不久这小毛病就不见了,但他的脚步却再也停不下来了,这一跑就是三十多年。他常常自豪地说,自己每天早上六点起床(他几十年如一日),锻炼身体可以向范老师学习!他是著名的运动达人,跑步、网球、游泳、乒乓球,喜好不少,但从不以竞技为目的。

一个丰富的心灵和智慧的大脑具有巨大的解释空间。在我看来,要理解范老师,需要理解他的多重身份。他是传道授业解惑的师者,是深孚众望、两袖清风的领导,是关注历史、理解当下、助力未来的陇上学人。守护传统文化、再铸民族精神是他的专业志向,而追求真理、服务人民则是他的人格理想。

一

至少从 2000 年开始,走遍陇原大地,几乎无处不晓、无人不知范老师,他是公认的陇上一代名师,"范老师"是他最引以为傲的身份,也是大家最尊敬的称呼,他半开玩笑式地给自己定位:"本人成分学生,职业教师"。我曾在全国各地参加哲学界的学术研讨会,研究中国哲学的同仁都会打问他,问我认识不认识范老师,当我说自己是范老师学术助理的时候,距离一下子拉近,受到额外的照顾与垂青。

范老师从教之始就牢固树立了师者的职业自豪感。他喜欢讲台,有强烈的传道欲,面对学生他立马变得精神抖擞。从兰大毕业后,他被分配到定西地委党校工作,后考入中央党校攻读哲学硕士,期间被借调到中央党校马克思主义研究所工作一年,回到甘肃省委党校,他的工作一直是以教学科研为主。即使到了甘肃省社会科学院,到了甘肃省委宣传部,他都没有扔下讲台。相反,他还受邀兼任西北师范大学的硕士生导师、兰州大学的博士生导师。兼职教授并没有什么收入,但他乐此不疲,足见他对教师职业的喜爱。他很早就成了厅级干部,但包括我在内的一批知音,从来都是以范老师相称,他不但不生气,反而很高兴,他深知并珍惜"范老师"这个称呼的分量。

范老师有广深的知识。他治学始于马克思主义哲学,又在党校系统从业多年,既能登高望远,又能脚踏实地;既有现实的关怀,也有历史的深度;既有哲学的厚度,也有暖心的温度。他曾同时给研究生讲《论语》,又给领导干部讲邓小平理论,既给领导班讲《马克思主义宗教观与党的宗教方针》,又给宗教界人士讲中国特色社会主义理论。巨大的学术跨度和多角度的活动平台,同一门课,同一个话题,面对不同对象,他会讲出不同的风格与境界。范老师讲课有知识的魅力,更有真理的力量,面对各种纷繁复杂的现象甚至各种乱象,他都能理清头绪,讲出道理,这使得他讲的每堂课几乎都引人入胜而又令人深思。他开阔的眼界,雄厚的文史储备,专业化的哲学训练,清晰分明的思路,善于概括总结的专业优势和个人特长,抑扬顿挫的语调,恰到好处的肢体语言,丰富多彩的人生阅历,加上他从不加修饰却自带气场的翩翩风度,使得他的课拥有大量粉丝。他的课有听头,有想头,有看头,有劲头。他熟知省情国情,对国家大政方针了如指掌,对马列经典如数家珍,数字张口即到,对传统文化信手拈来。所以,他的课不像老学究那么一板一眼,而是上下左右,纵横捭阖,挥洒自如。他的课上至省部级干部,下至普通老百姓都能听得懂,都爱听,甚至听了又听,只要他讲课,很多人都会慕名而来。

范老师具有生动的语言风格。许多人说范老师口才好,他讲课常常是妙语连珠,往往不拿讲稿,但整理出来就是一篇文通句顺的好文章。他常常说讲课与做学问有几重境界:一是"两只黄鹂鸣翠柳,一行白鹭上青天"式的简洁;二是"笼天地于形内,挫万物于笔端"般的博大;三是"删繁就简三秋树,领异标新二月花"式的繁简得当的境界。关于课堂语言的运用,他也有四种境界说:一种是"浅入浅出",没有深度的知识储备,讲出的话也浅显明白,这是初入教师职业之门者的境界。第二重境界是"浅入深出",入门不久的学人喜欢用一些不太大众化的专业词汇,有的甚至故弄玄虚地生造概念,讲一些貌似高深其实自己也不知所云的所谓"原理"、"定律"和"效应"。第三重境界是"深入深出",讲者的确有学问,但讲的道理高深莫测,讲的话稀奇古怪,由于过于专业化,一般人听不懂。范老师最推崇的是第四境界,那就是"深入浅出",用通俗易懂的语言把看似高深莫测的道理讲清楚。他是这么主张的,也是如此实践的,他的每句话都力争做到深入浅出,娓娓道来。他秉持袁枚喜欢引用的对联"非名山不留仙住,是真佛只话家常",这也是他研究冯友兰多年的治学心得。他的讲课艺术达到了炉火纯青的地步,总是能用最浅显最常见的语言把最深刻的道理讲出来。他也对甘肃民间方言俚语熟悉有加,三千里陇原上的方言土语他说得惟妙惟肖。比如皋兰人教导我们,啥事情要做个"邦间"呢(差不多),意思是说做事应该有分寸。他引用别人的说法,说世界上有这样两类哲学家,一类是把简单的问题复杂化,如金岳霖;另一类是把复杂的问题简单化,如冯友兰。他的风格近乎后者。

范老师有良好的理论素养。他有高超的演讲才能,凡是他主持的学术会议,既热烈又融洽,凡是他在的场合从来不会冷场,这个才能源自深厚的理论素养和自觉的反省提升。他明确主张"打通中西马,融汇文史哲"。他的谈吐风趣幽默,语言诙谐生动又切中要害。他能敏锐抓住时代的变化,总是能讲出自己的道理来。他的语言是由专家学者的学术语言、领导干部的工作语言、宣传思想的理论语言、普通老百姓的生活语言融为一体而又自成一家的,他的学问底色还是哲学,立场为马克思主义,特色是中国文化,尤其是对冯友兰哲学的研究颇得全国同行认可,又是宏观宗教学的专家。他的马克思主义理论功底扎实,对现有政策熟悉熟知并能融会贯通,所以他的课是历史与现实的对话,是古今中外的对话,是专家与大众的对话,既有很大信息量,又有不少话外之音、言外之意,给人多方面的启迪。他的口才也在他为官和担任全国人大代表时发挥得淋漓尽致,他担任十三届全国人大甘肃代表团新闻发言人,精准发布权威信息,自如应对记者的各种问题,赢得了不少点赞。他常在课堂上讲兰州大学著名教授赵俪生的故事,老先生为了备好一堂课,会翻阅大量的资料,每堂课都重新备过,每讲完一堂大课回到家都大汗淋漓,赵先生对课堂如痴如醉的故事,被写进《赵俪生先生对我的教诲与启发》里,这也间接解释了范老师自己上课具有魅力的一个方面的原因。

范老师从大学毕业当老师起直到 2022 年退休,整整 40 年从来没有离开讲台。他有很多彻底放下教师身份的机会,但职业生涯最后仍回归老师,在退休后兰州大学再次聘任他担任博士生导师,在更高层次上"重返讲坛"。这个职业对他来说,神圣而值得敬重。许多同仁只要有了一个不大的政治舞台,就毅然决然舍弃了三尺讲台。很多官员知道为政之道寡言的重要性,他们宁愿沉默,不愿意轻易表达自己的观点。从这个意义上说,范老师真是特立独行者。范老师的学生遍天下,至少是遍陇原,在甘肃大地上他无论走到哪里都有人亲切称呼他范老师。他授课的对象既有刚入校的大学生,有专心学问的硕士博士研究生,有为了晋升为了充电的一般干部,还有权高位重的高级领导干部。他也常常受到邀请,去给省委省政府讲课,几乎全省上下都知道甘肃有个范老师。他的听众还有知识不多但向往文化的社区大爷大妈、农村基层干部甚至纯粹的农民和工厂一线工人。他到社区到基层讲演,很多时候出于义务宣讲,多次把讲课费当场捐出。他讲完课有一种如饮甘醇的过瘾感,听者如沐春风。这需要功夫,也需要修养。功夫是对自己严格要求的长时间积淀,修养则是对他人发自内心的尊敬和对自己本位的恪守与节制。

我刚踏上讲台,范老师很关心教学效果,问我讲完后课有没有很过瘾的感觉,说有了讲课的过瘾感,才会成为一名好老师。这也是他的第一个情结,即老师情结。他的《当代中国共产党人的理想人格》是甘肃省唯一的全国党校系统党性教育精品课,还被中组部推荐为干部教育培训一百门好课程之一。他长期担任甘肃省委党校哲学专业研究生导师组组长,在哲学专业低潮时很多人冲着他的名气报考"战略管理与应用哲学"专业,很多人以能成为范老师的学生而自豪。他很多闪光的课堂金句无法编入本书,如阐释以人为本,核心要义就是"把人当人、使人成人";人要有理想,但不能理想化;他提出人类精神的三次大分工,分别是宗教从原始神话中分离出来,哲学从宗教中独立出来,科学从哲学中分别出来。他说过,讲课是整理思路的过程,最好的学习是讲课,反过来说,课堂的听众除过面对面的听课者,还有自己在听,这是理解范老师学术脉动的重要视角。

二

范老师硕士研究生毕业回到甘肃省委党校工作后,1991 年去了

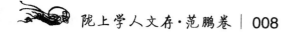

定西县当了一年县长助理,后任省委党校研究所副所长、现代科技教研室主任。2000年,范老师提任副厅级干部时刚四十出头,这个年龄放在任何时期的同级别干部行列中都算是比较年轻的。他在省委党校担任过副校长,分管科研,提出党校老师必须两条腿走路,一条是每个人都应该成为政治理论专家,都应有以学术的视角,从理论上解读党的创新理论和国家宏观政策的能力;同时,作为不同专业的学人,还应当守住专业的一亩三分地,应该在自己的专业领域有所建树。他任内实现了申报国家课题零的突破,从此后获批国家社科基金变为正常的事情,但他一直强调要着力提高国家课题的立项率、结项率和优良率。他一边给党政干部宣讲党的创新理论,一边在培养研究生上用心用力,党校的学科建制也进一步走上正轨。我作为他的助教,亲闻他一字一句和研究生重读《论语》,给马克思主义专业的博士逐句读《共产党宣言》,又和西北师大硕士生研读冯友兰的人生境界论,每次都有收获。他的点子多、思路广,常有非常奇异可怪之想,甚至设想能不能形成陇贵互补,把甘肃丰富的黄土细化"输送"到贵州去,把贵州丰沛的降雨"迎请"到甘肃来。还设想在黄河上架设半覆盖式高架桥,来解决兰州的交通拥堵问题。他力主在敦煌设立上海合作组织文化办事处,真正发挥敦煌文化高地的辐射带动作用。他很早提出一个观点,那就是中国的最大国情是中国共产党的领导,只有认识这个第一国情,才会对中国的政治、经济、社会、文化等各项事业的发展有自己正确的理解和科学的态度。这一看法具有相当的前瞻性,彰显了哲学理论的价值。

2005年2月,范老师调任甘肃省社会科学院院长,其时社科院在省委党校东北一角,寡陋如我辈除对《甘肃社会科学》和几位同仁有所了解之外,几乎完全不知道这个单位是做什么的。有人说,范院长让一个存在感不太强的单位变得全省瞩目。这句话未必准确,但间接证明了他不凡的学术领导才干。省社科院虽然云集了不少功夫深醇的专家，但办公硬件和居住条件之差令他震惊。很多老专家还挤在老旧逼仄的楼房内，人心有点散，许多无望的年轻人想方设法往外调。范老师从改变职工的住宿条件抓起，实现了从人人有一把"交椅"到每人有一个"位置"，再到个个有一片"天地"的转变。为建房他亲自跑到相关部门寻求政策空间，历经难言的周折，终于办成了这件职工急难愁盼的事。职工们住上了新房，科研人员有了笔记本电脑，大家的精神面貌也为之一振。同时，作为院领导，他又主抓软件建设，利用社科院专家长于调研、了解省情的优势，创设甘肃蓝皮书，每年组织院内专家，对甘肃省的经济、文化、社会所发生的大事、取得的进展、存在的问题予以研究，并有针对性地提出政策建议。蓝皮书现在已经成为甘肃省社科院的品牌工程，每年一期，公开出版，定期发布，为各级党政干部和研究者提供了扎实的研究资料。甘肃蓝皮书系列不仅首创了省域范围的"舆情蓝皮书"，而且基本上在每年年初的1月8日向社会公开发布研究结论和对来年发展大势的预测，连续十余年新闻媒体都知道"每年新春1月8(日)，甘肃社科院有言发。"在社科院的第三步，他又组织实施了独树一帜的红皮书工程，这就是全国瞩目的《陇上学人文存》百卷工程。他和同事约法三章，以严格的专业水准和学术贡献为标准，精选甘肃学人中有代表性的人物和有代表性的学术成果，为中华人民共和国成立以来甘肃省的哲学社会科学专家竖起学术丰碑。工程启动十年有余，已经快满100卷，构筑了陇上规制宏大、构建精致的学术大观园，此事范老师居功至伟。很多学人对此啧啧称赞，说这件事必将遗泽后世。在我看来，这是深重的文化责任感、内在的道义感使然。不久，他在省社科院党委书记和院长一肩挑，可谓"大权在握"，但他却从不为己谋私，他把很多权利分解下去，具体事务性工作让副手去做，并常说"功劳归大家，责任我来扛"。

院内评二级研究员,他主动让贤,还充分利用政策,使更多人能享此殊荣。职工分房,难免起争执,他自己申明退出分房队伍,通过打分制把分房的权利给了院内职工,一下子平息了很多质疑声。不少社科院的学人平时散漫惯了,无所事事,一下子有一大堆干不完的活,刚开始牢骚不少,但随着获得感的增加,职业的自豪感油然而生,到范老师离开社科院的时候,每个人都恋恋不舍。

2011年,范老师调任甘肃省委宣传部副部长,从厅级单位一把手变为省委部门副手,自己能够做主的空间减少了,但为全省思想文化领域服务的平台却增大了。他勤勉工作,深入思考,精心谋划,使分管领域风清气正,不少媒体人都视其为挚友知音。除完成既定的分管工作外,他在副部长任上所做的这几件事令人印象深刻:一件是协助相关领导,大力倡导"华夏文明传承创新区建设",他不仅在理论上论证这个文化工程的可行性,而且提出了不少富有远见的推进措施与实施途径,这个文化工程最终在2013年1月获得了国务院的批准,让甘肃省事实上成为全国传承华夏文明的文化特区。第二件事是他协助促成"丝绸之路(敦煌)文化博览会",他深刻认识到敦煌重要的文化地位,最终让这一重要会议会址永久落户敦煌市。第三件事是他分管宣传,典型示范,推出了一大批"陇人骄子",特别是时代楷模柴生芳,改善了甘肃领导干部的形象。第四件事是他首倡"阳光甘肃,全民健心"活动,促进了甘肃的心理健康教育事业。值得一提的是他在省委宣传部仍然不忘学术,有《历代中央政府治藏方略研究》等著作出版。他站在国家宏观政策的层面,结合历史的经验与现实的政策,总结了历代中央政府治藏方略的利弊得失,总结出的几点启示被实践证明切中要害。

2014年底,在重新回到省委党校担任常务副校长之后,范老师提出了"大哲学、大党史、大党建"的教学理念。他认为一个好大学必须有好的哲学,以使师生筑牢人文精神,掌握思维方法;有好的数学,让所有学科有精细的风气和严密的思维工具;还要有好的体育,以"礼争"的规则,创造活跃的气氛,练就钢铁意志和好的身体。党校姓党,是天下最特殊的大学,对党校教育,他发展了过去"两条腿走路"的观点,他的说法是:党的干部必须具备"大哲学"的战略思维,"大党史"的历史意识和"大党建"的实干能力。后来在别人的建议下,把大党史更加准确地表述为"大历史"。这个主张和党中央强调学习哲学、"学习四史"和全面加强党员领导干部党性修养和能力建设的要求内在统一。他提出党校要有在党意识、省委意识,为省委省政府的重要决策提供参考,推动了决策咨询上新台阶。他抓学科建设,从党的事业发展出发,强化研究生教育,认为这是为党培养人才、锻炼党性修养、提高教学水平、夯实专业技能必不可少的环节。同时,他提高教职工的尊严感,真正回归以教学为本位的办学理念,纠正了教师长期被边缘化的偏差。他起用新人,推出了一批年轻有为的教学科研新秀,提拔他们到重要岗位。他意图把单位打造成事业田园,生活乐园,精神家园,既要奋发有为,又要心情舒畅。为此他爱才用才也荐才,曾一次性成功推荐提拔了省委党校 6 名地厅级干部,向全省输送了人才,在全国党校系统传为佳话。在人事变动中,有些人开始想歪点子,他深恶痛绝,采取措施,让真正勤勉又老实的教员看到了希望。他的民主作风有口皆碑,一方面强化纪律意识,团队精神;另一面则对那些特殊劳动者,也不做硬性要求。一时学校呈现心齐气顺、风正劲足的良好政治环境和学术生态。他积极参与推进甘肃省智库的建议发展,首倡建立"甘肃智库联盟",搭建了影响深远的建言献策平台,为学术成果的转化、打造学术研究与现实关怀的连接点做出了独特的贡献。他主持建立的以西北师大、甘肃省社科院和甘肃省委党校为主体的"安宁智库联盟",成为全国有一定名气的地方智库平台。

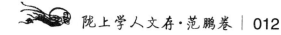

2018 年 4 月后,他调任省人大常委会,当选全国人大代表,每次会议都能提出既关注民生、助推甘肃发展,又富有创意和建设性的建议,引发代表、媒体和公众的共鸣。2019 年 3 月 7 日下午,习近平总书记参加十三届全国人大二次会议甘肃代表团审议并看望甘肃代表,范老师发言和临别时两次邀请总书记到敦煌看看。真是千人诺诺不如一士谔谔,2019 年 8 月 19 日下午 4 时,在敦煌莫高窟前,当我目睹习总书记视察敦煌后,我激动地给范老师打电话,询问他是不是一同到了敦煌。范老师回答很老实:我没有来敦煌,总书记视察我不知道啊。后来,他谦虚地说:我只不过是步樊锦诗院长之后尘,再一次表达了甘肃老百姓和文化人的心愿。是的,范老师几十年来表达的绝大多数观点、主张、建议,只不过是甘肃老百姓的愿望和陇上文化人的心声。

范老师乐于承认自己是"学者中的官员",引导学者理论联系实践,认为学者的研究必须有实践价值才能更加接地气,从而避免不切实际的闭门造车;同时也乐于承认自己是"官员中的学者",官员需要实践联系理论,他认为用学理讲政治,才能让理论深入人心,真正领会中央的大政方针。这双重身份是理解他治学理路的主要逻辑。

三

范老师治学成名很早,不到四十岁就当了教授,他发表的成果数量多,质量高,影响大。笔者粗略统计,范老师已经发表论文和各种文章超过了 200 篇,出版专著 5 部,总主编、主编、参编的图书上百部。他也是省委党校最早在《人民日报》《光明日报》《中国社会科学》等权威报刊发表论文的作者,他的多篇论文曾被《新华文摘》全文转载,尤其是关于敦煌哲学的论文被当作封面论文转载后,影响广泛。

范老师学术研究范围广泛,发表成果涉及面很多,这与他广博的知识、开阔的眼界、丰富的职业经历有关。在粗略研究范老师学术研究成果的时候,发现有这样一个基本趋势:早年他着眼于哲学基本原理,从一般性问题开始,对元哲学问题感兴趣,尤其是试图对黑格尔哲学观有通透的把握,在元哲学层面上,他的"哲学本质"论、"哲学认识"论、"哲学品格"论构成了一个完整的理论序列;继而从马克思主义哲学原理的应用,进入到中国哲学的研究,倾向于把传统哲学中的核心观念与现代化结合起来;很快他聚焦于中国现代哲学,尤其是冯友兰哲学研究上,发表了一系列奠定他学术地位的专著和论文。这其中的逻辑我理解应当是:早年他试图做一名哲学家,而打通"中西马"是必由之路,但由于他们这一代人普遍受对外语掌握不多不精的限制,促使他果断放弃了西方哲学的研究。他发现近世以来对哲学理解最为透彻、同时也致力于打通"中西马"且有重大成果的哲学家莫过于冯友兰先生,这促使他把研究的重点落到了冯友兰哲学上。由于工作的需要,他在党校从事理论教学研究,到社科院、宣传部后更多将关注点放在现实问题上,包括对民族宗教问题、甘肃发展战略等重大现实问题的关照,他是哲学化解读区域发展战略的典范。2011年,范老师在学术研究中终于开辟自己独特的研究领域,那就是敦煌哲学。同时,作为一名在传统文化富矿上长大的学者,他一直关注传统文化中传承与创新的问题,即处理继承与发展的关系问题。因而,范老师的学术成果集中在四个方面:一是对哲学基本理论和党的创新理论的精深研究;二是对中国现代哲学,尤其是对冯友兰哲学的专门研究;三是对宏观宗教理论政策和甘肃现实问题的战略研究;四是开创了敦煌哲学的基础研究。

一是基于马克思主义基本原理特别是哲学思想对党的创新理论的思考。他首先作为一名中国共产党党员,在党言党,在党忧党,围绕如何造就一名合格共产党员、称职的领导干部这一主题,展开思考。

他从马恩经典中寻找理论根据，其特点是把眼光上溯到中国传统文化中，一个为根，一个是魂，结合当代最新理论，试图打通古今中外，在学术上构建起中国共产党人的人格论。他是甘肃省公认的马克思主义理论家，对国际局势、国情省情的了解，总是能够在宏观的角度予以哲学化解读。范老师是一名真正的共产党人，这不仅体现在他对马克思主义的坚定信仰上，对马克思主义哲学思维方式的灵活运用上，还体现在对马克思主义所倡导的价值理念和群众立场的高度认同与践行上，他经常引用《共产党宣言》中的一句名言："过去的一切运动都是少数人的，或者为少数人谋利益的运动。无产阶级的运动是绝大多数人的，为绝大多数人谋利益的独立的运动。"这一立场不仅是他基本的价值观念，也决定了他的工作作风、为民情怀。他明确向自己带的马克思主义基本原理专业方向的博士研究生宣示："搞我们这一行就是八个字：追求真理，服务人民。"这八个字也可以作为我这篇编选前言的标题。他治学的基本出发点是从全人类的文明视野中，把马克思主义基本原理和中国具体实践相结合，与中国传统文化相结合，力图找出共产党人与中国儒家大同理想的相通处，让中国共产党真正成为先进分子的代表。他对社会主义核心价值观也提出了自己富有个性的思考："以人为本，共享文明。"他对马克思主义精髓的概括是：一切从实际出发，处处替老百姓着想，真正让群众得到实惠，促进人的自由而全面的发展与人类共同进步。

二是对中国哲学，尤其是对冯友兰哲学的研究。范老师早年关注中国哲学的生发问题，他从中国哲学最底层最朴素然而又是最重要的概念出发，探讨中国人的精神密码，这些主要表现在他对"仁""礼""道"等中国哲学基本范畴和传统孝道的研究中。他由此在对比西方哲学追求真理传统的时候，把中国哲学当作"学做人"的学问。他的定义是"中国哲学是中国人对宇宙人生根本大道的认识、体悟、反思和践行"。这一认识也坚定了他对中国哲学的信心。记得我初出校门，做人做事不知深浅，得罪以权压人的同僚，被他听到，当面批评我说研究中国哲学就应该先做好人。其时我狂介有余，对表面的道德教条不以为然，当面顶撞他说我就是这样的人。他非但没有生气，还为我的坚持而似乎微颔莞尔。现在想来，我当时真有些过分。他很早写就《二十世纪中国哲学散论》，后来在治中国现代哲学中研究重点集中在冯友兰哲学上，他受冯先生影响甚大，除做人做事、思想观点的影响外，甚至冯友兰化繁就简的语言风格也影响到了范老师。这一契机是什么，我没有询问。我猜测与他在中央党校攻读硕士学位期间有三次当面拜访冯友兰先生有关，与冯友兰既关注学问、也关注现实的治学理念有关，与形而上形而下兼备的学风修养相似有关，与古今中外融通的气质相投有关，还更与范老师对中国哲学的独特理解有关，那就是中国哲学的核心要旨是教人做人，这仍然是从宇宙人生根本大道说"教人做人"的。一言以蔽之，与"尊德性而道问学、致广大而尽精微、极高明而道中庸"的人生追求有关。他常常盛赞冯友兰不仅仅让人做一名公民，还要做一名"天民"。他不止一次提起，冯友兰是主动打通中国哲学、西方哲学的哲学家，冯先生马克思主义哲学的修养功夫与运用的主动性也无疑是同代人中的佼佼者。

　　作为国内研究"冯学"公认的著名专家，范老师对冯友兰哲学著作下足了功夫，一方面他在攻读硕士学位期间几乎把冯友兰重要的哲学著作手抄一遍，另一方面他多次到北大"三松堂"登门拜访，当面聆听冯先生教诲。他给冯友兰写的两篇学术传记成为"冯学"研究的重要参考文献，第一篇是收入《中国现代哲学人物评传》之中的四万余字的小传，另一篇是《道通天地·冯友兰》，这两个传记奠定了他在中国哲学界特别是冯友兰研究领域稳固的学术地位。后来他在冯学各方面还有自己的发见，他说自己一个很重要的愿望是写一部《冯友

兰大传》。《中国现代哲学人物评传》是"小传",《道通天地·冯友兰》是
"中传",理所当然应该有一个"大传"。据我所知,他的设想是:以冯友
兰为主要代表,让关乎20世纪中国哲学的大事件、哲学家和代表性
著作、观点依次登场,演绎出20世纪中国哲学的历史活剧。但这个作
为他的保留节目,仍在构思完善当中。范老师对冯友兰哲学的研究主
要贡献有三:一是从世界哲学演进的大潮流中透视冯友兰新理学,认
为新理学是从世界传统主流哲学中生长出来的"现代中国哲学",冯
友兰的新理学在哲学时代化方面让中国向世界迈出了不小的一步;
二是从中国道学的大背景中厘清了新理学对旧理学的传承与超越;
三是突破狭隘的道德评价,站在道德评价与历史评价统一而以历史
评价为要的立场上,充分肯定了冯友兰在打通中西、融贯古今、汇通
儒释道方面的重大贡献。他研究冯友兰的代表性论著《道通天地·冯
友兰》以"文化场效应"方法的运用而备受关注,获得了全国冯友兰研
究会学术二等奖;他的《一代文化托命之人——冯友兰诞辰百年祭》
生动鲜活而又深刻地为冯友兰的学术使命画了一幅"大写意";《四通
八达的冯友兰》则超越了"新儒家"的门户之见,向世人展示了一个全
面真实的思想家冯友兰。

　　三是对宗教问题的关注。范老师提出建设现代宗教文明的观点,
认为只有建设现代宗教文明,才能形成宗教间的对话,避免宗教极端
主义。他认为,宗教界时有不文明现象,个别时段个别派别甚至会陷
入宗教野蛮,宗教文明间的对话才能让各大文明间和平相处并与社
会协调。由此,范老师较早倡导引导宗教和社会主义精神文明建设相
适应,这是对马克思主义宗教观的有力发挥。他对宗教问题的兴趣,
当然和甘肃是一个宗教大省、民族大省有关,还跟他的人生经历有
关。2002年,他任省委党校副校长期间,主动请缨,带队去甘南藏族
自治州碌曲县做帮扶工作, 半年多的一线实践让他对甘肃的民族宗

教问题有了更深入的了解,他也与多位各层次的民族、宗教界的人士结交为好友,进一步强化了他的百姓情怀。记得当年写博客,他有一篇《我的朋友桑木周》在网上广为流传。桑木周是碌曲县西仓寺的一位老寺管会主任。多民族多宗教是甘肃省情的主要特征,这一问题对甘肃过去、现在和未来的发展影响巨大,他由关注甘肃发展的文化性原因上升到全国乃至全球的宗教文化现象。2007年他在《世界宗教研究》刊物上发表论文《建设现代宗教文明积极引导宗教与社会主义社会相适用》,集中反映了他对宗教问题的深刻思考,并形成了《甘肃民族与宗教》《甘肃宗教》《历代中央政府治藏方略研究》等成果。

范老师同时还是甘肃精神的画像者。21世纪初的十年,随着地域精神总结成为大势,如何准确概括提炼甘肃精神成了全省越来越关心关注的问题。2007年,他主持并组织相关专家,对甘肃精神的表达"人一之、我十之,人十之、我百之"进行了学理论证,受到甘肃省委高度重视。其后,他主持了《陇人品格》丛书的编写出版工作,形成了系列成果。这一问题始终萦绕他的脑海,2019年出版的《话陇点精——甘肃精神甘肃人》是甘肃精神和陇人品格的最新思考,全面刻画了甘肃人的精神面貌。他要为"朴实无华、坚韧不拔的甘肃人"找到精神脉动,重建文化自信,重找未来出路。他在该书扉页上真诚地写道:"谨以此书献给朴实无华、坚韧不拔的甘肃人。"

四是开辟了敦煌哲学的研究。这是范老师最具有原创性的学术贡献,并且会随着时间的推移而显示出重大的学术价值。2005年,范老师调任甘肃省社科院院长后,发现社科院有一批在全国有名的敦煌学研究专家。颜廷亮先生是"敦煌文学"真正进入系统的研究的首倡者和力推者之一,经过多年研究其成果和地位获得学术界的公认。穆纪光先生的《敦煌艺术哲学》开国内从艺术哲学视角研究敦煌文化之先河。基于传统文化的深厚学养和对敦煌文化的敬畏与思考,范老师敏锐地意识到敦煌学的研究需要一个更加有高度而又更具基础性的奠基工程，敦煌文化需要从哲学的高度予以解读其内在发生、变动的机理，也许还能进一步打开敦煌的文化密码。令他不解的是，敦煌学几乎涉及了人文社会科学的所有领域和自然科学，甚至工程技术的一些问题，为什么独独没有哲学呢？是否存在"敦煌哲学"？这一问题持续在他的心里盘桓。初步提出这个构想后，范老师对此方向的探索持慎之又慎的态度，他为此嘱托我等，是否可以尝试对此进行论证。我起初对此重大学术课题的意义认识不足，更重要的原因是学养不逮，对敦煌文化了解微乎其微，故没有认真对待。后来我在社科院刘春生处借到十几本有关敦煌文化的入门性著作，尝试对此问题严肃思考。范老师对"敦煌哲学"能否成立的思考严肃扎实，显示出了追求学问的严谨、耐心与细心。2010年，我在中央党校做访问学者，遇到范老师大学同班学长、时任中纪委驻交通部纪检组组长杨利民同志，他准备退休后致力于敦煌宗教文化的研究。我转述了范老师对敦煌哲学的思考，他立即表现出浓烈的兴趣，后来他们共同发力，促成了对敦煌哲学的探索性研究。2011年，在参加中韩联合举办的敦煌学国际学术研讨会上，范老师第一次公开提出了"敦煌哲学"的概念。2013年，在樊锦诗、连辑、杨利民等先生的支持下，他和其他同仁共同推动，成立了"甘肃省敦煌哲学学会"，搭建平台，聚拢队伍，培养学术梯队。他和杨利民先生亲自带动参与，沉潜下来，撰写论文。范老师不是一般地倡导，而是身体力行，带头示范。他常说我们从事敦煌哲学研究的人要以甘当小学生的虔诚态度，从"看图识字"学起，老老实实读原始材料，一幅一幅去读懂壁画。他以这种态度先后重点研究了第98窟、第285窟和维摩诘经变，研究了部分社邑文书，通读了敦煌学最有奠基性和代表性的一些专著。经过艰辛探索，他概括出"大盛融通"的敦煌之道，"通而不统"的敦煌精神，提出敦煌文化是有重点无中心的多元综合创新文化等重要学术观点，探索性地迈进了敦煌哲学的门径，为我们从事敦煌哲学研究蹚开了方便法门和治学之径。

范老师有着极强的学术自尊心，一方面他把自己的思考毫不吝啬地讲给我等听，年轻学人据此而加工成研究成果，他为此高兴；另一方面，重要的讲话，署名的论文，他都是亲自执笔。2013 年，他和杨利民先生共同研究、分别撰写的两篇奠基性的敦煌哲学论文发表在《甘肃社会科学》上，并被《新华文摘》作为封面重点文章全文转载。在十余年的努力下，敦煌哲学研究已然蔚为大观，取得了众多的阶段性成果，在鼓励和质疑的多重力量中继续前行，但范老师痴心不改，砥砺而向。2019 年敦煌哲学迎来标志性的转折，习近平总书记在敦煌研究院座谈会上的讲话明确指出："研究和弘扬敦煌文化，既要深入挖掘敦煌文化和历史遗存背后蕴含的哲学思想、人文精神、价值理念、道德规范等，推动中华优秀传统文化创造性转化、创新性发展，更要揭示蕴含其中的中华民族的文化精神、文化胸怀和文化自信，为新时代坚持和发展中国特色社会主义提供精神支撑。"这其实间接说明敦煌哲学获得了肯定。其时，我在敦煌市挂职任副市长，习总书记的讲话使我深受鼓舞。不久，甘肃省敦煌哲学学会就召开专题座谈会，学习习总书记讲话，进一步坚定了敦煌哲学研究的信心。2021 以"敦煌哲学"为主题的三项国家社科基金项目获批，标志着敦煌哲学学科建构获得了越来越广泛的认同，学术研究梯队后继有人。我本人也十分荣幸地成为首批获批国家社科基金中有关敦煌哲学课题的学人之一，义不容辞地担起了范老师放在我们肩上的这副光荣而艰巨的重担。敦煌哲学是甘肃学人对中国哲学最具原创性的贡献，也当然是范老师最重大的学术贡献，是中国哲学领域、敦煌学研究领域面向未来的重大学术主题之一：就敦煌学来讲，找到更深的学理性支撑，有利于在国际上建立学术话语体系；就中国哲学来讲，实际上是从"接着

讲"开始走向"讲自己"。仅此一项,范老师将名垂学术青史。

四

范老师的学术贡献不仅是跨专业、跨领域的,而且在搭建学术平台、培养学术队伍中主动承担了很多额外的学术义务。他曾担任甘肃省哲学学会会长十年,为甘肃哲学界的繁荣呕心沥血,人气旺了,感兴趣的人多了,研究成果从量的积累终于有了质的飞跃。他后来创建了甘肃省敦煌哲学学会,并担任会长,汇聚了文史哲和敦煌学等众多领域的专家。他是中国哲学史学会资深理事、中国现代哲学史学会副会长,还长期担任甘肃传统文化研究会的常务副会长、名誉会长,担任甘肃省党建研究会副会长,兼任过甘肃省社会科学联合会副主席、省委决策咨询专家、甘肃省"十四五"规划专家咨询组组长等学术职务,后来在社团管理政策变化后,他主动退出其他学会,仅仅保留甘肃省敦煌哲学学会会长职务,但仍然关心其他学术团体尤其是甘肃省哲学学会的发展。

在学术社团建设问题上,范老师从来没有说过拒绝的话。他带头交纳会费,他所主持和组织的学术研讨会不计其数,甘肃省哲学学会近二十年的讨论主题几乎都是他建议确定的,比如"理性与信仰——哲学与宗教的对话""哲学视域下的核心价值观培育""回望马克思,走进新时代"等等,令人难忘。每次参会,大家都期待他的点评,他几句话就能说到要害,且思想深刻、语言精简、概括准确。同时,他善于提出问题,引发大家深入思考、热烈讨论,让每个人充分发表自己的观点、表达个人的思想。他从善如流,甚至最尖刻的意见都愿意倾听,从来没有因此而动怒。许多同仁似乎也摸到了他的好脾气,敢于在会上激烈争论,他总是收集大家意见,平等对待。同时,他居功却不自傲,一直保持着谦逊与谨慎,对老先生从来是毕恭毕敬,开大会总是把年长者、德高望重者放在首席，从来不以自己的行政职务压人。但他也从不迷信权威，不盲从长者，如甘肃中医学院著名古文字学家吴正中先生主张所有的词语都应回到最原始的写法与读音，如"诞辰"应为"旦辰"等，范老师应邀为其著作《汉字正识初览》写序，公然与吴先生唱对台戏，并以"吾爱吾师，吾更爱真理"为自己的观点辩护，吴先生也是十分宽容，一字不改采用了这篇并不赞成他此书观点的序言。这也许又是陇上学人切磋琢磨的一段佳话。他从不知疲倦，几乎有无限的精力，很多同仁感念他的厚道和主动作为，甚至是巨大的牺牲，还有人私下把他与当年上海的王元化先生比较，说甘肃有范老师，是我们的幸运。我深以为然。

范老师也在学术上保持着自知与自制，从不夸大自己的学识与贡献。他自己关于敦煌哲学的论文发表后，却在省社科评奖中没有申报。有的学生给他"打招呼"，他坚持原则，说严格按照评奖标准办事，后来果然没有评上。但他又奖掖后学，无私奉献，常把自己的观点毫无保留地送给学生。他在学术会议上非常守时，总是能在规定的时间内完整准确地表达自己的思想。他鼓励各行各业的人都发言，在学术发言上从不论资排辈，戏称"大狗要叫，小狗也要叫"。很多年轻学人在他的鼓励下从刚开始张口结舌逐渐变得伶牙俐齿、滔滔不绝。他获得了各种荣誉，是甘肃省优秀专家、国务院特殊津贴获得者。

一个人走得快必然会落下他的同行者，一个人站得高也很可能就没有一起观景的人。我曾尝试走近范老师的心境，弄清他几十年不知疲倦的原因，他的达观，他的圆融，他的自知与自制，他的君子风范。一个人所表达的，无论是教学、讲话、发言还是写作，既可能是心灵的准确外化，也可能是心灵的内在遮蔽。从来深刻的思想者都是寂寞的，我常遗憾自己目睹他，跟随他，却未必能够说出一两句温暖他的话。一个给世界以温暖的人，往往却得不到世界的温润。范老师有明显的几个情结，也许这几个情结是理解他内在追求的标志。第一个情结当然是老师情结。他曾有多种职业选择，却始终放不下老师的身份，敢于也愿意表达自己的观点，坦坦荡荡，敢说真话，一贯直道而行。第二个是兰大情结。他以兰大为荣，兰大是他的母校，也是他的精神港湾。只要有机会，范老师就会回到兰大给学子们讲课讲演，从不推辞。当然，兰大也以他为傲，他是兰大公认的杰出校友。只要兰大发展需要，他从来都是在所不惜。第三个是北大情结。他念念不忘北京大学，推崇北大人。他曾明确说这一生有两大遗憾，其中最大的遗憾是学哲学而没有进过北大哲学的"门"。这一情结一方面与他认为北大是中国哲学的最高学府有关，另外可能与冯友兰先生晚年执教于北大有关，这是我的猜测。不过这个遗憾其后总算有所弥补。1988年，张岱年先生亲口允诺将其收为私淑弟子，我曾目睹他的办公室高挂"自强不息、厚德载物"的条幅书法，他颇为得意地说这是张岱年先生收他为私淑弟子时的"书证"（大有证书之作用）。第四个是传统文化情结。他一直致力于传统文化的创造性转化、创新性发展的事业，他把打通古今、融汇中外当作自己所处时代的重大学术使命，这在于他对当代国人精神的诊断，即罹患"文化失魂症"，他信奉"一切历史都是当代史""一切历史都是思想史"，要培根固本必须找到中华之"魂"，这一切隐藏在传统文化的绵延脉动中。同时，他把马克思主义的基本原理与传统文化相结合，以深沉的历史意识审视当下的现实问题。因此，他绝大部分授课都有传统文化的底色。他带的第一个博士生选题就是中华优秀传统文化的"创造性转化与创新性发展"研究。第五个是甘肃情结。关心甘肃，热爱甘肃，对甘肃精神予以准确提炼与画像，是他多年努力的方向。这不仅是本能的家乡情怀，他是公认的孝子，守护文化之根魂，当然会对栖身的土地有情怀，但更在于甘肃古老深厚的中国传统文化资源，他对这片土地的热爱不由自主地体现在治学中,他不是狭隘的地方主义者,而总是以理服人,分条缕析讲出甘肃文化甘肃精神甘肃人的优秀特异之处。他首倡黄河文化甘肃段应定位于"河陇文化",在学界引起关注。第六个情结是敦煌情结。敦煌市是甘肃一个不大的城市,但敦煌属于全世界。他在力推"华夏文明传承创新区建设"工程中,深深意识到敦煌文化的世界意义,这也是促使他提出"敦煌哲学"的动力源之一。他近年多次到敦煌,反复进莫高窟,并由此爱屋及乌,为敦煌的各项事业发展出谋划策,作为全国人大代表曾多次以建议、发言、新闻发布的方式为敦煌文化大繁荣、再振兴鼓与呼。他不是把敦煌文化当作普通的地域文化,而是作为世界文明演进中一个独特的文化样板,这其实是站在人类文明的本质属性及其演进规律上思考问题的。范老师第七个也是最重要的情结是百姓情结,或者叫百姓情怀。他是最没有架子的领导,最谦逊的学者,是社区居民的知心人,是全省各地亲切的"范老师"。这当然与他是真正的共产党人有关,也与他三次下乡当过农民、当过县长助理、干过扶贫工作,时刻体验着民间冷暖有关。

范老师首先是一位信仰坚定、人格纯粹的共产党人,对党的大政方针总能提出自己的深刻理解和独立见解。他的平民做派、民主风格、百姓情怀都源于此。同时,他是中国传统文化熏陶出的君子,这是他内在的精神底色。君子坦荡荡,理解他的超达洒脱都不能离开君子这个维度。他对冯友兰先生的精神定位是"一代文化托命之人""四通八达的冯友兰",反过来可以准确用在描述他自己身上,前者是人格志向,后者是能力构成。由此范老师在自身理想人格的塑造中向往并践行仁者气象,不求无过于世,但求不愧己心,对进退、毁誉都待以平常心。他是一位真正的师者,传道授业解惑,也不怕别人说"好为人师",大有唐朝韩愈和私淑之师张岱年直道而行之风。他之所以能够在各方面取得成就,一言以蔽之是"把人当人,把事当事"。他待世界以暖,在学理上又下足了功夫,真正践行着厚德载物与自强不息的君子人格。

范老师的学术成果非常多,而且仍在有序释放,选择尺度难以把握。本书一方面坚持学术标准,尽量不选学术价值不明显的成果;另一方面,对范老师早年的学术成果也选了几篇,用现在的眼光看,学术观点未必成熟,但有助于读者了解他学术思想发展的历程。有关宏观宗教学的思考,虽然成果也不少,论文发表级别也很高,但由于种种原因,只列提纲,内容没有收入,在此只能忍痛割爱,感兴趣者可以直接去找原文。

鉴于此,本书在择取范老师学术论文和栏目设置时,集中在四个方面:第一部分是他的学术立身之本,即中国哲学的研究成果,有专论也有通论,包括他对中国传统文化创新发展的研究;第二部分是他对冯友兰哲学的研究成果,奠定了他在国内稳固的著名专家地位;第三部分是他的学术原创性贡献,敦煌哲学的研究成果;第四部分是马克思主义基本理论的路向,元哲学问题的学术探讨,重大现实理论关怀,有的虽然具有明显的时代性特征,但选取的应当是当时具有前瞻性且今天看具有恒久性价值的成果。

范老师在法定意义上已经退休,但作为真正的人文学者却越来越成熟。他真正的角色是一位思想者,所有的一切学术贡献都可以在这个角度得以解读。有人公开评价他是理论家、思想家,被他坚决拒绝,他的精力分散在很多事务上,他开辟的研究领域都值得重视,许多问题的研究还有待于继续深入展开。他青年时代用功学问,中年时期大量精力被行政事务所占用,没有时间下笨功夫,很多问题点到了,但还没有来得及充分展开、精深加工。尤其相比较其他学者,他必须在短时间内综合众多观点,圆融通达,反而使精专性受到伤害。好在一切经历皆为学问,今后他完全有可能集中精力,在自己的研究领域取得新的突破。

为了深耕敦煌哲学，范老师从敦煌学的基础抓起，深入莫高窟内，认认真真观察研究，又老老实实请教敦煌学的相关专家，写出了扎实的论文，发表在《敦煌研究》上，丝毫看不出懈怠与放松。他曾喜欢引用孔子"君子不器"的名言，也曾在我硕士毕业论文答辩会上严肃追问"朝闻道，夕死可矣"的真义。问题的向度本身表明追求的方向，作为一名真正的向道者，我更看好范老师退休后的学术创新。因此，本书的编选者，仅仅是记载目击范围内一位思想者的现有景象，相信他更好的学术成果会持续问世，我们不妨拭目以待。

此书主要由我与范老师商议选编，全部书稿都经范老师本人审阅和终校，在成书过程中，范老师的学生连振隆博士、李新潮博士认真参与书稿校对，他们的帮助与范鹏老师的指导使本书的质量有了可靠的保证，在此，作为编选者，我一并表示谢意！

"何处是归程，长亭更短亭。"范老师在《道通天地·冯友兰》书跋中所引的诗句用在这里或许十分恰当。

成兆文
2021 年 9 月 28 日初稿
2022 年 2 月 22 日改定

第一部分
中国哲学与中国传统文化研究

《老子》和《易传》关于象的学说

　　所谓象论,就是关于"象"的理论。《老子》《易传》都有自己关于象的理论。《老子》的象论是其道论的有机组成部分之一,是为论道而说象,它所谓的象,主要是指物象、现象。《易传》的象论则是整个哲学思想的核心,主要是围绕着卦象而展开的,是为说卦而论象,它所谓的象,主要是指卦象,并由此而涉及的现象。这就使两书的象论有了可比性。对于象这个概念,以往学术界多从卦象、象数之学的角度去论述,而从物象、现象的角度考察的则较少。本文试从现象的角度入手,对《老子》《易传》的象论作一个初步的比较分析,以求得对两书象论的全面了解。

一

　　《老子》在论道的过程中,常讲到象。《老子》第 14 章说:"其上不皦,其下不昧。绳绳兮不可名,复归于无物。是谓无状之状,无物之象,是谓恍惚。"①这里通过"无状之状、无物之象"首先把一(即道)与象联系起来了。接着进一步阐述了道与象的三种表现形态:象(狭义)、物、精的关系。"道之为物,惟恍惟惚,惚兮恍兮,其中有象。恍兮惚兮,其

---

　　①《老子》第 14 章,转引自陈鼓应《老子注译及评介》,中华书局,1984 年版,第 114 页。本文所引《老子》之言皆转引自此书,以下只注明《老子》某章。

中有物。窈兮冥兮,其中有精"①。道这个东西,是恍恍惚惚很不清楚的,但它毕竟还是一种"无状之状""无物之象"。道中有时有宏大的现象,有时有具体的物象,有时又有极精微的现象。从某种意义上说,道也是一种象,但它不是任何具体的物象,而是无形、无名、无物的大象。这也就是第 35 章讲的"执大象,天下往,往而无害,安平太"的大象。在第 41 章中,老子更明确地点出了"大象无形"。

按《老子》的思维方式,只有无形之象,才是真正的大象,它能包容宇宙间的一切具体的象,故其中有象、有物、也有精。但是,如前所述,这种大象不能归结为任何一种有形有名的具体的象。任何具体的象都是物象,都是对宇宙间的具体事物万有而言的,而道却是无。道与象、物、精的关系,就是无与有的关系。而"天下万物生于有,有生于无"②,可见,无与有的关系又是生与被生的关系,即母与子的关系。道是万事万物得以产生的根源,是无,但它必须在万物中表现出来,离开了表现它的万事万物,也就无所谓道了。老子曰"有无相生",离开了有,也就不会有无。由此可知,道与象、物、精又有被表现与表现的关系,即本质与现象的关系。道与象(广义)的关系是无与有的关系,这主要是从宇宙发生论的角度讲的;道与象的关系是本质与现象的关系,这主要是从本体论、认识论的角度讲的。在《老子》哲学中,这两个方面是有机统一、不可分割的。就是说,《老子》的道,既是世界的本原,又是万象的本质。

从道与象的关系中,我们也可以看出,《老子》的道,是从精、物、象中进一步抽象出来的。依据《老子》哲学的逻辑,从物质现象的三个不同层次(或称三种不同的表现形态)中,可以推出这样的结论:形象

①《老子》第 21 章。
②《老子》第 40 章。

越大的东西,力量越大;力量越大的东西,形象越不具体;形象越不具体的东西,越神秘莫测;越神秘莫测的东西,人们对它的了解就越少;人们对它了解得越少,就越不可言说。正是靠了这种经验的推论,《老子》才从有形有象的具体事物,推到了可感而无定形的宏大的象,并进而推出了无状之状、无物之象的道。道是一种最大的象,是有,但它又不是任何具体的事象,这种有象实际上是无象,是无。道是有和无的统一。因此,对作为道的大象,不能仅作直观的了解。正因为道是最大的象,所以才是无形无名的;正因为是无形无名的,所以才不受任何具体的形名的限制,才能成为一切有形有名的事物的本原和本质。这就是道与象的关系的深刻的理论内容之一。

道与象的关系既然是本质与现象的关系,就不仅具有本体论的意义,而且具有认识论的意义。在《老子》看来,在纷繁复杂的万事万物之中,有一个共同的本质,这就是道。为此,《老子》提出了"为学日益,为道日损。损之又损,以至于无为,无为而无不为"①的修养认识方法。为学就是求对外物的知识,就是认识事物的现象;为学的方法是"日益"——观察、了解、积累大量的事物和现象。这种认识,在《老子》看来始终是肤浅的,因为它只是停留在事物的表面。为此,《老子》认为单纯的为学还很不够,还要绝学,并进而为道。绝学的意思并不是抛弃一切知识,而毋宁说是主张抛弃一切肤浅的、虚假的知识,以达到真知——悟道。达到真知的唯一手段就是为道,"为道就是照着道那个样子去生活"②。而只有真正体悟到了道——认识了事物的本质,才可能达到这种境界;达到这种境界的修养方法,实际上也就是认识

①《老子》第48章。
②冯友兰:《中国哲学史新编》第2卷,人民出版社,1984年版,第52页。

事物本质的方法,这就是所谓"日损"——不断涤除物欲、剥落事物的现象。物欲越少,对道的体验就越深;对事物的现象剥落得越净,对事物的本质也就认识得越清。这种方法单从认识论的角度看,就是不断舍弃事物的具体规定性,抽象出它们的共同本质的方法。这实际上也就是"道"这个范畴建立的逻辑过程。

在《老子》看来,"为道"与"为学"显然不同,它不是一个认知过程,而是一种体悟的过程,只有将物欲涤除得一干二净,才能体验、直觉道。很明显,这既是一种认识活动,又是一种修养功夫,是中国哲学本体论、认识论、伦理学天然合一的最早范例。《老子》把体验到了道的境界叫作"无为"。认识(直觉)体验到了道,也就是抓住了万事万物的根本,所有事物只有通过这个境界才能被真正认识,这种无为实际上便是无不为了。所以,只有无为才能无不为。

我们说,《老子》的道与象有本质与现象的关系,表明《老子》对本质与现象的对立统一关系已有所领悟。这不仅表现在道象关系的论述中,而且在其他论题中也有体现。《老子》一书中有许多哲学命题表明,已经认识到的事物表现出来的样子往往不是事物本来的样子,在事物现象背后还有更深刻的东西存在着。如《老子》讲:

　　明道若昧,进道若退,夷道若纇,上德若谷,大白若辱,
广德若不足,建德若偷,质真若渝。①

　　大成若缺,其用不弊。大盈若冲,其用不穷。②

　　正言若反。③

这些都表现出《老子》对事物真象与假象、本质与现象的对立统

---

① 《老子》第41章。
② 《老子》第48章。
③ 《老子》第78章。

一关系的素朴的认识。试以"大成若缺，其用不弊"一句为例说明之。这个缺只是假象，似乎是缺，并不真缺，恰恰相反是大成——最不缺。这个大成才是其真象，只有"知常曰明"之人，才能知事物真象之如此。因为"其用不弊"才知道它是大成，而不是缺。"用"是事物真象的根据，因为，《老子》认为"有之以为利，无之以为用"①，事物的本质在无（它表现为用）中才能体现出来。从宇宙万物的总体上说，事物的本质就是无——道本身。由此可见，"大成若缺，其用不弊"之类的命题，讲的不仅是假象与真象的关系，而且也涉及了现象与本质的关系，这些关系都是对立统一（尤其是统一）关系。这一点与西方哲学有所不同，在西方哲学中，有许多人认为现象与本质是绝对对立的，现象是现而不实，本质是实而不现的。

由《老子》的思路，我们可以推出"正言若反，其用不竭"的结论。《老子》视其道论为放之四海而皆准的理论，说这些理论看上去虽然都是些反话，其实只有我这些似乎是反话的话，才是道的真理。

二

如果说《老子》一书是一部道论，象论只是其道论的一部分，那么，《易传》则完全可以看成是一部象论的专著。《易传》论《易经》时说："易者，象也。"②这也适用于《易传》本身。《易传》是为解释卦象的来源、意义、功能，发挥《易经》的思想而作的，所以通篇都在论象。

卦象是《易经》所使用的一种特殊符号，最基本的是八卦，它们分别

①《老子》，第 11 章。

②《易·系辞下》，见《周易正义》，上海古籍出版社，1990 年版，第 170 页。本文所引《易·系辞》均出自此书，以下凡引《系辞》只注明《易·系辞》上下篇。

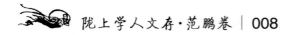

象征着天、地、雷、风、水、火、山、泽，"八卦成列，象在其中矣"①。值得注意的是，八卦象征的都是宏大、可感的自然现象。《易传》的卦象所使用的符号十分原始简易，但却具有极强的排列组合能力。中国人早在两千多年以前就创造并利用这种符号来说明世界，这不能不说是一种伟大的创举。

《易传》讲："是故易者，象也。象也者，像也。"②这可以说是《易传》给作为卦象的象下的经典性定义。《易传》进一步解释道："圣人有以见天下之赜，而拟诸其形容，象其物宜，是故谓之象。"③也就是说，圣人觉得天下万物太复杂了，不易被人认识，为了帮助人们认识，便按照事物的形容，仿效事物的状态制作了卦象，使物能以类聚、以群分，通过卦象这种象征符号，使事物变得容易了解。那么，圣人最初是怎样从事物的形象、状态中"取象"的呢？

> 古者包牺氏之王天下也，仰则观象于天，俯则观法于地，观鸟兽之文与地之宜，近取诸身，远取诸物，于是始作八卦。④

可见，制象的主要方法是仰观俯察自然现象而取之，故称为"观物取象"。《易传》在谈到卦象的起源时，还有另外一种说法：

> 天生神物，圣人则之。天地变化，圣人效之。天垂象，见吉凶，圣人象之。河出图，洛出书，圣人则之。易有四象，所以示也。系辞焉，所以告也。定之以吉凶，所以断也。⑤

---

①《易·系辞下》。
②《易·系辞下》。
③《易·系辞上》。
④《易·系辞下》。
⑤《易·系辞上》。

这其中显然夹杂了不少迷信的说法,因为《易经》在形式上就是一部占卦算命的书,但其中仍然肯定了天地变化、天垂之象是取象的根据。纵观全书,我觉得《易传》更强调观物取象,故其基调是素朴的唯物主义。

《易传》在对卦象的分析中,已经涉及了事物的现象。那么,什么是作为事物现象的象呢?

　　见乃谓之象,形乃谓之器。①

这就是《易传》给作为事物现象的象下的定义。凡可见的,显现出来的东西都是象,凡有形体的东西都叫器。这个定义,抓住了事物现象最重要的特点,用一个"见"字揭示了事物现象"显现""可感"的基本特性。这个定义所言之象,理应包括宇宙间的一切现象,但《易传》对作为事物现象的象的理解,仅仅局限于自然现象,这与我们今天所说的现象仍有一定的差距。

　　在天成象,在地成形,变化见矣。②

这可以说是《易传》对狭义的象——天象的定义。其实,按"见乃谓之象"的说法,这里谈到的象、形、变化都是现象,它们都具有现象固有的特性——"见"。《易传》把作为现象的象分成象、形(即法)、器、变化等几类,并对它们各自的特点作了初步考察。

　　法象莫大乎天地,变通莫大乎四时,悬象著明莫大乎日月。③

法象即天地表现出来的样子,而"天地"在先秦哲学中,几乎就是世界、宇宙的同义语。因此,法象是最宏大的现象。变通是一切流变着

---

①《易·系辞上》。
②《易·系辞上》。
③《易·系辞上》。

的现象的总称,在当时人们的眼中,春夏秋冬、寒来暑往的变化,是最大的变化。悬象也叫天象,指的是日月星辰等天文现象,其特点是著明,其中最显著的代表莫过于日月了。这里值得我们注意的是,《易传》把变通也作为事物的现象,而其他物象莫不有变,这里透露出的是原始的时空统一性思想和素朴的辩证法思想。这也是《易传》对现象认识的深刻处之一。

《易传》在论象时还涉及了象与意的关系:

子曰:"书不尽言,言不尽意。"然则圣人之意,其不可见乎?子曰:"圣人立象以尽意……"①

这表明制作卦象的目的之一,是为了弥补语言文字在表达圣人之意方面的不足。《易传》已经深刻地认识到了符号象征法比文字表达法具有更大的灵活性。也正是这一点,给《易经》的卦象蒙上了一层神秘的面纱,使其在占卦的过程中有更多的回旋余地。

卦象尽意的功能和知器知来的功能是统一的。《易传》主要通过现象、卦象及其关系,将圣人的主观思想与客观事物及其变化趋势统一了起来。圣人通过观物取象的认识活动,认识到了事物的现象,并用符号象征法将其概括浓缩成为卦象,通过卦象圣人既可表达自己的主观思想、意愿,又可以进一步认识事物现象及其本质,这也就是所谓知器知来。因为圣人的思想是仰观俯察天文地理之后才产生的,所以才能和事物的本质统一起来,这也就是《易传》所说的"《易》与天地准,故能弥纶天地之道""与天地相似,故不违"②。《易传》力求使人的主观思想、意愿与客观事物及其发展趋势统一起来,这是《易传》象论的又一深刻之处。

---

①《易·系辞上》。
②《易·系辞上》。

《易传》在讨论卦象的过程中,把卦象与人类创造历史的活动联系了起来,初步涉及卦象与社会现象的关系,但《易传》却把这种关系搞颠倒了。

> 上古穴居而野处,后世圣人易之以宫室,上栋下宇,以待风雨。盖取诸《大壮》。古之葬者,厚衣之以薪,葬之中野,不封不树,丧期无数。后世圣人易之以棺椁,盖取诸《大过》。上古结绳而治,后世圣人易之以书契,百官以治,万民以察,盖取诸《夬》。①

这种颠倒,一方面说明《易传》作者不懂得实践与认识的源流关系,另一方面也说明从那时起人们就已经把《易经》的卦象教条化了,把它当成了人们行为的根据。

综观之,《易传》对《易经》符号象征法的论述值得引起我们的重视。符号象征法是《易经》特有的认识方法,它既不是单纯的形象思维,也不能归结为抽象思维,而是将抽象思维与形象思维巧妙地结合起来的产物。深入地探讨这种方法的意义与价值,对我们今天的科学和哲学都会有一些有益的启示。

三

通过以上分析我们可以看出《老子》《易传》象论所讨论的问题虽有很多不同之处,但仍是异中有同。

首先,《老子》《易传》象论的重要内容之一是关于现象的理论,对作为现象的象的理解基本上是相同的。另外,两书所说的象都仅指自然现象。象即宏观的自然现象。这就是《老子》《易传》对作为现象的象的基本理解。

---

① 《易·系辞下》。

其次，《老子》《易传》对现象性质的理解基本是一致的。现象最基本的特点，就是《易传》所说的"见"——显现，可感。现象既是实实在在的，又是变动不居的。《老子》说：

> 万物并作，吾以观其复。①

《易传》开宗明义便讲：

> 在天成象，在地成形，变化见矣。②

现象是显现出来的，又是可感的，所以是可以认识的。这些观点抓住了现象最基本的属性，无疑是深刻的。

第三，《老子》《易传》都涉及了现象与本质的关系问题，都认为现象与本质是统一的，本质与现象一样，也是可以被认识的。《老子》的"为道"与《易传》的知器知来都有认识本质的意思。在认识事物本质的过程中，《老子》《易传》都看到了语言文字的局限性。《老子》认为："道可道，非常道。名可名，非常名。"③《易传》则发现："书不尽言，言不尽意。"④

第四，《老子》《易传》象论都体现了中国哲学"天人合一""体用不二"的基本精神。《老子》论道说象，它讲的道既是天道又是人道；《易传》的这种倾向就更明显了，它取自然之象，以察人世之事。与此相关，《老子》《易传》在哲学表现形态上都熔自然哲学与社会伦理哲学于一炉，显示了宇宙观、本体论、认识论与伦理学的天然合一。

第五，《老子》《易传》象论作为中国哲学象论的滥觞，对后来的科学、哲学、艺术、宗教以至于整个中国文化都产生了广泛且深刻的影

---

①《老子》，第16章。

②《易·系辞上》。

③《老子》，第1章。

④《易·系辞上》。

响,甚至有人把它提到"中国文化的一种基因"的高度来考察①。

　　尽管《老子》《易传》象论有这么多共同之处,但它们的相异也同样是明显的。

　　首先,卦象的理论是《易传》所特有的。《老子》的象论只是其道论的一部分,而《易传》的象论则是全书的主题,《易传》把对卦象的阐述作为解《易经》的一把钥匙,从而形成了完整的卦象理论。

　　就作为现象的理论而言,《易传》象论的内容显得比《老子》更丰富、精致,更具有科学精神。但《老子》已对假象有所认识,而且论及假象与真象的对立统一,仅就这一点说,《老子》象论又有比《易传》高明深刻之处。

　　第二,作为哲学范畴,《老子》的象不及《易传》的象抽象程度高。《易传》的"见乃谓之象"使象真正具有哲学范畴的意义,相比之下,《老子》之象还带有浓厚的经验色彩。《老子》从象损出了道,说明《老子》的抽象思维水平并不比《易传》低,但两者的运思方向显然不大相同。

　　第三,《老子》《易传》都认识到了语言文字在表达思想、认识事物本质方面的局限性,但弥补这一局限的方法却不同,这实际上也就是认识本质的方法不同。《老子》主张"为道日损",因为道是不可言说、不能被思考的,只能去体验、直观,这就需涤除物欲、剥落现象,物欲涤尽处,现象也就被一层一层地扒光了,那个作为本质的无——道也就被直觉、体验到了。《易传》则主张"立象以尽意"、知器知来,就是通过符号象征法去把握万事万物的本质,"以通神明之德, 类万物之情"。由此,《易传》十分重视预见的作用,《老子》却相反,它认为"前识者,道之华,而愚之始也"②。从今天的观点看,《老子》浅薄,而《易传》

①顾晓鸣:《象:中国文化的一种基因》,《复旦学报》1986 年第 3 期。
②《老子》,第 38 章。

深刻,因为,预见是人类自觉能动性的主要表现,没有预见就没有自觉的行动,就没有科学,然而,结合当时具体的历史条件,结合"前识"的另一层含义——无根据的猜测——来考虑,我觉得《老子》之言也不无道理。上古时期,科学迷信混沌未分,"占事知来"具有浓厚的宗教迷信色彩。事实表明,这种"占"灵验的时候并不多,故《老子》视其为愚蠢。如此说来,《老子》比《易传》在这一点上更具有求实精神。人类认识正是在这些对立见解的矛盾中不断提高的。

第四,作为道家经典的《老子》与作为儒家经典的《易传》,在象论方面也表现出道儒两家不同的精神风貌。《老子》从象损出个道来,主张做人要像道那样清静无为、顺其自然,不敢为天下先,颇具隐士风度。《易传》则主张"立象以尽意""象事知器,占事知来",处处体现出刚健有为、积极进取的精神。

纵观《老子》《易传》象论的主要内容,我们认为,"象"是《老子》《易传》中一个十分重要的哲学范畴。不理解《老子》的象,就不能明其道论;不懂得《易传》的象,就不懂得《易传》,当然,也就更不懂得《易经》。因此,对"象"范畴作全面深入地研究是很有必要的。其实,这个范畴是贯穿中国哲学始终的,又是与中国哲学的道器、体用、有无、形神、理气、心物等重要范畴密不可分的。可见,加强对"象"范畴的研究,是对中国哲学范畴研究的深化。

(本文在写作过程中,曾得到张岱年先生的精心指导,在此深表谢意。论文作者范鹏、范学德,原载《文史哲》1987年第5期)

辛亥革命与中体西用

"中体西用"是近代以来的一种文化主张,但不仅仅是一种文化主张,事实上它是近现代思想史上文化保守主义的价值观念与思维方式的缩略语。在辛亥革命以前,这种文化保守主义的价值观念与思维方式是带有资产阶级色彩的封建主义性质的;在辛亥革命之后,又是带有浓厚封建色彩的资产阶级性质的。本文拟以辛亥革命前"中体西用"思想的兴衰流变为基本线索,来说明这种文化保守主义的价值观念与思维方式以及它作为辛亥革命的思想对立面的实质。

体用是中国古典哲学的重要范畴,其基本含义之一是实体与功用的关系。"这身是体,目视、耳听、手足运动处便是用。"①基本含义之二是本体与现象的关系。宋明道学家讲"体用一源,显微无间",以至微的"理"(道)为体,以至著的"事"(器)为用。这里的体用关系,就是本体与现象的关系。基本含义之三是原则与方法的关系。北宋胡瑗有所谓"明体达用之学"。此学认为:"君臣父子,仁义礼乐,历世不可变者,其体也。《诗书》史传子集,垂法后世者,其文也。举而措之天下,能润泽斯民,归于皇极者,其用也。"②在这三种基本含义中,都有体用不二、体本用末、体主用次、体源用流、体恒用变等意义。

发轫于明清之际,流行在辛亥革命之前的"中体西用"说,沿用了

①《朱子语类》卷六。
②《宋元学案·安定学案》。

中国古典哲学的体用范畴，它基本上是在体用的第三种含义及其所蕴含的意义上使用这对范畴的，与第二种含义也有重要联系，与第一种含义则基本上没有什么关系。

"中体西用"最初实际上是清朝康、雍、乾三世的西学政策。

清代钦定《四库全书总目》卷一二五，对此作了这样的概括："欧罗巴人天文推算之密，工匠制作之巧，实逾前古。其议论夸诈迂怪，亦为异端之尤。国朝节取其技而禁传其学，具存深意。"①后来的洋务运动具体实践了"中体西用"思想，弈䜣、曾国藩、左宗棠、李鸿章等洋务派官僚正是"中体西用"的热心实践者，他们虽没有在理论上过多地论证和鼓吹，但在行动上、决策中、骨子里却处处不离此道。同时，封建统治阶级中的开明人士和文人士大夫也开始从理论上探讨、宣扬这种思想。1861 年冯桂芬在《校邠庐抗议》中提出了"以中国之伦常名教为原本，辅以诸国富强之术"的主张，倡议"采西学""制洋器"，对正在实践中的洋务运动予以肯定并对其产生了很大影响，也被后来的资产阶级改良派视为先导。

正当中日甲午战争使洋务运动的实践破产的时候，当初作为洋务运动重要思想的"中体西用"不仅没有被抛弃，反而开始从朦胧走向清晰。1895 年沈寿康发表了《救时策》一文，他写道："夫中西学问，本自互有得失，为华人计，宜以中学为体，西学为用。"②如果说他的前半句话并不失公允的话，那么后半句则已渗透掺杂了并不客观的民族主义情绪。次年吴之榛在《上张香帅请设中西学堂书》中主张："请于大贤者，则'中学为体，西学为用'，冀开海内风气。昔汉家之治，王

①许苏民：《中国近代四百年各派文化主张源流考》，《江汉论坛》1991 年第 2 期，第 13~21 页。

②《万国公报》卷七十五。

霸杂糅,今运会而遭,酌征中外,名虽变而实不易。舍是,谋富强,戛戛
乎其难之。"①1897 年孙家鼐在《议复开办京师大学堂折》中则说得更
为清楚:"中国五千年来,圣神相继,政教昌明,决不能如日本之舍己
芸人,尽弃其学而学西法。今中国京师创办大学堂,自应以中学为主,
西学为辅;中学为体,西学为用;中学有未备者,以西学补之;中学其
失传者,以西学还之。以中学包罗西学,不能以西学凌驾中学,此是立
学宗旨。"②

　　1898 年,张之洞作《劝学篇》,集"中体西用"思想之大成,使西学
政策、洋务思想、立学宗旨、修身治国之道一以贯之,一言以蔽之曰:
"中学为体,西学为用。"故论者多以张之洞为"中体西用"说的主要代
表。对于当时兴起的"中西新旧"之争,张之洞作如是观:"图救时者言
新学,虑害道者守旧学,莫衷于一。旧者因噎而废食,新者多歧而亡
羊。旧者不知通,新者不知本。不知通,则无应敌制变之术;不知本,则
有菲薄名教之心。夫如是,则旧者愈病新,新者愈厌旧,交相为愈,而
恢诡倾危乱名改作之流,遂杂出其说,以荡众心。学者摇摇,中无所
主;邪说暴行,横流天下。敌既至,无与战;敌未至,无与安。吾恐中国
之祸不在四海之外,而在九州之内矣。"③面对这种形势,心怀如此忧
虑,他认为:"今欲强中国、存中学,不得不讲西学。然不先以中学固其
根柢,端其识趣,则强者为乱首,弱者为人奴。其祸更烈于不通西学者
矣。……今日学者必先通经,以明我中国先圣先师立教之旨;考史,以
识我国之学术文章。然后择西学之可补吾阙者用之,西政之可起吾疾
者取之。斯有益而无其害。"④"先中后西"的根据还在于:"中学为内

————————

①《万国公报》卷八十四。

②《戊戌变法》(二),第 426 页。

③《劝学篇》自序。

④《劝学篇》循序第七;会通第十三。

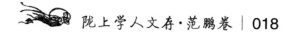
学,西学为外学;中学治身心,西学应世事;不必尽索于经文,而必无悖乎经义。如其心圣人之心,行圣人之行,以孝悌忠信为德,以尊主庇民为政,虽朝运汽机,夕驰铁路,无害为圣人之徒也。"①在中西新旧莫衷一是的大混战中,若"以中学为体、西学为用,既免于迂陋无用之讥,亦杜离经叛道之弊"。②

这,岂不是两全其美的妙计吗?然而体用的主辅、先后、本末、源流、恒变诸关系,使张之洞主此说的基本倾向不言而喻。

"甲午丧师,举国震动。年少气盛之士,疾首扼腕言'维新变法'。而孤吏若李鸿章、张之洞辈,亦稍稍和之。而其流行语,则有所谓'中学为体,西学为用'者。张之洞最乐道之,而举国以为至言。"③不仅如此,这种论调所由以出的《劝学篇》还得到了光绪皇帝的钦定。光绪二十四年六月初七奉上谕:"本日翰林院奏,侍讲黄绍箕呈进张之洞所著《劝学篇》。据呈代奏一折,原书内外各篇朕详加披览,持论平正通达,于学术人心大有裨益。著将所备副本四十部由军机处颁发各省督抚学政各一部,俾得广大刊布,实力劝导,以重名教而杜危言。钦此。"④就这样,在最高封建统治者和文人士大夫的一片赞扬声中,"中体西用"说及《劝学篇》"挟朝廷之力以行之,不胫而遍于海内"。十日之内,《劝学篇》凡三易版本。1902年前后朝廷再令各省广为刊布《劝学篇》,为所谓"新政"推波助澜。更值得注意的是,帝国主义国家的文人政客们对此书也十分欣赏,立即译成英、法文出版。1900年纽约出版的英文本,易名为《中国的唯一希望》,李提摩太等人也出来唱和。这

---

①同前注。
②《两湖、经心两书院改照学堂办法片》,《张文襄公全集·奏议》。
③梁启超:《清代学术概论》,东方出版社,1996年版,第71页。
④《劝学篇》序。

充分说明："帝国主义列强入侵中国的目的，绝不是要把封建的中国变成资本主义的中国。帝国主义列强的目的和这相反,他们是要把中国变成他们的半殖民地和殖民地。"①这才是他们"唯一的希望"。"中体西用"说在一定程度上正是他们实现这"唯一的希望"的工具。

从"中体西用"思想形成的历程来看,这一思想的提出既反映了当时中国半殖民地半封建的社会性质，又反映了帝国主义和中华民族、封建主义和人民大众这两个中国近代社会的主要矛盾,是站在封建统治者的长远利益上对这两个矛盾的一种解决方案。所以,冯友兰先生说《劝学篇》所主张的"中体西用"实质上是张之洞"对于中学、西学的斗争做了一个官方的结论"。②这话是很有道理的。就其在当时的作用看,实质上是洋务派对资产阶级的西学(新学)进行的进攻性的防御。他们以主动出击的姿态混淆洋务派的指导思想与改良派的指导思想的界限,以"免于迂陋无用之讥"。这是洋务派比顽固派高明的地方。就客观的历史情况来看,改良派当时也正在逐步从洋务派中分化出来,早期改良派也往往打起"中体西用"的旗号暗度陈仓。这些人也认为"西学"出自中国,不过"我收其端,彼竟其委"。现在通过有限的改良,要达到的只不过是补未备、还失传而已。"天将以器还中国,以道行泰西"(陈炽)。为此,改良中"器可变,道不可变"。(郑观应)变器不变道的根据仍在于"中学其本也,西学其末也;主以中学,辅以西学"。(郑观应)他们的这些思想的确与洋务派没有什么区别,但事实上他们的实际主张已经开始"离经叛道"了,如薛福成讲"惟人人欲济其私,则无损于公家之帑项,而终为公家之大利"③。实际上是在倡工

---

①《毛泽东选集》,人民出版社,1991 年版,第 591 页。

②冯友兰:《中国哲学史新编》第六册,人民出版社,1989 年版,第 203 页。

③《筹洋当议·商政》。

商言私利,早已有悖乎经义了。这说明了两方面的问题:一方面,早期改良派的"中体西用"实际上是正在形成中的资产阶级对封建主义的防御性的进攻;另一方面,他们在思想上与洋务派还有千丝万缕的联系,在与顽固派的斗争中,"中体西用"还是他们的思想盟友以至思想武器。从更深一层看,早期改良派思想与洋务派思想同属文化保守主义,只不过程度略有不同而已,"中体西用"是他们共同的价值观念与思维方式。

在改良派与顽固派的思想斗争中,早已与顽固派合流了的洋务派表面上充当了这种针锋相对的斗争的思想调停人,实质上是在与顽固派一起用更狡猾的手段来抵制资产阶级性质的变法维新。张之洞作《劝学篇》,就是针对康有为等人的改良主张而来的。《劝学篇》明纲第三写道:"五伦之要,百行之原,相传数千年更无异义,圣人之所以为圣人,中国之所以为中国,实在于此。故知君臣之纲,则民权之说不可行也;知父子之纲,则父子同罪免丧废祀之说不可行也。知夫妇之纲,则男女平权之说不可行也。"对康有为、谭嗣同等人"公然创废三纲之议"表示了极大的恐慌。在改良派处于进一步上升的时期,他们的政治主张与"中体西用"说是格格不入的。

资产阶级启蒙思想家严复则正面批判了"中体西用"说。严复对"中体西用"事实上有两种批判的方法,一种是以逻辑的方法出中体西用的丑,另一种是自立一说破中体西用之阵。他写道:"体用者,即一物而言之也。有牛之体则有负重之用,有马之体则有致远之用。未闻以牛为体,以马为用者也。中西学之异也,如其种人之面目然,不可强谓似也。故中学有中学之体用,西学有西学之体用。分之则并立,合之则两亡。议者必欲合之而为一物,且一体而一用之,斯其文义违舛,固已名之不可言矣。乌望言之而可行乎?"①这段话就是其第一种批

---

①《与〈外交报〉主人书》,《严复集》第3册,中华书局,1986年版,第558~559页。

判，即逻辑的批判。他以"牛体马用"喻"中体西用"无疑是机智而深刻的，对于当时不假思索便以之为圭臬的书呆子们的确起到了一种当头棒喝的作用。但严格地讲，"中体西用"并不是在实体与功能的意义上使用体用概念的（详见本文开头关于体用及"中体西用"含义的说明）。因而严复的这种批判虽机智深刻却并不十分恰当，这位译《穆勒名学》、懂逻辑的大家，只不过是玩了一个小小的偷换概念的把戏，出了一下"中体西用"的丑而已。按张之洞等人的原意，"中体西用"中的体用主要是一种主次、本末、恒变关系，从这个意义上讲，它在逻辑上至少还是说得通的。严复的第二种批判是其所主张的"自由为体，民主为用"的资产阶级启蒙思想在实质上对"中学为体，西学为用"的否定。他认为言"中体西用"之人对西学根本不知根底，所以"逞臆为变，不咨其实"①。在严复看来，自由是西学之体，民主乃西学之用，要改造中国社会必追求自由民主，而这正是中国封建社会最缺乏，也是统治者最害怕的。"夫自由一言，真中国历古圣贤之所深畏，而从未尝立以教者也。"②所以，万不能以中学为体来言变法，而西学为用必以西学为体才能行得通（"合则两亡"）。可见，"自由为体，民主为用"实质上是"西学为体，西学为用"的一种具体说法，此说一立，"中体西用"理应不攻自破。然而，由于中国特殊的国情和中国近代自由主义者自身的先天不足，在反对"中体西用"时真正进步的思想却反比并不正确的讥讽微弱且影响小得多。

当时，对"中体西用"真正构成威胁的不是"牛体马用"的批判和资产阶级自由民主思想，而是严复"做"的《天演论》，该书所宣扬的"物竞天择、适者生存"的进化观念与在让步中求生存的"中体西用"

①《天演论》译序，《严复集》第5册，中华书局，1986年版，第1321页。
②《论世变之亟》，《严复集》第1册，中华书局，1986年版，第2~3页。

论南辕北辙。与张之洞的《劝学篇》挟朝廷之力以行不同,《天演论》凭真理之势而彰,在当时同样流传极广,影响颇大,致使"物竞天择之理,厘然当于人心,中国民气为之一变"。"述侯官严氏最近政见"进化论是作为一种思维方式而在中国近代普及开来的,它不仅影响了资产阶级改良派、革命派,而且是中国无产阶级在接受马克思主义之前重要的思想方法。我们说《天演论》是《劝学篇》真正的敌手,也正是从进化论与"中体西用"说是两种对立的价值观念与思维方式这个意义上讲的。在中国近代史上错综复杂、瞬息万变的思想斗争与文化争论中,一般说来,凡具有进步意义的思想、学说、主张都多多少少与进化论沾边;凡具有保守意义的思想、学说、主张都在骨子里倾向于"中体西用"说。为说明这个论点,在近代史上几乎可以以任何一个思想家为例,但严复恐怕是最恰当的一个人物了。因为,《天演论》是他"做"的,"体用论"是他"破"的,《论自由》是他译的,"回观孔孟之道,真同天地,泽被寰区"[1]这种话也是他说的,甚至"洪宪六君子"给袁世凯复辟帝制吹吹打打的丑剧也是他演的。当严复作为一个资产阶级启蒙思想家活跃于近代思想史的舞台时,他的世界观和方法论的根底就是进化论;而当他晚年一退再退,终于投入封建主义的怀抱,进而成为短命皇帝的高参的时候,他也陷入了可笑的"牛体马用"的泥潭。他把《论自由》与《大学》《中庸》进行比附,用西方思想为"民可使由之,不可使知之"张目,与当年张之洞以西学"补吾阙"有何两样!

与严复十分相像,当改良派衰颓没落而变成保皇派、立宪派之后,他们在与革命派的论战中,同样也重蹈"中体西用"的覆辙[2]。张之洞在《劝学篇》正权第八中曾力言:"方今中华诚非雄强,然百姓尚能自

---

①《与熊纯如书札》,第 59 函,1918 年。

②李泽厚:《中国近代思想史论》,人民出版社,1979 年版,第 86 页。

安其业者,由朝廷之法维系之也。使民权之说一倡,愚民必喜,乱民必作,纪纲不行,大乱四起。倡此议者,岂得独安独活?且必将劫掠市镇,焚毁教堂,吾恐外洋各国必借保护为名,兵搬陆军,深入占据,全局拱手而属之他人,是民权之说,固敌人所愿闻者矣。"①这番话显然是针对变法维新的改良派说的,然而却与若干年后改良派宣扬的"革命必致内乱""革命必召瓜分"等论调如出一辙。可以这样认为,《劝学篇》不仅是洋务派与改良派较量的法宝,而且也是保皇派、立宪派与革命民主主义思想进行斗争的武器。因此,"中体西用"实质上也是辛亥革命的对立面。

　　殷海光先生曾指出:"张之洞的旧学固然不错,可是他服官几四十年,毕竟不是一个纯粹的书生。他是深明'现实政治'的。在现实政治的考虑之下,他借《劝学篇》来实现两件事:一,弥缝日渐滋长的汉满之见。……二,他借'正权'说,来阻抑日渐抬头的民权思想。合一与二,《劝学篇》隐然有巩固皇权及平抑革命的作用。他的中体西用说是在这种作用里烘托之下冒出来的。"②历史的推进使张之洞与康有为等人的使命合而为一了,就像当年顽固派与洋务派的使命合一一样,巩固皇权平抑革命又成了康有为们的"大任"。于是,"中体西用"充当保皇派的思想武器便成为历史的必然。康有为的"托古改制""公羊学说"最终演变成了"尊孔""立教","中体西用"的亡灵又在这些人身上附体了。张之洞所要实现的两件事,在现在看来,与其说是针对改良派的,倒不如是说针对革命派的更符合历史的实际。曹聚仁先生对中国近代以来的思潮有一个简明的概括:"太平天国挂的是耶稣的招牌,他们骨子里的天父、天兄、天国,以及一切论调,还是东方的,而且

①转引自李泽厚:《中国近代思想史论》,人民出版社,1979年版,第86页。
②殷海光:《中国文化的展望》,中国和平出版社,1988年版,第398~399页。

是儒家的。曾国藩、李鸿章提倡了洋务,他们所着眼的,仍是把西方的坚甲利兵来配合自己的礼教,当然更是东方的,捧出了孔孟和《公羊》的微言大义来变法维新,自是托古以改制。孙中山这位政治革命领袖,要算是西方气息最浓厚的,结果,还是捧出《礼记·大同篇》来,托孔子来张民生主义的革命胆子。晚清学术思想家,脱不了'中体西用'的套子,那是不争的结论。"①这个结论大体是不错的,但将孙中山列入脱不了"中体西用观"的套子的一类人物之中却有失公允。

我们说"中体西用"是辛亥革命的对立面,其中就包含着它是以孙中山为首的资产阶级革命民主主义思想的对立面的意思。孙中山虽然不曾正面批判"中体西用",但他用"体用"关系来解决哲学基本问题,实质上是还体用实体与功能关系的本来面目,此其一;孙中山鼓吹革命的世界观基础在本质上虽仍属于进化论,但进化论是与"中体西用"格格不入的,此其二;孙中山假《礼记》之言以宣传革命主张,以"知难行易"总结革命经验,与康有为搞"托古改制"有着根本的区别,绝不可同日而语,此其三。有了这三点,曹聚仁先生的结论就多少得打点折扣了。

我们说"中体西用"是辛亥革命的对立面,并不是说"中体西用"与辛亥革命是绝对对立的,它们之间的确还存在着相互渗透的方面,而且这一方面是考察"中体西用"在辛亥革命前后的演变史时不可忽视的。正如瞿秋白同志曾指出的那样:从维新改良的保皇主义到革命光复的排满主义,……士大夫的气质总是很浓的。……在这种根本倾向下,当时的思想界多多少少都已埋伏着复古主义和反动的种子,要恢复什么固有文化。复古主义的种子不仅在康有为那里发芽了,而且

---

①曹聚仁:《中国学术思想史随笔》,三联书店,1986 年版,第 332 页。

在革命派阵营中也找到了温床,这就是国粹主义思潮的出现。国粹主义思潮在革命阵营中的出现至少是由两方面的原因促成的:一方面,20 世纪初的民族自卑感、惧外心理大大加强了,崇洋媚外思想到处蔓延,刺激了具有强烈民族情绪的爱国知识分子;另一方面,民族虚无主义成为当时自由主义思潮的重要内容,这不仅无助于中国社会文化的进步,反而使文化保守主义的价值观念与思维方式有力地渗透到了革命派之右翼的思想之中。正如章太炎所感叹的那样:"近来有一种欧化主义的人,总说中国人比西洋人所差甚远,所以自甘暴弃,说中国必定灭亡,黄种必定剿绝。因为他不晓得中国的长处,见得别无可爱,就把爱国爱种的心,一日衰薄一日。"①为此,他认为需立国魂、振国学,以抵抗欧化论者的悲观论调。另外,在他看来,排满光复也需要"用国粹激动种性,增进爱国的热肠"②。1905 年 2 月,受到章太炎影响的光复会成员刘师培、邓实等,在上海创办《国粹学报》(月刊),标志着国粹主义思潮的形成。一时间通过出书、办报、办学等形式宣扬国粹、振兴国学、激励排满光复思想成为时尚、颇具声势。《国粹学报》亦称其宗旨是"发明国学,保存国粹"③。且"不存门户之见,不涉党派之私"④。"于泰西学术,其有新理精识,足以证明中学者,皆从阐发"⑤。国粹派认为,自洋务运动以来,向西方学习屡不奏效的原因就在于没有在提倡国学、发扬国粹的基础上学习西方,结果画虎不成反类犬,成为笑柄。他们似乎忘记了《劝学篇》主张的"先以中学固其

---

①《演说录》,《民报》第 6 号。

②同上。

③《国粹学报》第 1 期《发刊辞》。

④同上。

⑤同上。

根柢""通经明旨,考史识学"那一套并未见效。那么,什么是他们津津乐道的国粹呢?许守微在《论国粹无阻于欧化》一文中写道:"国粹者,精神之学也;欧化者,形质之学也。无形质则精神何以存,无精神则形质何以立。……国粹者,道德之源泉,功业之归墟,文章之灵奥也。"这些议论又不免使人联想到"中学为内学,西学为外学;中学治身心,西学应世事"之类的"名言"。国粹派有一个形象的比喻,说国粹与欧化的关系,就好像人体与衣服的关系,无论穿什么衣服,人体总还是它该是的那个样子,所以,欧化应于国粹无害;同样,人体存在才谈得上穿红戴黄之事,故《国粹无阻于欧化》,非但无阻而且是欧化的前提。①他们还认为,革命只是改变旧政治,而不是摧毁旧礼教,道德"本没有什么新旧""人群相处,总逃不出'忠信笃敬'四字"②。如此等等,他们的灵魂深处(价值观念与思维方式)已经与"中体西用"接通了。国粹主义思潮正是辛亥前与五四后中国近代文化保守主义连接与转换的一个中介、通道。有了这个通道,"中体西用"的血脉便是一气贯通并无间断的了;有了这个中介,"中体西用"虽仍为文化保守主义的价值观念与思维方式,但在辛亥以后却逐渐改变了其阶级属性,如本文引言所说。

纵观辛亥革命前"中体西用"兴衰流变的历程,不难看出,"中体西用"作为中国近代文化保守主义的价值观念与思维方式具有如下的内涵:作为价值观念,它是"天朝模型的世界观",即自我中心、尊己卑他、自我圣化的价值观。这里的"我""己"不是自由主义者的个人,而是民族主义者的民族。作为思维方式,是中国传统的"天不变道亦

---

①章开沅、林增平主编:《辛亥革命史》中册,人民出版社,1980年版,第164页。

②林懈:《国民意见书》。

不变"的近代变种,即郑观应所说的"器可变,道不可变",在本质上仍然是一种形而上学的思维方式。殷海光先生说"中体西用"近几十年来,已经被铸成半新半旧人物的文化思想之基本型模①。瞿秋白同志称它是士大夫的气质所埋下的复古主义和反动的"种子"②。曹聚仁先生则认为它是晚清学术思想家总也脱不掉的"套子"③。赖文森(Joseph Levenson)则将其视为儒家传统在近现代的"归路"(the way back),但他坚信"归路"不是"出路"(the way out)④。诸如此类的说法如"圭臬""框子"等还很多。这些说法其实说的都是一回事儿,就是"中体西用"已经内化成了一种价值观念与思维方式。

作为一种文化保守主义的价值观念与思维方式,"中体西用"具有如下特征:(1)与一般的文化保守主义具有共性,即在"认同"与"适应"中选择"认同",这种"认同"也可以称之为"逆退适应"⑤;为此,他们自觉地与自由主义为敌⑥。本土文化优越论以及据此而来的对"进步运动"的"抗拒运动"(countermovement)等等。(2)与民族主义的共生,这一特征使其借民族主义之力而广为流传并不易被清除。正像史华慈所言,在中国近代史上"与保守主义并生的民族主义成分是十分的强劲,至于其他成分则显得微弱"⑦。(3)中优西劣的价值判断与中主

---

①殷海光《中国文化的展望》,中国和平出版社,1988年版,第400页。

②《鲁迅杂感选集·序》。

③《中国学术思想史随笔》,三联书店,1980年版,第332页。

④转引自《当代新儒家》,三联书店,1989年,第249页。

⑤韦政通:《现代儒家的挫折与复兴》,引自《当代新儒家》第119页。

⑥艾恺:《梁漱溟——以圣贤自许的儒家殿军》,同上,第289页。

⑦Benjamin I.Schwarts: "Some Notes on Conservatism in General and in China in Particular"P20.

西辅的文化抉择的统一。这种统一是实质的而不是形式的。所以，尽管洋务派的实践者、尊孔读经的叫嚣者、革命阵营中的国粹派、晚年的《天演论》译者等并不曾说什么"中体西用"的套话，可人们公认他们骨子里都是其附庸。这一点对于理解现代思想史上的文化保守主义与近代思想史上的"中体西用"的传承关系富有启发意义。(4)"体"的剥落与"用"的膨胀的演进方向。"中体西用"在其演进的历程中并不是几十年一贯制，而是随着历史的发展不断变化，这种变化的一个基本趋势就是"体"的内容不断被"用"所剥落，导致了"用"的膨胀。洋务派的"体""用"与国粹派的"体""用"是辛亥前的两个极端。在前者"体"还十分强大，在后者则几乎只剩下孤立的"国魂"之类了；在前者"用"无非是坚甲利兵、声光电化；在后者"用"早已有国体政体、人文科学了。这种趋势一直延续到了现代，用一个不太恰当的比喻说，"体"终于因太单薄而隐退，"用"却终于因太庞大而胀破。于是，代之而起的便是另一些思维方式与价值观念，其中唯物史观、辩证方法是其致命的敌手。

唯物史观视社会存在为体，以社会意识为用；辩证方法则以普遍与特殊的范畴(共殊)取代了"体用"范畴，由这二者所引申出的政治、经济、文化的指导思想即社会主义新中国赖以建立与发展的指导思想是马克思主义的普遍真理与中国革命和建设的具体实际相结合，这种结合使"中体西用"成为历史。因此，在今天，"中体西用"乃至整个以"体用"言文化的思路只有历史的意味而无现实的价值。我们所倡导的"弘扬民族传统文化"与"中体西用"绝不可同日而语；我们主张的"吸取人类一切优秀文化遗产"也绝不是在"天朝观念的世界观"支配下的"补吾阙"；我们批判自由主义者的"全盘西化"论，反对顽固派们主张的"复古主义"论，同时，也必须扬弃保守主义的"中体西用"论，这是辛亥革命给我们的教训。如此，我们岂不是"一无所有"了吗？

不，在马克思主义的普遍真理与中国具体实际相结合的过程中创造民族的科学的大众的社会主义的新文化，这就是我们对以上三种论调的正面回答。

（原载胡伟希编《辛亥革命与中国近现代思想文化》，中国人民大学出版社，1991 年第一版）

中国传统价值系统与现代价值观念重建

我国社会正面临着多方面的变革，其中最为突出的就是我们正在经历着从高度集中统一的计划经济向社会主义市场经济的转变。随着经济体制的革命性变革，不可避免地要对我们以往的价值观念作必要的调整，从而使人们的价值追求符合已经变化了的客观实际，反过来促进经济的发展和社会的全面进步。这种调整也就是我们所说的重建。现代价值观念的重建，主要是相对于以儒家为代表，以传统农业社会为基础，以道德价值为核心，以道义为基本价值取向的中国传统价值系统而言的。正是在扬弃中国传统价值系统的意义上，我们的价值观念才需要重建，我们重建的价值观念应具有现代性。

一、人生价值观

人生价值观是价值系统的起点和基础。

关于人的价值，可以从三个层面来分析。一是广义的，就是从人与其他自然物的区别中来把握。在这个层面上，中国传统价值观的普遍结论是"人为贵"。它着眼于"人之所以异于禽兽者"，即人与其他动物的区别，力求在这种区别中把握人的特殊本质和特定价值，这是中国传统价值系统中人生价值观的一个基本特征。如荀子曾提出："水火有气而无生，草木有生而无知，禽兽有知而无义，人有气有生有知亦且有义,故最为天下贵。"①这是从区别中把握人的本质,肯定人的价值的典型。二是一般的,就是从人与人、人与社会的关系而言的。在这个层面上,中国传统价值观把人的个体价值归结为社会价值,强调人的社会义务与责任,强调个人对社会的服从。这种价值观所欲塑造的是忠臣孝子、贤妻良母。三是狭义的,就是就人自身而言的。在这个层面上,中国传统价值观强调的是人的气节与人格,它认同"富贵不能淫,贫贱不能移,威武不能屈",推崇"三军可以夺帅,匹夫不可夺志",树立了格物致知、正心诚意、修身齐家治国平天下的圣王合一的理想人格。

　　强调人为贵、人的社会价值、人的气节与人格,有其积极的一面,值得肯定。在这种价值观念的熏陶下,形成了中华民族把引导人、培养人、塑造人与尊重人、理解人、关心人有机结合起来的优良传统,形成了注重人际关系、有利社会安定、提倡尽忠敬业的文化氛围,造就了一大批关心百姓疾苦、注重民族气节、终生精忠报国的志士仁人。但是,这种人生价值观也有其弊端。仍以荀子为例,他讲人为贵,除了认为人集自然万物之"有"于一身而另有长处之外,还认为人之可贵乃在于人"能群"。他分析道,(人)"力不若牛,走不若马,而牛马为用,何也?曰:人能群,彼不能群也"②。"能群"即有组织,能发挥整体功能。人之能群在于"有分","有分"即有贵贱尊卑的等级结构,而且要着力维护它。而个人的价值也就在于牺牲自己以换取这种"有分"的社会秩序。这种人生价值观的弊端还在于泯灭个性,消解个人,以极个别人价值的自我实现冒充整个社会的价值;忽视生命基础的构筑和创

①《荀子·王制》,见《诸子集成·荀子集解》,上海书店,1986 年版,第 104 页。
②同上。

造能力的培养,注重志(动机)而淡忘了功(效果)。

在今天,如何看待人的价值、确立什么样的人生价值观仍然是一个值得认真思考的问题。

可以这样说:抽象地谈论和肯定"人为贵"是没有任何意义的。现代人生价值观,既要反对视人如草芥的非人道观念,也要反对脱离人的社会性的抽象空洞的人本观念。要树立具体的历史的人生价值观,即以广大人民群众为本位的人道观念和人本观念。所谓人为贵,就是以广大人民群众总体的根本的长远的利益为重,就是把人民答应不答应、赞成不赞成、满意不满意作为我们一切工作的出发点与归宿。尤其是作为社会先进分子的共产党员,一定要牢固树立一切为了人民群众、一切依靠人民群众、全心全意为人民群众服务的人生价值观。共产党员既要实事求是地承认现实社会中人生价值观上的层次性与多样性,更要始终保持自身人生价值观的高层次与先进性,绝不能因为承认差别、允许落后而降低共产党人的人生价值标准,也不能借口搞市场经济就放弃全心全意为人民服务的宗旨。要善于汲取中华民族传统价值系统中重视人格、气节的优良传统,培养当代共产党人无私无畏的浩然正气,讲党性,重人格,尊国格。要继承和发扬传统人生价值观中重视社会价值的精神,任何时候、任何情况下,都把国家、民族、集体的利益放在第一位。同时,要克服忽视个体价值的偏颇,把个体价值与社会价值有机地统一起来。作为国家、集体,要最大限度地调动和发挥每个社会成员的主动性和创造性,尽最大可能为公民个体价值的实现创造良好的社会条件,并以此为整个社会价值实现的最终目标。因为,所谓社会价值只能存在于每个公民的个体价值之中,那种脱离了广大人民群众的具体价值,而又凌驾于这些具体价值之上的所谓社会价值,要么是虚假的,要么是冒充的,不是中国特色社会主义价值系统所说的真正的社会价值。作为个人,则应该看到个体价值只有通过社会价值才能实现。实现个体价值既有个人努力的问题,也有社会环境的问题,正确的人生价值观是把改造自我与改造环境、实现个体价值与创造社会价值有机地协调起来,既反对以空洞抽象假冒的社会价值来消解个人,也拒斥抛弃社会价值而独往独来的极端利己主义、个人主义和享乐主义。在目前,尤其要抵制后者对社会机体的侵蚀,防止从一个极端走向另一个极端。另外,在实现个体价值与社会价值的过程中,都要注重价值实现的客观基础,培养和提高主体的创造能力,正如毛泽东同志所说的那样:"为大众的动机和被大众欢迎的效果,是分不开的,必须使二者统一起来。"[①]这种统一对个人的要求就是德才兼备,就是既有奉献精神,又有奉献的"资本"。

二、自然价值观

广义的社会包括自然,同样,广义的自然也包括社会。人,不仅要懂得和关注自我、他人和社会的意义,而且也不能回避自然的意义。自然价值观是价值系统不可或缺的重要内容。

中国传统价值系统对天地自然有一套异于西方的独特看法,认为天地万物之生都是为了人,即所谓"天生之,地养之,人成之"(董仲舒)。人对自然的态度应该是寄予深切的关怀与同情。其核心是强调天与人的和谐。中国传统文化的主干儒、释、道三家实际上都是主张天人和谐的。

儒家主张天人和谐是建立在泛道德主义基础之上的,这就是所谓"天人合德"。如《吕氏春秋·无私篇》称:"天无私覆也,地无私载也,日月无私烛也,四时无私行也,行其德而万物得遂长焉。"《易传》更是

---

①《毛泽东选集》,人民出版社,1991 年版,第 868 页。

将天地之性与君子之德直接联系了起来,认为:"天行健,君子以自强不息""地势坤,君子以厚德载物"。儒家不以功利的目光看自然,不追求对自然的知识性掌握,而是通过道德修养功夫去契合宇宙之大德,把宇宙人生打成一片。宋代著名哲学家张载主张"天地之塞吾其体,天地之帅吾其性,民吾同胞,物吾与也"。王阳明则称:"仁人之心以天地万物为一体,欣合和畅,原无间隔。"为此,在儒家看来,人应该"参天地而赞化育",即参与自然之大化流行而不妨碍它,表现出一种原始素朴的生态意识。

道家把天人和谐建立在其自然主义价值观之上,主张热爱自然、顺应自然、回归自然。老子主张"道法自然"。庄子则认为自然而然、原原本本是"天",改变自然、差强"天"意是"人","牛马四足是谓天,落马首、穿牛鼻是谓人"。在道家看来,一切人为的东西都是要不得的,人应该毫无保留地回归自然、返璞归真。把这种具有一定合理性的主张推向极端,便有了"鸡犬之声相闻,老死不相往来"的封闭观念和"弃智绝圣"的反文明倾向。

佛家的天人和谐思想是建立在"普度众生"的虚无主义基础之上的。尽管他们主张世界是空的,人生是苦的,只有追求超世间的解脱,才是摆脱空、苦的正道,但对于自然万物尤其是生灵仍抱着一种保护的态度,以显示佛家的慈悲。

尽管在中国传统文化中也有过"制天命而用之"(荀子)等改造自然的思想,但总的潮流是顺应自然,但这种顺应与现代生态伦理学完全站在自然主义立场上的为维护生态平衡而主张的顺应自然有所不同,它主要是站在人自身的立场上看问题的结果。近几十年来,中国传统的自然价值观基本上是被否定的,"人定胜天"的思想占主导地位,这当然有其积极的方面。但是,任何真理如果被绝对化地推向极端,就会走向自己的反面。人们在讥笑"杞人忧天"的同时,对"天"太轻视了。生态环境的破坏和自然资源的过度开发,给人类带来了不少麻烦,环境问题成了威胁人类自身生存发展的全球性的严重问题。在这种背景下,中国传统的自然价值观越来越引起人们的关注,对人类树立现代自然价值观提供了启示。

那么,我们应该建立一种什么样的自然价值观呢? 我认为,我们既要积极挖掘和继承儒家"天人合德"思想中的合理成分,弘扬中华民族素称发达的重实践理性的人文精神,保持人与自然"为人"的和谐态势;也要在克服和否定反文明倾向的前提下, 发扬道家热爱生命、顺应自然、回归自然的传统;甚至也可以对自然发佛家之慈悲,行"护生"之道。同时,我们也应该从另一方面继承"制天命而用之"的思想,培养具有认知精神的科学理性,积极地认识自然、合理地改造自然、有效地利用自然。我们既不能离开人类抽象地谈论环境问题,走上"牛奶也有牛奶的权利故人不能喝牛奶"的极端,也不能片面追求人类眼前的利益,导致对生态的破坏,最终引起人类的"自杀"。我们是人,我们只能站在人的立场上看问题,但人不仅是现实的你、我、他,而且还是不断出场的潜在者。为了人类自身的利益,为了子孙万代,我们应该确立一种新的、更高意义上的科学、文明、合理的"天人合一"的自然价值观。

三、道德价值观

道德价值观是价值系统的核心。中国传统社会是一个泛道德主义社会,道德价值观更具有重要地位。

中国传统道德价值观的核心问题是"义利之辨"。所谓义,指生活所应遵循的准则。《礼记·中庸》讲"义者宜也",韩愈《原道》也说"行而宜之谓义"。所谓利,指有益于生活的因素。前者是是非的标准,后者是利害的准绳, 二者的关系源于个体生命的发展与群体生命的完善之间的矛盾。人活着首先要维持生命，必须要创获有益于生活的因素。因此，创利乃人生之第一行为，为创利而从事的生产是每一个人及其存在于其中的每一个社会存在和发展的前提。创利的行为为每个人生存所必需，人与人之间因创利往往发生矛盾冲突，这种矛盾冲突有不可调和的一面，这就是阶级斗争的根源和法制建设的根据。这种矛盾冲突也有可以调和的一面，这就是道德规范的形成和伦理建设的前提。道德就是调节、处理人际关系的准则。

中国传统道德价值观对生命有所肯定，尤其是在生命与道德、利与义不相冲突的情况下，还是承认利、义皆为人生所必需，孟子讲"生亦我所欲，义亦我所欲也"，就表明了这一立场。但这两种欲往往很难同时满足，求生之欲很容易导致人与人之间争斗，从而与求义之欲导向的人与人之间的合作形成冲突。"二者不可得兼"则是常有的事。在这种情况下，中国传统道德价值系统的价值选择就是孟子所说的"舍生而取义者也"。正是在这个意义上，我们说儒家是重义轻利的道义论者。孔子认为"君子喻于义，小人喻于利"，就是说君子于事必辨其是非，小人于事必言其利害。孟子见梁惠王，讲了一大套国君言义不言利的好处：利总是有限的，有多少可以给臣民百姓呢？而义却是无穷的，既廉价又方便，而且更重要的是可以防止百姓犯上作乱，有利于维护自己的统治，号召你的臣民百姓舍利而取义吧！这无疑是在物资匮乏的小农经济条件下维持局面的一条可靠途径。因此，一经提出便得到了历代统治者的广泛认同，使其披上了许多冠冕堂皇的美丽外衣。这可以说是重义轻利价值取向深刻的经济根源和政治背景。孔孟之后，董仲舒的"正其谊（义）不谋其利，明其道不计其功"成了儒家义利观的权威论断和经典表述。宋明理学家更是将其推向了极端，演变成了"存天理、灭人欲"的禁欲主义价值观。"重义"抽象地看是绝对正确的，在历史上也确实起过积极的作用，"不为五斗米折腰"的人正是这种国风中培养出来的。这种价值取向看到了"所欲有甚于生者，所恶有甚于死者"，即肯定人格高于生命，有其正确的成分。然而，生命毕竟是人格的基础，如果彻底否定了生命，还有什么人格可言呢？因此，"重义"而"轻利"的价值取向，很容易导致"存天理、灭人欲"的禁欲主义价值观。这种价值观成了官方意识形态之圭臬后，人们的需要被漠视，社会的本质被扭曲，国家的贫穷被保护，造成了一种越远离物质利益道德品质就越高尚的虚假道德形象。这种愚昧的道德价值观，一方面是"对整个文化和文明世界的抽象否定"，是"向贫穷的、没有需求的人——他不仅没有超越私有财产的水平，甚至从来没有达到私有财产的水平——的非自然的单纯倒退"（马克思）。另一方面，则为王公贵族及其代言人制造了中饱私囊的借口。

在经过批判性的解释和创造性的转换之后，我们在道德价值观上可以继承中国传统的"重义"取向，但不能得出"重义"必然"轻利"的结论。为了对"义""利"关系的现代道德价值判断作出具体回答而不是抽象议论，有必要对社会主义初级阶段、社会主义市场经济条件下的"义""利"概念进行明确界定。在这里，"义"指符合社会主义原则的行为准则。具体说，一切有利于解放和发展生产力，一切有利于增强综合国力，一切有利于改善人民生活的思想和行为；一切有利于发扬爱国主义、集体主义、社会主义的思想和行为，一切有利于改革开放和现代化建设的思想和行为，一切有利于民族团结、社会进步、人民幸福的思想和行为，一切用诚实劳动和合法经营追求美好生活的思想和行为，都是"义"的题中应有之义。这种广义的"义"，也就是当代中国社会最大之"利"。在这个意义上，现代道德价值观的根本价值取向是义利兼得。当然，义利还有其不同层次上的不同含义。

就社会总体说，物质文明是利，精神文明是义；就经济主体说，经济效益是利，社会效益是义；就个人而言，物质追求是利，精神追求是义。在这些层次上，义利不相冲突时，我们的价值取向是义利互济。当二者不可兼得，必须牺牲其中某些方面而保住另一方面时，我们的价值选择是具体情况具体分析。义利不仅有质的分野，而且也有量的差别。拿全局利益与局部利益比，全局利益为重是义，局部利益至上是不义；拿国家、民族、集体利益与个人利益比，前者是公利、大利，重大公者为义，后者是私利、小利，图小私而害大公者为不义；拿人民群众之总体、长远、根本利益与局部、眼前、暂时利益相比，前者是大利，后者是小利，"两利相较取其重"为大义，谋小恩、施小惠者就局部说是小义，就全局说是无义甚至不义；当义利不可兼得、两利不可兼顾、两义无法齐美时，"两害相较取其轻"，有良方将损失减少到最低程度者，仍为义举。

所谓义利兼得，就是两个文明一起抓，两个效益一起上；就是物质生活有保障、有提高，精神境界上档次、上水平。所谓以义统利，义利互济，就是导之以利，齐之以德，起码做到利己而不损人，见利而不忘义，谋利而不缺德；就是要用诚实劳动和合法经营正当谋利、合理取利、有效赢利，而不唯利是图不顾其余；就是要明大义、为大利，反对假公济私，打击损公肥私。所谓舍利取义，舍生取义，就是在义利矛盾尖锐冲突、非舍一而不能为续的情况下，果断地放弃局部的、暂时的、眼前的利益，以成大义、全大局、立大功；就是在国家、民族、集体、他人利益与个人利益尖锐冲突而不可兼得时，牺牲个人利益；就是为保卫国家、民族、集体利益和人民生命财产安全，不惜献出自己的生命。

四、经济价值观

经济价值观是价值系统中与人的现实生活最为贴近的部分。

中国传统价值系统中的经济价值观有四种基本的价值取向：德本财末、重农抑商、重分轻产、重藏轻用。这四种基本的价值取向实际上是相互联系、相互贯通的。孔子主张"君子谋道不谋食",为中国传统经济价值观定下了基调。《礼记·大学》明确提出:"德者本也,财者末也。"意思是说,从事经济活动同样要以道德为根本,视道德为根本,视钱财为末节。在众多经济活动中,最能体现仁人厚德的便是农业。故以农立国的思想不仅源远流长,而且深入人心。"民以食为天"成为这一思想的通俗表述。这既有其历史的根据,也合乎中国的国情。重农固然有据,但重农为什么必然要抑商呢?因为,传统的农业社会中,农业始终是一种自给自足的自然经济,规模小、积累慢、扩大难、交换少。而商人不事生产,用中国传统道德价值观来评判,无异于食嗟来之食,是不道德的行为。另外,在古人看来,商人得利比农民种田要容易得多,如果不抑制商业,大家都去经商,农业生产肯定要被削弱。从民风教化方面看,他们认为农民纯朴,而无商不奸。因此,无论从社会的物质基础看,还是从人类的精神生活看,重农都必须抑商。于是,历代统治者都摆出一副同情农民、重视农业、关心农村的面孔,提出"杀正商贾之利,而益农夫之事"(《管子》)。农业经济本质上是一种匮乏经济,小农经济更是如此。由于创造的财富有限,只好在如何分配上做文章,于是,便有了"不患寡而患不均,不患贫而患不安"的思想和轻生产重分配、轻消费重积累的价值选择。

　　中国传统价值系统中的经济价值观重视经济活动中的道德因素、重视农业尤其是粮食生产、从安定民心来审视分配问题、提倡节用,这些都有其积极意义,值得我们在重建现代经济价值观时批判继承。市场经济既是法制经济,也是道德经济,离开了道德规范同样要导致混乱。在中国谁不重视农业、不重视农民、不重视农村,谁就要成为历史的罪人;不解决粮食问题、农民问题和农业现代化问题,就不能解决中国的其他一切问题。但是,从总体上看,中国传统经济价值观的主要价值取向与社会主义市场经济是格格不入的。尤其是其轻财、抑商、重分轻产的观念必须彻底破除。我们必须旗帜鲜明地反对拜金主义，但我们绝不是不加分析地一味否定金钱的作用，更不是视金钱如洪水猛兽。这里的关键，一是要看这财是正当的合法的，还是不义之财；二是要看为什么要聚财、为谁而聚财，如果是为祖国、为人民、为社会主义而聚财、理财、发财且走诚实劳动、合法经营的正道，那财真可谓多多益善；如果是靠坑蒙拐骗，搞假冒伪劣，赚一分钱也是拜金主义。古人云"君子爱财，取之有道"，在今天，"有道"意味着合社会主义之"义"、合市场经济之"理"（规律）、合中华人民共和国之"法"、合科学管理之"方"。套用孔夫子的话说：爱财有道、经营有方，不亦君子乎？

我们必须继续高度重视农业，尤其是粮食生产，但重农不必抑商，不能抑商，不仅不能抑，而且重农必须重商，只有农工商并重，才能为真正解决农业问题、农民问题、农村问题找到通途。改革开放中崛起的社会主义新农村的典型，毫无例外地都是农工商并重、产供销一体。平均主义不是社会主义，以共同贫穷换取廉价的安定最终是靠不住的。因此，共同富裕才是安定的可靠保证，发展生产才是共富的根本途径；节流固然重要，开源却更为根本。当然，在生产力有了长足发展的前提下，积累和分配的问题同样不可轻视，只是天平的重心永远要向解放和发展生产力倾斜，否则，一切价值终成无本之木，这大概可以说是一切价值取向中最关键的一点。

（原载《社科纵横》1995 年第 6 期）

传统孝道与现代亲子关系

　　传统文化与现代文化建设的关系问题，是每一个走向现代社会的文明古国都必须认真对待和解决的问题。在我国，这个问题的研究与争论由来已久，尤其是近十年来更为突出。以往的讨论取得了许多令人瞩目的成就，但也有未尽如人意之处，其中之一就是抽象的议论和宏观的分析多，而具体的分析与建设性的意见少。因此，笔者主张进行一些具体分析和实证性的研究。本文试图贯彻这一精神，对传统孝道与现代亲子关系的有关问题进行一些具体分析，并力图提出建设性意见。

一

　　孝道在中国古代具有十分宽泛的内容。从动机来看，孝是一种敬本心理，父母是身之本，君主是国之本，天地是人之本。因此，狭义的孝是事父母，推而广之为事君主，广义的孝是事天地。从效果来说，孝是一种管理手段，它将礼法的外在约束与道德的内在自觉相统一，为"修齐治平"的目的服务。因而，孝从亲子关系出发，由家而族，由族而国，不断丰富其内涵；又从君而臣，从臣而民，不断扩充其外延。具体说，传统孝道主要包括以下几方面内容：

　　（一）养亲尊亲

　　孝道的最基本的内容就是养亲尊亲。《论语》对孝最基本的规定是:"今之孝者,是谓能养。至于犬马,皆能有养。不敬,何以别乎?"①
《孟子》则对此作了进一步的发挥:"孝子之至,莫大乎尊亲。"②养亲尊
亲是孝道最基本的原则,具体说,又有不同的层次与方面:"孝子之事
亲也,居则致其敬,养则致其乐,病则致其忧,丧则致其哀,祭则致其
严。五者备矣,然后能事亲。"③子女不仅要"谨身节用,以养父母"④,而
且态度必须恭敬,要为父母分忧解愁,尽量使他们高兴。病丧之中更
是考验孝与不孝的关键。

养亲尊亲是人之常情,可谓天经地义。但是,传统孝道讲养亲尊
亲主要是建立在一种报恩意识和宗法观念的基础上的,这就使这一
合情合理的道德规范蒙上了封建制度的阴影。扬弃其维护宗法制度
的目的,作为亲子关系的一般规范,养亲尊亲应该成为不同社会普遍
的社会公德。

(二)传宗接代

人类的生存与发展依赖着三种生产活动,即物质生产、人自身的
生产和精神生产。种的繁衍是任何社会都不可缺少的发展前提。尤其
是在古代社会,在自给自足的自然经济条件下,这一点显得尤为重
要。正是由于这种社会存在的决定作用,传统孝道把传宗接代作为其
十分重要的一项内容。"父母生之,续莫大焉"⑤"不孝有三,无后为
大。"⑥在儒家看来,家庭的建立就是为了维续男子宗系,完不成这一
重任,便是最大的不孝。为了防止无后,男子便有了纳妾的自由,而女

①《论语·为政》。
②《孟子·万章上》。
③《孝经·纪孝行章》。
④《孝经·庶人章》。
⑤《孝经·圣治章》。
⑥《孟子·离娄上》。

子则只能从一而终。因此,传统孝道于父权之外,又衍生了夫权,对于女子有更深的压迫。

"不孝有三,无后为大"以及由此而引申出的其他伦理规范,在传统孝道中尤具封建特性,应该彻底破除。但是,对其在历史上的出现,应进行实事求是的分析与说明,它除了具有封建社会的烙印之外,还体现了自然经济和人类繁衍的客观要求。

(三)善继善述

孔子曾提出:"父在观其志,父没观其行。三年无改于父之道,可谓孝矣。"①从正面讲,不改父道,就必须"善继人之志,善述人之事"②;从反面讲,不改父道,就是"无违"③,即不违背礼。这就不仅要求子女在物质上能使父母的生活得到保障并用恭敬的态度赡养父母,而且要求子女内在精神上要与父母保持一致。那些使家道衰落、家学失传、家风败坏的后代,便是典型的不孝之子。

(四)光宗耀祖

传统孝道不仅要求子女对父母要尽义务,而且还要求他们自己要立德、立言、立功,以达到"扬名声,显父母,光于前,裕于后"的目的。④《孝经·开宗明义章》讲:"立身行道,扬名于后世,以显父母,孝之终也。"这是孝道在家庭伦理范围内的最高要求。

(五)移孝作忠

在封建社会,由于自然经济和宗法制度的存在,所谓国者,即是

---

①《论语·学而》。
②《中庸·第十九章》。
③《论语·为政》。
④《三字经》。

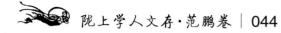

皇帝之家。因此，孝道虽自小家（庭）始，却不能于小家（庭）终，而要进一步扩展到整个国家。每一个人都是皇上的子民，对于这个大"家"的公"父"必须无条件地尽孝。事君不忠便是不孝，所以，"君子之事亲孝，故忠可移于君"①。忠君与尽孝在这里合二为一了。在家做孝子，在国做忠臣，被视为封建社会男子的最高德行。移孝作忠把孝道由家庭扩展到了社会，这是封建社会由孝道而讲孝治的关键所在，也是儒家把家庭伦理转化为政治伦理的根据。正是由于这种扩展和转化，使孝道在中国封建社会具有了超出家庭伦理范畴的广泛的社会政治意义。孝道之所以在中国传统文化中根深蒂固，与这种扩展和转化也大有关系。

以上几方面的内容，奠定了孝道在中国封建社会的地位，也使它具有了特殊的作用。从伦理角度看，孝不仅是一德，而且是众德之本。"夫孝，德之本也，教之所由生也"②。从政治角度看，孝是百行先、万事纲，不孝是罪之首。"夫孝，三皇五帝之本务，而万事之纪也""刑三百，罪莫重于不孝"③。从地位作用看，"天地之性，人为贵。人之行，莫大于孝"④。故"昔者明王以孝治天下也"⑤。孝，不仅是修身齐家的基础，而且也是治国平天下的必备条件。因此，统治者总是宣扬"夫孝，天之经也，地之义也，民之行也"⑥，求忠臣必于孝子之门。这是因为，所谓孝子，必须遵循所有的封建道德，必须于三不朽方面有所建树，这种于封建制度秋毫无违的人，当然是封建社会最难得的"人才"。

---

①《孝经·广扬名章》。

②《孝经·开宗明义章》。

③《吕氏春秋·孝行览》。

④《孝经·圣治章》。

⑤《孝经·孝治章》。

⑥《孝经·三才章》。

二

以上我们简要地归纳、讨论了传统孝道的基本内容及其在中国封建社会特殊的地位和作用。那么，在我们今天的社会主义精神文明建设中，传统孝道在处理好亲子关系和解决养老问题方面会起到什么样的作用呢？我们今天提倡的社会主义新型孝道应该包括哪些基本内容呢？在回答这些问题之前，我们首先必须对现代家庭的基本状况、格局、亲子关系的现状等情况有一个大体了解。

在现代社会中，家庭主要有三种模式：第一种是核心家庭，它是由父母及其未婚子女所组成的（包括单亲家庭和无子女家庭）。第二种是主干家庭，它是由父母及一个已婚子女组成的（包括由单亲家庭发展而来的鳏夫、寡母和一个已婚子女所构成的家庭）。第三种是联合家庭，它是由父母和多个已婚子女所组成的（包括父母去世后兄弟姐妹婚后仍不分家的家庭）。在这三种模式中，核心家庭是目前世界上最普通的家庭模式。有资料表明，在我国，核心家庭已占家庭总数的 70% 以上，有的地区甚至高达 77.9%。在核心家庭比重上升的同时，家庭平均人数却在不断下降，我国户均人口已从 1937 年的 8.4人，下降到了目前（1994 年）的 4.02 人。因此，在我国现代家庭格局中出现了核心化、小型化的发展趋势。

家庭核心化、小型化了，但是人们的寿命却在延长。现在，我国公民的平均寿命已延长到了 72 岁，这表明养老问题并没有随着家庭的核心化、小型化而消失，而是更加突出了。在这种格局下，如何处理好亲子关系，仍然是现代家庭伦理建设的重要任务。我们既不能沿袭传统孝道来进行这种建设，也不能割断家庭伦理发展的历史凭空去创造什么新规范，而是要扬弃传统孝道，既深入批判、坚决破除封建宗法制、等级制的内容，又继承发扬、充分利用中华民族尊老敬长的优

良传统,使传统孝道创造性地转换为社会主义的新型孝道。

在当今中国,多数子女是孝敬父母的。据抽样调查,在生活不能自理的老人中,照料好的和比较好的占调查对象的 67.6%;有人照料,但不够周全的占 25.2%;照料差造成老人生活困难的占 7.02%。在亲子关系中,存在的问题主要有这样两个方面:一方面,一部分家长和极少数子女受封建伦理道德影响较深,把家长的绝对权威和子女的孝顺看得太重太狭,因此,自觉不自觉地重演着封建宗法制、家长制的悲剧。这种情况在城乡都有,但尤以农村、特别是边远落后农村为重。另一方面,有一部分子女(主要是青年子女)既不珍视中华民族尊老敬长的传统美德,也不遵循社会主义家庭应有的道德规范,不赡养父母、不尊重老人,有的甚至虐待长辈,在社会上造成了不良影响。还有些人,父母健在时不尽孝道,父母死后却大讲排场办丧事,这种薄养厚葬的形式,就连主张祭之以礼的儒家都不赞成,与社会主义家庭伦理更是格格不入。

三

现代家庭伦理建设必须继承发扬传统孝道之精华而又充分体现社会主义时代精神,这是我们创立和完善社会主义新型孝道的基本指导思想。那么,充分体现中华民族传统美德和社会主义时代风尚的新型孝道应该包括哪些主要内容呢?

(一)尊老敬长、赡养父母

这既是中华民族的传统美德,又是社会主义家庭道德的基本要求。由于家庭结构的变化和人均寿命的延长,尊亲养亲有了新的内涵与形式。家庭的核心化、小型化趋势,造成了父母与已婚子女的分居成为普遍现象;双老核心家庭的增加和存在期的延长,使赡养具有了与传统孝道中的养老敬老不同的内涵。在我国,尤其是在占人口总数

80%的广大农村，核心家庭与主干家庭并存的格局仍是家庭格局的主体,家庭养老仍然是养老保障的主要形式。即使在城市,大多数老人虽然享受了社会养老的待遇,但仍喜欢"在家养老"这种形式。这种"分而不离"的家庭格局和"在家养老"的社会保障形式,就为子女尊老养老尽孝道提出了新的要求：给老人以精神上的安慰和生活上的定期料理成为城市子女尽孝的基本方式，对无经济来源和丧失劳动能力的老人(主要是双亲)提供基本生活保障则是农村子女尽孝的基本方式;随着社会生产力的发展和城乡差别的缩小,城市子女的尽孝方式将成为城乡共同的尽孝方式。养老尊亲并不是子女绝对地服从长辈、服从父母,而是尊重他们的人格、尊重他们的劳动、尊重他们的意见、尊重他们的感情。

(二)继承老一辈优良的道德品质

现代青年具有许多优点,但他们恰恰缺少老一辈工人、农民、知识分子和革命干部所具有的艰苦奋斗、勤俭节约、严以律己等优良品质和重和谐、讲大局、利他人等道德风尚。因此,子女能否继承和发扬老一辈优良的道德品质也是现代亲子关系中孝与不孝的一个重要方面。我们这里所讲的继承发扬绝不是什么"三年不改父道",而是择善而从、择优而效,其中也有从老一辈的失误中吸取经验教训,在自己的学习、生活、工作中赶上和超过老一辈的业绩的意思。在继承和发扬老一辈优良的道德品质的过程中，也应该提倡继承和发扬具有家庭个性和传统的优良道德品质。

(三)为祖国效力、为人民服务、为父母争光相统一的道德价值观

在社会主义条件下,父母在家庭中有责任把子女培养成有理想、有道德、有文化、有纪律的社会主义建设人才,子女成人之后,能否为祖国效力,为人民服务是其能否为父母争光的关键,也是孝与不孝的一条标准。社会主义的新型孝道应该是家庭伦理中的爱国主义、集体

主义与社会主义人道主义的有机统一。我们既要反对借孝敬父母之名而损害国家利益、集体利益的行为,也要反对借干事业、为集体之名而不赡养父母,甚至虐待父母的行为。要知道,赡养父母、尊老敬老不仅是个人的私事,也不单纯是报答父母的养育之恩,而是社会主义家庭伦理中的公德,是为全社会尽公民应尽的义务。那种认为养不养、敬不敬是我个人的自由,不关别人什么事,更与整个社会无关的观点,是极其错误的,社会舆论对这种人的谴责是合情合理的。

尽管每个人的荣辱观是有所不同的,但社会主义道德体系中的善恶观、荣辱观却是有客观标准的。因此,在社会主义条件下,子女能否为父母争光、什么叫为父母争光是有客观标准的。一般来说,能为国争光、为集体争光的行为同样也能为父母争光。在社会主义革命和建设中涌现出了一批又一批英雄模范人物和各种出类拔萃的人才,他们在为祖国建功立业、为人民创造财富的同时,也就为父母增添了光彩,这种孝道今天仍然是要大力提倡的。

(四)社会公德、职业道德、家庭美德的和谐统一

在传统孝道中,一个孝子必须毫无例外地遵循封建社会的一切道德。在新型孝道中,一个孝子同样也应该遵循社会主义的一切道德。因此,新型孝道应该将社会公德、职业道德、家庭美德有机地统一起来。我们很难设想,一个置社会公德于不顾的极端利己主义者,一个毫无职业道德的玩忽职守者,在家中会是一个尽心尽力赡养父母、恭恭敬敬侍奉老人的孝子。反过来,也很难想象一个连自己的父母都不放在眼中的人会尊重别人,一个连自己的父母都不愿赡养的人会有什么良好的职业道德。尽管差别与矛盾肯定是现实存在的,但作为社会主义新型孝道的内容,这三德无疑应该是高度和谐统一的。

总之,现代亲子关系和孝道问题既极富传统色彩,又颇具现代

意义。深入研究、正确宣传社会主义的新型孝道,对于弘扬民族优良传统,确立新型亲子关系,推动社会主义精神文明建设都是十分有益的。

（原载《天府新论》1994 年第 5 期）

"礼""忠""孝"的现代诠释

"礼""忠""孝"是中国传统伦理思想的核心范畴,既有其具体的时代内容和特征,又有其超越时代的永恒意义和价值。本文拟通过对其意义的分析把握,引申出可能的现代诠释,为建设现代文明提供一些借鉴。

一、以"礼"为核心的道德规范

"礼,履也,所以祀神致福也。"①"礼"最早是神人关系的行为规范,由于古人敬神思想中有浓厚的祖先崇拜成分,礼便逐渐演化到人与人的关系之中,成为人的行为的道德规范的总和与总称。仔细辨析"礼"的意义,从伦理角度主要有以下几层。

(一)与"仁"对应的道德规范

"仁"是道德觉悟、道德情操等内在自觉的道德品质,而"礼"则是处理人与人之间关系的行为规范。尽管与"刑""法""政"等强制性力量比较,"仁""礼"都是靠良心、舆论的软约束,但"仁"是自我自觉自愿的约束,而"礼"则是非我外在的约束。因此,孔子才感叹:"人而不仁,如礼何!人而不仁,如乐何!"②一个人如果没有自我自觉自愿的道德情操,仅被动地靠社会舆论等的外在约束,实际上是起不了多少作

---

①《说文解字》。
②《论语·八佾》。

用的。因此,在中国传统伦理思想中,"礼"首先具有"规范"的意义。如果说"仁"是中国传统伦理思想中道德情操的核心的话,那么,"礼"便是其道德规范的核心。中国传统伦理思想的道德规范体系正是以"礼"为核心和起点建构起来的。

(二)为人处世的道德准则

"礼"作为中国传统伦理思想道德规范体系的逻辑起点与核心观念,并不是抽象的。它从"我"为人处世的准则下手,由内向外扩充。孔子认为,礼是人立足于社会的根本,一个人要立足于社会,必须"立于礼",这就首先要求学礼、知礼,"不学礼,无以立。"①"不知礼,无以立也。"②其次,要"立于礼",仅仅停留在对礼的认识上还不行,必须将其体现在行动中,故曰:"居上不宽,为礼不敬,临丧不哀,吾何以观之哉?"③最后,立人立己之诸要素要由礼来补充和完善。孔子指出:"恭而无礼则劳,慎而无礼则葸,勇而无礼则乱,直而无礼则绞。"④诸美德均需要礼来规范其分寸。由是观之,礼主要是作为标准、准则出现于伦理思想之中,这也就是规范体系不同于品质思想之处。故从否定意义上讲,则有"非礼勿视,非礼勿听,非礼勿言,非礼勿动"⑤。

(三)积淀而成的道德习俗

就道德主体而言,"礼"是一套为人处世的道德准则;就整个社会而言,"礼"则是通过不断的损益而积淀成的道德习俗。孔子说:"殷因于夏礼,所损益可知也。周因于殷礼,所损益可知也。其或继周者,虽

①《论语·季氏》。
②《论语·尧曰》。
③《论语·八佾》。
④《论语·泰伯》。
⑤《论语·颜渊》。

百世,可知也。"①夏礼、殷礼、周礼就是当时约束人们行为的道德习俗。这些传统的风俗礼规在孔子心目中具有重要的地位,所谓"克己复礼"所"复"不外这些。在这里,孔子看到了"礼"是进化的,但其基本精神却是永恒不变的。所以, 他实际上是主张枝节修补而其道不易的。《礼记·大传》具体说明了这些修补和不易之道的内容:"权度量,考文章,改正朔,易服色,殊徽号,异器械,别衣服,此其所得与民变革者也。其不可得变革者则有矣。亲亲也,尊尊也,长长也,男女有别,此其不可得与民变革者也。"②

(四)治国安民的道德根据

"礼"在其流变演化的过程中经历了一个由外而内、由器而道的"形上化"过程。尽管在周代就有"礼,经国家,定社稷,序民人,利后嗣者也"③的说法,但这主要是从制度的角度、从"器"和"外"的层面上看问题的结论。到了宋代,朱熹对作为道德根据的"礼"进行了形而上的论证。他指出:"礼谓之'天理之节文'者,盖天下皆有当然之理。今复礼,便是天理。但此理无形无影,故作此礼文画出一个天理与人看,教有规矩可以凭据,故谓之'天理之节文'。"④由是亦可以说,"礼也者,理也"⑤,是伦理纲常本然之外化。这就使礼具有了道德规范之依据的地位,它不仅是君子修身养性、为人处世的准则,而且也是社会长治久安、导向大同的门径。因此,修身之礼、习俗之礼、治国之礼是三位一体的,这也正是儒家"修齐治平"的救世方略的道德根据。

---

①《论语·为政》。
②《礼记·大传》。
③《左传·隐公十一年》。
④《朱子语类》卷四十二。
⑤《礼记·仲尼燕居》。

从对"礼"的分析中我们可以看出,中国社会有一个"礼治"的优良传统。"礼治"并不是人们微词颇多的"人治",而是与"法治"相辅相成的另一种以规范治国的有效方式。在现代化建设的过程中,我们既需要民主政治的法治,也需要精神文明的礼治,需要通过对"礼"的现代诠释重建"礼治"文明。礼治文明既是社会主义的,也是中华民族的;既继承发扬了中国传统文化、体现着民族精神,又吸取了全人类文明的成果,充满着时代气息。那么,当代中国社会的"礼"应是什么呢,我们所要重建的"礼治"文明应是怎样的呢?

首先,我们应该有一整套符合现代中国需要的道德规范,这些规范便构成了"礼"的体系。当前,全社会都十分关注社会主义精神文明建设,加强社会公德、职业道德、家庭美德建设已成为当前思想道德建设的基本任务,而这"三德"各自的基本内容及其导向性的规范,事实上就是中国公民所应遵循的基本道德规范。其次,"礼治"要与"仁德"相结合,把启发内心的道德自觉与健全外在的道德约束机制统一起来,使广大公民做到既自觉自愿,又自然在规矩之中。最后,"礼治"要与"法治"相结合。孔夫子尚且懂得"道(导)之以政,齐之以刑,民免而无耻;道(导)之以德,齐之以礼,有耻且格"①的道理,我们难道还看不出这种礼法互补的重要性吗? 我们认为,"礼治"立足于"导","法治"侧重于"防",这两手都是必不可少的。

二、以"忠"为基础的职业道德

忠作为一种道德规范,有广义和狭义之分。广义的忠即原初意义的忠,指的是"发自内心""尽心"这一抽象的道德原则。狭义的忠则是这一抽象的道德原则在君臣关系上的具体化和对象化, 是古代知识

---

①《论语·为政》。

分子在君臣关系上的道德定位。随着封建等级制度退出历史舞台,狭义的忠德失去了对象,在人们的思想观念中迅速消失,成为历史的陈迹。而广义的忠却作为一种普遍的道德原则,积淀于人们的思想观念中,通过各种各样的职业活动表现出来,在现代社会生活中仍发挥着重要的作用。

具体来说,传统"忠"德在如下几个方面得到展开:

(一)忠诚

"诚"的基本含义是"真实","诚"与"忠"可以互训,故忠亦有真实之义。在现代汉语中,"忠诚""诚实""真诚""忠实"仍然可以互用。以诚训忠,突出的正是发自内心这一基本含义。孟子以诚为最高道德:"诚者,天之道也;思诚者,人之道也。"[①]荀子也认为诚是天德与人德共同的品质,是天人合其德的最高境界。忠诚是古人进行人际交往和社会活动的最重要的准则,也是君子治国平天下的道德出发点。

(二)忠信

忠信是忠诚的外在表现。忠是对己而言,信是对人而言,由忠诚到忠于与自己交往的所有的人。先秦思想家们对忠信极为重视。在先秦典籍中,与忠联用的道德规范中,"忠信"出现的频率最高。宋明理学家甚至认为"人道惟在忠信"[②]。忠信把忠诚的内在价值实现于人际交往的实践之中,是忠的外化和展开。

(三)忠敬

敬的本义是指恭敬谨慎,又分为两种情况:一种是敬于王命,勤勉王命;另一种是对自我行为的敬慎。这两种情况都是指做事而言。忠者对人讲信,对事讲敬,忠的品德体现在事上就是敬。孔子把"居处恭,

---

①《孟子·离娄上》。
②朱熹《四书章句集注》引程子语。

执事敬,与人忠"①作为仁的要旨之一,又把"事思敬"作为君子的"九思"之一②。《释名·释言语》曰:"敬,警也,恒自肃警也。"宋明理学家说得更明确:"敬只是持己之道。"③一个人做事能否以全副身心贯注之,是成功与否的重要前提。这种全身心投入的精神,就是忠敬,它是忠在事业上的表现。

(四)忠恕

曾子认为,孔子学说中"一以贯之"的乃是"忠恕而已矣"④,朱熹解释说:"尽己之谓忠,推己之谓恕。"⑤尽己之心以待人就是忠,推己之心以及人就是恕。孔子自己对恕有明确的阐述。子贡问曰:"有一言而可以终身行之乎?"孔子回答说:"其恕乎!己所不欲,勿施于人。"⑥再具体些,就是"不欲人之加诸我也,吾亦欲无加诸人"⑦。忠恕之道就是推己及人、将心比心的原则,它是建立人与人之间相互信任、和谐关系的关键,也是孔子及儒家伦理精神的精髓。

(五)忠直

《孝经》疏引《字诂》曰:"忠,直也。"唯其出自真诚,问心无愧,故能正直、正派。《韩非子·解老》曰:"所谓直者,义必公正,心不偏党也。"强调的是内心的正直。《易传·文言》曰:"君子敬以直内,义以方外。"强调的是内心的正直和做事的正派。忠直是古代正人君子为人处世的重要信条,是中华民族的传统美德之一。它要求人们为人正

---

①《论语·子路》。

②《论语·季氏》。

③程颐《遗书》卷十八。

④《论语·里仁》。

⑤朱熹《四书章句集注》。

⑥《论语·卫灵公》。

⑦《论语·公冶长》。

派,光明磊落,敢于坚持原则和正确的意见。它同时又是社会公德的起码要求,有助于在全社会培养起良好的道德风貌和社会风气。

从对"忠"的分析中我们可以看出,忠是中国古代社会办事的基本原则,用现在的说法,属于职业道德的范畴。职业道德建设是我国当前精神文明建设的主要任务之一,它的几项基本内容——爱岗敬业、诚实守信、办事公道、服务群众、奉献社会,都可以从传统的"忠"德中汲取营养。

具体来说,爱岗敬业就是忠于职守,兢兢业业,把自己该干的事干好。要做到这一点就必须发扬传统美德的"主敬"精神,要有事业心,热爱自己的本职工作,尽心竭力,恪尽职守,做一个称职的、合格的工作人员,对得起社会提供给自己的这份职业。诚实守信就是以诚实劳动和合法经营来对待自己的职业,重承诺,守信誉,童叟无欺,不搞假冒伪劣,不靠坑蒙拐骗过日子。在这方面,传统的"忠诚"和"忠信"美德可以公正、公开、公道的态度去对待一切与自己有工作往来的人。要求我们一事当前不要只为自己打算,要设身处地地为对方想一想,不做损人利己的事。忠恕之道是处理人际关系的黄金法则,具有超越阶级、超越时代、超越国界的价值和意义,既是传统美德,又是时代风尚,尤为世界各国各民族所共同强调。弘扬忠恕之道,对于增进人与人之间的互相信任、理解,改善人际关系,营造淳朴、轻松、和谐的社会生活环境,都具有不可替代的重要作用。服务群众是我们职业活动的目的,既是职业道德,也是当前道德建设的核心。服务群众与奉献社会是统一的,要做到这两点,传统美德中忠诚、忠信、忠敬、忠恕、忠直的道德原则可以起到一定的借鉴作用。一个人只有忠于祖国、忠于人民,才能真诚地搞好自己的本职工作,也才能言而有信,行之必笃,做到推己及人、无私奉献,道德境界才会不断提高,而业务工作也定会不断长进。由此可见,只要我们剔除传统忠德中的封建因素,克服不分青红皂白的愚忠和只忠于一家一人的私忠,就不难挖掘出其中的合理内核和精华。只要我们对忠诚、忠信、忠敬、忠恕、忠直做出符合时代要求的解释,赋予其新的内涵,忠就完全可以成为现代职业道德中的一个基本原则。因而,我们可以理直气壮地提出建立以忠为基础的现代职业道德观。

三、以"孝"为起点的家庭美德

孝道在中国古代具有十分宽泛的内容。从动机来看,孝是一种敬本心理;从效果来看,孝又是一种管理手段,它将礼法的外在约束与仁义的内在自觉相统一,为修身齐家治国平天下的目的服务。因而,孝从亲子关系出发,由家而族,由族而国,不断丰富其内涵;又从君而臣,由臣而民,不断扩充其外延。具体来说,孝道主要包括以下几方面的内容:

(一)养亲尊亲

所谓"孝子之事亲也,居则致其敬,养则致其乐,病则致其忧,丧则致其哀,祭则致其严,五者备矣,然后能事亲"①。也就是说,子女不仅要"谨身节用,以养父母"②,而且态度必须恭敬,要为父母分忧解愁,病丧之中更是考验孝与不孝的关键。

(二)传宗接代

传统孝道视传宗接代为其十分重要的一项内容:"父母生之,续莫大焉。"③"不孝有三,无后为大。"④在儒家看来,家庭的功能首推延

①《孝经·纪孝行章》。
②《孝经·庶人章》。
③《孝经·圣治章》。
④《孟子·离娄上》。

续男子宗系,完不成这一重任,便是最大的不孝。为了防止无后,男子便可休妻纳妾,而女子只能从一而终。因此,传统孝道又于父权之外衍生了夫权,对女子有更深的压迫。

(三)善继善述

儒家认为,作为人之子,要讲孝道,就必须"善继人之志,善述人之事"①。这就要求子女不仅在物质上能使父母生活有保障,而且在精神上要与父母保持一致。那些使家道衰落、家学失传、家风败坏的人,是典型的不孝之子。

(四)光宗耀祖

传统孝道不仅要求子女对父母要尽义务,而且还要求他们自身要立德、立言、立功,以达到"扬名声,显父母,光于前,裕于后"②的目的。《孝经·开宗明义章》也讲:"立身行道,扬名于后世,以显父母,孝之终也。"这是孝道在家庭伦理范围内的最高要求。

(五)移孝作忠

在封建社会,孝虽自小家(庭)始,却不能由此而终,而要进一步扩大到整个国家。每一个人都是皇上的子民,对于这个大"家"的公"父"都必须无条件地尽孝。可见,同一个伦理原则,用于父子关系就是孝,用于君臣关系就是忠,事君不忠亦是不孝。所以,"君子之事亲孝,故忠可移于君"③。忠君与尽孝在此合二为一了。

以上几方面的内容奠定了孝在中国封建社会的地位,也使它具有了特殊的作用。从伦理角度看,孝不仅是一德,而且是众德之本:"夫孝,德之本也,教之所由生也。"④从政治角度看,孝是百行先、万事

---

①《中庸》第14章。

②《三字经》。

③《孝经·广扬名章》。

④《孝经·开宗明义章》。

纲,不孝是罪之魁、恶之首。从地位、作用看,"天地之性,人为贵。人之行,莫大于孝"①。故昔者明王以孝治天下,求忠臣必于孝子之门。

从对"孝"的分析中我们可以看出,中国传统伦理思想讲家庭道德是以孝为起点和核心的,孝是忠的基础和礼的根本。在建设社会主义家庭美德的过程中,我们有必要批判地继承传统孝道,建立有时代特点的现代孝道和以孝为起点的家庭美德。当前,我们在全国范围内提倡的建设以"尊老爱幼、男女平等、夫妻和睦、勤俭持家、邻里团结"为内容的家庭美德,是继承和发扬中华民族传统美德得出的必然结论。尤其是我国社会正面临着走向老龄化社会的严峻形势,在此情景下,继承发扬传统孝道,不仅可以正确认识和处理亲子关系,而且也有助于正确认识和处理老龄化社会带来的一系列复杂的社会保障问题,这已经超出了家庭伦理的范围。

总之,中华民族在几千年的历史发展中,积累了巨大的精神财富,认真反省、深入挖掘、批判地继承这些精神财富,对于社会主义精神文明建设具有重大的推动作用。我们这里诠释的"礼""忠""孝",如果"礼"作社会公德解,那么,正好是社会公德、职业道德、家庭美德三个基本的道德建设。文明礼貌、助人为乐、爱护公物、保护环境、遵纪守法,这就是当代中国的"礼";爱岗敬业、诚实守信、办事公道、服务群众、奉献社会,这就是当代中国的"忠";尊老爱幼、夫妻和睦、勤俭持家、邻里团结,这就是当代中国的以"孝"道为起点的家庭美德。这就是我们对"礼""忠""孝"的现代诠释。

（论文作者范鹏、白奚,原载《孔子研究》1997 年第 4 期）

---

①《孝经·孝治章》。

把人当人　使人成人
——以人为本的价值维度和实践目标

　　以人为本是当代中国共产党人在全面建设小康社会、继续推进现代化建设乃至整个中国特色社会主义建设过程中倡导与实行的一种基本的价值观念与重要的实践模式，是中共十六大以来执政党的理论创新的一系列重大战略思想的重要组成部分，是科学发展观和构建社会主义和谐社会理论的本质与核心。就其价值维度来说，以人为本的实质是把人当人；就其实践目标来讲，以人为本的核心是使人成人。在执政兴国的宗旨中它是核心价值观与执政出发点，在国家治理的层面上它是一种治国理念与理政原则，在社会管理的意义上它是一种价值取向与行为目标；就其普遍性来说，它是全社会都应该牢固树立和广泛实行的价值观念与行为准则；就其特殊性来说，它首先是共产党作为执政党治国理政方略的理论根基，同时也是其治国理政实践的最终目的。本文仅从哲学层面上对以人为本的价值维度与实践目标进行初步解读，并就此问题求教于社会各界人士。

一、以人为本的价值维度：把人当人

　　在中国最早提出"以人为本"的是《管子》，《管子·霸言》中说："夫霸王之所始也，以人为本。本理则国固，本乱则国危。"这里的"以人为本"实际说的是重视治理国家所需要的人才。就我们今天这个意义上所说的以人为本即把人当人、使人成人的思想源渊在中国其实

比《管子》思想更为悠久。在西方,以人为本则是欧洲文艺复兴以来人道主义对抗神道主义的哲学观点和政治主张。改革开放以来,我们先是在企业管理中讲以人为本,后来逐步扩展到了一个比较广泛的意义。但是,把它提高到现代化建设和全面建设小康社会的战略指导思想的高度,作为科学发展观和构建社会主义和谐社会理论的本质和核心,可以说是中国共产党人对人的认识,对社会的认识,对人类社会发展规律的认识上的一个重大突破,是一次巨大的历史进步。马克思有一句名言,说过去的哲学家只是以各种各样的方式来解释世界,而问题在于改变世界。我们可以接着老祖宗马克思的话往下说,改变世界是为了人本身。这就是以人为本,以人为根本,以人为核心,以人为前提,以人为目的。或者说得更准确更直接更明白一些,所谓以人为本,就是把人当人,不要把人当神,也不要把人当工具,不要把人当手段,人就是目的! 过去,人是目的的观点是遭批判的,我们一讲到人,就有许多嫌疑,有些人就会认为这是有悖于马克思主义的。我们觉得这是对马克思主义地地道道的误解。马克思主义是最关心人,最关心人的解放的。马克思主义阐发的共产主义的理想,最根本的就是人的彻底解放和自由而全面的发展,在生产力不断发展、社会不断进步的基础上实现人的彻底解放和自由而全面的发展,这是人类最崇高的理想,也是共产主义的本质规定。以人为本,对执政的共产党来说,就是把人民的利益作为一切工作的出发点和落脚点,不断满足人民群众的多方面的需求,促进人的全面发展。我们的一切工作都是为了人民的利益,这就是所谓"三个代表",其中最重要的一条就是代表最广大人民群众的根本利益。因此,我们说"三个代表"重要思想就是以人为本的理论。科学发展观和构建社会主义和谐社会理论的提出,是进一步贯彻落实"三个代表"重要思想的结果,同样也是以人为本的理论,更是以人为本的发展战略。为什么我们现在这么强调以人为本，为什么这么重视把人当人，就是因为我们曾经不把人当人，把一些人当神，把一些人当工具，当螺丝钉。从爱岗敬业、多立足于自己的岗位做好自己的事情来说，雷锋同志的螺丝钉精神是没有错的。但是，如果我们的领导者、管理者把我们的人民群众，把我们其中的任何一个人当作是可以任意操纵的没有感情的可以任人摆布的螺丝钉，这个观点就大错特错了，和以人为本的思想格格不入，这与我们要最大限度地实现好、维护好、发展好最广大人民群众的根本利益，落实好执政为民、立党为公的本质要求也是格格不入的。

从哲学层面来说，把人当人就是视人为一切价值的唯一主体、标准和一切价值产生的源泉、根据和最终归宿，一切价值唯一的享有者和实现者。任何事物的任何价值归根到底都是对于人的价值，离开人就没有价值问题。

牢固树立以人为本的价值理念，在今天主要是纠正与科学发展、构建和谐社会背道而驰的以物为本，误导民众、扭曲干部心灵的以官为本，防止历史上危害严重、现实中仍可能出现的以神为本。

以人为本主要强调的是三个方面的问题：一是抓住人的本质全面科学地认识人，二是按照人的需要设身处地地理解人，三是维护人的尊严公正平等地对待人。这些问题不仅是人类从古到今始终在探索和思考的哲学问题，而且是全人类特别是我国社会现在所面临的重大现实问题。

把人当人是人类社会构成与运行的内在要求与最高目标，任何一个民族、任何一个国家、任何一种社会制度如果不能达到这一要求、如果不以此为最终目标，不论其物质财富如何丰富都是不完善的。从这个意义上讲把人当人是全人类最高最终的普世价值和终极理想。在历史上全人类都曾经有过不把人当人的沉痛经验教训；在现实中全人类仍然面临着不把人当人社会就要出大问题甚至崩溃的危险。这也就是中国共产党作为执政党在今天提出科学发展观、构建社会主义和谐社会、建设社会主义新农村、建设创新型国家、牢固树立社会主义荣辱观、走和平发展道路等等理论主张和实践原则的最深广的背景。只有从这个角度去认识和理解这一系列重大战略指导思想，才能真正准确地把握其精神实质和实践导向，才能真正把这些重大战略任务贯彻落实好。当然，从宏观和微观的层面来说，我们在工作、交往等等过程中，由于在把人当人问题上的缺失，造成的工作失误和人间悲剧使之成为人们必须正视和面对的紧迫现实问题。

二、把人当人的现实要求：人是目的

把人当人的基本要求是：确立正确的世界观，明确人在宇宙中的位置；树立正确的人生观，准确全面地认识人；始终牢记人是目的，并以此检验一切行为（实践是检验真理的唯一标准，而人是检验实践的唯一标准）；形成正确对待人的一整套制度和机制。只有做到以上四个方面，才能使把人当人的态度具有坚实的理论基础、科学的行为根据和有效的制度保证。具体地说，在当代中国以人为本即把人当人、使人成人在现阶段具体的要求是：

第一，在经济发展的基础上，不断提高人民群众的物质文化生活水平和健康水平。把人当人，不仅要让人的衣食住行有一个基本的保障，而且要让人活出一些滋味来，这就要提高物质文化生活水平和健康水平。不仅要吃饱穿暖，而且要有精神享受，还要有民主政治权利，尽最大努力满足人们各方面的需求。不仅要满足人们物质文化生活的需要，而且要不断满足其精神生活需要，全面提高生活质量，要让生活质量的概念和要求落实到政府的各项政策中并逐步走进寻常百姓家。

第二，要尊重和保障人权。这种人权包括公民的政治、经济、文化权利。过去一讲人性，就被扣上地主资产阶级人性论的帽子；一讲人权，就说是资产阶级骗人的鬼把戏。现在，我们要把人权的旗帜夺过来，牢牢地掌握在自己的手中。中国共产党执政，就是领导和支持人民当家做主，通过民主选举、民主管理、民主监督、民主决策，最大限度地实现、保障和维护人民群众的合法权利。用一句话来说，共产党执政就是为了尊重和保障中国人民的人权，这是党的十五大报告讲过的，十六大报告进一步强调了这个问题。以人为本，把人当人、使人成人首先就要尊重和保障人权。

第三，以人为本，就是要不断提高人们的思想道德素质、科学文化素质和健康素质，一言以蔽之就是要全面提高人的素质。只有全面提高人的素质，才能促进人的全面发展。过去我们讲人的素质，只讲思想道德素质和科学文化素质，不讲身心健康素质。从党的十六大以后，我们在全面建设小康社会的奋斗目标中，明确地提出了人民群众的身心健康素质这一条。我们认为，人的素质有五大部分，即身体素质、心理素质、文化素质、专业素质和思想素质。这五大素质的说法和我们党的文件中讲的思想道德素质、科学文化素质和身体心理素质的提法是完全一致的。人首先要有健康素质，人只有健康地活着，才能谈得上有理想、有道德、有知识、有文化、有能力。人如果不能健康地活着，其他一切问题都无从谈起。健康是一，其他都是零，有了这个一，其他的零马上就起作用了；反之，如果没有这个一，零再多也无用。过去常讲身体是革命的本钱，现在我们还是要说身体是做好一切工作的基础。有了好的身体，还需要有健康的心理。什么叫健康的心理，即正常的认知能力、稳定的情绪、顽强的意志、广泛的适应性等等。身体健康，心理素质好，再有好的文化功底，还要有特殊的本领，这就是所谓的"专业素质"。比如当领导，需要两个能力、两个素质：一个是你所领导的那个行业的业务能力、专业要求，如是学校的校长你得懂一点教育;另外一个就是领导者管理的能力、领导的素质。最后是思想道德素质,表现为政治立场、思想觉悟、道德情操、法制观念、理论素养等等。有了以上这五个素质,那才能叫全面发展。什么叫素质教育,素质教育就是全面教育,目的就是要全面发展。

第四,要创造人们平等发展、充分发挥聪明才智的社会环境。我们讲平等,实际上一个社会不可能一切起点都平等,也不可能一切结果都是平等的。说得尖锐一点,人一生下来就是不平等的,这没办法,这和我们的主观愿望、个人选择没有任何关系。如果说有什么命运的话,这就是我们的命运,个人无法选择、主观努力无能为力就是所谓的命运。这也和人的主观能动性没有关系。人生的结果也是不可能平等的。所谓以人为本、把人当人,关键是要给人们提供一个平等的竞争机会和平等的竞争规则。机会均等、规则平等这是把人当人中维护人的尊严、公正平等地对待人的关键。

三、以人为本的实践目标:使人成人

使人成人就是努力使人有做人的尊严、做人的条件,使人人都能感觉到做人的乐趣。通俗地说就是让人活出个人样来、让人活出点人味来,即物质生活有保障且生活质量不断提高,精神生活充实且幸福体验不断升级。

人就是人类社会存在和发展的唯一目的,人的物质生活有保障、生活质量不断提高、精神生活充实、幸福体验不断升级等等标志又具有相对性,是在自身的纵向比较以及与他人的横向比较中实现的,因此,在人类发展总体水平中处于中下水平的中国人更加体会到使人成人的重要与迫切。

以人为本、使人成人的实现路径从哲学层面来说就是现实地推进人的全面发展。第一,要化科学认识为价值观念。我们的首要任务

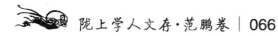

是使全社会形成的关于人的科学认识普遍地转化为基本的价值观念。完成这个转化的主要途径是学习、宣传和教育。应该来一个认识人本身和人类社会的全民学习宣传教育活动。从幼童教育开始到老年大学结束，人生每一阶段的教育都不能没有这方面的内容。在这里我们需要特别强调的是，以人为本即把人当人和使人成人，不仅应该成为现代社会每一个公民个体的价值观念和思维方式，而且更重要的是应该成为执政党的各级组织和人民政府的所有部门特别是共产党员和国家公务人员的组织价值观念和共同思维方式。第二，要化价值观念为实践目标。这也可以分解为个人与社会两个层面。在个人层面上，主要是把作为个人行为的价值依据的把人当人、使人成人转化为为人处世的基本行为准则和实际行动目标。这样所谓和谐社会才有可能真正实现。在社会层面上，主要是全社会特别是执政党和各级政府各类组织都要以此为据把握方向、谋划全局、提出战略、制定政策、推动立法、营造环境。第三，使实践目标成为工作任务。实践目标确立之后，能否实现关键就要看这些目标能否进一步通过一系列具体措施确定为各个方面的工作任务。这些任务主要包括：提高认识的任务，强化观念的任务，明确目标的任务，实现目标的任务等等。第四，使工作任务能保证完成。以人为本即把人当人、使人成人的价值目标和工作任务一经提出，就要有一整套保证这些任务完成的保障体系。这个体系的核心内容是目标实现和任务落实的物质保障系统和制度保障系统以及有效的监督机制。没有制度的保障，以人为本的任何理想都是难以实现的。第五，要保持全面发展的可持续性。以人为本即把人当人、使人成人的价值目标和工作任务既不是一蹴而就的，也不是一劳永逸的。随着实践发展和人类不断进步，人的认识视野和实践需要也会随之扩展。因此，人的全面发展是一个永恒的话题和无止境的过程，在现有基础上向前推进一步是每一时代从而也是我们这个时代促进人的全面发展的迫切任务。不仅如此,现实地促进人的全面发展,还要求我们为人的今后发展打下良好的基础、创造更好的条件、提供更多的机会,使整个人类的全面发展不仅在我们这个时代呈现出强势状态,而且在未来发展中也体现出我们的贡献。

（原载《天水师范学院学报》2007 年第 3 期）

找准儒学在未来教育中的位置

孔子有很多头衔,但最恰当的莫过于教育家,在世纪之交纪念这位世界级的教育家,儒学教育显得十分重要而迫切。近年来儒学的再度辉煌,只不过是在占人类极少数的人文知识分子中间得到认可的一件事情,这些人文知识分子恐怕在整个知识分子阶层也不是多数。而相应的另一方面的情况则是各国古老的文明成果,由于没有受到过于功利化的人类需求的污染而在现代社会中再现生机,儒学便是其中最有代表性的部分。问题在于我们应该通过什么样的手段,使这些充满生机和活力的人类精神遗产在更广泛的意义上为社会所接受,这便是本文提出问题的前提。

一

要找准儒学在未来教育中的位置,现在需要解决的既不是儒学在未来教育中有无价值的问题,也不是未来教育是否需要儒学的问题,而首先是教什么、怎么教的问题。这里首先探讨一下教什么的问题。

教什么的问题,如果站在学生的立场上看,实际上也就是学什么的问题。《论语》一开篇便讲"学"。究竟学什么呢? 我认为孔子首先是教学生"学做人"。"做人"与"做某种人"是有区别的,任何人在社会上都是"人"与"某种人"的统一体,不管做何种人,都有一个"如何做人"的问题,孔子所关心的正是这个"立本"的问题。如果从"学而时习之"的抽象议论中还看不出孔子究竟要教弟子学什么的话,那么,"行有余力,则以学文"等论断则使这一结论成为不争之事实。也就是说儒学教育的首要和基本的内容应该是"儒家人生哲学"。

我们主张"儒家人生哲学"应成为未来儒学教育首要的基本的内容,是因为这二十年来儒学研究达成了这样一个共识,即儒学思想中最有价值和旺盛生命力的便是其人生哲学。我们主张在未来教育中"儒家人生哲学"应占有一席之地并不意味着我们将其界定为唯一正确的人生哲学,也并不意味着我们站在狭隘的民族主义和文化主义立场上,只承认儒家人生哲学的价值而排斥其他文化的人生哲学成分。我们只是说,儒家人生哲学作为人类历史上一种重要的人生哲学,现代人是应该有所了解的;儒家人生哲学作为一种塑造了中华民族理想人格的人生哲学,中国人应该有所继承;儒家人生哲学作为人类精神遗产的重要组成部分之一,未来人应该发扬光大。在未来多元并举的文化格局中,儒家人生哲学应成为不可或缺的重要组成部分之一。

在中国大陆,未来教育的指导思想仍然是马克思列宁主义、毛泽东思想和邓小平理论,人生哲学教育的主导形态应该是社会主义人生观。但在此前提下,作为中国传统文化优秀成果之一的儒家人生哲学应该有一个恰当的位置,那就是成为在主流意识形态导向下的多元文化中的一元。这里试以人性学说为例略加说明。

在人性问题上,作为中国大陆主流意识形态的马克思主义认为,人是自然性和社会性统一的实践主体,人的本质在其现实性上是一切社会关系的总和。人性本无善恶,只是后天社会环境才造就了现实的个人道德倾向,只有参与社会生活尤其是社会实践之后,人与人之间构成现实的社会关系之际,才有人性善恶问题,才有这个判断的实际所指和内涵。而中国传统文化中占主流的是孟子的性善论,尽管作为孔子之后儒家另一支的重要代表人物荀子针锋相对地提出了性恶论,但一直未能占主导地位。值得注意的是,无论是主张道德天赋论的孟子,还是倡导道德人为论的荀子,都得出了要重视道德教育的结论,从而为儒家泛道德主义观念的形成作了不同的论证。作为西方文化内核的基督教文明是主张原罪说的,原罪说实际上也就是性恶论的另一种说法。原罪说在西方文化中有着广泛而深刻的影响,它不仅在个体行为的约束机制上起到了道德规范的作用,而且与西方社会重视法治不无关系。在原罪说的影响下西方社会对人处处设防,便形成了以硬约束为主的法治传统,而中国儒家的泛道德主义倾向,则把人看得过于自觉纯朴,总是寄希望于人的良心的自我发现,从而逐渐演化出了以软约束为主的道德传统。

在未来中国大陆人生哲学教育过程中,以性善论与原罪说中的任何一种来论定人性都是不恰当的,马克思主义的人性论将成为教育的基点。但是,作为一个中国人,不了解、不懂得、不继承发扬性善论恐怕也说不过去;作为一个开放环境中的当代中国人,不了解、不懂得、不借鉴原罪说也确实是不应该的。那么,怎么处理以上三种学说之间的关系呢?我认为,我们必须以马克思主义人性论为指导来探讨人性问题,必须承认人性是在人的自然性基础上成长起来的、以社会性为标志的、以"人的社会关系的总和"为内容的具体的东西。就人性善恶来说,人性在原始意义上本无先天善恶之别,但在每个人发展的过程中确有向善向恶之可能。在此前提下,我们认为人有一个人性的假设比没有要好。那么,我们应该怎么假设呢?我们应该把孟子的性善论与西方基督教的原罪说统一起来,既看到人性善的可能,又看到人性恶的可能,把人看成"一半是魔鬼,一半是天使"。这样,对人的认识才能全面,对人的管理才有基础,中西法治与道德传统的结合也才有根据。这个事例可以大体说明儒学在未来中国教育中的位置,即在主流意识形态作为基本指导和基本理论前提的基础上,儒学与其他思想要共同成为多元文化互补结构中的一元。

二

儒家人生哲学在未来教育中将通过三条途径被人类所认同,即学校教育、家庭教育和社会教育。

学校教育在未来几十年乃至上百年内仍然是教育的基本途径。儒家人生哲学在未来学校教育中应居于一个什么样的位置呢？我认为，儒家人生哲学应成为未来教育中从小学教育一直到大学教育都必须贯穿始终的必备内容。教育的方式,在小学采取讲故事的形象教育;在中学则应采取系统教育的方式,把儒家人生哲学作为德育课或人生哲学课的内容加以灌输;在大学则应进一步采取参与式教育,用个人成长中的切身体验进一步从人学理论与人生实践的结合中吸取儒家人生哲学的精华。教育的内容,在小学宜进行基本公德教育;在中学则应进行人生态度、人生方法、人生理想教育;在大学要上升到一个新的高度、进行人生哲学的系统教育,使大学生在各种人生哲学的比较借鉴中,形成社会主义新型公民应有的正确人生观。

家庭教育是学校教育的前提和延伸,是学校教育无法取代的基本性教育途径,尤其是在人生哲学教育方面,家长毫无例外地是每个人成长过程中第一任真正的导师。儒学教育几千年来是中国家庭教育的基本内容,在今天仍有继续改进加强的必要。家庭的儒家人生哲学教育应从治家方略的层次予以充分的重视,从修己、立身的格言开始,以个人私德、社会公德为重点逐步演进与扩充。有人主张家庭应把教育的重点放在尊师上,而学校应把教育的重点放在孝亲上,这样家庭教育与学校教育互补,儒家的两种基本道德规范,"孝亲"与"尊师"便可以有效地树立起来了。"孝亲"是家庭美德的基础,而"尊师"则是社会公德的起点。同时,家庭中的儒家人生哲学教育应特别强调身教重于言教,这就不仅对青少年的成长有好处,而且对家长自身修养也提出了很高的要求。

社会教育是学校和家庭之外的所有教育途径的总称,它具有相对松散、形式多样和方法灵活等显著特点,在儒家人生哲学教育方面,学术团体、新闻媒体和社会集团都承担着不可推卸的社会责任。这里重点谈谈以儒学研究为重点的学术团体诸如"国际儒学联合会""孔子基金会""甘肃中国传统文化研究会"之类的学术团体在儒家人生哲学的研究、宣传和教育方面应采取的主要工作方式。

首先,就研究而言,我认为应有相当一批学者面对国际国内现实,从全人类发展的高度来认真思考我们所面临的种种困惑,分析、研究、解决人类所遇到的普遍性问题,如环境问题、人口问题、资源问题、信仰问题等等,从理论上以儒家思想为基本提供解决问题的总体思路和参考方案,回答人们关心的一些根本问题。如果还是远离现实自言自语,或者只做文字训诂工作,儒家人生哲学的意义和价值就很难得到社会的认可,它对人类的贡献也必然受到很大限制。只有面对现实,才能发展自己;只有适应当代,才能发挥作用;只有思考未来,才能发扬传统。这大概是一切文化传统、思想学说、教义教理立足现实的共同规律。

其次,就宣传而言,我认为儒学应走向现实社会,应面向大众,要把我们学术研究的成果变成广大公民听得懂、学得会、用得上的人生哲学。这就需要我们做大量的学术普及与推广工作,应通过出书、办学术沙龙、搞文化讲座等方式尽量扩大学术普及面,尤其是在21世纪最初十年这项任务十分艰巨。因为,现在工作在社会中的这一代人,生在饥饿的年代,长在动乱的时期,成熟于改革开发的大潮之中,他们中的绝大多数人没有接受过正规中学教育,没有对中外文明成果的系统学习,对儒家人生哲学同样也一知半解。因此,我们这类学术团体的社会任务十分艰巨,工作对象也应该十分明确,如果宣传的力度不够,普及的程度不高,儒家人生观在社会上的影响和作用就微乎其微。

最后,就教育而言,我认为大有潜力可挖,可以与宣传密切配合、相得益彰。我们中的大多数人同时就是从事儒学教学的教师,但我们的教学更多地培养专门人才,这当然是十分必要的,却是很不够的。我们应该更多地承担起面向社会的教学任务,通过学术演讲、报告会、读书会和系列讲座,甚至办书院等方式,长期不懈地向广大群众传播儒家人生哲学,使中国传统文化中最优秀的成果通过我们得到更广泛的传播。根据我们的经验和教训,我觉得应该培养一大批学术功底扎实、演讲艺术精湛、乐于弘扬儒学并甘心奉献的儒学教育工作者,有了这样一支队伍,工作局面才能逐步打开。

三

儒家人生哲学教育在未来教育中应把握好三个基本的层次,即儿童少年层次的人生论教育、青年层次的人格论教育和成人层次的人性论教育。

儿童少年是人生观教育中的启蒙教育的对象,在未来教育中,人生哲学的启蒙教育要从此抓起。儒家是十分重视对儿童少年的人生启蒙教育的,这一优良传统理应在儒家人生哲学教育中得到继承发扬。我把儒家人生哲学分成人生论、人格论和人性论三个基本的层次,人生论即生活方法论,是人生观最形象直观、生动具体的那个层次,它只教导人应该做什么,怎么做,而不涉及这样做的根据,因此更适合于儿童少年。这个层次的教育实际上主要是学校教育中的小学和初中阶段的教育,这个层次的教育应向学生讲清楚儒家所倡导的基本人生态度——自强不息、积极进取、宽厚仁慈;基本的道德规范——仁义礼智信、温良恭俭让、忠孝诚敏和；基本的价值追求——真、善、美。这个层次的教育应融入整个中小学素质教育尤其是德育教育之中，应该把社会主义人生哲学的基本内容与儒家人生哲学的基本内容有机地统一起来，以社会主义的集体主义原则、为人民服务的核心价值为导向，从传统美德的现代阐释入手，对儒家人生哲学的基本内容结合现代社会的实际加以创造性地解释，如新加坡对儒家"五伦"的现代解释就具有重要的启发意义。

青年是人生观形成的时期，可以说绝大多数人的人生观在青年时期便基本成型，故而在这一时期是否能接受系统完整的人生哲学教育，对一个人能否树立正确的人生观是至关重要的。我们将这一时期儒家人生哲学教育的重点定位于人格论，是因为人格论讲的是做一个什么样的人的问题，即人的理想人格的问题。如果说人生论只教人做什么、怎么做的话，人格论的教育则要解决做什么人、为什么要做这样的人的问题。儒家的理想人格是君子人格，君子的极限便是圣人，我们在今天当然不是为了引导人超凡入圣，君子人格作为中国人心目中的"好人"，具有持久的生命力，我们有必要将其与社会主义人生哲学所倡导的"有理想、有道德、有文化、有纪律"的"四有"新人有机地统一起来，使我们的理想人格更具中国味儿。人格论的教育主要在高中和大学阶段进行。鉴于中国大陆多数青年还没有接受正规高等教育的机会的实际情况，我认为应该在高中阶段完成系统的人格论基础教育的任务，这样才不会在人格论教育方面存在"空白"点。在一次青少年人生观的大规模调查中，我们发现竟有三分之一左右的人明确表示他们没有接受过系统的人生观教育。儒家人格论的教育当然不是青少年人格论教育的唯一内容，甚至也不是主要内容，但却是不可或缺的东西。

成人的人生观教育曾被认为是可有可无的东西，不少人认为成人的世界观、人生观已经形成,教育已不起任何作用了。其实,成人的人生观仍有可塑性和可变性,如果没有强有力的继续教育,正确的东西就可能逐渐减少, 一些不健康甚至错误和反动的东西就会乘虚而入。因此,必须加强对成人的人生观教育。在成人的人生观教育中,儒家人生哲学是重要内容之一。成人的人生观教育不仅对于成人人生观的最终完善会起到有力的保证作用,而且对通过家庭而实现的那一部分青少年人生教育也非常重要。成人人生观教育的重点是人性论。所谓人性论,就是人之所以为人的哲学理论,它是人生论和人格论的理论依据,对于建立完整系统牢固的人生观具有重要的作用。儒家人性论教育应充分融入各种人性论的比较鉴别之中, 在全面进行人性论教育的过程中把儒家人性论作为本国文化传统的基本内容加以宣传。我觉得孔子在《论语》中讲的“志于道,据于德,依于仁,游于艺”“兴于诗,立于礼,成于乐”可以说是儒家人生哲学的七大纲领,人性论所言正是这些纲领性的东西。实践反复证明,没有牢固的人性论基础的人生观是没有根基、经不起考验的。从这个意义上讲,人性论、人格论、人生论在儒家人生哲学教育中缺一不可。在三条途径、三个层次的教育中既要层次分明,重点突出,把握好递进关系,又要注重整体,把握统一,防止完全割裂开来。

　　为了搞好儒家人生哲学教育, 找到儒学在未来教育中恰当的位置,我们有必要来一次工作重点的转移,即把高深、专门的学术研究的重点转移到儒学的宣传、普及和教育上来,使专家学者多年的研究成果真正变成广大群众可以理解、可以运用的精神财富,使儒学作为“一主多元”文化格局中的一元为人类造福。

　　　　　　（原载《国际儒学研究(第十辑)》,2000 年,第 273~281 页）

"文化综合创新论"是折中论吗?

——兼与金惠敏教授商榷

阅读金惠敏教授 2019 年发表的《人类文化共同体与中国文化复兴论》一文,感觉酣畅淋漓,颇受启发。金惠敏教授对于中国学界无意识潜藏着的所谓"中国文化复兴论"危害的揭露和批判,从而对文化复古主义苗头的警惕,既具有理论洞见又富有家国情怀,值得感佩和学习。我们完全赞同金文所论证的重要结论:文化自信不是文化复古主义,中华民族的伟大复兴不等于单一的中国文化之复兴。然而,金文为了论证中国学术界潜存的默认"中国文化复兴论"的状况,称"不少老一辈学者如张岱年先生亦未能幸免",并"顺便探究"了张岱年先生的综合创新论, 由此得出结论:"张岱年先生的综合创新论毫无疑问就是一种折中论。"①我们认为,将张岱年的"文化综合创新论"说成是"折中论",不是"毫无疑问"而是"大有疑问",本文仅就此展开讨论,以求教于金惠敏教授及学界同仁。

一、文化综合创新论的提出及内涵

20 世纪 30—40 年代,张岱年受其胞兄张申府主张的"百提(罗素)、伊里奇(列宁)、仲尼(孔子)三流合一"的启发,提出了"哲学上一

---

① 金惠敏:《人类文化共同体与中国文化复兴论》,《人文杂志》2019 年第 2 期。

个可能的综合",即以辩证唯物论为基础吸收"理想"和"解析",将"唯物、理想和解析,综合于一"①的哲学主张。以此为哲学基础,张岱年在文化领域提出了"创造的综合"②论或者叫"文化创造主义"③的主张。在同沈昌烨辩论的文章中,张岱年明确指出:"创造的综合即对旧事物加以'拔夺'而生成的新事物,一方面否定了旧事物,一方面又保持旧事物中之好的东西……凡创造的综合,都不只是综合,而是否定了旧事物后出现的新整体。创造的综合绝非半因袭半抄袭而成的混合。"④可见,早在 20 世纪 30 年代,张岱年在坚持辩证唯物主义基本立场前提下的辩证综合的文化主张已经初步形成,在当时西化思潮甚嚣尘上、复古主义激流滚滚的文化生态中,张岱年的主张可谓独树一帜、鲜明凌厉。由于当时的政治氛围和张岱年在学界的影响有限,这一正确主张并未引起太多关注。

20 世纪 80 年代中国社会兴起了新的文化讨论热潮,张岱年再次重申并完善了综合创新的文化观。在《文化与哲学》一书序言中,张岱年明确指出:"我反对东方文化优越论,也反对全盘西化论,主张兼取中西文化之长而创造新的中国文化。我这种主张可以称之为'综合创新论'。"⑤当然,张岱年语境之下的"综合创新论"仅仅是就文化层面而言的,不包括经济、社会等其他层面。因此,张岱年自己称其为"文化综合创新论"⑥。在张岱年和程宜山合著的《中国文化精神》一书

①张岱年:《张岱年全集》(第 1 卷),河北人民出版社,1996 年版,第 262 页。
②张岱年:《张岱年全集》(第 1 卷),河北人民出版社,1996 年版,第 229 页。
③张岱年:《张岱年全集》(第 1 卷),河北人民出版社,1996 年版,第 235 页。
④张岱年:《张岱年全集》(第 1 卷),河北人民出版社,1996 年版,第 257 页。
黑体为引者所加,下文同,不另作注。
⑤张岱年:《文化与哲学》,教育科学出版社,1988 年版,第 3 页。
⑥张岱年:《张岱年全集》(第 1 卷),河北人民出版社,1996 年版,第 252 页。

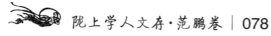

中,"文化综合创新论"得到了系统完整的表述,即"在马克思主义普遍真理的指导下和社会主义原则的基础上,以开放的胸襟、兼容的态度,对古今中外的文化系统的组成要素及结构形式进行科学的分析和审慎的筛选,根据中国特色社会主义现代化建设的实际需要,发扬民族的主体意识,经过辩证的综合,创造出一种既有民族特色,又充分体现时代精神的高度发达的新中国文化。这种综合不是无原则的调和持中,而是辩证的"①。这标志着"文化综合创新论"作为一种马克思主义文化学派的文化观正式出场。

21世纪初期,方克立在支持、阐扬张岱年"文化综合创新论"的基础之上,受到经济学界讨论中、西、马关系问题的启发,聚焦中、西、马三种文化资源的地位和关系问题,进一步提出了"马学为魂,中学为体,西学为用,三流合一,综合创新"的文化主张,力图突破体用二元思维模式的局限性,同时弥补张岱年还没来得及深入思考和进一步清晰精炼的观点。大多数学者认为"马魂、中体、西用"的主张是"文化综合创新论"的"升华境界或最新境界"②。在我们看来,"创造的综合"文化观、"文化综合创新论"与"马魂、中体、西用"三种表述虽有所差异,但在马克思主义根本立场、基本思路和精神方向上是完全一致的。这也说明中国马克思主义综合创新文化观是一个开放的、随着实践发展不断丰富和发展的理论,这种开放性和演变过程是其葆有生机和活力的关键。

事实上,这一学说甫一提出,就曾有人质疑"文化综合创新论"是一种折中论,或者是一种没有原则的"文化融合论"。对此,张岱年早

---

①张岱年、程宜山:《中国文化精神》,北京大学出版社,2015年版,第306页。
②杨翰卿:《方克立先生文化综合创新三境界》,《中州学刊》2014年第7期。

就指出："近年以来,在复古及纯欧化两种主张外,原也有人主张兼综东西两方之长,发扬中国固有的卓越的文化遗产,同时采纳西洋的有价值的精良的贡献,融合为一,而创成一种新的文化,但不要平庸的调和,而要作一种创造的综合……"①可见,张岱年对折中主义的论调早已警惕且将其与自己的综合创新论进行了原则性的区分。在发展和弘扬文化综合创新论的过程中,方克立也十分重视综合创新论与折中论的区别,他强调:"要讲清楚辩证综合与折中调和、简单拼凑之间的原则性区别,'综合创新'与折衷主义的'中体西用''西体中用'之间的区别。"②20世纪80年代以来,"文化综合创新论"俨然成为一种既旗帜鲜明又系统完整的马克思主义文化主张,为学界大多数学者所服膺。在终生治中国哲学的著名学者中,张岱年也是坚持以马克思主义立场论中国传统文化之传承与创新的标识性人物,对这一理论深邃、方法科学、指向正确的文化立场的否定事关重大,决不可漠然置之。

二、文化综合创新论并非折中论

让我们回到金惠敏教授《人类文化共同体与中国文化复兴论》一文,分别就综合创新论与文化复兴论、中体西用论、中国本位文化论、辩证唯物主义文化立场等之间的关系,逐一向金惠敏教授及学界同仁请教。

第一,金文认为张岱年如同那些未加深入反思的人一样使用了"中国文化复兴"这一术语,从而反映出张岱年实际上默认了"中国文

---

①张岱年:《张岱年全集》(第1卷),河北人民出版社,1996年版,第229页。
②方克立:《中国文化的综合创新之路》,中国社会科学出版社,2012年版,第175页。

化复兴论"，进而认为张岱年潜意识中存在着保守、折中的思想倾向。金惠敏教授反对"中国文化复兴论"这一术语的关键在于："在他们，'复兴'俨然不是有待确证的论题，而是不言而喻的既定现实，以之谓立论的基础。"①在金教授看来，如果将"复兴"直接认定为一个"既定事实"而不对其进行必要的前提批判，"中国文化复兴"的提法不仅是不合时宜的，而且容易引起误解。对此，我们深以为然。然而，张岱年虽然使用了"中国文化复兴"这一术语，却并不是盲目的、无所指的使用。实际上，在金文引用的《中国文化的改造与复兴》一文中，张岱年的原话是"21世纪将是中国文化复兴的世纪，中国文化必将赶上西方的步伐而且独放异彩"②，可见，张岱年的"21世纪将是中国文化复兴的世纪"的论断是针对近代以来中国文化相比西方文化的落后而言的。由于近代以来的时代际遇，中国文化遭到不正常的全盘贬压，与西方文化这个参照物相比地位太低了，这是一个不争的历史事实。在撰写《中国文化的改造与复兴》一文的20世纪90年代，中国社会经过了十多年的改革开放，中国人民充满信心地展望21世纪，经济社会的发展为中国文化的繁荣复兴奠定了基础。在另一篇文章中，张岱年指出："我认为，20世纪是中华民族站起来的世纪，到21世纪是中国文化大发展的世纪。"③应该说，这里的"大发展"才是张岱年"复兴"的确切内涵，这背后实际上贯穿着唯物史观的基本立场和原则，即经济基础决定上层建筑，"中华民族站起来"的成功实践是"中国文化大发展"的前提。在这个意义上看，张岱年所说的"中国文化的复

①金惠敏：《人类文化共同体与中国文化复兴论》，《人文杂志》2019年第2期。

②张岱年：《中国文化的改造与复兴》，《南京社会科学》1991年第5期。

③张岱年：《21世纪是中国文化大发展的世纪》，《文艺研究》1998年第4期。

兴"是历史的必然。

第二，金文认为张岱年在同一篇文章甚至同一段话之内，既提"创新"又谈"复兴"，浑然没有意识到"创新"与"复兴"之间不相协调的关系。金惠敏教授的意思是，"文化创新"具有求新的意味，而"文化复兴"则有复古的意味，"求新"与"复古"之间具有不可调和的矛盾。在张岱年的语境中，"中国文化"并不是仅指古代的传统文化，而是更为宏观意义上的和西方文化相对应的"中国的文化"。同时，"复兴"并不等同于"复古"，而是前文提到的"大发展"。所谓"复兴"指某种文化衰落后再兴盛起来，再创新辉煌；而"复古"主张死守传统，还原到某种原初状态。张岱年意欲通过辩证的综合创造一种"社会主义的新中国文化"，然后希望这种文化在将来的世界文化中占有重要地位，为人类文明作出新的贡献，"赶上西方的步伐而且独放异彩"。张岱年意欲"复兴"的是作为整体的"中国的文化"在历史上曾经的辉煌，而非是复古到传统中国文化的状态之中。他非常清醒地指出："儒家学说在中国占统治地位的时代已经一去不复返了。儒学作为百家中的一家仍然可以存在。……我们可以批判继承儒家学说的一些观点，同时也可以批判继承道家、墨家的一些观点，还应该吸取西方学术思想的一些有益内容。新中国文化应该是古今中外文化成果的集萃。"①因此，我们认为，张岱年在 20 世纪 90 年代撰写的《中国文化的改造与复兴》一文所提的"中华文化复兴"，与党的十九大报告提出的"铸就中华文化新辉煌"具有同样的意味。在张岱年看来，要想达到这一目的，必须对中国传统文化有所改造，非要"创新"不可，即对中国传统文化与西方文化进行辩证的分析选择，将古今中外的一切有当代价

---

① 张岱年：《论弘扬中国文化的优秀传统》，《中国社会科学研究生院学报》1991 年第 2 期。

值的文化要素综合起来,通过这一创造性的文化工程,再创中华文化新辉煌。正是在这个意义上,张岱年认为要实现"中国文化复兴",必然要有对文化的"创造""创新"或"创成"。因此,金文所认为的"复兴"与"创新"之间不相协调或"违和"的说法,至少在张岱年的"文化综合创新论"语境中是根本不存在的。

第三,金文认为张岱年的"文化综合创新论"实质上并没有脱离"中体西用"的窠臼,因而是折中主义的。金文认为,"张岱年先生所欲进行的综合创新……预先假定了其不能变易的'本位文化'"①,即"中国(传统)文化",因而,所谓"创新"也就只能沦为对原有文化的修修补补,从而张岱年的"综合创新论"与"中学为体,西学为用"之论,"终不过天涯咫尺了"②。按照金文的逻辑,这个不能变易的"本位文化"实际上相当于"中体西用"之中的"体"。既然"中体西用"是折中主义,那么张岱年所主张的综合创新论当然也是一种折中主义。这里的主要问题在于没有密切联系这一事实:张岱年教授自从登上20世纪中国哲学舞台,自始至终就是一位坚定的马克思主义者。在张岱年看来,"中体西用论"所捍卫的"中体",是指存在于中国传统文化中的封建伦理道德、社会秩序及与之相应的封建君主政体。因此,张岱年意识到:"中体西用论行不通的根本原因在于,'三纲''四维'之类的'道'及与之相应的封建经济政治制度已经过时,这样的体与所谓的'西用'具有不相容性。"③也就是说,中国传统文化之"体"不可能驾驭西

---

①金惠敏:《人类文化共同体与中国文化复兴论》,《人文杂志》2019年第2期。

②金惠敏:《人类文化共同体与中国文化复兴论》,《人文杂志》2019年第2期。

③张岱年、程宜山:《中国文化精神》,北京大学出版社,2015年版,第255页。

方科学民主之"用"。同时,"中体西用论"作为一种调和持中的论调,其错误"在于在各民族文化势将融会成统一的世界性文化(当然,这并不排斥各民族文化仍具有民族特色)的近代,仍强调以本民族文化为体、为本、为主。这种中西对立、体用二元的僵化思维方式是不合时代潮流的"①。张岱年早已从思维方式的层面摒弃了过时的"体用"模式,不主张再用"中体西用""西体中用"或是"中西互为体用"之类的说法来认识文化问题,而是主张采用唯物辩证的思维方式,通过一般与个别、普遍与特殊的范畴说明文化问题。这是其"文化综合创新论"立论的辩证唯物的能动反映论前提和辩证方法论基础。可见,张岱年的"综合创新论"与"中体西用"论是有着根本区别的。

第四,金文认为,张岱年错误地将"中国(传统)文化奉为本位",而"若是错置了'本位',将中国文化奉为不可侵犯的'本位',例如张岱年先生,未及创新便先已决定'要使中国文化仍保持其特色的文化',那么无论如何的'综合创新'都将不过是综合守旧罢了"②。在金文看来,张岱年在对"中国本位文化"作界说时,其折中主义暴露无遗:"中国本位文化建设,是一方面不要使中国文化完全为西洋所克服而归于消亡,要使中国文化仍保持其特色的文化;同时另一方面,又要使中国文化与世界文化相应,使中国文化变成新的,而成为新的世界文化之一部分。"③在文中,金惠敏教授特意将"要使中国文化仍成为保持其特色的文化"变为粗体,以提醒读者。其意思是,张岱年既

---

① 张岱年、程宜山:《中国文化精神》,北京大学出版社,2015年版,第255页。

② 金惠敏:《人类文化共同体与中国文化复兴论》,《人文杂志》2019年第2期。

③ 金惠敏:《人类文化共同体与中国文化复兴论》,《人文杂志》2019年第2期。

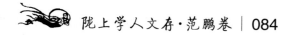

谈创新,却仍要中国文化"保持其特色",因而实质上是一种折中主义。但是,保持中国文化的特色就是文化复古主义吗?在《关于中国本位的文化建设》一文中,张岱年基于对中国文化是农业文化的定性判断,进一步追问:"中国文化中,是不是有些特点,并不只是农业文化的特点,而是一种根本的一贯的民族的特殊性征,在农业时代前本就存在,在农业时代后仍可存在?""中国文化,如是一种独立的文化,是应该有其独立的精神。然而这种独立的精神是什么?"①这一追问,实质上就是中国文化中是否存在不因社会形态的变革而变易的、具有永恒价值的文化要素和精神。在张岱年看来,"这似乎难以说没有"②。实际上,他认为:"一个延续了五千余年的大民族,必定有一个在历史上起主导作用的基本精神,这个基本精神就是这个民族延续发展的思想基础和内在动力。"③因此,他所希望保留的是"中国文化精神"。比如,张岱年一贯主张必须弘扬的"自强不息、厚德载物"的民族精神,他所希望防止的是丧失中华民族的独立意识、自我意识和自觉能动性,希望建设的文化是"新文化"(20世纪30年代语)、是"社会主义新中国文化"(20世纪80年代语)。这一思想后来被表述为"民族的主体性"。在建设中国特色社会主义文化的过程中,弘扬中华民族的主体意识、主体精神至关重要,因为这实际上不仅关涉保持文化的民族独立性,而且关涉文化进步的根本动力问题。张岱年指出:"如果自己本身没有奋发向上的内在动力、没有积极前进的内在要求,那么文化的进步也是不可能的。而这种奋发向上的动力,这种积极前进的要

---

① 张岱年:《心灵与境界》,陕西师范大学出版社,2008年版,第63页。
② 张岱年:《心灵与境界》,陕西师范大学出版社,2008年版,第63页。
③ 张岱年:《中国国学传统》,北京大学出版社,2016年版,第129页。

求,只能孕育于本民族的文化传统之中,这是不可能从外边取得的。"①
实际上,中国文化精神已经通过一种崭新的文化形态而继续存在,成
为民族的独立意识、自我意识和自觉能动性的内核。正如习近平总书
记所指出的:"这些思想文化体现着中华民族世世代代在生产生活中
形成和传承的世界观、人生观、价值观、审美观等,其中最核心的内容
已经成为中华民族最基本的文化基因。这些最基本的文化基因,是中
华民族和中国人民在修齐治平、尊时守位、知常达变、开物成务、建功
立业过程中逐渐形成的有别于其他民族的独特标识。"②

　　第五,金文正确地指出:"我们面对中西文化话语资源时,诚然是
需要辩证法('对理')的思维和态度,但我们更需要的是唯物主义的
恒基和定力,否则就成了唯中主义或唯西主义的书袋子和书呆子,声
言'创新'而实则流于克隆。"③金文认为,我们既不应该将"本位"理解
为中国文化,也不应该将"本位"理解为西方文化,而是应该将中西文
化作为中国当代现实文化实践的话语性资源,以中国当代的文化实
践为"本位"。这一分析透彻而具有说服力。根据上下文语境,金文的
言外之意是,张岱年更侧重于强调辩证法的态度,而忽视了唯物主义
的根本立场;张岱年似乎不是以实践为"本",以文化资源为"末"。但
事实上,张岱年一生坚持辩证唯物主义与历史唯物主义的基本立场,
从来都没有将某种"文化"置于本位,而恰恰正是以"实践"为本位。早
在 1935 年《西化与创造——答沈昌烨先生》一文中,张岱年就指出:

---

　　①张岱年:《文化建设与民族主体性》,《北京社会科学》1987 年第 2 期。
　　②习近平:《在纪念孔子诞辰 2565 周年国际学术研讨会暨国际儒学联合会
第五届会员大会开幕会上的讲话》,《人民日报》2014 年 9 月 24 日。
　　③金惠敏:《人类文化共同体与中国文化复兴论》,《人文杂志》2019 年第
2 期。

"文化之改革，文化之采纳，文化之创造，是不能不顾文化之物质基础方面的，而物质基础如不改换，上层的变动，只能是表面的。中国如想达到西洋的境界，必须从根本上作彻底的物质基础的改造的。"①在1936年《哲学上一个可能的综合》一文中，张岱年再次明确提出"今后哲学之一个新路，当是将唯物、理想、解析，综合于一"②，而且是"以唯物论为基础而吸取理想与解析"③的主张。之所以以唯物论作为"综合"之基础，"乃因为唯物论是最有征验，最合科学，且最符协于生活实践的哲学"④。而需要特别指出的是，张岱年所说的"唯物论"就是他一生推崇的辩证唯物论，如果细读他于1942—1948年间写的《天人五论》，就可以一目了然。在分析中国传统文化优缺点的一篇文章中，张岱年强调"不能就文化论文化，而要揭示造成传统文化缺点的经济政治环境等原因，对症下药，予以有效地克服与改造，这是文化创新的基础性工作，不可忽视"⑤。可见，张岱年从来不缺乏唯物主义的立场，而是一生信持马克思主义的辩证唯物主义和历史唯物主义基本观点，坚持以唯物辩证的态度看待中国传统文化。同样，张岱年十分重视实践，强调对于文化建设"只空言是不成的，必有实践的努力。在实践的努力上，又应分工合作，只笼统地说一齐努力建设中国本位文化，也是不成的"⑥。"文化综合创新论"正是基于经济基础决定上层建

---

①张岱年：《张岱年全集》（第1卷），河北人民出版社，1996年版，第251页。
②张岱年：《张岱年全集》（第1卷），河北人民出版社，1996年版，第262页。
③张岱年：《张岱年全集》（第1卷），河北人民出版社，1996年版，第262页。
④张岱年：《张岱年全集》（第1卷），河北人民出版社，1996年版，第274页。
⑤张岱年：《分析中国传统文化的优缺》，谢龙编：《平凡的真理非凡的求索——纪念冯定百年诞辰研究文集》，北京大学出版社，2002年版，第461页。
⑥张岱年：《张岱年全集》（第1卷），河北人民出版社，1996年版，第251页。

筑的基本立场主张和以具体的现实的文化实践作为本位来建设社会主义新文化的。

第六，金文得出结论："一句话，张岱年先生的文化综合创新论，一如萨、何等人的中国本位文化论，既是折中的，也是保守的。"①金文认为，张岱年《关于中国本位的文化建设》一文为1935年十位教授联名发表的《中国本位的文化建设宣言》(以下简称《宣言》)②进行了"辩护"和"申述"。在我们看来，张岱年在一定程度上同情理解"中国本位文化观"，并不代表他就是一个"中国本位文化论"者。张岱年既没有简单肯定也没有全盘否定"中国本位文化观"，而是在思想理论层面认为其"过于笼统"和"空洞"，有必要进一步分析。正如张岱年坦陈的那样，"当时我不了解'中国本位文化建设'的提倡者有政治背景，而是专攻读关于文化建设的理论问题"③。张岱年是基于自己的"文化的创造主义"理论对"中国本位文化观"进行的补充和超越，而不是站在一个"中国本位文化论"者的视角对其进行的具有政治色彩的辩护和宣扬。这是张岱年运用马克思主义的基本观点创造中国新文化论的初步尝试，所认同的也只是他通过这一《宣言》所找到的同自己理论相契合的部分。另外，我们在政治上对《宣言》及其思想实质当然应该进行批判，但在思想史层面对"中国文化本位论"应有一个客观的评价，即在某种程度上，其所蕴含的民族主义情绪是近代以来中华民族

①金惠敏：《人类文化共同体与中国文化复兴论》，《人文杂志》2019年第2期。

②指王新命、何炳松、武堉干、孙寒冰、黄文山、陶希圣、章益、陈高佣、萨孟武、樊仲云等十位教授共同联名发表的《关于中国本位的文化建设宣言》，1935年1月10日刊于《文化建设》月刊。

③张岱年：《耄年忆往——张岱年自述》，山西人民出版社，1997年版，第19页。

处境和追赶世界潮流愿望的折射，在特定时代和历史条件下这种民族立场还是有值得肯定的成分的，至少是可以同情理解的。在这个意义上，张岱年《关于中国本位的文化建设》一文所针对的是当时甚嚣尘上的"全盘西化论"，相比较而言，张岱年当然是同情"本位文化论"的。

三、余论

金文将文化综合创新论指证为"折中论"，意味着张岱年所谓的"综合"就是不分主次、没有原则的"调和"或者"混合"，而所谓的"创新"也是缺乏根据、无所凭依的矜奇立异。进而言之，金文认为张岱年的综合创新并没有"成功避开全盘西化论和儒学复兴论之各执一端"[1]的文化困境，从而对这一理论在文化观念史上的地位产生了根本性的动摇。

除了以上通过与金文对话中所彰显出来的态度和作出的辩护外，我们再试作一点补充。第一，张岱年的文化综合创新论具有自洽的理论机制。张岱年将文化理解为一个由文化要素组成的动态系统，并基于文化系统的可解析性认为不同的文化要素具有不同的文化地位，有的可以脱离原系统而存在从而具有可重构性，而有的不可以脱离原系统而存在；有些文化要素具有一定的相容性，而有的文化系统之间则是不相容的。文化要素之间的可离与不可离、相容与不相容的关系是文化进行综合进而创造新文化的理论基础。同时，张岱年虽然没有明确提出，但是已经意识到了传统体用观中的"体"具有强调"主体"和强调"主导"的双重内涵，从而将社会主义指导原则作为主导性之体与社会主义新文化建设的主体性之体区分开来。这一区分明确

---

[1]金惠敏：《人类文化共同体与中国文化复兴论》，《人文杂志》2019年第2期。

了文化"综合"所围绕的主轴和"创新"所遵循的原则,从而决定了"文化综合创新"不是可以随心所欲、任意拼凑的"折中",而是必须遵循一定的文化规律的"创造"。这其中贯穿的不仅是结构主义的分析方法,而且也是唯物辩证文化立场的创造性运用,这种内在自洽的理论机制决定了文化综合创新论与"折中论"之间的本质区别。

第二,张岱年的文化综合创新论具有明确的指导思想。张岱年认为,在对各种文化资源进行分析、评价和选择的过程中,必然需要一定的思想武器,对新文化系统结构的建构也要有一定的设计,因为任何文化系统本身都以思想为核心,以不同的思想为指导就会形成不同的文化创新。随着新中国的诞生,马克思主义文化在中国思想文化领域成为主流,决定了中国文化综合创新之路有明确的指导思想、基本原则和发展方向——马克思主义的基本立场、社会主义的基本原则和社会主义的根本方向。也就是说,综合创新所试图建立的新文化必然坚持以辩证唯物主义和历史唯物主义作为"综合"和"创新"的哲学基础,从而对各种文化资源进行分析、研究、评价和选择;必然坚持马克思主义在意识形态领域的指导地位,坚持社会主义先进文化的前进方向。

第三,张岱年的文化综合创新论具有深厚的历史根基。综合创新的文化观念滥觞于徐光启提出的"会通以求超胜"的文化理念,其后的梅文鼎、王韬、章太炎、杨昌济、李大钊、毛泽东等都有类似的思想表达。中国知识分子早已自觉或不自觉地探索和实践着这一正确的文化方向,从而为出场于20世纪的文化综合创新论作了理论铺垫和思想准备。文化综合创新论并不是偶然和突然冒出来的文化立场,其产生发展具有历史厚重感和必然性。在历史溯源中我们可以更加清晰地看到其产生发展的线条和脉络,从而辨析出"综合创新"与"全盘西化""文化复古"之间的根本性差别,同"中体西用""西体中用"之间的原则性区别。自 20 世纪 80 年代张岱年重申文化综合创新论以来，为数众多的中国学人服膺于这一中允平和而又具有说服力的文化观念，尤其是在方克立的大力阐扬和努力下，此论形成了一个在学术上可以与自由主义学派、保守主义学派相提并论且超越了其局限的"文化综合创新学派"。

总之，张岱年的"文化综合创新论"以强烈的家国情怀和现实关照聚焦"中国文化向何处去"的时代之问，以客观平和的理性态度超越了"国粹派"和"西化派"的极端选择，以旗帜鲜明的唯物辩证立场分析中、西、马三种文化资源，彰显了一种健康的文化心态。这种综合创新的文化观虽然只是提出了初步的思想原则、理论框架和价值理念，但是独树一帜且系统深入，为百年来古今中西之争的文化谱系树立起了马克思主义文化学派的学术旗帜。回顾历史，综合创新的文化观念是中国特色社会主义文化建设的重要理论；着眼现实，文化综合创新论在推进新时代中华文化的创造性转化和创新性发展中将发挥重要的作用。

（论文作者范鹏、李新潮，原载《福建论坛·人文社会科学版》2020 年第 12 期）

得道成人

——从中国哲学与马克思主义哲学融通的视角看问题

　　马克思主义哲学认为哲学是研究世界普遍规律的学问，是时代精神的精华，马克思直接说哲学是文明活的灵魂。而中国哲学在绝大多数中国哲学家那里被理解为一种由天道所决定或指引的做人的道理，实质上是一种人生哲学，本人曾经以冯友兰哲学为例进行过讨论，也得到了不少学者的认可。在中国哲学和马克思主义哲学中有一个基本的共同思想就是人如果认识了普遍规律即中国哲学所谓"道"，人就可以获得自由，成为真正意义上的人。这次世界哲学大会的主题是"学以成人"，这个命题可以通过中国哲学与马克思主义哲学融通的视角加以说明，用中国哲学的语言说就是"得道成人"，用马克思主义哲学的思想来表述就是：认识了必然并能够顺应规律的人可以获得自由，而人类的终极理想则是实现从必然王国到自由王国的飞跃，实质上是人类整体意义上的解放即"得道成人"。

　　哲学是如何让人得道成人的呢？可以从各个时代、各个国家和各个民族的哲学与人生的关系中去论证。这里我主要选择以中国哲学为主，与马克思主义哲学融通的论证方式说明。

　　我讲三方面的思考，不知能不能成为理由，但可以提供一个批判的靶子、讨论的由头。我从一个"道"、四种"态"、十类"人"加以论证，综合起来说就是：认识道以觉、体悟道以醒（也可以理解为"省"）、践行道以得,获得道的启发、滋养与指引以成人。

(一)文以载道、诗以言志。文心即人心人情人意,而哲学正是道学,一切精神现象的共同本质、最终关怀都是指向那个说不清道不明而又无时无刻伴随着我们的"道"的。

金岳霖先生在《论道》序言中说:"不道之道,各家所欲言而不能尽的道,国人对之油然而生敬仰之心的道,万事万物之所不得不由、不得不依、不得不归的道才是中国思想中最崇高的概念,最基本的原动力。对于这样的道,我在哲学的立场上,用我这多少年所用的方法去研究它,我不见得能懂,也不见得能说清楚,但在人事的立场上,我不能独立于我自己,情感难免以役于这样的道为安,我的思想也难免以达于这样的道为得。"①思想以道为得便是哲学,已经触及做人成人的根本了。

西方人有 Logic,中国人有道,马克思主义讲普遍规律,哲学不论如何不同,叫作"道学"在中西古今大体都是不错的,在中国哲学中更是毫无疑问的。而人的精神生活、精神现象中多多少少、深深浅浅都是要有点道的。在中国人眼里,人活着就是为了"闻道","朝闻到,夕死可矣!"其实"闻道"就是成人的标志。《中庸》关于"博学之、审问之、明辨之、慎思之、笃行之"的论述实际上就是"得道成人"的学思践悟的过程。

(二)中国哲学在中国文化中是由于其有真情、洞见、玄心、妙赏四种精神状态而成其为哲学的,也是由此而成其为时代精神的精华、中华文明活的灵魂的,这可以叫中国哲学的品格、品位、品质、品德。

真情、洞见、玄心、妙赏本来是冯友兰先生形容风流名士的特点的四个方面,我借以讲哲学或哲学式的精神现象或人类生活的精神方式、哲学呈现。其他文化也有此四态,有的甚至超过哲学,有过之而无不及。但将四者打通融合成一种人的一种活法、想法、说法、过法、

①金岳霖:《论道》,商务印书馆,2015 年版,第 18 页。

办法、死法却只有中国哲学可提供给我们。

真情是人的感性最直白的表现。直道而行,首先就是真性情,立场坚定、旗帜鲜明,敢爱敢恨、会爱会恨、善爱善恨,一个"真"字尽显人之本色。冯友兰先生论玄学家的风流本来讲的是"深情",我以为深者自真、真者必深,在这里二者是可以通用的。

洞见是人的直观的最高境界。表现为看穿说透、想通放松。佛教让人破"执"、能放下,禅宗说见性成佛、直指人心,阳明心学倡导"致良知",康德、黑格尔叫人"仰望星空",马克思要解放全人类,都少不了、离不开"一口咬到紫肉上"的真理性洞见。大凡看问题能直指事物本质的都具有哲学的味道和洞见的特点。哲人有时看破不说破,所谓"言而当,智也;默而当,亦智也"。有时看透之后不说穿更可贵。

玄心是为天地所立之心,是人心道心中的道心,是康德三大批判过后悟出来的那个心。写出来"笼天地于形内、挫万物于笔端",看上去仰之弥高、神龙难见首尾,说出来"只是家常",细品味"极高明而道中庸",情趣盎然、气象万千、妙不可言,有似孔颜乐处、庄子逍遥。现象学大师们的纯粹哲学、伦理哲学家们的终极关怀、马尔库塞的社会责任、马克思主义的崇高理想无不依玄心而彰显其巨大价值和深远意义。

妙赏即以审美的眼光看宇宙、谈人生。程颢的《秋日偶得》二首之一是真情洞见玄心妙赏结合的典范,是终极关怀与现实关怀结合的楷模。"闲来无事不从容,睡觉东窗日已红。万物静观皆自得,四时佳兴与人同。道通天地有形外,思入风云变幻中。富贵不淫贫贱乐,男儿到此是豪雄。"把四种状态打成一片,既有儒家的使命担当,也有佛家的慈悲胸襟,更有道家的人生情趣,因此,冯友兰先生称之为"哲学咏"。

真情、洞见、玄心、妙赏"四位一体"是中国哲学对世界特有的把握方式,是中国人对宇宙人生根本大道认识、体悟、践行的特有进路,也只有"四位一体"才有真正中国哲学的味道,而什么地方有哲学的味道,什么地方才说人话、讲人情、有人味。可悲的是"人莫不饮食,鲜能知味也!"当下,没有人味、不说人话的人太多了点。

(三)哲学悟道,讲真情洞见玄心妙赏,都是为了给人以安身立命之处,从而继往圣之绝学、开万世之太平,志不可谓不高,但只有入人心方能有结果,只有指人路方能闻人道,故如何做人、做什么样的人,才是道之根本价值指向。

纵观古今中外大哲,无非是叫人做十类人,如能有十性成此十类人,人便真正"自足其性",哲学便真正有指点迷津之"灵魂"作为,所谓"得道成人"便能实质性实现。

儒家教人做有气节、有良心、有作为的人,以天下为己任、自强而不息、厚德能载物,以气节为要、以良心为基、为人类做事,太上立德、次之立功、以行立言,追求精神之不朽。这是做人成人的社会层面的要求,体现的主要是作为主体的人的社会性本质,突出了"入世"的特质。

佛家教人做一个有信仰、有爱心、有觉悟的人,以坚定的信仰支撑苦难的人生,苦海无边,回头是岸,如何懂得什么地方是"头"、如何才能"回"去?这叫觉悟。觉悟到只有以大慈悲之心普度众生才能涅槃成佛这是"回头"。人不论信不信佛,总得信点什么;不论身在何处,总要充满爱心,如能想到说到做到便是觉了的人悟到了道。甘肃著名学者洛桑图丹琼排·多识活佛曾以《爱心中爆发出的智慧》为名讲藏传佛教,其实,所有的哲学(当然也包括中国哲学)都是爱心中爆发出来的智慧。这是做人成人的超越层面的要求,体现的主要是作为生存主体的超越性本质,突出了"出世"的特质。

道家教人做一个有真情、有洞见、有趣味的人。真情洞见前面有言,只说这趣味,就有情趣志趣兴趣意趣多种表现。人总是要有点趣味的,人非草木孰能无情?人非圣贤孰能无过?人非禽兽孰能无义?品人生之酸甜苦辣之杂味而能尽享之,才是真人生。幽默感是人生最可贵的品质,想象力是人最难得的能力。特别强调政治性质的共产党尚且需要"生动活泼的政治局面",俗世岂可死水一潭,做人岂能总是一张"阶级斗争"脸?! 这是做人成人的精神层面的要求,体现的主要是作为主体的人的灵性本质,突出了"审美"的特质。

马克思主义以自由自觉的活动为人的本质,以自由而全面发展为人生之最高理想和人类解放的目标。"自由王国"的人就是有气节、有良心、有作为的人,有信仰、有爱心、有觉悟的人,有真情、有洞见、有趣味的人,最终集合为自由而全面发展的人,这十类人就是学以成人、得道成人应该成的大写的"人"。这也就是中国哲学所说的"究天人之际、通古今之变、明内圣外王之道"的圣人。每一个人都应该有超凡入圣的志向,至少是要有在凡向圣的追求,所谓"高山仰止,景行行止。虽不能至,心向往之"。打通中西马(理)、融汇古今牛(人),是当年冯友兰等先生们就努力过的事业,也是中国哲学在未来精进的方向。20 世纪 40 年代张申府先生曾经明确指出:"中国文化,要孔子、罗素和马克思三位一体结合起来,《新理学》已经是有代表性的杰作。"①《新理学》是冯友兰新理学哲学体系六本书中原理性的一本,孔子、罗素和马克思是中国哲学、西方哲学和马克思主义哲学的代表,这个评价也许有点言过其实,但这个方向在 21 世纪的中国越来越明确了,有人用开玩笑的口气说其实是坚定地认为"打通中西马,吹破古今牛"。现在看来这个牛是非吹不可了,不仅牛非吹不可,事也不得不做。

悟一个道、品四种态、做十类人,哲学仅此足以成文化软实力之灵魂,"得道成人"以此便有根据。一家之言,方家见笑!

(选自《画陇点精——甘肃精神甘肃人》,甘肃人民出版社,2019年版,196~200 页,是作者为第 24 届世界哲学大会提交的论文)

---

①侯外庐:《〈杜国庠文集〉序》,人民出版社,1962 年版,第 10 页。

第二部分
冯友兰哲学研究

一代文化托命之人

——写在冯友兰先生诞辰百年之际

　　提起笔，长须飘胸、道貌岸然的冯先生似乎就在我的眼前。冯先生是讲究行状气象的，这大概就是一代文化托命之人的圣贤气象吧。冯友兰，在大多数知道他的人心目中，是一个中国哲学史的权威。批林批孔运动中，他"从旧营垒中冲杀出来，给孔丘一个回马枪"（这是当时一个知识青年在给冯的信中赞扬他的话），从而赢得了当时左派们的青睐，又遭到了后来人们的非议。其实，冯友兰远比一般人所了解和议论的要丰富得多、复杂得多。要说争议，他可以说是 20 世纪中国哲学界最有争议的人物之一。

　　冯友兰首先是一个哲学家。他的哲学创作是建立在对西方哲学和中国哲学深入研究的基础上的。他是美国哥伦比亚大学的哲学博士，对西方哲学，尤其是对当时在美国流行的实用主义与新实在论有深刻的领悟，杜威、伍德布里奇、蒙太格都曾是他的老师。杜威曾说过：

　　Mr.Fung is a student of real scholarly caliber.（冯君这个学生是一个真正学者的材料）

　　20 世纪 30 年代中期，他的两卷本《中国哲学史》出版，使他成为第一个用现代眼光真正将中国哲学"打通"的人。仅此一点，就足以青史留名。然而，他不愿只做哲学史家，而立志要成为哲学家，这是他的使命。就在他理想转换的关头，抗战爆发了，这一事实，更强化了其使命感。

《易经》乾卦卦辞曰:"乾:元、亨、利、贞。"冯友兰把自己在抗战期间写的六本哲学著作（《新理学》《新事论》《新世训》《新原人》《新原道》《新知言》）统称为"贞元六书":

> 贞元者,纪时也。当我国家民族复兴之际,所谓贞下起元之时也。

> "为天地立心,为生民立命,为往圣继绝学,为万世开太平。"此哲学家所应自期许者也。况我国家民族,值贞元之会,当绝续之交,通天人之际,达古今之变,明内圣外王之道者,岂可不尽所欲言,以为我国家致太平,我亿兆安心立命之用乎? 虽不能至,心向往之。

"贞下起元"用一句时髦的也是很符合《易经》原意的话说就是:"冬天来了,春天还会远吗?"在民族危亡之际,一个教书匠所能为者就是鼓动民族自信,一个哲学家所能为者就是为这种自信提供民族哲学的依据,一身二任的冯友兰在抗战期间所做的无非就是这些。据冯先生当时的学生韦君宜回忆:

> 卢沟桥事变以后,北京失守,学校南迁。大家分散,学校先搬到长沙,大家挤在圣经学院内。来的人先报到,一下子开不了课,学生们只有在街上遛弯,吃凉薯和米粉。回到宿舍免不了对学校和个人前途发发议论。我在苦闷议论中间,觉得应当下决心,已经打算了先去武汉找党的关系。一天,在小街迎面遇见了冯先生。在打招呼为礼之后,在路边稍站了两分钟。我说:"冯先生,我想离开学校不念书了,我想抗战,想找个机会参加抗战。"冯先生听了这话,沉思片刻,便点头说:"好啊! 现在正是你们为国家做点事的时候。"和我握手道别。冯先生这次,并没有教我在混乱的局面下,像一个哲学家那样平心静气动心忍性去读书（这是我预先猜想

的），却在街头庄严地鼓励我———一个青年去抗战。这印象，一直深留在我的脑海里。

其实，韦君宜如果知道冯先生这时正在潜心写《新理学》，正在为民族自信、自立、自强寻找形上学的根据的话，她就不会预先那么猜想了。当时冯友兰住在著名的南岳衡山，十年后，他在美国宾夕法尼亚大学发表中国哲学演说时，曾深情地讲起南岳的哲学故事。

　　在衡山只有短短的几月，精神上却深受激励。其时，正处于我们历史上最大的民族灾难时期；其地，则是怀让磨砖作镜，朱熹会友论学之处。我们正遭受着与晋人南渡、宋人南渡相似的命运。可是我们生活在一个神奇的环境，这么多的哲学家、著作家和学者都住在一栋楼里。遭逢世变，投止名山，荟萃斯文，如此天地人三合，使这一段生活格外地激动人心，令人神往。在这短短的几个月，我自己和我的同事汤用彤教授、金岳霖教授，把在此前开始写的著作写完了。汤先生的书是《中国佛教史》第一部分。金先生的书是《论道》。我的书是《新理学》。金先生和我有许多看法相同，但是我的书是程朱理学的发展，而他的书则是独立研究形上学问题的成果。

的确，冯友兰的新理学正如他自己声称的那样是"接着"程朱理学讲的，也融进了其师蒙太格新实在论的思想，但它绝不是"宋明理学和实在主义在新的历史条件下的翻版"，而是中国哲学现代化、西方哲学中国化的一次有益尝试，这一尝试虽有败笔甚至漏洞，人们尽可以批判其所谓唯心的谬论，但谁也抹杀不了其"融贯中西、通释古今"的特点。正如张岱年先生所言：

　　"西学东渐"以来，中西哲学的结合是必然的趋势。当代中国哲学界最有名望的思想家是熊十力先生、金岳霖先生和冯友兰先生,三家学说都表现了中西哲学的融合。熊先生的哲学是由佛学转向儒学的,也受到柏格森生命哲学的影响,在熊氏哲学体系中,"中"层十分之九,"西"层十分之一。金先生惯于用英语思考问题,然后用中文写出来,对于中国古代哲学的精义也有较深的体会和感情,金先生的体系可以说是"西"层十分之九,"中"层十分之一。唯有冯友兰先生的哲学体系可以说是"中""西"各半,是比较完整意义上的中西结合。

我们应该在一个比较广阔的文化背景下来认识冯友兰哲学的历史地位:立足于中国看文化,则先有南北文化交融而有中国文化,然后有中印文化交融而有东方文化,然后有东西文化交融而有世界文化。哲学是文化的思想基础,就哲学说,南北文化交融就是道家哲学与儒家哲学的结合,中印文化交融就是佛教哲学与中国哲学的结合,东西文化交融就是东方哲学与西方哲学的结合,而冯友兰哲学的构成恰恰有机地融合了道家、儒家、佛学、西学,因此它不仅是中国现代哲学的重要内容,而且是世界现代哲学的一种形态。它扮演了一系列不可逾越的中介角色:在可信与可爱之间周旋,使其成为近代以来科学主义与人文主义思潮的中介;在中学与西学之间涵泳,使其成为纯哲学意义上复古与西化的中介;在思古与忧今之间穿梭,使其成为文化交融背景下传统与现代的中介;在政治与学术的夹缝中求生存,使其成为现代哲学史上马克思主义哲学与反马克思主义哲学的中介;在旧邦与新命的天平上权衡损益,使其成为今天与明天的中介……

老黑格尔断言,没有中介便没有真理,这就从哲学上为我们论证了冯氏哲学产生的历史必然,而张申府先生半个世纪以前所说的一段并非完全没有道理的话,则为冯氏哲学提供了文化依据:

中国文化要孔子、罗素和马克思三位一体结合起来。

《新理学》已经是有代表性的杰作！①

这番话当时就遭到了进步文人杜国庠、侯外庐等先生的批判，但它所表达的将古今中外优秀文化结合起来、再造中华民族新文化的愿望，大概无论进步还是保守人士都不会轻易否定吧？

除了在哲学上的贡献之外，冯友兰在中国哲学史研究方面的贡献是当代中国首屈一指的。正如李慎之先生所言：

> 许多朋友（当然也包括我自己在内）发觉，要对中国的传统经典有所钻研，首先还要向冯先生请教。他的知识最广博，鉴别最精当，介绍最系统，解释最明白。这些都增强了我早就有的一个看法：在把《四书》《五经》作为基本教材的中国传统教育制度在清末解体以后，中国人要了解、学习、研究中国哲学，一般来说，必须通过冯先生为后来者架设的桥梁。我常说，冯先生可超不可越，意思是，后人完全可能，而且也应当胜过冯先生，但是却不能绕过冯先生。绕过冯先生，不但必然要多费力气，而且容易走弯路而难于深入堂奥。平心而论，与冯先生并世诸贤，对于中国哲学钻研之深，考证之细，析理之精，不无可与冯先生比肩者在，但是，能开广大法门为后学接引者，却无人能代替冯先生。

不仅在中国，而且在整个世界上，人们要对中国哲学有一个大概而有系统的了解、要对中国文化品头论足，恐怕不能不借助冯友兰的著作。美国学者 D·布德博士写道：

> 在中国冯友兰名望很高，因为他既是研究中国哲学史的史学家，又是有所创新的哲学家。在西方，他的声誉主要

---

①侯外庐：《〈杜国庠文集〉序》，人民出版社，1962 年版，第 10 页。

基于他撰写的有关中国哲学史的著作，其中有我译为英文的两卷本的《中国哲学史》，和他用英文写作经我编订的《中国哲学简史》，后者更有法、意、西、南、捷、日、朝、中文译本。这两种哲学史几十年来，一直是世界各大学学习中国哲学的通用教材。

何止是教材！许多举世闻名的鸿篇巨制也常以此为重要参考材料，如著名的英国史学家汤因比在其巨著《历史研究》中，就不止一次地引用过冯著的观点，并称其为"现代的中国权威"。李约瑟博士也十分重视冯友兰的著作。因此，如果说中国人因有严复而知有西方学术、外国人因有冯友兰而知有中国哲学，大概不会算夸张。

冯友兰在中外学术界之所以有如此广泛的影响，不仅在其有"三史释今古，六书记贞元"，而且还在于他是一代运用语言的大师、一代杰出的哲学教育家，其著作之流畅明晰、语言之引人入胜，在当代哲人中堪称一绝。那是一种"绚烂之极归于平淡"的境界，是一种真佛家常之言。

冯先生一辈子不甘寂寞、不甘落伍。他的哲学迫使他成为一个名副其实的"追新族"：贞元六书无一不冠之以"新"名，晚年巨著仍命其为"新编"。"求新"是他的著作也是他本人的使命、生命与宿命！冯友兰之心路乃"新"路，冯友兰之心血乃"新"血，冯友兰之心声乃"新"声！难怪一位终生敬仰冯先生的学者深有感触地说：冯氏哲学与其说是唯"心"论，不如说是唯"新"论。他不仅在顺境中新意迭出，而且在逆境中常发奇想；自我批判批得有鼻子有眼儿，即使是歌功颂德也胜常人一筹。不仅在古稀之年有"新作应须代旧刊"的宏愿，就是在近百岁之际，每每口若悬河发"非常奇异可怪之论"，使许多风华正茂的学子自叹弗如！临终前，他躺在医院的病床上还喃喃自语："住在医院里，又懂得很多道理……"

　　何以如此？一是其"阐旧邦以辅新命"的一代文化托命之人的使命感使然；二是他所理解的"极高明而道中庸"的中国哲学的精神使然。有一次，冯友兰闯进一位西方学者的办公室，没头没脑地冲着人家发了这样一通议论：

　　　　你们西方人总想找个你们可以停下来作最后结论性的发言的地方。然而，天下没有最后的结论，天下也没有停顿。《易经》第六十四卦也即最后一卦是未济，"尚未完成"。

　　这位西方学者深有感触地说："我认为这是我听到的对西方思想方法的最有见地的一个评论。"当然，这也意味着对中国哲学之神髓最有见地的体悟。有了这段话，对冯友兰一辈子"变来变去"、一辈子与时俱进，难道还有什么不可理解的吗？人们议论纷纷的许多事儿可能也会因此而自动烟消云散了吧？

　　毋庸讳言，冯友兰在中华人民共和国成立前曾两度加入国民党，两次为国民党中央训练团讲中国固有哲学；中华人民共和国成立后，不仅对自己有过过火的自我批判，也以"左"的腔调批判过别人，批林批孔运动中，又跟着所谓评法批儒走了一阵。以先生平生陈义之高、任道之重，海内外于此不能无微辞。然而，脱离历史条件着意渲染，甚至送上"蒋介石的高参、四人帮的顾问"这样吓人的大帽子，恐怕也言过其实，起码是缺少宽容精神。冯友兰两次加入国民党（第一次是1924年，第二次是1939年），都是国共合作时期。两次为国民党中央训练团讲中国固有哲学（1943年、1944年各一次），都是民族矛盾上升为主要矛盾之时。就是这些问题，在思想改造运动中，冯友兰多次检讨交代，甚至不惜上纲上线，以有说无，知情人心中都觉得够彻底的了，但当时的主持人就是不让过关。

　　金岳霖先生由于素与政治无涉，在运动中过关较快，不久还被树为积极分子，"组织上"让他到冯家去做工作，以促进冯氏"转变"。一进门，金岳霖就大声说道："芝生呀，你有什么对不起人民的地方，可要彻底交代呀。"说着说着，就扑上去和冯友兰抱头痛哭。两位老朋友哭得如此凄惨，在场的人无不转身拭泪。

正是在这样的背景下，自觉的思想改造与扭曲的舆论引导相结合，造就了冯友兰"相信群众相信党"的心理定势。50年代中期，冯友兰与张岱年同为北大哲学系开设中国哲学史课程，由于"政治觉悟"的提高，冯友兰主张讲课时对历史上的哲学家及其思想应先批判后讲解，可刚毅木讷的张岱年脑袋还没"开窍"，固执地认为怎么也得先讲清楚了再批判，两位教授就为这一今天人们看来近乎可笑的"问题"着实"争论"了一番。冯友兰在历次政治运动中都首当其冲受冲击，每次他都发自内心地说"受到了不少的教育"，但总的来说他还是被动地被人们牵着鼻子走。批判别人、批判自己在他看来绝不是迎合什么人，而是哲学日新、日日新的体现。所以，很多次他是以其自觉追求真理的良好初衷，给别人当了谋取政治资本的垫脚石。可悲的是他对给人当枪使以致引起自我毁灭的危险并没有一点儿察觉。批林批孔运动一开始，有关部门就印发了一本小册子，题目是《历代反动派都是尊孔派》，奇怪的是这一帮历代反动派的第一人居然是当了一辈子教书匠的冯友兰！冯友兰当时想，我何必一定要站在群众的对立面呢，要相信党，相信群众嘛，我和群众一同批孔批尊孔，这不就没有问题了吗。正是在这种思想支配下，他挥笔上阵了，两篇文章一出手，便赢得了各种各样的议论。以"三军可以夺帅，匹夫不可夺志"著称的梁漱溟先生认定这是"谄媚江青"，北大哲学系不少干部、教师、学生认为这是"革命行动"，更有不少不明真相的普通百姓写信大加表扬。真实的背景是：冯友兰的批孔文章不仅"四人帮"的御用文人们看了如获至宝，而且毛泽东看了也给予了肯定。冯友兰对毛泽东的敬仰是由衷的，他是真心诚意把毛主席当成中国人民的大救星和他自己的引路人的。回想那天昏地暗的"运动"时期,狂风暴雨以排山倒海之势而来,举神州八亿之众,能不盲目苟同而孤明独照者,屈指能有几人,有多少人自觉追随,有多少人噤若寒蝉,有多少人一死了之,我们怎能苛求于一个呆若木鸡的八旬老翁?! 我宁肯把冯友兰个人的遭遇、他的痛苦和悲哀,看成是 20 世纪中国知识分子的痛苦与悲哀,看成是 20 世纪中国文化的悲剧!

我愿以英文本《中国哲学简史》的结语结束我喋喋不休的议论:人必须先说很多话然后保持静默。

(原载《学术月刊》1995 年第 11 期)

立·和·得·化
——谈冯友兰和冯契对中国哲学的总结与把握

冯友兰与冯契是 20 世纪中国哲学的两位巨匠,尽管他们年龄相差二十岁,又有师生关系,但都在 20 世纪 90 年代初期完成了各自对中国哲学的总结。并从中国哲学的传统中开出了世界哲学未来可能的方向,对中国哲学进行了高度的把握。这里,笔者主要依据冯友兰《〈中国哲学史新编〉总结》和冯契《〈智慧说三篇〉导论》,对他们的总结与把握谈谈自己的学习心得,求教于各位同仁。

一、哲学是什么?

冯友兰在《〈中国哲学史新编〉总结》(见冯友兰著《中国现代哲学史》,中华书局香港有限公司出版发行,1992 年 7 月初版,第十一章,第 243~262 页,以下简称《总结》,引文只注明《总结》及页码)中讲了两方面的问题,第一方面的问题是"从中国哲学史的传统看哲学的性质及其作用"①实质上是其哲学观的晚年定论。冯契则在《〈智慧说三篇〉导论》(见冯契著《认识世界和认识自己》,《冯契文集》第一卷,华东师范大学出版社,1996 年 6 月第一版,第 1~61 页。以下简称《导论》,引文只注明《导论》及页码)中概括地说明了自己对哲学的基本

---

① 冯友兰:《中国现代哲学史》,中华书局香港有限公司,1992 年版,第 244 页。

看法,也是其哲学观的晚年定论。

　　冯友兰《总结》中是用他所谓"烘云托月"的方法,从什么不是哲学说起的,他重申了他早年在"贞元六书"中的一贯思想并修正了他曾经认同过的一些思想,明确指出:"真正的哲学不是初级的科学,不是太上科学,也不是科学。"①甚至对《〈中国哲学史新编〉全书绪论》中提出的"哲学是人类精神的反思"和《新知言》所说的"哲学是对于人生的,有系统的,反思的思想"这两个著名的命题他也有些不太满意了,认为"这是一个比较笼统的提法。现在,本书即将结束,本章对于这个论点可以提出比较详细的说明"。②冯友兰的说明语言十分精炼,概括起来主要是:(1)"哲学是概念的游戏。"这本来是金岳霖的一个非正式的提法,但却受到了冯友兰特别的重视,他指出:"这个提法说出了哲学的一种真实性质……是用简单的话说出了一个公开秘密。"③(2)"哲学不能增进人们对于实际的知识,但能提高人的精神境界。"④这大概是"多变"的冯友兰几十年哲学生涯中始终未变的思想之一。人欲达最高的精神境界,"非经过哲学这条路不可"。⑤(3)哲学提高人的精神境界是通过哲学家把自己的哲学"融合于他的生活"而实现的。"哲学的概念,如果身体力行,是会对于人的精神境界发生提高的作用。这种提高,中国传统哲学叫作'受用'。"受用的意思是享受。哲学的概念,是供人享受的。⑥例如,"有'自同于大全'这种最高精神境

①《总结》第 245 页。
②《总结》第 246 页。
③《总结》第 246、247 页。
④《总结》第 247。
⑤《总结》第 247 页。
⑥《总结》第 248 页。

界的人，可以有一种最大的快乐。这种快乐，就是所谓'孔颜乐处'。"①
(4)"'仁'是儒家所说的人的最高精神境界，也是人之所以为人的最
高标准。'仁学'也可以称为'人学'。""仁学""这个名称，很可以作为
我所说的哲学的名称"。②质言之，哲学者，人的精神境界之学也。(5)
"哲学是理智与直觉的结合。"③作为概念的游戏，非理智不足以"做"；
作为境界之学，非直觉不足以"悟"。"概念与直觉，不可偏重，也不可
偏废。理学与心学的分歧，其根源就在于此。"④(6)达到最高精神境界
的人，也就是最符合人之所以为人的标准的人。即儒家所谓的"圣
人"，由于其"圣"而最宜于做"王"，故哲学者"内圣外王"之学也。"《庄
子·天下篇》认为，最高的学问是'内圣外王之道'，用我们现在的话
说，就是哲学。"⑤

　　以上六点，冯友兰用张载的四句话全部概括了，这四句话是"为
天地立心，为生民立命，为往圣继绝学，为万世开太平"。再说得简单
明了一些，哲学者立人之学也，一个"立"字足以概括冯友兰《总结》第
一部分的全部思想即其哲学观的晚年定论。哲学从概念到直觉、由直
觉而概念，首先在理论层面上"立人极"——阐发人之所以为人的道
理；其次，在人格层面上"立人极"——揭示达到最高的精神境界的途
径；最后，用"极高明而道中庸"的"而"作为现实存在的人的生存方
式，将"为学"与"为道"、认识与修养、做人与做学问有机地统一起来
完成"立人极"的真实过程。这也就是"横渠四句"的"冯友兰解释"。

---

　　①《总结》第 249 页。
　　②《总结》第 252 页。
　　③《总结》第 252 页。
　　④《总结》第 252 页。
　　⑤《总结》第 255 页。

　　冯契在《〈智慧说三篇〉导论》中也集中阐述了自己的哲学观,不过,他与冯友兰先说不是什么,再说是什么的思路不同,而是从讲自己的哲学探索之心路历程中立论的,其要旨是:(1)"真正的哲学都在回答时代的问题,要求表现时代精神。"①"不过,时代精神不是抽象的,它通过思想家个人的遭遇和切身感受而体现出来。一个思想家,如果他真切地感受到时代的脉搏,看到了时代的矛盾(时代的问题),就会在他所从事的领域里(如哲学的某个领域里),形成某个或某些具体问题。这具体的问题,使他感到苦恼、困惑,产生一种非把问题解决不可的心情。真正碰到了这样令人苦恼的问题,他就会有一种切肤之痛,内心有一种时代责任感,驱使他去作艰苦、持久的探索。如果问题老得不到解决,他就难免心有郁结,甚至产生黄宗羲所说的'龙拏虎踞、壮士囚缚'的心态,迫使他作强力的挣扎、抗争。如果他在这个问题的探索中有所前进,就会感到精神上有所寄寓,感情上得到升华,于是就体验到人生真正的乐趣、真正的价值。"②(2)"以得自现实之道还治现实",以从不知到知。这是冯契改造引申金岳霖"以经验之所得还治经验"的知识论主旨得出的自己的结论。不同之处是冯契自觉自愿地"沿着实践唯物主义辩证法的路子,来讲以得自现实之道还治现实"③。冯契特别强调了两点:一是由无知到知的矛盾运动;二是主体自证:"我有意识地认识世界,逐步把握现实之道,同时也就意识到我是主体,并在意识活动中逐步认识自己、认识自己的本性。"④这样分析的结果,使他认识到"在实践基础上的认识运动就表现为认识

---

　　①冯契:《认识世界和认识自己》,《冯契文集》第一卷,华东师范大学出版社,1996 年版,第 3~4 页。

　　②《导论》第 6 页。

　　③《导论》第 36 页。

　　④《导论》第 36 页。

世界和认识自我的互相促进的过程，也就是现实之道与心性交互作用的过程"。①(3)"在认识世界和认识自己的过程中转识成智。"②这才是冯契哲学观的核心思想，他认为哲学之可贵不在于揭示具体过程的规律，而在于完成转识成智的飞跃。"由具体到抽象，再由抽象上升到具体，是认识运动和发展的普遍形式和规律，科学、哲学都是如此。但哲学又与科学有所不同，科学分别研究某个历史过程、某种运动形态的问题，哲学却要把握整个宇宙洪流及其演化顺序，把握自我作为具体的精神主体(作为群体与个性的统一)的全面活动，而且还要把握整个自然界和人之为主体之间的交互作用。所以，哲学要求把握具体真理的认识有其为科学认识所没有的独特问题，那就是：在实践基础上认识世界和认识自己的交互作用中如何转识成智，获得关于性与天道的认识？"③由是观之，"哲学领域有许多问题，而归结到最根本的问题就是天和人、自然界和精神的关系(或者说自然界、精神以及观念三者的关系)，这也就是哲学的理论探索的最根本的出发点"④。冯契沿着实践唯物主义辩证法的路子前进，又在总结中国传统哲学中锤炼自己的哲学观，把马克思主义的观点与中国传统哲学的观点合而为一，得出了自己关于哲学根本问题的看法。转识成智的问题，冯契将其概括为如何能"得"。一个"得"字，便可以概括《认识世界和认识自己》这本冯契哲学总论的全部思想。(4)"化理论为方法，化理论为德性。"⑤这二"化"虽不是冯契哲学观中最主要的东西，但却是最

---

①《导论》第 37 页。

②《导论》第 35 页。

③《导论》第 42 页。

④《导论》第 47 页。

⑤《导论》第 20 页。

独特的部分。《智慧说三篇》的后两篇分别展开论述了这二"化"。化理论为方法讲的是"认识的辩证法如何通过逻辑思维的范畴，转化为方法论的一般原理"①，这个进程的完成依靠的是范畴的辩证推移。所以，冯契将"化理论为方法"的原理概括为《逻辑思维辩证法》。化理论为方法只完成了转识成智的一半，还有更重要的一半在于"化理论为德性"。"认识的辩证法贯彻于价值论领域。表现为在使理想成为现实以创造真善美的活动中，培养了自由人格的德性。"②化理论为德性的目的是"成人"。成什么样的人呢？冯契提出了"平民化的自由人格"这样一个理想人格。"认识的辩证法贯彻到提高人的素质和培养理想人格的过程中，我们将引申出：在自然和人、客体和主体的交互作用中，实践和教育相结合，世界观、人生观的培养和德育、智育、美育相结合，集体帮助和个人主观努力相结合，以求个性的全面发展，——是培养平民化的自由人格的基本途径。"③化理论为德性，就是用正确的世界观来指导人生，树立出于真诚的理性认识和意志的自由选择的理想，用理想激发感情的力量，使理想成为信念，达到性与天道的合一，"感到天道和性是统一的，天道仿佛是我的理性所固有的，这才真正成为自由的德性，体验到了绝对即在相对之中，无限即在有限之中。这大体就是哲学理论经理想、信念的环节化为德性的过程。"④这也就是中国古代哲学家"性与天道合一谓之诚"的现代表述，也正应了"哲学也就是哲学家的人格"这句话，冯契用一个"化"字概括了自己哲学观的特色。

---

①《导论》第 53 页。
②《导论》第 55 页。
③《导论》第 60 页。
④《导论》第 60~61 页。

二、哲学向何处去？

冯友兰与冯契在总结和把握中国哲学之神髓的过程中形成了各自独特的哲学观。不仅如此，他们还从总结中国哲学的传统中预示了世界哲学的未来。

冯友兰高度概括地总结了中国哲学的传统，他的总结是从辩证法的规律切入的。他指出："客观的辩证法只有一个，但人们对于客观辩证法的认识，可以因条件的不同而有差别。照马克思主义的辩证法思想，矛盾斗争是绝对的，无条件的；'统一'是相对的，有条件的。这是把矛盾斗争放在第一位。中国古典哲学没有这样说，而是把统一放在第一位。理论上的这点差别，在实践上有重大的意义。"①

"在中国古典哲学中，张载把辩证法的规律归纳为四句话：'有象斯有对，对必反其为；有反斯有仇，仇必和而解。'（《正蒙·太和篇》）这四句中的前三句是马克思主义辩证法思想也同意的，但第四句马克思主义就不会这样说了。它怎么说呢？我还没有看到现成的话可以引用。照我的推测，它可能会说：'仇必仇到底。'"②

在冯友兰看来，"仇必仇到底"是革命者对于辩证法必然的理解，而"仇必和而解"则是力求维护统一、安定、团结的必然结论。为此，他断定现代社会历史是向着"仇必而和解"的方面发展的，尽管这个方向不是笔直的，但却是一定的；曲折不可避免，方向却不会改变。"人是最聪明、最有理性的动物，不会永远走'仇必仇到底'那样的道路。这就是中国哲学的传统和世界哲学的未来。"③在《中国哲学史新编》

---

① 《总结》第 258 页。
② 《总结》第 258 页。
③ 《总结》第 261 页。

的全书总结的最后，冯友兰再次重申了哲学的宗旨、中国哲学的传统、世界哲学的未来和自己终生的志向：

乱曰：为天地立心，

为生民立命，

为往圣继绝学，

为万世开太平。

高山仰止，

景行行止，

虽不能至，

心向往之。①

古代辞赋篇末总结全篇要旨的话叫"乱"，"乱曰"是最后的呐喊，《中国哲学史新编》第七册在香港以《中国现代哲学史》之名出版时，这个"乱曰"却被改为轻飘飘的"故曰"，一字之差，把冯友兰那点最后呐喊的精神减去了一大半儿，真是不可原谅的过失！由"乱曰"被改为"故曰"，也可以看到中国文化之失传的危险。

"为万世开太平"和"仇必和而解"，一个是哲学家的愿望、意志，一个是客观事物之大势。"理有固然，势无必至。"要使固然之理实现于人间，必须有人主观的努力，在努力之后，"理有固然"才能"势所必至"。

如果说冯友兰在总结中国哲学传统的同时高度概括地预示了世界哲学未来的方向的话，那么冯契的《导论》同样也做到了这一点，不过，后者的表述没有前者那么集中。

---

①《总结》第262页。

冯契的《导论》专门有一节讲"从比较哲学看中国传统哲学的特点"：（1）从佛学对中国哲学的影响看中国哲学的特点。冯契指出："中国哲学和印度佛学相接触后，经过比较、会通，达到了新的哲学境界和新的思辨水平，最根本地表现在如何转识成智，获得关于性和天道的认识，即智慧学说方面。"[1]佛学的洗礼，不仅直接促使了理学的产生，而且使中国人对精神现象的分析上了一个档次。（2）从近代中西哲学的冲撞看中国哲学的特点。在西学东渐以后，在比较中显示出来的中国哲学的特点集中地表现为经学独断论和经学思维方式，尽管有注入中国哲学传统的积极的东西垫底，如进化论哲学、唯物史观、逻辑分析方法等，但"中国近代哲学革命也至今未得到全面总结，尤其表现在方法论、价值论两个方面"[2]。这是因为"思维方式和价值观念的革命有其特别的艰巨性、复杂性，传统的保守势力很强大，而从西方学来的东西又未必能对症下药"[3]。儒学独尊、经学独断论和权威主义，以及作为其反面的相对主义和虚无主义，成为近代中国社会弊病的毒素。（3）在方法论和价值观上比较中西哲学传统。冯契得出了这样的结论："和西方相比，中国传统哲学在逻辑思维方面的特点，是较早地发展了朴素的辩证逻辑，而形式逻辑一直较受冷落。"[4]在价值观和自由理论方面，"相比之下，西方哲学较多考察了自愿原则和自由意志的问题；而中国以儒家为主体的传统伦理学则着重考察了道德行为的自觉原则，强调道德行为与理性认识的关系，并热衷于讨论道德教育与修养方法等问题"[5]。其积极意义是对培养民族正气产生

---

[1]《导论》第 26 页。
[2]《导论》第 28 页。
[3]《导论》第 29 页。
[4]《导论》第 31 页。
[5]《导论》第 33 页。

了深远影响,不足甚至可以说"罪状"是严重地束缚了人的个性。

从中国哲学的传统中,冯契得出的结论是:"中国哲学的发展方向是发扬民族特色而逐渐走向世界,将成为世界哲学的一个重要组成部分。"①要保持和发扬民族特色,就必须注意克服民族局限性,"并且越是具有民族特色,就越有人类的普遍意义。哲学既涉及自然,又涉及人文。怎样使中国哲学既发扬中国的民族特色,又能够会通中西,使它成为世界哲学的有机组成部分,是许多中国学者都在考虑和要解决的问题"②。这个问题的解决,就是中国哲学的方向,世界哲学的未来也就在这个方向中显现出来了。在世界范围内,作为世界哲学有机组成部分的各民族的哲学是有民族个性的,具有民族气派的;在民族范围内,作为民族哲学有机组成部分的各个哲学家的哲学是有个性化的特色的,具有德性自证的品格。

三、几点分析和启示

通过学习研究《〈中国哲学史新编〉总结》和《〈智慧说三篇〉导论》,使我们对冯友兰和冯契这两位 20 世纪中国哲学的巨匠对中国哲学的总结与把握有了一个大体的了解,正如冯契所说:"哲学是哲学史的总结,哲学史是哲学的展开。"③二冯正是由总结哲学史而成就自己哲学、用哲学史而展开自己哲学的典型代表。

冯友兰对中国哲学的总结和把握集中地体现在"立""和"二字上。"立"者立心、立命、立学、立太平之谓也;"和"者"仇必和而解"之谓也。"立""和"二字表现了冯友兰阐旧邦以辅新命的使命感和极高

---

①《导论》第 5 页。
②《导论》第 12 页。
③《导论》第 2 页。

明而道中庸的境界,是用毕生的心血换来的真知灼见、大智大慧。冯友兰终生追求的目标在晚年终于实现了。

冯契对中国哲学的总结和把握集中地体现在"得""化"二字上。"得"者得知、得慧、得道之谓也;"化"者化理论为方法、化智慧为德性之谓也。"得""化",二字表现了冯契接着中国传统哲学讲、沿着实践唯物主义辩证法的路子前进的神圣使命和性与天道已合一的真诚美德,是一生求索、呕心沥血而悟得的真理、真道、真性、真法、真德。

冯友兰是站在中国哲学的立场上总结中国哲学、把握中国哲学的;冯契是站在马克思主义哲学的立场上总结中国哲学、把握中国哲学的。他们都主张中国哲学与马克思主义哲学取长补短、相得益彰,但冯友兰认为马克思主义哲学终将作为一个环节纳入未来中国亦即世界哲学之中;而冯契则认为中国哲学终将作为一个方面纳入未来世界亦即马克思主义哲学的新发展之中。所以,方向似乎一致,其实是有区别的。

由二冯对中国哲学的总结与把握中我得到了以下三点启示:(1)非哲学史家不足以成为哲学家,个中道理二冯已有详论,二冯就是典范。(2)可信又可爱的哲学是可能的,二冯之说可爱自不待言,可信者也有目共睹,追求可爱与可信的统一也是哲学家的使命。(3)哲学者人学也,已成为当今多数哲人的共识,尽管人是说不清道不明却又非非道不可的,但"说人""见性""得道"恐怕是哲学永恒的主题。由是观之,综合二冯"立""和""得""化"四字,可以说是哲学四字真言。

1996 年 11 月 4 日始

草于随缘斋, 同月 7 日子夜完稿于民航兰州中川机场第一宾馆106 室

(原载《学术月刊》1998 年第 2 期,《国学论衡》第一辑转载,敦煌文艺出版社,1998 年)

四通八达的冯友兰

有人说冯友兰是新儒家①，有人说"与其把他归入'新儒家'不如把他归入'新道家'"②；有人说他没有当新儒家的资格③，也有人说不能给他戴上新儒家这顶帽子④。真可谓众说纷纭。我不想就各家之说的利弊发表意见，只想从为人与为道的统一中来说明冯友兰其人其学是融汇古今中西的，是四通八达的。

---

①方克立、宋志明、田文军、郑家栋等先生持此说。详见以下论著，方克立：《关于现代新儒家研究的几个问题》；方克立、李锦全：《现代新儒学研究论集（一）》，中国社会科学出版社，1989年版，第1~13页；宋志明：《五四以来的"新儒家" 哲学思想研究》，广西人民出版社，1990年版；田文军：《冯友兰与文化保守主义》，1995年12月提交"中西哲学及文化的融合与创新——纪念冯友兰先生一百周年诞辰国际学术讨论会"（北京，清华大学）。

②陈晓平：《评冯友兰的新统——兼论冯友兰哲学的归属问题》，《中州学刊》1995年第3期，第63~68页；涂又光：《新原人是"贞元六书"的中心》，冯钟璞、蔡仲德编《冯友兰先生百年诞辰纪念文集》，清华大学出版社，1995年版，第146~149页。

③刘述先：《平心而论冯友兰》，《当代》1989年第135期，第3页。

④涂又光、范学德在1987年的看法，参见范鹏、阮青：《1987：中国现代哲学史研究的重要一年》，《哲学动态》1988年第6期，第20~24页。

儒者风流

冯友兰首先是一位儒者,即以积极入世的态度从事思想与教育活动的知识分子。他的思想学说自称"大体上是承接宋明道学中之理学一派。我们说'大体上',因为在许多点,我们亦有与宋明以来的理学大不相同处。我们说'承接',因为我们是'接着'宋明以来的理学讲底,而不是'照着'宋明以来的理学讲底。因此我们自称我们的系统为新理学"①。冯友兰终身追求的旧邦新命基于儒家的理想,他推崇的横渠四句即"为天地立心,为生民立命,为往圣继绝学,为万世开太平"②实乃儒者使命。就为人说,体现在冯友兰身上的是一种得孔颜之乐的儒者风流;就为道说,表现于冯氏哲学中的是一种求仁得仁的儒家风范。

冯友兰不仅认为玄学家中有真风流的名士,而且认为宋儒(冯友兰所谓的新儒家)中亦不乏"风流人豪"。他十分推崇程明道的《秋日偶成》二首之一:

闲来无事不从容,睡觉东窗日已红。

万物静观皆自得,四时佳兴与人同。

道通天地有形外,思入风云变幻中。

富贵不淫贫贱乐,男儿到此是豪雄③。

认为明道的境界在被称为"风流人豪"的邵康节之上。一句"道通

①冯友兰:《新理学》,《三松堂全集》第四卷,河南人民出版社,1986年版。

②横渠四句本出《张子语录》,各版本有异文,此处转引自冯友兰《新原人·自序》(见《三松堂全集》第四卷,第511页)。朱熹《近思录》卷二及《四部丛刊续编》所收南宋末吴坚刻本为"为天地立心,为生民立道,为去圣继绝学,为万世开太平"。中华书局1978年8月第1版《张载集》第320页所录为"为天地立志,为生民立道,为去圣继绝学,为万世开太平"。

③《明道文集》卷一。

天地有形外,思入风云变幻中"道出了冯友兰对哲学的深刻体悟,他当然很欣赏。冯友兰认为,哲学乃求好之学[1],其特点是思与辨[2],而明道的这两句诗,"可以为我们的思咏了"[3]。冯氏所著书,无论是哲学还是哲学史,都是如此,都是邵康节所谓"大笔快志"[4]。我以为孔颜之乐无非就是乐这种思想的穿透力,冯友兰所得也不过如此。宗璞先生谓其父"最突出的有两方面:一是他爱思想,一是他爱祖国"[5]。爱思想是他寻孔颜乐处的心愿,善思想则是他尽得风流的根基,唯其如此,才不愧为 20 世纪中国哲学的风流人豪。冯友兰专门在哲学专业刊物撰文《论风流》,认为风流作为一种人格美是只可意会不能言传的。但真风流的人也有一些可以描绘的方面,这些方面冯友兰称为"真风流的构成条件"。这些条件主要是四个方面:玄心、妙赏、洞见、深情[6]。此文所引多出《世说新语》,其所谓风流主要是玄学家们的境界。这八个字在玄学家身上如何体现,我们可暂且不论,但照我的理解,冯友兰其人其学也可以说是有玄心、妙赏、洞见、深情,这八个字使冯友兰成为一个风流儒者。

　　玄心是真正有哲学头脑。真正有哲学头脑的人,其思必入风云变幻中,其道必通天地有形外。冯氏之学无论就其最哲学的哲学而言,

---

①冯友兰:《三松堂全集》第一卷,河南人民出版社,1985 年版,第 349 页。

②冯友兰:《三松堂全集》第四卷,第 7 页。另见冯友兰:《三松堂学术文集》,北京大学出版社,1984 年所收《说思辨》,第 301~302 页。

③冯友兰:《三松堂全集》第四卷,第 9 页。

④邵雍:《安乐吟》,《伊川击壤集》卷十四。

⑤宗璞:《向历史诉说》,《冯友兰先生百年诞辰纪念文集》,清华大学出版社,1995 年版,第 9~6 页。

⑥原载《哲学评论》第九卷第 3 期,收入《南渡集》(上编),见《三松堂全集》第五卷,1986 年 9 月第 1 版,第 345~355 页。

还是就其最平常的常言而论,都处处表现出其玄心,即真正哲学的头脑。我有时甚至觉得冯友兰的众多学术短论有比六书、三史更可爱可信之处,不了解这众多短论的人,恐难真正了解冯友兰。有玄心的人自然放达,无玄心而装成有玄心的人只有作达,作达作得再像也只是假达,而不是真达。就讲哲学和哲学史的人说,真有玄心而旷达通达之人必将古今中外之哲学打通而成就一个新境界,这种境界见诸文字便是一卓然成一家之言的完整的哲学体系,这种体系吸取古今中外之哲学某种营养,而并不依傍任何特定的哲学。冯友兰的新理学正是这样一种哲学。《新原道》称:新理学作为中国哲学的新统,"并不是我们的偶然的私见,而是真正接着中国哲学的传统讲底"①。这个传统只是冯友兰所理解的传统,即所谓"极高明而道中庸"。在《新原道》出版不久,杜国庠先生就撰文指出"玄虚不是中国哲学的精神"②。其实,任何一个哲学家都可以对已有的哲学、哲学的精神有不同的理解,从而从自己认定的好的传统中发展出自己的哲学,这就是冯友兰所谓"接着讲"。有人认为冯友兰不够新儒家,是因为他"没有真正抓到中国哲学的真髓,亦即'生命的学问'"③。在我看来,这种观点与杜国庠的批判如出一辙,是未能体悟通达真意的门户之见④。

①冯友兰:《三松堂全集》第五卷,第12页。

②杜国庠:《玄虚不是中国哲学的精神——评冯友兰新原道》,《杜国庠文集》,人民出版社,1962年版。

③傅伟勋:《冯友兰的学思历程与生命坎坷》,《当代》,1987年版。

④田文军也认为:"海外一些学者,既无法否定现代新儒学即是'五四'以来所形成的以认同宋明儒学为特征的文化保守主义思潮的继续,也无法否认冯友兰的学术活动中,曾以提倡程朱的形式回应过宋明儒学。但却主观地认定新儒家的归属,应以唐君毅、牟宗三以及与唐牟有密切关系的新亚书院的传统为准,否定冯氏之学可归于新儒家,这没有多少道理。这种观念除了显露他们在学术上的'门庭'意识之外,很难说再有别的意义。"见田文军《冯友兰与文化保守主义》。

妙赏是有很高的审美眼光。风流名士的审美活动侧重于精神活动自身的美，冯友兰也善于以审美的眼光看待生活、看待思想。他十分看重阅历，即看重读宇宙人生这部无字天书。冯友兰先生曾为祝贺吴泽霖 90 寿辰题词曰："苏东坡念奴娇词云，大江东去，浪淘尽千古风流人物。清华旧友甚多，泽霖先生与余至今尚存，而 90 之年忽焉已至，先生始满，余又过二，可谓天假以年矣。多活几年，可以多经历一点世面，多懂得一点道理，此其可万幸者，泽霖先生以为何如？"①岂止几年，在冯友兰看来，多活几天也许都有其历而阅的意义，所以他临终前十几天躺在病榻上还断断续续地对涂又光说："住在医院里，又懂得很多道理……"②没有这种妙赏的人，是写不出将人引入天地境界的哲学著作的。

洞见就是不借推理、专凭直觉而得来的高超见解，这些见解往往是言约旨远，有简明透彻之美。冯友兰先生一生著述几百万言，但用"极高明而道中庸"几个字道尽其中奥妙；他为中国哲学的发展呕心沥血七十余载，却不过"旧邦新命"四字，让人一目了然。据说冯先生自己也承认他有将复杂问题简单化的神功，如无洞见的本领，哪能有此功夫？冯友兰之所以能开广大法门为后学接引，全凭这种功夫③。

深情是说真风流的人必有真情实感。冯友兰对自己的祖国、事业、亲朋，总是一往情深。他常言自己是欲罢不能，正是由这种真性情

---

①蔡仲德：《冯友兰先生年谱初编》，湖南人民出版社，1994 年版，第 684 页。

②涂又光：《超越生死的人——悼先师冯友兰先生》，《冯友兰先生纪念文集》，北京大学出版社，1993 年版。

③李慎之曾写道："平心而论，与冯先生并世诸贤，对中国哲学钻研之深，考证之细，析理之精，不无可与冯友兰先生比肩者在，但是，能开广大法门为后接引者，却无人能代替冯先生。"见《冯友兰先生纪念文集》，第 10 页。

所驱使。正如王树人先生所言："冯先生对'天地境界'的追求,更表现在他对母邦之爱。这种爱的表现,是多方面的。有的是为图强而求知,有的是为救亡而呼号,有的是为新命而反思。在这些方面,冯先生都是情深理透,与祖国同命运共呼吸。""冯先生对亲族之爱、对师友之爱、对祖邦之爱、可以说,最终都化作对'新命'之爱"①。作为一个现代硕儒,冯友兰既有其得之于中国哲学之乐,也有其得之于中国哲学之忧,但无论是乐以忘忧之时,还是充满忧患之际,都表现了其努力实现新命的真情实感。

仙风道骨

在冯友兰身上,不仅有儒家以天下为己任的使命感,也有道家——天人、齐物我的超越感。冯友兰的确与以儒家文化传统的价值论定中国文化生命的海外新儒家有所不同,他"以创造中国文化的主体即中国人的存在去诠释和论定中国文化生活的生命"②。这样,他关于中国人的看法,就与他关于中国哲学的看法,关于中国哲学精神的看法大有关系。冯友兰认为:"儒家墨家教人能负责,道家使人能外物。能负责则人严肃,能外物则人超脱。超脱而严肃,使人虽有'满不在乎'的态度,却并不是对任何事都'满不在乎'。严肃而超脱使人于尽道德的责任时,对于有些事可以'满不在乎'。有儒家墨家的严肃,又有道家的超脱,才真正是从中国的国风养出来的人,才真正是'中国人'。""中国的过去,靠这些真正的'中国人'。中国的将来,也靠这

---

① 王树人:《在文化融通中走向世界的哲学家——读冯友兰先生三松堂自序》见《冯友兰先生百年诞辰纪念文集》。
② 田文军:《冯友兰与文化保守主义》。

些真正的'中国人'。"①由此可见,冯友兰认同儒家但却不以儒家自限。他为人处世、治史论学都充分汲取了道家的精神营养,真可谓处处洋溢着道家热爱生命、回归自然、物我两忘的仙风道骨。

冯先生为人而有仙气,其实是大家都有所了解的。只是许多人只将其视为表象而不予重视,很少与其学术文章打成一片来理解罢了。儒家严肃而负责的精神使冯友兰以诚敬之心对待自己的使命,终身未有一刻松懈;道家超脱而外物的精神使冯友兰以泰然之心应付自己的处境,宠辱不惊,"誉之不加劝,非之不加沮"②。宗璞也对其父的气象作如是观:"父亲的呆气里有儒家的伟大精神,'天行健,君子以自强不息',自强不息到'知其不可而为之'的地步;父亲的仙气里又有道家的豁达洒脱。秉此二气,他穿越了在苦难中奋斗的中国的 20世纪。他的一生便是 20 世纪中国文化的一个篇章。"③30 年代初,冯友兰住清华大学乙所,当时他的学生们在背后戏称乙所为"太乙洞天",把冯先生叫作"太乙真人"④,后来更有"冯道汤佛"⑤的说法。这

---

①冯友兰:《三松堂全集》第四卷,第 363、364 页。

②冯友兰逝世后涂又光作了一副挽联曰:"为天地立心,为生民立命,求仁得仁,安度九十五岁;誉之不加劝,非之不加沮,知我罪我,可凭六百万言。"见《冯友兰先生纪念文集》第 46 页。

③宗璞:《三松堂断忆》,《冯友兰先生纪念文集》,北京大学出版社,1993 年版,第 80 页。

④羊涤生:《"承百代之流,而合乎当今之变"——冯友兰先生究竟属于哪一家》,《冯友兰先生百年诞辰纪念文集》,清华大学出版社,1995 年版,第 199 页。

⑤据张岱年先生回忆,50 年代初院系调整后不久,汤用彤任北大副校长,而冯友兰辞去了清华的职务后在北大再未任职,与汤冯熟悉的人开玩笑地议论道:"看来道家(指冯友兰)不如佛家(指汤用彤)了。"这是 1987 年 6 月 7 日上午张岱年先生带笔者及笔者同学范学德前往燕南园拜访冯友兰先生途中张先生所言。

些都表明冯先生之仙风道骨是其气象行状中本来就有的，绝不是什么偶然的表象。

在新理学哲学体系中，最有价值而又居于核心地位的是其境界说，尤其是天地境界。而天地境界主要是得之于老庄，而不是孔孟，也不是程朱。主张冯氏之学与其说是新儒家，不如说是新道家者，主要是据此而立论的。我很赞同涂又光先生关于"天地境界学说的主根是老庄，不是孔孟"①的观点，也同意陈晓平先生"相对而言，冯先生的哲学体系与道家学说最为接近"的说法，但不赞同"如果有必要把冯友兰先生归入中国传统哲学的某一家，那么，与其把他归入'新儒家'，不如把他归入'新道家'"②的结论。因为，我们虽承认冯友兰其人其学有仙风道骨，但又不限于仙风道骨，正如不能因其具有儒者风流就把他归入新儒家一样，也不能因其具有仙风道骨就把他归入新道家。因为，冯先生自己对"接着讲"有两种不同的说法：一是说新理学是接着旧理学讲的，一是说新理学"是接着中国哲学的各方面的最好的传统，而又经过现代的新逻辑学对形上学的批评，以成立的形上学"③。前面已经谈到，这里所谓"最好的传统"只能是冯友兰先生自己的理解。别人不以为然对他是没有妨碍的。可注意的倒是这个"最好的传统"，既不是儒家的道统，也不是道家的道统，而是各方面取长补短之后由冯先生自己总结出来的，是既不能离开又不能限于任何一家的。离开或限于其中任何一家，既不是传统，又不成新统，简直是不

　　①涂又光：《新原人是"贞元六书"的中心》，《冯友兰先生百年诞辰纪念文集》第149页。

　　②陈晓平：《评冯友兰的新统——兼论冯友兰哲学的归属问题》，冯钟璞、蔡仲德编：《冯友兰先生百年诞辰纪念文集》，清华大学出版社，1995年版，第146~149页。

　　③冯友兰：《新原道·新统》，《三松堂全集》第五卷，第148页。

成体统！其实冯友兰先生对自己是什么派有过烘云托月式的多次说明。他在《三松堂自序》中说："有人说，我的'新理学'是'糅合'柏拉图、朱熹和新实在论而成的。'糅合'这两个字不妥。凡是一个哲学家，只要他的思想成为一个体系，就是他对自然、社会和人生有所理解的体会，以致形成一种见解。这种见解可能有正确或不正确，可能有完全或不完全，但都是他自己的。这些见解可能有与前人相同或相似的地方，或者是得到前人的启发，因此把前人的言论作为思想资料来应用，但这并不是'糅合'。'糅合'好像一个拼盘，无论怎么样'糅'，拼盘总是一个拼盘。"①在与钟肇鹏的一次谈话中他明确说新儒家"是一个帽子"。钟先生体会"既然是帽子就有个戴得合适不合适的问题，只要戴得合适，冯老也不反对这种称号"②。不反对是有雅量，并不是默认。我觉得钟先生的体会恐难代表冯先生自己的意见。冯先生倒是说过自己"属于分析派"③，但这只是就哲学的方法说，并不是从哲学的内容说的。冯友兰哲学融汇中西古今的特质，为众多学者所承认，其中既有中西各半的说法④，也有儒道互补的说法⑤，这些都更接近四通八达的真像⑥。

①冯友兰：《三松堂自序》，《三松堂全集》第一卷，第 258 页。
②钟肇鹏：《片断回忆和一点想法》，《冯友兰先生百年诞辰纪念文集》第 349 页。
③王中江：《冯友兰的历史观念——为纪念冯先生诞辰百年而作》，《冯友兰先生百年诞辰纪念文集》第 133 页。
④张岱年先生在《冯友兰先生"贞元六书"的历史意义》一文中的观点，见《冯友兰先生纪念文集》第 85 页。
⑤宋志明等人的观点，见《冯友兰先生百年诞辰纪念文集》第 150~160 页。
⑥羊涤生先生明确指出："冯友兰自成一家，冯学就是冯学，又何必以归属哪一家来限此哉！"见《冯友兰先生纪念文集》第 243 页。

禅机玄言

在《新原道》中,冯友兰从中国哲学的精神的进展中来评定历史上的哲学。从而为自己的哲学找到了恰当的位置,论证了自己的哲学是最哲学的哲学。也正是在《新原道》中,冯先生说:"新的形上学,须是对于实际无所肯定的,须是对于实际,虽说了些话,而实是没有积极地说什么的。不过在西洋哲学史里,没有这种底形上学的传统。西洋哲学家,不容易了解,虽说而没有积极地说什么的'废话',怎么能构成形上学。在中国哲学史中,先秦的道家,魏晋的玄学,唐代的禅宗,恰好造成了这一种传统。新理学就是受这种传统的启发,利用现代新逻辑学对于形上学的批评,以成立一个完全'不著实际'的形上学。"①关于道家与新理学的联系于本文第二部分已有所交代,此处不赘述。这里要说的是:冯友兰其人其学在儒道互补、中西合成的大格局中,还充分吸纳了玄学与禅宗的"高明"之处,有玄学的空灵与禅宗的机智。"道学尚讳言近玄学近禅宗,新理学则公开承认其近玄学近禅宗"②。我觉得冯友兰受益于玄学禅宗者颇多,这不仅表现在六百万言的字里行间,也表现在其风度之中。

要了解玄学禅宗对冯友兰其人其学的意义,要认识冯友兰为什么和怎样把玄学禅宗与儒家道家打通,就必须揭示贞元六书,尤其是《新理学》《新原人》《新原道》三者之间的内在联系。我曾撰文指出"新理学在本质上是一种广义的人生哲学"③,这一点已为绝大多数研究冯学的人承认。从人生哲学的角度看,《新原人》提出的境界说是新理

---

① ② 冯友兰:《新原道·新统》,《三松堂全集》第五卷,第 147 页,第 157 页。
③ 范鹏:《新理学人生哲学的内在逻辑》,《冯友兰先生纪念文集》第 327 页。

学的核心内容,而境界的极致即"极高明而道中庸"的天地境界,"此'而'即表示高明与中庸,虽是对立,而已被统一起来。如何统一起来,这是中国哲学所求解决的一个问题。求解决这个问题,是中国哲学的精神。这个问题的解决,是中国哲学的贡献"①。《新原道》所揭示的就是"极高明而道中庸"这个最高的境界和中国哲学的精神是如何逐步发展完善起来的。因此,《新原道》是《新原人》的精神、境界形成史,《新原人》是《新原道》修成的正果。《新理学》对于《新原人》与《新原道》之所以有基础、总纲作用者,在于两点:其一认定"孔子之道亦是一道统,但不是唯一的道统"②。二是为境界说奠定了形上学的基础。从横渠四句看,《新理学》最后讲到"宇宙的心","我心即天心"是"为天地立心";《新原人》最后讲到天地境界,存顺没宁,是"为生民立命";《新原道》最后讲到"内圣外王之道"的最精纯的要素,是"为往圣继绝学";《新事论》最后讲到"真正的中国人将要造成一个在任何方面比任何国家都有过之无不及的新中国",是"为万世开太平"。就这个角度来看,贞元六书中四书足以成就一个四通八达的冯友兰。从而证明:玄学禅宗是新理学内在的构成要素,而不是外在的点缀;是冯友兰人格要素的构件,而不是可有可无的品格。

　　冯友兰得之于玄学的是其为人为学的风流潇洒。清朝人批评道学过于玄虚,而冯友兰对于道学的批评,则是说它还不够玄虚,未免有点"拖泥带水"。冯友兰讲天地境界,真有点《世说新语》谓向秀《庄子注》"妙析奇致,大畅玄风"的味道③。对冯友兰来说,真是哲学中自

①冯友兰:《新原道·绪论》,《三松堂全集》第五卷,第7页。
②冯友兰:《新理学·义理》,《三松堂全集》第四卷,第164页。
③《世说新语·文学》转引自《新原道·玄学》,《三松堂全集》第五卷,第100页。

有乐地。晚年的冯友兰"不出户庭,直际天地"①,"他曾说晋人懒得穿戴整齐,他当时很有体会。连穿戴整齐都懒得,更不要说参加什么会了"②。看来对冯先生的玄学家的风度,他的亲朋师友们都持一种欣赏的态度。

冯友兰得之于禅宗的,在学问上是禅机的妙用,在为人上是"担水砍柴、无非妙道"的境界。前者可说的很多,主要是哲学史研究中的所谓"转语",善于捕捉机锋而下转语,使冯友兰从哲学史走向了哲学。在冯友兰看来,禅是中国文化创造活力融合外来文化的典范,禅师"应机设教,看风使帆"③,正是《碧岩录》所谓"变通的人"④。只有善变通才能"智与理冥,境与神会,如人饮水,冷暖自知"⑤。据说"四通八达"是冯先生自己的体会,而且是临终前不久的说法,我想如果没有四通八达的通脱,哪能"海阔天空我自飞"? 于此自由境界,虽然我辈笨嘴笨舌说三道四,但个中味道,只有冯先生自己清清楚楚、明明白白了。

西哲睿智

如果我们给冯友兰其人其学的构成画一幅画,那么,最形象恰当的莫过于我们祖先留给我们的太极阴阳鱼了。那一阴一阳、一黑一白首先可以理解成中西各半,且西中有中,中中有西。单就中的那一部分来说,又可以构成一个太极阴阳鱼,形成儒道互补的基本格局。不

---

①邵雍:《安乐吟》《伊川击壤集》卷十四。

②宗璞:《向历史诉说》,见冯钟璞、蔡仲德编《冯友兰先生百年诞辰纪念文集》第 14 页。

③④[宋]圆悟禅师编《碧岩录》,第 222、168 页。

⑤[宋]颐藏主集《古尊宿语录》卷三十二。

过,中国传统哲学中一向不大被人所重视的墨家、名家、玄学、禅宗也渗透到了这个基本格局之中。单就西的那一部分说,也可以构成一个太极阴阳鱼,其中一半是柏拉图主义,另一半是新实在论。另外,亚里士多德、斯宾诺莎、黑格尔、罗素、马克思等哲学大家的思想,也被冯友兰站在自己的立场上打通了。古今通、中外通、儒道通、哲学宗教通、人文精神科学理性通,等等,这就是冯友兰。

冯友兰常说自己的哲学是"旧瓶新酒",所谓"新"主要就是指西方哲学的思想与方法。早在 20 世纪三四十年代,张申府就认为:"中国文化,要孔子、罗素和马克思三位一体结合起来。《新理学》已经是代表性的杰作!"①其弟张岱年先生晚年则指出新理学是典型的中西结合②。一位曾长期在冯先生身边学习、工作过的弟子则这样描写作为哲学家的冯友兰:"他生活制度之严格,令人联想到哥尼斯堡的康德。"是的,冯友兰为人为道也处处展现着西方哲学家式的睿智与风采。关于这一点,最典型的当然是他对逻辑分析方法的深刻领悟与自如运用了。

我们看到冯友兰在解剖新理学思想形成的过程时,总是少不了说明它是经过现代新逻辑学对形而上学的批评而成立的,这一点的确很重要。冯友兰是 20 世纪哲学家中少数几个敢于正面回应维也纳学派拒斥形上学运动的人之一,他虽不同意拒斥形上学,却对维也纳学派的批评给予了充分的理解和足够的重视。他看到了维也纳学派拒斥形上学的合理之处与重大意义,看到了维也纳学派确实尖锐地触及了传统形上学的要害——把形上学作为绝对的知识体系的企

---

①转引自《杜国庠文集·侯外庐序》,人民出版社,1962 年版,第 10 页。
②张岱年先生在《冯友兰先生"贞元六书的"历史意义》一文中的观点,见《冯友兰先生纪念文集》第 85 页。

图。因此,"他肯定、汲取、改造了维也纳学派对形而上学的批评,作为建立新理学的理论前提"①。这个前提就是防止维也纳学派批评、拒斥的那种"坏底形上学"②,即对经验作事实的释义而又自以为是绝对的知识体系,太上科学的形上学的渗入,具体说就是放弃经验综合命题,而纯以超验分析命题构成一个新形上学系统,这种形上学是维也纳学派拒斥不了的,或者说不在其取消范围的"真正底形上学"。这种形上学只对真际有所肯定,对实际则并无主张,并无肯定,或甚少主张,甚少肯定。它真正是一片空灵,十分玄虚。这样,冯友兰不仅在中国哲学中从道家、玄学、禅宗中接上了玄而又玄的真正形上学的传统,而且站在世界哲学潮流的前列,为解决科学主义给人文主义提出的世纪性难题提供了一种方案。也就是说,冯友兰不仅是接着孔孟、老庄、玄学、禅宗、道学讲的,而且也是接着柏拉图主义、新实在论和维也纳学派讲的。尽管人们可以提出各种论据说冯先生这样讲是很成问题的,或者甚至说是根本讲不通的,但对冯先生来说,则并不重要,重要的是他能自圆其说,在他自己的立场上言之成理,圆融无碍。

懂得了四通八达的冯友兰或冯友兰的四通八达,我的结论是:可以把冯友兰归于某一家某一派,但却不能将其限于某一家某一派。

（原载蔡仲德编《冯友兰研究》（第一辑）,国际文化出版公司,1997年版,第508~521页）

---

①李维武:《冯友兰·洪谦·维也纳举派》,《冯友兰先生百年诞辰纪念文集》第102页。

②冯友兰:《新知言·维也纳学派对于形上学的看法》,《三松堂全集》第五卷第219页。

冯友兰教育哲学发微

　　冯友兰（1895—1990）先生曾以"三史释今古，六书纪贞元"来总结自身学术生命的历程，以标示两个身份：哲学史家和哲学家。作为近代以来少有的自成体系的哲学家，"六书"（《新理学》《新事论》《新世训》《新原人》《新原道》《新知言》）记载了冯友兰试图以民族精神之精华救亡图存的心路历程，虽然这一宏愿由于多方面的原因并未彻底得到实现，但这种努力的价值和意义是值得充分肯定的。

　　冯友兰不仅是一位著名的哲学家，而且也是一位非常成功的教育家。他在留学美国期间，颇留意西方教育思想，受杜威的实用主义教育思想影响较深，自1923年从哥伦比亚大学学成归国，冯友兰的学术活动基本上都是在高校中度过的。在长达六十多年教书育人的过程中，他不仅积累了丰富的教学经验，培养了数以百计的优秀人才，而且亲历了许多教育管理实践工作，尤其是在20世纪30—40年代，他不仅担任清华大学（西南联大）文学院院长长达十八年之久，而且作为校务委员会主要成员参与了学校许多重大决策，留下了大量有关教育问题的真知灼见与宝贵经验。由于他在哲学方面的成就太引人注目，以至于对他在其他方面包括教育方面的成就人们研究不够。这里对冯友兰的教育哲学作一个初步的探讨，以请教于方家。

一、新旧之学

　　五四运动期间，冯友兰在河南进步期刊《心声》创刊号上撰文，提

出了新学生与旧学生的区别。针对当时国人究竟何为新学旧学的争论,如私塾之学和洋学,读八股策论和研究科学之间的争论,冯友兰从"救中国于危亡"的角度进行辨析,澄清了当时一些似是而非的模糊认识。

冯友兰指出:"新学生专心研究学问,旧学生专心读书。""书籍者,纸片上之学问也。纸片上之学问,不过先王之刍狗,古人之牙慧耳,吾所谓老套者也。古来所谓大发明者,其所发明决非自纸片得来。纸片所载,皆古人所已发明者,若一社会之学生,专研究纸片,则尽其能事,亦仅能成'述者之明',断不能成'作者之圣'。而此社会必永为古人所束缚,终无进步之一日,此理之极易明了者也。"①他进一步对新旧学生区分道:"新学生注重实际,旧学生注重空谈。""旧学生所研究之学问,不外义理、考据、辞章三者而已。……然其最劣之点,则在专究纸片。"由此他批评了当时的教育流弊,指出"其研究科学也,不以实验为主……无论其所研究,为若何新而又新,吾必谓之旧学生。是故新学生之研究学问也,不求壮纸上之观瞻,但求切现在之实际。"

冯友兰在这里有力地批判了中国传统治学方式中重书本而轻实践的流弊,他言辞异常激烈地指出:"吾国历来旧学生皆误于'述而不作,信而好古'之一念。崇拜老套,达于极点。……此所以几千年来,永为纸片所束缚,沉沉无一毫生气也。"他接下来举例论证,如牛顿、瓦特、托尔斯泰之巨大成就,均非来自古文时文,而是来自一草一木、一颦一笑的具体实践。显然,冯友兰在此立论的现实背景,乃是痛感当时旧中国的积弱无力,而试图从学问之新旧的角度予以扶匡。那么,

---

①冯友兰:《三松堂全集》第十三卷,河南人民出版社,1994 年版,该文所有冯友兰关于教育的引文均出此卷,恕不一一注明。

旧学生"只研纸片"的陋习是如何形成的呢,他认为这是因为旧学生仅以读书为目的而造成的,"新学生以研究学问为目的,读书为手段,而旧学生即以读书为目的,此其根本之差异也"。

接着冯友兰又从时代观念之不同上区分了新旧学生,并深刻揭示了旧学生旧观念之危害:"新学生注意现在与未来,旧学生注意过去。""吾国旧学生,贵古而贱今,专究'亡羊'而不究所以'补牢'之方,专究失之东隅,而不究所以'收之桑榆'之道,此神州之所以陆沉也。"由此他主张"'知来'为目的,'察往'为手段",从而把被颠倒了的"察往知来"的关系恢复了过来。这一点在已进入 21 世纪的今天尤其显得重要。

冯友兰认为新旧学生的第三个分别是:"新学生之生活为群众的,旧学生之生活为单独的。"并号召:"吾人欲为社会所尽力,则必先养成群众之生活之习惯,以备将来之应用。……谓宜养成博爱平等诸美德,'善与人同',以诚心联益友,而共为社会尽力焉。此新学生宜努力者也。"为此,冯友兰对传统学人"以隐遁山林为高,以不治生产为雅,以雅奇立异、荡检逾闲为风流自觉"的名士人格持否定态度。他指出在少数专制渐让位于多数共和的时代潮流中,"举凡旧学生一切不近人情之习惯,皆新学生摧陷廓清之者也"。这里批判的锋芒表面上指向的是传统儒家名士人格,而从本质来说则深刻抨击了中国封建社会基本的价值取向,充分显示出冯友兰作为一个北京大学刚刚毕业的青年学子的思想倾向与济世情怀。

这就是他警示"旧学生"而呼唤"新学生"的早期教育主张,也是冯友兰教育哲学思想的逻辑起点。冯友兰早期的这一重当前、重实践、重创新的现实主义教育取向,在他留学美国后与杜威的实用主义教育思想形成共振,归国后又被中国社会进步的现实需要所强化,从而左右了他未来教育哲学的基本走向,追求教育创新由此而成为冯友兰终身的教育理想。1989 年春天,冯友兰在对《中国青运》记者谈

"五四"时，又重提他的这篇早期文章的主要观点，表明这一思想在冯友兰教育思想中是自始至终的。20世纪20年代是冯友兰教育哲学思想的奠基阶段，其角色定位是教育哲学的探索者。

二、大学理念

1923年，冯友兰学成归国，辗转于中州大学和中山大学。此时，他尚未到而立之年，却已被聘为教授兼系主任，在从事哲学教育的过程中其教育哲学思想日趋系统、逐步走向成熟。冯友兰在20世纪20年代初期的教育理想，主要是想以全新的教育理念在中国创办一所像样的大学，以培养自己心目中可以救中国、促进步的新学生。1925年，他在《现代评论》上撰文，系统地提出了自己的大学理念，在《怎样办现代中国的大学》一文中，他给"现在中国的大学"勾画了一幅理想蓝图：

（一）中国现在须充分地输入新学术，并彻底地整理旧东西；

（二）中国现在须力求学术上的独立；

（三）中国现在出版界可怜异常，有许多人想看书而无书可看；

（四）中国现在对西洋学术有较深的研究之人甚少；

（五）上述之人，中国已甚少，而其中更绝无（仅有）人在世界学术界中可以称为'大师'（authority）。

冯友兰称这五点为"大家公认的"，并说"如对此尚有怀疑者，则即勿庸再往下看"。套用今天的时髦术语，此五点是对话的平台，一旦平台的建设失败，对话将难以为继。这里，我们已经较清晰地看到新实在主义和实用主义的影响：从一个大家公认的前提（公理）出发，推导出一系列的结论（定理、推论、判断等），这种逻辑的展开恰似几何习题的证明，有条不紊，步步为营；同时，这五点的总结都建立在对中国当时的现状清醒的认识上，尤以一、二点为根本，这仍是他早期教育思想的继续。

在以上前提下，他心目中"稍有点规模的大学"应由三部分组成：像样的本科、研究部、编辑部。"一个大学之中，至少要有本科，乃系当然的事。"他认为"想叫本科像样，至少须先叫教员像样"。继而他批评了当时许多大学教授，"只不过看过两本教科书，有两本笔记本簿，便要在我所谓'最高学府'之内教人，此大学生之所以太息痛恨于'轮回式'的教育也"。冯友兰的这个批评，截至目前仍有其针对性，时下高校教育之弊和八十年前大同小异。他认为，为解决"教员像样"的问题，短期看可请外教或派出留学，但原则应立足于国人形成滚动发展。为此他主张："（一）所请之人，要有继续研究他所学之学问之兴趣与能力；（二）大学要给他继续研究他所学之学问之机会。唯其如此，所以要设研究部。"由此看，设立研究部的目的是为了保证教员的学术水平持续提高，以免"其学问多有退而无进"。"此大学又有研究部，则此大学教员可兼研究部研究生。他们可以授课不多（假定一星期至多不过六点），而一面做他们自己的研究。"这个让教员"清闲"的主张难免引起人的质疑。冯友兰一方面以自己在国外的所见所思论证其合理性，"在西洋各国中，国家或私人常特地拿钱，叫人什么不做，专心研究学问"；另一方面借用庄子的话来立论，"皆知有用之用，而莫知无用之用"；同时，他为了避免让教员落得个"未免过于舒服"的嫌疑，力主教员兼差，且不拿薪水。"叫他兼什么差呢？兼编辑部编辑员。"编辑什么？"我们不妨要他们每一年或二年译一本书（所以专说译书者，因为著书不能限期之故）。"其目的是"充分地输入西洋学术"，当然也可"救济出版界"。

由此，我们不妨反推过来看：

兼差当编辑为的是"学术输入"，避免教员"过于舒服"，教员多做研究少授课为的是保证其学术水平的提高，教员水平高才能办成一个像样的本科,进而办成一个像样的有规模的大学,而一个有规模的大学则又为的是中国的学术上的独立。因此,五个前提、三个条件都归结于办好中国的大学,为的是学术上的独立,而学术上的独立则是政治上独立、经济上自主的文化前提。因此,冯友兰十分具体的大学理念,承载的却是近代以来"救亡""启蒙"的时代脉动,从形式上看"救亡"更多属于政治、军事之力,仅"启蒙"当属学者之责,但在冯友兰的灵魂深处二者却可以通过办大学来相互补充。这里既再现了冯友兰以学术救时弊的济世情怀,也显示了其"将复杂问题简单化"的哲学家特有的简约能力。

如果说冯友兰早年的大学理念,多处在具体设想操作阶段的话,1943年9月他在《大学与学术独立》一文中提出,大学应强调学术独立和大师挂帅,则标志着其教育哲学思想和大学理念的真正成熟。在《大学与学术独立》一文中,冯友兰指出:说到大学,有些人认为不过是比中学高一级的学校而已。这种意见,我们不能说完全不对,但确不是完全对。大学一方面是教育机关,一方面是研究机关。它不但要传授已有的知识,并且要产生新的知识,它应当是一代知识的宝库。它对于人类的职务,真正是所谓继往开来。大学者有大师之谓也,非徒有大楼之谓也! 1945年在撰写《国立西南联合大学纪念碑》文时,他已扬弃了早年对传统教育过激的看法,显示出传统与当代对接、中国与西洋互释的思路:"万物并育而不相害,道并行而不相悖,小德川流,大德敦化,此天地之所以为大。斯虽先民之恒言,实为民主之真谛。联合大学以其兼容并包之精神,转移社会一时之风气,内树学术自由之规模,外来'民主堡垒'之称号,违千夫之诺诺,作一士之谔谔。"对西南联大的这种赞誉,尤举以"发扬新文化运动的精神,学术第一,讲学自由,兼容并包",是对当年蔡元培先生北大精神的高扬,也成为冯友兰教育实践的指南。他倡导学术自由,不畏权势,敢于抨击腐败专制之时政。1933 年他代表国立清华大学教授会致电国民政府，对热河失守的责任当局予以严厉斥责。在担任清华校务委员会常委，事实上行使清华大学校长职权期间，在艰危的情势下，他从保护校园净土、维持教学秩序、保卫学术尊严的大局出发，保护教授、爱护学生，得到了同仁的肯定，经受了历史的考验。由此我们把这一时期视为冯友兰教育哲学的第二阶段，他的角色定位主要是教育实践家。

三、教育何为

"为学术而学术"，在西方本是一个源远流长的可贵传统，亚里士多德曾说："吾爱吾师，吾更爱真理。"这种求真精神，乃是西方科学理性的精髓。西方文明的全球扩张，表层仰仗的是物质力量（坚船、利炮等），但其背靠的却是科学理性精神。"五四"前后，经过启蒙运动的洗礼，在我国也形成了"为学术而学术"的治学理念，蔡元培就是这一理念的倡导者和实行者。在 1949 年前，冯友兰也是这一理念的忠实追随者，在治学过程中，冯友兰力求一种"为学术而学术"的境界。1950年他在系统总结中国五十年教育思想时，出于对新中国新政治的首肯，他承认当时中国共产党主张的"为人民服务"的教育理念是顺应时代潮流的，因此自觉地加以接受，当然教育"为人民服务"也可以视为青年冯友兰"新学生之生活是为群众的"思想之继续。他虽然以"为人民服务"为新的治学理念，但仍对"为学术而学术"的教育思想给予了积极的评价。

"学术是为什么呢？照主张为学术而学术的思想，学术的价值，就在于发现真理，而真理的价值就在于其本身。不能问：为什么要发现真理；也不能说：某一个真理比另一个真理更有价值。这种为学术而学术的学风，相对于五四以前的学风说，是一个进步。"

但这一看法，立即遭到了柳湜等人的质疑，于是冯友兰作出了自己的回答。那时,他虽感觉到必须将自己的思想统一到新中国的时代要求上来,但毕竟还有说真话的勇气。他说,为学术而学术有三个蕴义:"一方面是有关于个人研究学问的目的思想。另一方面是关于对于学术的看法的思想。更另一方面是有关于对于研究学术的方法的看法的思想。"并声明他自己主要强调第一方面,说"学术的最高目的,在于求'真'。这个目的,是'独立'于任何方面的看法"。"所谓独立者,是对于这些束缚说的"。并且坚持:"学术是有用的,但是研究学术的时候,不可以有致用之心。为致用而学术,容易犯一种短视急躁病。结果学术研究不好,因而也无从致用。'为学术而学术',不以致用为意,反而可以得到学术的大用。这一点意思倒是可以批判地接受。"尽管替"为学术而学术"辩护,但他还是认为新中国的教育家应该是政治上坚定不移地主张社会主义,学术上旗帜鲜明地为人民服务。"可是还有些人,不了解时代的这样的进展,在政治上还守着走资本主义的路的那一套。在学术上还守着'为学术而学术'的那一套。我个人在学术及教育岗位上,就是这样的一个人。"

自此,他开始以"为人民服务"来代替"为学术而学术"的治学主张,他用自己所理解的完成了这一转变:"以升官发财为目的而学习研究,是有所为而为的,'为学术而学术'是无所为而为的,以'为人民服务'而学习研究,也可以说是有所为而为,但是这个有所为而为,从私的观点看,也是无所为而为的。"进而他对"理论与实践"的统一给予了积极评价。

"重理论而轻技术的思想与为学术而学术的思想,是有连带的关系的。既以为学术的价值,就在于求真理,至于它的应用,乃是一种副产品,因此也必以为,技术以理论为本。'学问之士,倡其新理;事功之士,窃之为术'。有了理论,不愁没有技术。所以理论第一,技术第二。""中华人民共和国成立后,新教育思想提出了理论与实践合一的口号。在习惯于重理论而轻技术的思想的人,不免有一种印象,以为这是恢复了五四以前的思想。我起初也有这一种感觉,可是现在觉得这是错误的。""在我个人的经验中,我从前也只注重纯粹哲学。以为越是离开实际的思想,越是纯粹。"这种纯粹的哲学在教育上的功能是可以养成清楚的思想,怀疑的精神,容忍的态度和广大的眼界,在有了一人的思想亿万民众便不敢思想亦不能思想的年代,哲学教育和教育哲学的这些思想不仅是"无用的"而且是"有害的"。

沉默数年后,在"百花齐放,百家争鸣"口号的感召下,从来不甘寂寞的冯友兰再次将自己的教育主张提了出来。1958 年,在那篇"谤满天下,誉亦随之"的《树立一个对立面》的文章中,他竟然与当时培养有文化的劳动者的主流教育方针唱反调,主张综合大学哲学系应该以培养理论工作者为目标,为此,他区分了人的学问和修养问题与工作岗位和职业问题的不同。

"但是从社会上的职业分工来说,我们又需要系统地钻研经典著作,掌握文献资料,联系科学,分析概念和范畴等等的人。担任这种工作的人,也必须是能够理论联系实际的人,但是他们的职业却是专搞或是多搞理论,多搞或是专搞上面所说的那种理论工作。"

这个观点在今天看来无疑有其合理性,但在当时整齐划一、异口同声高呼"为人民服务""理论联系实际"口号下,显然是"冒天下之大不韪"。在庸俗的实践论者看来,这无疑是资产阶级学术权威的反攻倒算。冯友兰有言在先,说自己为的是给学术争鸣"树立一个对立面",其结果是自己被立即树成一个对立面。这是冯友兰教育哲学的第三阶段,其身份定位是哲学教育家兼教育哲学家。

四、重实践行

重实践行是冯友兰教育哲学的又一特点,这一特点在他治学初期已显端倪。他的新旧学之别论就包含着避虚就实的主张。1935年他在北平成达师范学校演讲时，集中就青年的修养问题发表了自己的看法："第一，要感觉责任：……社会越是进步，一切越是社会化，他越是不能离开社会……越是不能离开社会，对于社会所负的责任，也越重要。同时，社会越进步，社会上应做的事越多，而需要的人才也越多。我们既然不能离开社会而去索居，那么，对于社会，就应该负起责任来。"

他把传统的忠孝两种责任化约为家庭责任和社会责任，说"并且在从前，有许多人都只能算作家里的人，而不能算作社会的人"。在鼓励青年要立定志向时，他号召青年应该去做一个"对于社会有益"的大人物，且在传统三不朽之业中，要求每个青年尽力做到"立德"，"至于立功、立言，却不是任何人都可以做到的，必须要看自己的才学和所谓的机遇如何而定"。由此，他展开对"才""学"的论述，认为"才是天生的根底，就是一般人们所说的天才；学是后来加上去的努力。这两种东西结合起来，才能做到极好的地步"。那么，如何发现自己的才呢？"你的兴趣在哪一方面，你的才华就在哪一方面。"但这并不是喜欢吃饭就是才，才是"应该做些对于社会有益的事"，否则，饭桶岂不成了天才？

但担责任、立志向、重才学之后，青年人往往将面临更大的现实挫折，怎么办？冯友兰自有一套应对办法，在态度上要求青年忘却成败，他的理由是，"一件事的成败，是就个人的观点说的。如果就社会的观点说，大部分的事，是无所谓失败的"。

冯友兰当然也不忘在精神超脱之余，给予些实际作为。他勉励青年锻炼体格，以避免"往往有许多很有才华的人，却又不幸短命死去"的悲剧发生。他明确指出："总而言之，我们生为现代的人，一方面要有文明人的知识，而他一方面还要有野蛮人的身体，然后才能担当社会的大事。"这和当年毛泽东"文明其精神,野蛮其体魄"的主张如出一辙。

　　冯友兰对青年人的要求,其实是对自己青年阶段的人生总结,而他自己也正是这样一个过来人。时年他刚到不惑之年,风华正茂,以其特有的角色活跃于当时学术界。他身体力行,他的五点要求在自己身上得到了极好的验证。

　　冯友兰长期执教清华,虽不能说名噪一时的"清华学派"属他个人之功,但无疑他与清华学风有所互动。他长期担任清华文学院院长,是清华学风的有力推动者。1936年在纪念清华大学成立二十五周年时,冯友兰指出:"清华向来的教育方针,注重于养成专门技术人才,所以从清华出来的人,大多数都是奉公守法,凭着他个人的专门技能,为国家社会服务。至于作大规模的政治或社会运动,所谓'成则为王,败则为寇'的人才,在清华本来是比较少的。有人说这是清华教育的失败,但是也可说这是清华教育的成功,因为清华向来的教育方针,本来是注重养成专门的技术人才。"他甚至乐观地相信,清华能融贯学术空气和政治空气。也正是这种清华"做派",才使他无论何时都尽力不忘干好自己的本职工作。

　　1931年11月,针对当时的抗日热潮,清华学生准备赴南京请愿。冯友兰代表校务会议布告全校:"但吾人处危难之局,头脑尤宜冷静,若使牺牲学业能得相当之代价,则尚可告无罪于国家社会;若不计结果,徒为学业上之牺牲,则诸同学少上一日之课即国家多受一日之损失。知识即权力,此言可深念也。"并质问道:"如今日牺牲学业,异日何能担当大事?"但是冯友兰并不是置国家危亡于不顾的书呆子,相反,在抗日烽火中,他曾代表清华同仁大声疾呼,为抗日将士募捐,多次致电慰问鼓励,并对国民政府组织战事不力多加以痛斥。1933年他代表清华教授会告书清华学子:"当我们民族之命危在呼吸之顷,我们如果不能多做事,至少不要少做事。假如你们真去拼命,我们极端赞成你们不读书。假如你们担任了后方的切实工作,我们决不反对你们告假。且平心静气地、忠实地想一想:有,不必说;没有,你们就该做你们每天该做的事,绝对不应该少做,不做。"

据冯友兰早期的清华学生韦君宜回忆,鉴于时局,她当时想放弃清华学业,而转向去抗日前线,冯友兰知道后,非但不加劝阻,而且多加鼓励。"一天,在小街上迎面遇见了冯友兰先生,在打招呼为礼之后,在路边稍站了两分钟。我说:'冯先生,我想离开学校不念书了,我想抗战,想找个机会参加抗战。'冯先生听了这话,沉思片刻,便点头说:'好啊!现在正是你们为国家做点事的时候。'和我握手道别。"可见,冯友兰既坚持每个人力争干好本职工作,又在国难当头时,主张学以致用,匡时扶世。

对社会的关注,干预现实,既是当时中国危机四伏时的时代呼声,又是中国传统"士人"一项历史悠久的传统,尤其发轫于明清之际的实学思潮,多主张经世致用。为现实寻找救世药方,既是旧式文人的可贵之处,也是国人学术不能独立的真正原因。北京大学和哥伦比亚大学的学术训练以及五四以来的社会潮流、学术空气使冯友兰多坚持"为学术而学术"的治学理念,但他毕竟是一个读过私塾、浸淫传统文化日久的过来人,他不可能做一名只待在象牙塔里的书呆子。冯友兰晚年自述学术道路时,曾吟道:"若惊道术多迁变,请向兴亡事里寻。"这也是理解"冯友兰现象"的一个重要入手处。

1948 年冯友兰结束欧洲访学回国,当时战局已逐渐明朗,他对国民党已经失望至极,但对共产党并不抱十分的希望,他似乎清醒留在大陆的风险,但对祖国之眷恋使他不愿离开故土,他经常以"阐旧邦以辅新命"来表明自己的志趣。冯友兰为人态度上多取儒家"道中庸"的立场,也服膺于积极入世的主张,多遵循"为尊者讳"的古训,总是"顺着"说些建设性的话，总免不了对时政发表见解，尤到中华人民共和国成立后更为明显；而他在思想上则取"极高明"的道家精神旨归，多有出世之论。

"内圣外王"之人格，"重实践行"之传统，在冯友兰那儿并不与"为学术而学术"相牴牾，"为学术而学术"似乎强调学术的无用性，但"无用之用是为大用"。冯友兰反对的是那种太功利化的治学倾向。冯友兰这一时期的教育哲学可看作为第四个阶段，其身份定位是中国化的教育哲学家和哲学教育家。

五、教育之境

冯友兰在《新原人》中系统提出过自己的境界说，认为人生的意义在于觉解，觉解的程度是谓境界，他构建了从"自然境界"到"天地境界"的境界论。尽管这一理论早在 20 世纪 40 年代就遭到了以胡绳为代表的马列派的严厉批判，"文化大革命"中更是其罪行的关键，但冯友兰对此坚持始终，晚年更是反复强调，可见"境界论"在其心目中的分量。论者多有境界说乃冯友兰哲学之精华的观点实属精当。

在笔者看来，冯友兰教育哲学中非常重要的思想，乃是他的教育观中渗透了他的境界说。1937 年 5 月 3 日，他在《申报》上撰文，在论辩如何教育青年认识祖国时，提出了一个很重要的观点，就是"无形教育"与"有形教育"的区别。

"我们现在太注重有形的教育了。例如教学生读书、做实验、听讲等等，都是所谓有形的教育。有形的教育固然是不可少的，但所谓教育者，却并不只限于此。另外有一种所谓无形的教育。这种教育，并不靠学生读书、听讲，而只用另外一种方法，使学生潜移默化，改过迁善，而不自知。大概关于知识方面的教育是非用有形的教育不可的；至于关于道德方面的教育，若专靠有形的教育恐怕是不能有什么功效的。"他认为有形教育的作用是"教"人,可传授知识;而无形教育的功能则是"化"人,有利于个人道德的形成。冯友兰"无形教育"的重要思想,虽在后来再未作更系统的阐发,但对照他的境界说,以及中国哲学中"负的方法",就会发现他一直都在坚持这一看法。这一看法实际上正是他继承发展中国传统教育思想的精华的硕果。

在1943年写就直到1987年发表的《蔡孑民先生传略》中,他以"气象"和"气度"来描述蔡元培先生的"人格美"。1988年,冯友兰在《我所认识的蔡孑民先生》一文中总结蔡元培先生的教育历程时,提出了"不言之教"的思想,可看作是他五十年前"无形教育"思想的继续,"蔡先生一句话也没说就使我受到了一次春风化雨之教,这就是不言之教,不言之教比什么言都有效"。那么,这不言之教究竟有何功效?

"蔡先生的教育有两大端,一个是春风化雨,一个是兼容并包。依我的经验,兼容并包并不算难,春风化雨可真是太难了。春风化雨是从教育者本人的精神境界发出来的作用。没有那种精神境界,就不能发生那种作用;有了那种精神境界,就不能不发生那种作用,这是一点也不能矫揉造作、弄虚作假的。"

原来,不言之教有"春风化雨"之功,其内容大致与"无形教育"相通。事实上,冯友兰最早接触到的不言之教,很可能是在他刚进北京大学时陈介石先生的授课。他晚年追忆当年的情景时写道:"最难得的,是他有一番诚恳之意,溢于颜色,学生感觉到,他虽不说话,却是诚心诚意为学生讲课。真是像《庄子》所说的'目击而道存矣'的那种情况,说话倒成了多余的了。"蔡元培可能是更加杰出的"不言之教"的代表。

冯友兰对"无形教育"和"不言之教"表述得都很简略,但对比二者,我们不难发现它们仍有某种不同。"无形教育"主要是相对于"有形教育"而说的,它的内容更广阔,包括人在生活中处处受到触动时的情景,是一种泛化了的教育观;"不言之教"是相对于"有言之教"而说的,它主要强调施教者的精神状态、气象或气度,是一种泛化了的境界说。所以,"不言之教"也可看成是"无形教育"的一部分。冯友兰晚年提及不言之教,也旁证了他对"无形教育"的重视,说明这是一个他一直坚持的相对成熟的思想。

在当今的教育改革中,如何解决好学做事与学做人的矛盾,如何避免生硬呆板、填鸭式的授课方式,如何让大学真正成为"思想的圣地,学术的殿堂",免于堕入"生产技术工人,训练驯服工具"的厄运,以及如何深入探讨教育的功能及其本质,也许,冯友兰的"无形教育"的观点,就是一个重要的思想资源。

如果我们套用他的四境界说,不妨这样来看:功利境界中的教育以有形教育为主,道德境界中的教育兼有无形教育和有形教育,而自然境界和天地境界中的教育却以无形教育为主,只不过,处在自然境界中的人,不知不教;处在天地境界中的人,知而不教(行不言之教)。"无形教育"的重要思想和高超境界可看作是冯友兰教育哲学的第五个阶段,其身份定位也许应是独立运思的教育思想家和思想教育家。

六、成因分析

影响冯友兰教育哲学的因素有诸多方面,除过其自述的"若惊道术多迁变,请向兴亡事里寻"的社会原因外,还有中国古代的教育传统和西方现代的教育理念。其中儒家"有教无类""因材施教"的教育主张和杜威的教育哲学尤为明显。

在西南联大的纪念碑文中,冯友兰就把"民主之真谛"归附于"先民之恒言",先秦诸子百家的开放气度,外儒内道的人格自觉,"旧邦新命"的文化体认,"天下兴亡,匹夫有责"的儒家责任,都构成了冯友兰教育哲学的重要影响因素。滥觞于明末清初的实学教育思潮,在

"鸦片战争"的刺激下,自然又成了经世致用教育思想的正宗来源,龚自珍和魏源是其代表人物。当时中国激荡着几十种教育思潮,无一不对现存秩序提出强烈质疑,革故鼎新已是社会之共识,以后新见迭出的几十种教育思潮都以经世致用为其大背景。就个人成长的"文化场效应"来说,有着张之洞"中体西用"思想的父亲,办过新学但却主张新知识旧道德的母亲,半新半旧的诸多师友等等都是影响冯友兰教育哲学思想形成发展的重要因素。

冯友兰在哥伦比亚大学求学期间,为求奖学金,曾得杜威的鼎力举荐,杜威说"Mr.Feng is a student of real scholarly caliber.(冯君这个学生是一个真正学者的材料)",冯友兰对这个评价非常看重,视之为自己的莫大荣耀,后来还多次提及。

杜威在五四运动前夕来中国,并滞留长达两年有余,其时冯友兰刚毕业于北大,正往哥大求学,杜威的盛名他闻之当如雷贯耳。杜威在中国到处演讲,据估计多达二百多场次,其中多为宣传他的教育哲学,影响至大半个中国,杜威之名几乎达到了国人皆知的程度。在1925年的"五卅"运动之前,中国教育界奉杜威实用主义为圭臬,在1922年北洋政府颁布的新学制中,七条学制标准基本上体现了杜威的教育哲学。杜威认为教育本身无目的,反对强加一个危害人的个性的终极目的,并用经验之无限发展性来立论,同时又认为教育人是有目的,他提出的"教育即生活"的主张,被陶行知改造为"生活即教育",创立了生活教育派,至今在中外都有着不可小觑的影响。杜威反对传统教育中的分科教育,认为学校课程的主要内容应该是各种不同形式的主动作业活动,提倡"从做中学""以儿童为中心",这种"进步教育"思想,虽被后来的要素主义教育家所攻讦,但至今仍有相当之影响。当代西方教育哲学主流如以法国朗格朗(P.lengrand)为代表的终身教育思潮和以美国马斯洛(A.Maslow)为代表的人本教育主张,都可看作是杜威教育哲学的余音,也可看出与冯友兰教育哲学的某种相通之处。

七、简短结论

以上简略分析了冯友兰教育哲学思想,这只是在狭义上去探讨的。广义的教育哲学就是人学,归根结底要解决人的问题,教育哲学应落实到对人的根本看法和成人之道上来。冯友兰哲学围绕人来展开,可以说,新理学体系就是他的教育哲学。论及其精华部分,我们认为应当从其终生情有独钟的"境界论"中去寻找,尤其是天地境界的阐发,标志着一代哲人精神上的升华飞跃,从这里入手,我们既可超越关于他个人全面评价的是非曲直,更可以理解其对"横渠四句"的心领神会,也可撷其教育哲学之精华,发挥他的"无形教育""不言之教"的思想,以资现在和未来之教育。他的这一体认,在他的一句箴言中得到表述:"人知道他在社会中的位置,却不知道他在宇宙中的位置。"

冯友兰教育哲学的五个阶段,具有各自明显的特色。在主张新学代替旧学的第一阶段,他的身份更多的是一名忧国忧民的热血青年,受当时新文化运动之感召,激发出他的教育思想,可看作是其教育哲学的初期形式。在企图创办成功大学的第二阶段,冯友兰更多的是一名教育家,从他学成归国起,就有一个强烈的"事功"愿望,那就是创办一个成功的大学,这一阶段他既有教育思想,又有教育实践,新实在论的思想和国外教育之所见影响了他的大学理念,可看作是其教育哲学的成长期。在倡导教育应该"为学术而学术"和"为人民服务"的第三阶段,冯友兰兼有教育家和哲学家的身份,当然这个阶段的哲学家,更多的还是西方意义上的哲学家,"新理学"体系创立之初的自信与他"为学术而学术"的治学信念相得益彰,可看作是其教育哲学的成熟期。在重实践行的第四阶段,冯友兰的身份指认更多的是"一代文化托命人"。重回中国深厚博大的哲学传统,这时他虽然也是通常被认为的哲学家,但此哲学家已经开始察觉到新实在论对于中国哲学的隔靴搔痒之感。《新原人》《新原道》已经预示着他的思想回归,那种靠逻辑分析法(正的方法)构建的新哲学体系,已显示出内在的紧张,从而促使他得出中国哲学"负的方法"。因此,可看作是其教育哲学的回归期。这一时期尤为复杂,既表现在冯友兰向传统回归时对传统学人"内圣外王"之人格的自觉和不自觉确认,又自觉向"实践"("为人民服务")看齐。在提出"无形教育"的第五阶段,冯友兰已超越了通常的身份指认,他不再依傍新实在论来支撑自己的思想,也不以中国文化传人身份自居,用他的"天地境界"形容最为恰切。如果中年时的"无形教育"的阐发尚带有灵感发挥的话,晚年他的"不言之教"则是人生通悟后的另一种表白,说得漫不经心,却饱含人生智慧,是人生收官阶段的精彩之笔,达到了他所说的"从今无牵挂、断名缰、破利锁、俯仰无愧怍、海阔天空我自飞"。因此,可视其教育哲学的超越期。我们看到,这五个阶段的划分既有时序上的展开性,又有时间上的重叠性,这缘自一个人的成长经历,并非一日之功,而是有着复杂的变动因素。

总之,探讨冯友兰教育哲学思想既是冯友兰思想研究不断深化的必然选择,也是中国现代教育思想史研究的题中应有之意。本文只是初步的探讨,如能为专家深入研究这一课题起到一点抛砖引玉的作用,我们就很满足了。

(论文作者范鹏、成兆文,原载《天水师范学院学报》2004年第4期)

试论冯友兰新理学对旧理学的超越

理学经过上千年的发展，到 19 世纪 40 年代进入了一个新的阶段，冯友兰先生(1895—1990)是这一阶段的主要代表。他创立的新理学是理学在新的历史条件下的新形式，从某种角度来说，也是理学的终结。

一、新理学对旧理学的继承

新理学是中国传统哲学现代化的一个有益尝试，也是西方哲学中国化的可贵探索。作为中国传统哲学的发展，新理学主要继承和发展了宋明旧理学的基本思想，使理学发展到了一个新的历史阶段。

用冯友兰自己的话说，新理学是接着程朱理学讲的，而不是照着讲的。接着讲就是继承发展。那么，新理学是怎么样接着旧理学讲的呢？

首先，新理学和程朱理学一样，都自称是关于宇宙人生根本大道的学说，都是以"为天地立心，为生民立命，为往圣继绝学，为万世开太平"为职志的，都是要究天人之际、通古今之变、明内圣外王之道，最后都要使人明确超凡入圣的道理。

其次，新理学继承了程朱理学的"理在事先"的基本思想，也认为有一个离开具体的现实世界的"理"世界。与程朱理学"未有这事，先有这理。如未有君臣，已先有君臣之理"一样，冯友兰的说法是"未有飞机，先有飞机之理"。

第三，新理学沿用了程朱理学的基本概念，发挥了其基本思想。

新理学的四个基本概念即理、气、道体、大全,四者之中有两个是直接套用程朱理学的,其余两个也是稍加改造而成。

最后,新理学沿袭了程朱理学的基本精神和基本格局。程朱理学的基本精神是将伦理本体化,为封建伦常寻找哲学本体论依据,或者说是将形而上学本体论、道德修养论和格物认识论熔为一炉,这也就是冯友兰所谓的"极高明而道中庸"。新理学和程朱理学都是在天人合一的基调上,以"天道—人道"这样一个逻辑格局展开的关于人的哲学,即使是抽象的理气论也是为了说明人性的由来。这既决定了它们共同的理论内容,也决定了它们共同的思维方式。新理学在继承程朱理学时有一个显著的特点,这就是借程朱理学的命题讲自家的道理。

二、新理学的主要思想

新理学的主要思想集中体现在《新理学》一书之中,《新理学》的思想又在《新知言》中得到了系统、具体、全面的总结,这些又称为"新形上学",构成了冯友兰新理学哲学本体论,用他自己的话说是"最哲学的哲学"。其主要思想是:

(一)理是事物所依照的本体

理是冯友兰新理学最基本的概念,也是整个新理学逻辑体系的起点。首先,理是潜存的共相。理或共相就是"某种事物之所以为某种事物者"。例如,"坚之共相,是坚之所以为坚"。每一事物的存在都有理作为其存在的理由或叫作根据。但是,在冯友兰那里理的存在与事物的存在是根本不同的。

"有某种事物"之有新理学谓之实际的有,是于时空中存在。"有某种事物之所以为某种事物者"之有,新理学谓之真际的有,是虽不存在于时空而又不能说是无者。前者之有是现代西洋哲学所谓存在,后者之有是现代西洋哲学所谓潜存。①

实际的有是现象,真际的有才是本质。真际是真而不实、虚而不妄的本体。理是真而不实、虚而不妄的共相,是潜存于真际之中的。这个理显然是一个抽象的共相,是一个虚构的本体。

其次,理是超时空、超动静的绝对。理的存在既然是真际的存在,而不是实际的存在,那么它就是超时空的。既然理是超时空的,那么它也就是超动静的。所谓动静只是空间位置的改变以及由此而来的时间的延续,"动"之理并不会动,"静"之理也并不静。所以,理不仅是一个抽象的共相,而且也是一个绝对的本体。

再次,理是一个永恒的实在。冯友兰强调理的逻辑先在性,认为理的世界是一个在逻辑上先于现实世界的世界。因此,理是第一性的,而实际的世界是第二性的。理既然不在时空中,也就无生灭可言,它是一个永恒的实在。

最后,理是事物的标准和极限。冯友兰认为,总所有的理谓之太极。太极在新理学中有两种含义:一为标准,一为极限。方的事物必有其所以为方的道理,即方之理作为其标准和极限。我们之所以能说这是方的,所依据的就是方之理,就是方之所以为方的标准。但有一点必须明白:方之理并不方。实际中的方即使是人们认为是最方的,也不能达到方的极限,而只能是无限地趋近于方的标准。

根据以上四个规定,可以看出,理在新理学中是没有任何物质规定性的抽象本体,它既不是客观事物本身所具有的规律,也不是物质或精神的纯粹存在,而只能说是脱离了物质及其客观规律的抽象共相。由此出发,新理学完全颠倒了理事关系,认为事物的存在与发展

---

①冯友兰:《新理学》,《三松堂全集》第五卷,河南人民出版社,2000 年版,第128 页。

完全取决于理,只有理才是事物存在和发展的主宰。冯友兰说:

> 说理是主宰者,即是说,理为事物必须依照而不可逃。某理为某事物所必依照而不可逃。不依照某理者,不能成为事物;不依照任何理者不但不能成为任何事物,而且不能成为事物,简直是不成东西。①

（二）气是事物所依据的条件

理是生物之本,但理不具有任何物质特性,这就很难具体说明"生"之过程。为了进一步说明理是生物之本这一命题,冯友兰又提出了一个"气"的概念,用来具体说明"生"的道理。这个道理概括成一句话就是"气是生物之具"。

首先,气是绝对的质料。冯友兰认为,每一事物都是由一定的质料构成的,但这只是相对的料。构成所有的事物,必须要有最基本的料,即绝对的质料。相对的料有它特定的性质,而绝对的料是无一切性的。相对的料是有,而绝对的料是无。所以,绝对的料是在一切事物的具体性质之外的超乎形象的东西。冯友兰明确宣称绝对的料"并非物质"。

其次,气是无名的混沌。冯友兰的气不同于张载等人的气,它不具备任何物质性的成分,所以是无名,无名即是不可言说、不可思议的东西,是极端混沌、神秘的,是不能正面规定它是什么、不是什么的,只能于不是中体会是。可见,气是不具任何具体性质的物之具、物之初。

再次,气是理的"挂搭处"。朱熹说过:"理无气则无挂搭处。"冯友兰也深有同感。冯友兰认为,每一事物的真实存在都是由许多理规定的,即一事物非依照一理,而是依照多理,是合成性的复合体。若无一

---

①冯友兰:《三松堂全集》第四卷,河南人民出版社,2000年版,第80页。

个挂搭处,理是难以形成任何事物的。因此,冯友兰说:"真元之气,其本身不依照任何理,惟其不依照任何理,故可以依照任何理。其本身无任何名,惟其无任何名,故可以为任何物,有任何名。"①照此,气好像一个无形的钩子,什么理挂在上面,就成了什么物。它可以挂任何理成任何物。

最后,气是事物所依据的"无极"。冯友兰说:"一具体事物必有两所依,一是其所依照,一是其所依据。其所依照是理,其所依据是气。"②理、气分而言之,都是生物之必要条件,而不成其充分条件,只有有理有气,才能生物成物。但是,两个必要条件的地位和作用却大不相同。理规定着事物的本质内容,而气提供的只是理生物的一种条件,即是事物得以有形的无形条件。所以,气又可以谓之无极,无极即无标准,无极限。

上述规定说明,气是神秘的经验材料,是理由真际见诸实际的契机,是事物存在所依据的条件。

冯友兰指出:事物所依照之太极即理,与事物所依据之无极即气,二者构成事物存在的内在和外在两种条件。所以,理气不能以先后论。

(三)"道体"是事物运动发展的全过程

为了进一步说明"理"通过什么方式才能同气结合起来,冯友兰于理气之外又建立了"道体"这一概念。他说:"存在是一流行,总所有的流行,谓之道体。"③用中国传统哲学的说法就是"无极而太极"。"道体"作为总一切的流行,具有以下规定性:

①冯友兰:《三松堂全集》第四卷,河南人民出版社,2000年版,第47页。
②冯友兰:《三松堂全集》第四卷,河南人民出版社,2000年版,第49页。
③冯友兰:《三松堂全集》第五卷,河南人民出版社,2000年版,第130页。

首先,道体是动的宇宙。冯友兰认为,若从动的观点看具体事物,则任何事物都是一流行,即一个过程。道体则是一个个流行的总根源,道体在逻辑上先于具体的过程。所以,"总一切的流行谓之道体"。但是,具体的一流行却与道体大不相同,具体的一流行总有其物质承担者,而道体则仅以哲学中的宇宙即大全作为主体。所以,才称道体为动的宇宙。

其次,道体也是不可思议的。道体作为纯粹的动与静是毫不相干的。但是,脱离开静止就无运动可言。新理学的这种只有运动的运动事实上是不存在的,当然也就是不可思议的。

再次"道体就是无极而太极的程序"。无极即气,太极即理,"无极而太极"就是气实现理以成物的过程。所以,冯友兰说"无极而太极"的"而"就是道体,即由气而理的那个"而"的所有过程的总称。

最后,道体是玄而又玄的众妙之门。冯友兰十分推崇玄学,常用玄学的玄理说明自家的道理。他认为:

> 无极不可言说,不可思议。太极无存在而有。自常识的观点看,无极太极都可以说是玄。我们可以用《老子》第一章中之话,说此两者"同谓之玄,玄之又玄,众妙之门"。众妙即实际的世界中之一切事物。无极而太极之"而"即众妙之门。[①]

这表明冯友兰的所谓道体不仅是联系无极而太极的中介,而且是联系两极与事物的中介。道体把无极、太极、事物联接为一体,这就是冯友兰为理借助于气而生物找到的逻辑通道。

如果以运动的物质作为具体事物产生的根源,这显然是正确的,但冯友兰的道体论把运动神秘化、绝对化,使其成为子虚乌有的东西,以这样的道体作为事物产生的过程,可以说纯粹是无中生有。当

---

①冯友兰:《三松堂全集》第四卷,河南人民出版社,2000年版,第49页。

然,作为大变革时期的哲学家,冯友兰继承了儒家"尚动"的精神,还是有一定的积极意义的。

(四)大全是哲学的宇宙

上述的理、气、道体无疑都是最哲学的观念,由这些最哲学的观念构成最哲学的哲学,还需要进一步在逻辑上把它们统摄起来,这个统摄实际的事物、实际的过程、真际的理的观念才是哲学最根本的对象,这个对象就是"大全"。大全就是一,就是一切。

首先大全就是总一切的有。一切事物皆属于大全,但属于大全者并非仅一切事物,尚有一切理。所以,大全=实际的一切＋真际的一切。其次,大全才是真正不可思议的观念。冯友兰指出:

> 大全是一观念,观念在思中,而此观念所拟代表者,则不可为思之对象……如以大全为对象而思之,则此思之大全,不包括此思,则此思所思之大全为有外,有外即不是大全。所以大全是不可思议的。大全既不可思议,亦不可言说。不可思议,不可言说,亦不可了解。[1]

所以,大全是个神秘的绝对,是不可思议的观念之最。

最后,大全即"哲学中所说的宇宙"。大全亦称宇宙,但这宇宙只是哲学中所说的宇宙。哲学中所说的宇宙是总一切的有,是一种观念,与科学所说的宇宙不是一回事。科学所说的宇宙是实际的有,是物质的有,而哲学的宇宙则是观念的有,是科学的宇宙的主宰。

把以上四个命题总括起来我们就可以看出,新理学的最哲学的哲学是从精神性的理出发,虚构了同样是精神性的气,把理和气用道体"而"起来,再用一个大全作为网子把它们都提起来。可以说自始至终都是在精神世界中兜圈子。理作为共相,作为本体决定着作为殊相

---

[1]冯友兰:《三松堂全集》第五卷,河南人民出版社,2000年版,第133~144页。

的事物,这就是新理学最根本的哲学观点。

三、新理学之新

新理学之于旧理学究竟何新之有? 这是人们十分感兴趣的。

(一)新理学引进了西方哲学的逻辑分析方法,使中国哲学有了明晰的概念体系

中国哲学有一个致命的弱点, 就是缺乏严密的逻辑分析方法和明晰的概念体系。严复曾尖锐地指出,中国传统学术由于不重视逻辑分析,使许多概念歧义百出。他曾以"气"为例说明这个问题:"老儒先生之言气",有"正气""邪气""淫气""戾气"等等,还有什么"鬼神者,二气之良能"之类,"出言用字如此,欲使治精深严确之科学哲学,庸有当呼? "冯友兰继承了严复重视逻辑的精神,比较系统地引进了逻辑分析方法, 对中国哲学的概念范畴进行了深入的逻辑分析和透彻的理论说明,使中国哲学的研究达到了前所未有的水平。仍以气为例来说明冯友兰在这方面的贡献, 他认为中国哲学的气概念起码有以下分别:

(1)张载等气一元论者所谓的气,是一种实际的物,这种气冯友兰认为是科学的概念,而不是哲学的概念,是中国哲学中一部分哲学家"拖泥带水"的表现。

(2)孟子所谓气,与我们平时所言"勇气""士气"之类大体相当,实际上是一种精神状态。

(3)程朱理学的气概念,比起张载等人的来有了很大的超越性,已具有了哲学意义,是一种质料意义上的气,但仍不免有"拖泥带水"之嫌。如他们讲什么"清气""浊气"者即不是哲学意义上的气。

(4)新理学的气完全是哲学意义上的气,此气乃"真元之气",是绝对的料,"绝对底料,我们名之曰真之气,有时亦简称曰气"。这气完

全是一种逻辑的观念，它不可名状，具有彻底的超越性，毫无"拖泥带水"之嫌。这种分析不仅为中国哲学的研究奠定了坚实的理论基础，而且也为冯友兰的新理学找到了"接着讲"的依据。

（二）新理学确立了自身的哲学观，为创立哲学体系提供了自觉的理论前提

中国哲学史上历来没有系统的哲学观，哲学家们的理论创作是遵循着各自所理解的哲学的真谛进行的，人们只能于其哲学中去体会这种哲学观，而不能于一开始就对其哲学观有所了解，这对准确理解一种哲学造成了一些困难。冯友兰的新理学则是建立在自觉的哲学观基础之上的。冯友兰认为，人类知识的官能，分为能思者和能感者。能思者是我们的理智，能感者是我们的耳目。"哲学乃自纯思之观点，对于经验作理智的分析、总括及解释，而又以名言说出之者。哲学之有靠人之思与辨。"①思的活动即在于对经验作理智的分析、总括及解释。所谓理智的分析，是相对于物质的分析而言的，它仅仅是形式的、逻辑的分析。理智的分析对实际不作判断或很少判断，而只是对作为实际的根据的理有所判断。这样一来，哲学的对象只是理，而不是事这一点便十分明确。说穿了，就是说哲学只以抽象的共相作为研究对象，只以一般作为研究对象。哲学对于经验的处理可有两种方法，如对"这是方的"这一经验判断，哲学可有两种解释方法：一种是说"这"具有"方"性，或者说"这"依照"方"之理；另一种解释是"这"属于"方"之类。前者就是所谓理智的分析，后者就是所谓理智的总括。我们对这个经验的分析可以细入毫芒，对其总括可以通达万里。因此说哲学的对象是十分广阔的。哲学家可以"心通天地有形外，思入风云变幻中"。

---

①冯友兰：《三松堂全集》第四卷，河南人民出版社，2000年版，第6页。

　　冯友兰先生认为,严格地说,事物之所以为事物者即理以及众理之和——太极,实际和真际的总和——大全等哲学的对象,都是不可思议、不可言说的。因为,思议、言说作为一件事情也应包括在大全之中,对大全进行思议和言说实际上就是从大全中把自己分离出来,所以,被思议、被言说的大全已不是真正的大全了。哲学正是对这种不可思议者的思议,对这种不可言说者之言说,人们只要明白了这个道理,哲学还是可以讲的,哲学书还是可以写的,这讲与写就是所谓"辨"。因此,冯友兰说,如果有人让他用最简明的语言概括出哲学的性质及其精神,他可以说的只有"思"与"辨"两个字。

　　在这里,冯友兰对哲学的理论思维特点进行了高度概括和透彻说明,对哲学的性质进行了颇有见地的分析,有助于人们把握哲学的性质和特点。

　　冯友兰的另一条思路是将哲学与科学进行比较,从这种比较中确立哲学的功能和价值,这是他从现代西方哲学中得到的启示。冯友兰与西方现代科学哲学家有所不同,他不是通过"划界"来"拒斥形而上学",而是通过划界来重新建立新的形而上学。

　　冯友兰认为,哲学命题只涉及真际问题,其命题多为形式的和逻辑的,而科学的命题是实际的,即有关经验事实;哲学的命题可以说是不管事实、不切实际的,即对事实无所肯定、无所否定,而科学是专讲经验事实的,是必须对事实有所断定的。因此,冯友兰称哲学是求好的学问,而科学是求真的学问。求好的学问不能像求真的学问那样对人有实际的效用,也不能像求真的学问那样给人以具体的知识。就哲学不能给人以具体的知识,不能指导人的行动说,哲学是无用的,而科学是有用的;但就能否使人对宇宙人生有不断提高的觉解说,哲学则有无用之大用,而科学反倒显得无能为力。

　　从对象说,一种科学所讲,只是关于宇宙间一部分之事物,而哲学所讲则是关于宇宙全体者。在冯友兰看来,科学所说的宇宙和哲学所说的宇宙是不同的,前者所说是实际的物质的宇宙,而后者所说则是真际加实际的大全。

基于上述认识,冯友兰批评了几种哲学观。一种是哲学是科学之总和的观点,另一种是哲学是科学大纲的观点。冯友兰认为,哲学所论不着实际,关于实际知识的总和还是实际知识,根本不可能成为哲学,而只能是实际知识的百科大全。而哲学所讲的只是真际,也不可能成为科学之指导,不具有太上科学的性质。他认为前者是把哲学看成了后科学,后者则把哲学看成了前科学,不论前后都是不正确的。因为,如果哲学是前科学,则必然要被科学代替;如果哲学是后科学,则定是拾人牙慧。

那么,在冯友兰看来,哲学独立存在的价值究竟何在呢?这可以从两个方面来说:就哲学与个人的关系而言,哲学可以使人对真际有所领悟,即在现实世界之外发现一个更美妙的理想世界,使人对真际有一番理智的同情与了解,这种了解作为人道之根据,可以使人的精神境界不断提高,因此,哲学具有提高人的精神境界的功能。就社会方面来说,哲学是一团体、一民族、一政党的理论依据和精神支柱,有了这种依据和支柱,他们的行为才可以被理解,才能名正言顺。可见,就个人来说,哲学可以提高人的精神境界;就社会而言,哲学可以巩固人群的理想信念。这些可以说是哲学之大用。除此之外,哲学还有不少小的用处,如把科学或常识中命题的意义分析清楚,就可以减少人们的思想混乱,这也是新理学不同于旧理学的重要方面。

(三)新理学通过融合古今中外哲学,使理学注入了新的内容,同时也具有了新的形式

除了程朱理学和新实在论这两个主要的来源之外,新理学还广泛吸取了古今中外哲学思想中的其他因素,这些因素主要包括:柏拉

图的理念论,尤其是其分有说;亚里士多德的四因说,尤其是其关于形式与质料的学说;斯宾诺莎的实体属性学说;黑格尔的三段论和绝对精神运动说;马克思的唯物史观,尤其是其生产力决定生产关系、经济基础决定上层建筑的学说;公孙龙的"物莫非指"的思想;道家"道生万物"的观念;玄学"经虚涉旷"的论说;禅宗"担水砍柴,无非妙道"的思想;陆王"先立乎其大者"的学说;金岳霖的逻辑分析方法,等等。对这些思想的吸收使冯友兰的新理学具有了不同于程朱旧理学的许多特点:一是概念清楚,二是逻辑严密,三是说理透彻,四是体系完整。也就是说新理学建立了自身的哲学体系。尽管冯友兰先生建立的这个新理学体系还有许多漏洞,但它毕竟是中国哲学现代化的一次有益尝试,是中国哲学与西方哲学的一次成功的结合。这种结合对中国哲学的发展和世界哲学的进步都是有益的,它充分显示了中国哲学尤其是理学的生命力。

(四)新理学之新还体现在它从哲学上思考和探讨了中国社会发展中出现的新问题

尽管冯友兰宣称新理学是与现实没有关系的,是纯逻辑的、形式的,但事实上任何哲学都不可能脱离自己的时代,它的成就是时代的成就,它的局限也是时代的局限。冯友兰的新理学着眼于共相与殊相的关系,所要解决的正是困扰当时中国社会的如何面对外来文化的冲击的问题。冯友兰为此提出了其著名的明层次、别共殊的文化研究方法论和颇具特色的文化类型说,认为中西文化的区别不是中西的区别,而是古今的区别,所谓古今的区别实质上是文化类型的区别。简单说就是封建主义文化与资本主义文化的区别。为此,冯友兰既反对全盘西化,也反对全面复古,而是主张以社会本位为正性,以民族特色为辅性,融合中西文化之长的文化发展模式。

四、新理学之妙

新理学不仅有其所新,而且有其之妙。那么,新理学究竟妙在何处呢? 笔者以为,新理学妙就妙在打通古今中外而成一家之言,其中最引人入胜的就是其境界说。

冯友兰先生认为,人之性或人之理即人之所以为人者。人之所以异于禽兽者,在于人有觉解,觉即自觉,解即了解。对于宇宙人生的了解、理解和悟解,构成人生的意义。了解的自觉程度不同,构成人生的不同的精神境界。人对于人生愈有觉解则人生对他便愈有意义。严格地说,每个人都有他对宇宙人生的特殊了解、理解和悟解,正如佛教所言,人人有自家的境界。冯友兰认为,人的精神境界归纳起来无非是四种,即自然境界、功利境界、道德境界、天地境界。这四种境界是从低级向高级逐步发展的过程, 境界的高低完全取决于觉解程度的高低,同时也标志着人格完美的程度。

(一)自然境界

所谓自然境界就是觉解程度最低的境界。在此境界中的人,其行为是顺应人的本能的, 他们"行乎其所不得不行, 止乎其所不得不止",浑浑噩噩地混日子,以近乎本能的状态行动着,他们少知寡欲、不着不察,生活纯朴自然,常常得到道家的赞美。其实,自然境界的人实践能力和认识水平都十分低下,并没有什么值得称道的地方。冯友兰指出,道家知道自然之纯朴可爱,以自然为美,这已不是什么自然境界了。自然境界的觉解程度之低,已近乎没有觉解的程度,而道家所言则是有了很高的觉解的表现。换句话说,自然境界的人是必然性的奴隶, 道家则是认识了必然性而去顺应它。尽管看上去都是一个"顺"字,自然境界中人的"顺"是被动之"顺",而道家之"顺"是主动之"顺"。因此,在冯友兰看来,自然境界不是人所应该有的境界,人应该追求更高的精神境界。

(二)功利境界

自然境界的人是无所求的,随着人的自觉程度的提高,人就要从无求走上有求。人之求也是有不同层次的。冯友兰认为,人生追求的最低层次是从"我"开始的,严格地说是从追求我之名、我之利开始的。追求我之名利的境界冯友兰称之为"功利境界"。顾名思义,功利境界的特征是:在此境界中的人其行为是"为利"的,这里的"利"在冯友兰看来既包括我们平常所谓的利益之"利",也包括我们平常所说的名利之"名","求名于朝,求利于市"都是为了满足自己的需求。可见,功利境界的本质是为己。冯友兰认为就社会现实来说绝大多数人都处于功利境界,功利境界是常人的境界。功利境界的人心态各异,所干之事也不尽相同,求名利的手段也五花八门、无奇不有。但是,无论是求名还是逐利,或求名利双收,他们的人生目的却是共同的。与自然境界的人无所追求相比,功利境界的人有了自觉的人生目的和有意识的追求,这不能不说是一种进步,客观上是有利于社会的进步与发展的。因此,无论就个人说,还是就社会说,人从自然境界过渡到功利境界无疑都是一种历史的进步。当然,这种进步也是付出了代价的。在这里,冯友兰实际上已经猜测到了私有制和阶级社会产生的历史必然性、规律性和恶的进步作用。

冯友兰认为,从总体上看,功利境界的人的人生目的只是一个"取"字。但是,为了实现这一人生目的,有时也必须用"予"这种手段。有的人就是专靠"欲将取之,必先予之"这一套以达到自己的目的的;有的人则"主观为自己,客观为别人";有的人利己不损人,有的人损人以利己;也有的人表面上损己以利人,实际上却是以利人作为更利己的手段。如此等等,从根本动机看都属于同一境界——功利境界。

冯友兰认为,功利境界在主观上是不可取的,但在客观上并非于社会无益。于人之三不朽中,除不可立德之外,功利境界的人既可以立功,又可以立言。立功、立言就是对社会的贡献。因此,冯友兰认为,功利境界中的人惟恐其不好名、不逐利,如其不好名、不逐利,则未必常做有益于他人、有益于社会之事。当然,为此而走向另一个极端的也大有人在,有人甚至于因求好名而不得时,则故意以求恶名以扬名,比如桓温所谓"大丈夫不能流芳百世,亦当遗臭万年",正是这种心态的真实写照。

(三)道德境界

既然功利境界还是不很完善的人格,它就必然要被新的更高级的人格所代替。高于功利境界的较完善的人格,冯友兰称之为道德境界。道德境界的特征是:在此境界的人,其行为是"行义"的,义与利是相反亦是相成的。求自己的利的行为是为利的,属于功利境界;求社会的利的行为是为义的,属于道德境界。如果说功利境界的人,其行为是以"取"为目的的话,那么,道德境界的人其行为是以"予"为目的的;如果说,功利境界的人多以为个人与社会是对立的话,那么,道德境界的人则多以为个人与社会是统一的。这些差别都源于这两种境界的人觉解程度不同,以及其人生目的之不同。道德境界的人比功利境界的人高明的地方,就在于他们对人之所以为人的道理已有了了解和觉悟。

冯友兰认为,道德境界的人的行为是行义的,行义的行为是按照道德规律之"应该"行事的,是不计个人利害的。但这并不意味着道德行为必然与利相冲突。道德行为在其实现过程中,也可能带来某种利,甚至给行义者个人带来某种利。但行义者个人在主观上绝不是谋利的。

在道德评价问题上,冯友兰是一个纯主观动机论者。他认为,自然境界的人可能自发地作出符合道德的事,功利境界的人,也可能以合乎道德的行为为手段,以达到其为我之目的。但他们的行为只可能是合乎道德的,绝不可能是道德的。道德行为必须是以道德自觉为前提的,没有思想上的自觉,尽管合乎道德,也是不能称道的。因此,在冯友兰看来,人只要有一颗廓然大公的心,就算是进入了道德境界,至于这颗心是否能产生好的效果,则是无关紧要的。

(四)天地境界

一般认为,一个人能做到毫不利己、专门利人就已经是一个高尚的人、纯粹的人了,但是,冯友兰却不这么看,他认为一个有道德的人,还不是一个最理想的人,还有比有道德的人有更高境界的人,这种境界冯友兰称之为天地境界。天地境界的特征是:在此境界中的人,其行为是"事天"的,这种人懂得除社会的"全"之外,有宇宙的全,人只有懂得了这一点,才能对宇宙人生有最高的觉解,才能真正明人之理、尽人之性。也就是说,天地境界的人,有高于其他三种境界的人的觉解,是一种最高的人生境界。只有达到这种境界的人,才是圣人,才是真正的理想人格实现了的人。因为,在冯友兰看来,天地境界的人,不仅能尽人伦人职,而且能尽天伦天职,即能事天、乐天。也就是说,只有天地境界的人,才是真正懂得了人之理,明白了人之道,成就了人之所以为人的理想的人。就人之所以为人说,天地境界是最高亦是最佳的境界。冯友兰指出,道德境界与天地境界的区别是尽人伦人职与尽天伦天职的区别,也就是道德与超道德的区别,即于社会中做一个堂堂正正的人与于宇宙中做一个参天地、赞化育的宇宙一分子的区别。说到底就是把人之所以为人看成是"人之性"还是"天之理"的区别。或者说,道德境界中的人是以人性之自觉行人道,而天地境界中的人则是以天理之自觉行天道。这样,天地境界的人便有了更广大的胸怀与更高尚的气节,真正可以"与天地比寿,与日月齐光",称之为"天之骄子"。

　　冯友兰的天地境界,看上去很有点宗教神秘主义的色彩,对这一点冯友兰自己并不讳言,但是他认为,宗教表面上可以使人得到天地境界,但事实上并不是这样,因为宗教只求人信仰而不求觉解,无觉解便是无明,无明即没有洞察,没有洞察便不可能有天地境界。

　　以上四种境界的划分并不是绝对不变的, 就个人说更不是一个人只有一个境界。不论就个人说,还是就社会说,人的精神境界都是一个不断发展的过程。这一过程就是"我"之觉悟的过程,这里的"我"可有两种解释:一种是个体的小"我";一种是社会的大"我"。只有社会的"我"才是人追求的天地境界中的"真我"。

　　冯友兰的境界说是在深刻领悟中国传统人生哲学之真谛的基础之上, 借鉴西欧伦理学说创造出来的一种具有中国特色和独特风格的现代人生哲学,是理学发展史上的一朵奇葩。

（原载《兰州大学学报（社会科学版）》2005 年第 6 期）

人在风云变幻中　道通天地有形外

——忆冯友兰先生

冯友兰(1895—1990)，字芝生，河南省唐河县人。中国当代著名哲学家。1918 年毕业于北京大学哲学系，1923 年获美国哥伦比亚大学哲学博士学位。回国后，历任清华大学教授、哲学系主任、文学院院长；西南联合大学教授、文学院院长；北京大学哲学系教授。

无缘之缘胜有缘

我与冯友兰先生结缘是在 20 世纪 80 年代中期，那时我考入中央党校理论部攻读哲学硕士学位，本来我的专业是马克思主义哲学，但却读了不少冯友兰先生的书，以至于不少学生甚至同行一直以为我是冯友兰的学生，或者至少是在北大哲学系进修什么的。其实，我在《道通天地·冯友兰》一书后记中一开头就有过"老老实实的交代"："我既不是冯友兰先生的弟子，也不是清华或北大的学生，按说与冯友兰先生并没有什么特别的关系。"我只是冯友兰哲学的"好家"。我读了《三松堂自序》喜欢得不得了，就如饥似渴地拼命念完了《贞元六书》，何止是念完，简直就是从头到尾几乎手抄了一遍。

也是机缘到了，正当我成为冯友兰思想与人生的"痴迷者"之时，一个偶然的机会，我结识了冯友兰的堂妹夫、著名学者张岱年，后来正是岱年先生给我引见并亲自领路，我第一次去了三松堂，拜见了冯友兰先生。而这并不只是一次礼节性的拜访，我当时已经接受了为中共中央党校出版社《中国现代哲学人物评传》撰写冯友兰传记的重任，这个《评传》是继《中国古代哲学家评传》和《中国近代哲学家评传》之后，由中央党校傅云龙教授主编的系列哲学家评传之一，让我这样一个尚不足 30 岁的愣头青操刀，我自己现在想起来仍然有点后怕。

可是冯友兰先生却十分愿意让我着手研究他的思想和人生。在撰写冯友兰传记的过程中，张岱年先生也给我很大支持和激励，张先生不仅推荐我参加了 1987 年在北京昌平爱智山庄举行的以讨论 20 世纪上半叶的中国哲学为主题的中国哲学史学会夏季学术研讨会，而且亲自点名让我在研讨会上就冯友兰哲学研究的心得发言，使我从石峻、任继愈、许全兴等先生那里学到了不少研究冯友兰哲学应该注意的问题。

"三史""六书"追贞元

冯友兰既是哲学家又是哲学史家，在 20 世纪 80 年代中期，我在中央党校读硕士研究生时读他的哲学著作比读哲学史的著作读得多。他的哲学主要是在 20 世纪三四十年代抗战期间创立的哲学体系，叫新理学，新理学是相对程朱旧理学而言，我把它叫作新传统哲学的代表。新传统哲学包括比如冯友兰的新理学、金岳霖的新道学、贺麟的新心学、梁漱溟的新孔学、张岱年的新气学等等。20 世纪三四十年代是中国哲学综合的时代，正好那个时期前后在西方是分析的时代，分析哲学非常时髦，但是中国哲学恰恰在那个时候由于引进了分析方法而成为一个综合的时代，综合创新出了一些历史上从未有过的东西。毛泽东的哲学思想，李达、艾思奇的哲学思想，冯友兰、贺麟、梁漱溟、张岱年、杜国庠、赵纪彬等等，他们这些思想家也都是综合创新，不同程度、不同方面、不同元素组合的综合创新。

在这个时代里面的冯友兰，我把他叫作新传统哲学的代表。我曾经写过一篇论文叫《四通八达的冯友兰》，说冯友兰既不能叫作新儒家，也不能叫新道家，叫新传统哲学最恰当，他是真正把古今中外都打通了。

可以说，在世界很多大学里面通行的中国哲学的简明读本和教材主要是冯友兰的《中国哲学小史》。他有"三史释今古"，有"六书纪贞元"，这是写在他墓碑上的一句挽联。他最早的一部中国哲学史著作就是《中国哲学史》上、下册，陈寅恪、金岳霖对这本书评价都非常之高，认为这是中国哲学系统化、科学化的奠基之作。第二部书就是《中国哲学小史》，这是用他在欧洲发表的 12 篇英文演讲编成的，现在翻译过来叫《中国哲学简史》，这本书在国际上影响很大。第三部就是《中国哲学史新编》，有七大册。作为哲学史家，这是他把中国哲学史真正打通，又完成了他自己说的几次哲学史观转换之后的两种不同版本的中国哲学史。两大册《中国哲学史》的好处就是把以前的圣贤书解读成一种科学研究的东西。以前讲哲学史的书叫"学案"，里面圣贤的话都是用大字标出来的，著书只是解释，都是小字。冯友兰的书是倒过来的，引述史料是小字，自己说的话是大字，意思说他把那些圣贤作为研究对象了，而不只是崇拜的对象，这是他的一大特点，也是时代进步的标志。分析的方法则是另一个特点。小哲学史他写到抗战时期，他写了他的新理学，定位是抗战时期中国哲学的新开展。到他 95 岁去世之前，写出《中国哲学史新编》第七册。他写的《新理学》《新事论》《新原人》《新原道》《新世训》《新知言》，六本书都冠之以"新"，《新理学》是他的哲学原理，叫最哲学的哲学，而《新原道》是讲中国哲学的精神的，他认为"极高明而道中庸"是中国哲学的精神。

我曾经当面向冯友兰先生请教，我说既然有"中国哲学的精神"，相应的也就应该有"西方哲学的精神"，进而还可能抽象出"哲学的精神"。那么，西方哲学的精神是什么呢？冯先生用他那浓重的南阳腔慢腾腾地说："那、那个问、问、题、题我、我还、还没有搞清、清楚呢。"自己没有搞清楚的问题从来都不贸然下结论，这是冯友兰他们那一代知识分子最可传承的品格。《新事论》副标题是"中国到自由之路"，是讲文化、社会、历史、现实问题的一本哲学著作，用现在的哲学标准来划分可能应该叫文化哲学。《新世训》是讲人生哲学的，副标题是"一种新的生活方法论"，这本书主张人要尊理性、为无为、励勤俭、极高明、道中庸、应帝王等等，讲的是功利境界中的人最常见的生活方法。《新知言》是用世界哲学的视野，研究哲学正的方法和负的方法来说明新理学是最好方法指导下的最好的哲学。所以他的体系还是很完备的，都是为自己的哲学作论证的。

仰望星空接着讲

我就是在中央党校当学生时，在15楼里面把这6本书全部读完的，且绝大部分都抄下来了，因为那时候的书都是20世纪三四十年代的书，买不到新书，我又觉得思想挺好，基本上把那6本书都抄完了，一大本，十几万字，一两年的时间都在钻研。所以我说，我既不是北大的学生，也不是冯友兰的弟子，但我是冯友兰哲学的"好家"。"好家"就是知之者不如好之者，好之者不如乐之者。本来我在中央党校学的是马克思主义哲学，硕士论文写的是《哲学本质简论》，三年时间里面我用了大量的时间研究冯友兰，读冯友兰的书，写了冯友兰的传记和一些文章，比如说《中国传统人生哲学的基本架构》就是以冯友兰新理学为例，认为中国的人生哲学有人性论、人格论、人生论这三个层次等等。张岱年先生在中央党校讲了一次课，我有幸和一个叫作范学德的同学一起把张先生的讲课整理成一篇文章，在当时中央党校的《理论月刊》上发表了，所以跟张岱年先生结缘，张岱年先生又把我介绍给冯友兰先生，我去拜访了他。我曾经在《人民日报》海外版上发表过一篇叫《阐旧邦以辅新命,极高明而道中庸》的访问记,副标题就是三访冯友兰。

　　在我看来,冯友兰先生代表的是中国哲学"极高明而道中庸"的精神,说通俗点就是"人在风云变幻中"而"道通天地有形外",把变幻的风云化为思想的营养。我自己也是一个年近60的人了,但大半辈子似乎一直在"访"冯友兰,在努力接着冯先生"往下讲"。

（原载《学习时报》2018 年 4 月 27 日第 7 版学术人生）

冯友兰通论佛学对敦煌哲学研究可能的启示

冯友兰的佛学研究与敦煌哲学这两个研究领域之间是否存在内在的理论关联？如果存在,这一关联的结合点是什么？冯友兰的佛学研究能否为敦煌哲学的研究提供思想方法和理论启示？由于冯友兰对佛学的研究是佛教研究者对冯友兰颇有微词的方面，至少是争论较多的地方,而敦煌哲学更是一个名已经立了但题并没有真正破的有待证明的领域,基于这样的现实,本文只能用"可能"说启示,不知道是不是能实质性地得到管用的启发。

一、冯友兰通论佛学要旨:主要观点与基本方法

冯友兰对佛学的研究大体经历了两个大的阶段:《中国哲学史》(上、下卷)时期和《中国哲学史新编》时期,可以简称为"大史期"与"新史期",如果细分,中间还可以加一个"小史期"。关于"大史期"与"新史期"的区别,冯友兰自己在《中国哲学史新编》第四册自序中有明确的说明:"我的《中国哲学史》两卷本在 20 世纪 30 年代发表以后,我总觉得其中的玄学和佛学部分比较薄弱,篇幅不够长,材料不够多,分析不够深。""在《中国哲学史新编》这一册中,我改写了玄学和佛学部分。经过改写的章节与两卷本的有关内容比较起来,材料没有加多,篇幅没有加长,但是分析加深了。其所以能够如此,因为我抓

住了玄学和佛学的主题,顺着它们的主题,说明它们的发展。"①

《中国哲学史新编》(第四册)对佛学的分析说明分为五章,即《中国哲学史新编》第四十四至四十八章,这五章的核心思想概括起来形成了冯友兰通论中国佛学之要旨,也有学者称之为冯友兰的佛学观②。其中,重点是第四十四章《通论佛学》。本文所谓冯友兰通论佛学主要是依据这五章特别是第四十四章的观点。依据这五章里对冯友兰对中国佛学研究作出的贡献的研究,我所见到的主要是1990年冯友兰先生逝世之后召开的纪念学术会议上发表的许抗生的文章《冯友兰先生论中国佛学的特点和发展阶段》,该文收入1993年北京大学出版社出版的《冯友兰先生纪念论文集》,同时收入的还有美国学者郑学礼的文章《冯友兰与禅宗哲学》。1997年由国际文化出版公司出版的《冯友兰研究(第一辑)》收录的台湾学者黄俊盛的文章《冯友兰与中国佛教哲学——以"格义""教门""宗门"三阶段说为中心》(由于他是台湾第一所由佛教协会创办的大学研究所华梵人文科技学院东方人文思想研究所专门承担梵文及佛学方面教学研究的专业人员,因此,我对其观点特别重视)。柴文华主编的《冯友兰思想研究》共十九节,其中第十六节专门讨论冯友兰的"佛学观",得出在佛学研究方面"冯友兰的特点是关注佛学中国化的过程、佛学与中国人的关系,这实质上是关注中西文化的碰撞,此一点在《中国哲学史新编》中体现得尤为明显,其'格义''宗门''教门'的划分具有原创性"③的结论,对这一结论我十分认同。柴文华还指导自己的研究生作过这方面的研究。

①冯友兰:《三松堂全集》第九卷,河南人民出版社,2000年版。
②柴文华:《冯友兰思想研究》,人民出版社,2014年版。
③柴文华:《冯友兰思想研究》,人民出版社,2014年版。

（一）一个主题两种表达：以生死轮回为主要特点的神不灭论及其"表诠"与"遮诠"

1. 一切宗教都是神不灭论，有些宗教的教义是哲学。"佛教的教义是哲学，对于后来的中国哲学与中国文化的发展有很大的影响。"①佛教的思想理论根基是以生死轮回为主要特点的神不灭论，这就是佛教与佛学的主题。佛教把生死作为人的命运和"苦"的根源，以"空"为人生死的根据，让"涅槃"成为摆脱"苦海"的期望。佛学为佛教教义进行哲学的论证，使"生死""形神"问题成为中国哲学继玄学"一般"与"特殊"主题之后新的哲学主题。

2. 佛教由于基于"个体之不死"形成以生死轮回为主要特点的神不灭信仰，被冯友兰断定为"多神论"。

3. 中国佛学表达佛教教义与佛学思想有两种不同的方式，一种是以道生"涅槃学"为代表的"表诠"即以"是什么"正面表达思想的方式，另一种是以僧肇"般若学"为代表的"遮诠"即以"不是什么"反面表达思想的方式。冯友兰在《新知言》中称为"正的方法"与"负的方法"。

（二）一个对子两个"心"：用主观唯心主义与客观唯心主义分析"个体的心"与"宇宙的心"

1. 用"唯物主义与唯心主义"和"辩证法与形而上学"分析哲学的历史曾经在苏联和中国哲学界被滥用，时称"两个对子"。冯友兰在分析佛教哲学即佛学思想时正确深入地运用了其中的"一个对子"，即唯物主义与唯心主义，并将唯心主义进一步以讲"心"的范畴的不同分为"主观唯心主义与客观唯心主义"，用"一个对子"分析佛学中事实上存在的"个体的心"与"宇宙的心"。这个问题实质上是冯友兰哲学思想重要的分析方法之一，在他建构自己的新理学哲学体系过程

---

① 冯友兰：《三松堂全集》第九卷，河南人民出版社，2000 年版。

中就有过论述。

2. 冯友兰认为:"佛教和佛学主张一切都是唯心所现,但是,这个心是个体的或是宇宙的心,各宗派的主张则有不同。如果认为是个体的心,那就必然认为每一个个体都有他自己的世界,不可能有公共的世界,这就是主观唯心主义。如果认为是宇宙的心,那它所现的世界就是公共的世界,各个个体所公有的世界,这就是客观唯心主义。"①佛教在中国的发展历程中,从《大乘起信论》开始到慧能的禅宗顿悟派都明确这个心为宇宙的心。这事实上更是一种"格义"即用外来的一套分析工具讲同样是外来的佛教哲学。

3. 我个人认为冯友兰运用"主观唯心主义和客观唯心主义"这个对子讲佛教哲学,分析"个体的心"与"宇宙的心"是有道理并能说明问题的实质的。佛教哲学可能是这个对子除去西方哲学史的某些阶段能够准确运用的不多的几个对象之一。

(三)一个方法三个阶段:以"止观"认识宇宙人生和"格义""教门""宗门"

"止观"确实是佛教认识和修行的一种方法,但冯友兰的解释似乎并不是佛教的原意,而是自己特殊的理解。在冯友兰看来"止观是从生死轮回的问题出发的,是围绕这个问题发展的"。"止"就是停止对虚幻不实的世界的错误认识,"观"就是看透世界虚幻不实的本质。佛教这种认识世界和人生的方法被介绍到中国来之后,经历了三个发展阶段,这就是所谓"格义""教门""宗门"。

什么是"格义"呢? 冯友兰解释说:"佛教初到中国的时候,当时的中国人听到佛教的哲学,首先把它翻译成中国哲学原有的术语,然后才觉得可以理解。宣扬佛教哲学的人也必须把佛教哲学的思想,用中

---

①冯友兰:《三松堂全集》第九卷,河南人民出版社,2000年版。

国原有的哲学术语说出来,然后中国人才能够理解,这种办法当时称为'连类'或'格义'。"①冯友兰举了《高僧传·卷六》记载的慧远讲"实相义"时听众费了很多时间都搞不清楚,甚至越来越糊涂,后来他用庄子的道理一讲,听众就理解了的例子来说明这就是引"庄子义为连类"。冯友兰又举《高僧传·卷四》记录的另一个大佛学家法雅用中国原有的思想讲佛教,学生容易理解被称为"格义"的例子说明这个概念。我想,后来我们讲西方哲学的人用规律、逻辑解释"逻格斯"(Logos)大概也就是所谓"格义"的方法吧。这种讲法作为普及性质的传播大体是可以的,但作为专业的学问大概就不足为据了。在对"格义"阶段的具体说明过程中,冯友兰举了僧肇的《肇论》(由作为总论的《宗本义》和《物不迁论》《不真空论》《般若无知论》《涅槃无名论》四个分论构成)、慧远的"神不灭论"和《三报论》、道生的"辨佛性义""善不受报义""顿悟成佛义"以及谢灵运的《辨宗论》来论证了他们是如何用中国的术语讲佛教的哲学的。应该说这些人物的选择很有"哲学的代表性",而且冯友兰注重的是这些思想家个人有创见的方面。比如,僧肇除去《肇论》这篇大论文之外,还有《维摩诘经注》,可是冯友兰只是提到了这个注却没有把它作为僧肇的佛教哲学思想去认真深入地分析,就我所知《维摩诘经》的哲学思辨色彩非常浓厚,这个注当然也称得上是真正的哲学著作,文字优美、思想深刻、意境玄远。冯友兰在论"教门"的章节时引用过这个注中僧肇讲"默"的一个故事②。

　　所谓"教门"按照冯友兰的解释就是佛教在传入中国之后的第二个阶段,出现了一个宗派尊崇一个佛教经典,从而使同一种宗教有了

---

①冯友兰:《三松堂全集》第九卷,河南人民出版社,2000 年版。
②冯友兰:《三松堂全集》第九卷,河南人民出版社,2000 年版。

不同的思想观点的现象。在分论"教门"的章节,冯友兰主要讲解了尊崇《中论》《百论》《十二门论》的三论宗、假托印度马鸣菩萨所作陈真谛翻译,实际上很可能是陈真谛本人写作的《大乘起信论》、玄奘的《成唯识论》和华严宗的三个"义"。冯友兰对这些也有人称为相宗(唯识)、空宗(三论)、性宗(华严)哲学思想的分析是以他所立的主题、方法和阶段划分进行的。在我看来,这是真正把佛教哲学纳入了中国哲学史的范围,无论佛教史和佛学理论家们怎样评价,就哲学史的视角来说,冯友兰至少是打通了佛教哲学这个"关节",使其与前前后后的中国哲学史有机关联了起来。

所谓"宗门"专门指禅宗,据冯友兰说是禅宗自称。冯友兰对禅宗不仅是情有独钟,而且体悟独到,不少专门研究禅宗的学者都大加赞许。在冯友兰看来,禅宗自认为是超越了"教门"是"有根据的"[1]。"禅宗并不仅只是佛教和佛学中的一个宗派,而且是中国佛学发展的一个新阶段,第三阶段。"[2]这一阶段出现的意义在于它不仅开启了中国佛教发展的一个新阶段,而且推动中国哲学发展进入了一个新时期。从佛教说,禅宗认为以前的佛教都是在"教"的范围内说事,而禅宗自己是"教外别传",它所重视的不是任何一部经典,而是超越经典的"以心传心""密意"或"心法"。"从佛教和佛学的发展看,禅宗的兴起,也是对于佛学的烦琐哲学的一种否定。"[3]过去天堂的门票对普通老百姓来说太昂贵了,禅宗有点天堂的门票降价了的意味。就中国哲学来说,禅宗的出现进一步统一了"高明与中庸的对立"[4]"禅宗中的

①冯友兰:《三松堂全集》第九卷,河南人民出版社,2000年版。
②冯友兰:《三松堂全集》第九卷,河南人民出版社,2000年版。
③冯友兰:《三松堂全集》第九卷,河南人民出版社,2000年版。
④冯友兰:《三松堂全集》第五卷,河南人民出版社,2000年版。

人,……大概都主张下列五点:(1)第一义不可说,(2)道不可修,(3)究竟无得,(4)'佛法无多子',(5)'担水砍柴,无非妙道'。"①在冯友兰看来,禅宗的好处就在于敢于把十分复杂的佛教思想简单化。"禅宗的主要意思,说穿点破,实是明白简单。"②除去讲意义派别,冯友兰其实只讲了禅宗的八个字:"不道之道""无修之修"。其实,他最欣赏的还有八个字:"担水砍柴,无非妙道"。在两个派别中冯友兰理所当然地推崇慧能的顿悟一说。为什么我说是"理所当然"呢?因为冯友兰作为一个新式的理学家,他自己的哲学就是简单明了、主张顿悟的。他得益于禅宗的在我看来主要就是这十六个字。

二、冯友兰通论佛学的主要观点、
基本方法与敦煌哲学研究的联系域与对接点

讨论冯友兰通论佛学对敦煌哲学研究可能的启示,必须交代一下我倡导并正在推进的敦煌哲学,同时也必须寻找冯友兰佛学观与敦煌哲学研究共同指向的领域和可能发生联系的学术理论对接点。

(一)敦煌哲学是以敦煌文化中的哲学精神为研究对象的中国哲学研究新领域和敦煌学研究新动向

这里我们首先需要回答的问题就是什么是敦煌哲学?简单地说,我所理解的敦煌哲学,就是以中古时期(公元 4 世纪至 14 世纪)丝绸之路(汉代开通的繁荣六百多年的从中国长安到欧洲罗马等地的古代陆路文化商贸通道)上在中国西北形成发展的敦煌文化为研究对象,对敦煌文化和敦煌学成果进行哲学分析,从而发现和研究其中蕴藏的哲学(宇宙观、认识观、规律观、价值观、历史观、人生观、心性观)问

---

①冯友兰:《三松堂全集》第五卷,河南人民出版社,2000 年版。
②冯友兰:《三松堂全集》第五卷,河南人民出版社,2000 年版。

题，进而探索敦煌文化中带有普遍性的重大关系问题特别是关乎宇宙人生根本大道的根本问题的学问，其主要思想内容是大盛融通之道。敦煌哲学的对象就是作为文化符号的敦煌，作为历史现象、文化现象和社会现象的敦煌文化。更具体一点说就是发现于敦煌的文献、出现在敦煌的文物和有关敦煌的文字。凡与敦煌直接相关的能反映出敦煌作为文化符号价值具有敦煌性的敦煌经卷、敦煌文书、敦煌壁画、敦煌洞窟、敦煌雕塑、敦煌社会、敦煌人物、敦煌史迹均可视为敦煌文化的内容，也都是敦煌哲学直接或间接的研究对象。

敦煌哲学大体包括敦煌文化哲学、敦煌宗教哲学、敦煌艺术哲学（敦煌美学）、敦煌人生哲学、敦煌历史哲学、敦煌社会哲学、敦煌政治哲学、敦煌教育哲学等，敦煌哲学既是哲学的三级学科或中国哲学的一个研究方向，也是敦煌学研究的一个新方向或动向。"敦煌哲学是以敦煌文化中的哲学精神为研究对象的中国哲学研究的新领域和敦煌学研究的新动向"这个说法，对敦煌哲学研究来说是一个最新的认识，因为我过去的说法注重的是哲学思想，所谓"宇宙人生根本大道"，而这个新的提法注重点转向了"哲学精神"。关于中国哲学的精神，也正是冯友兰本人立过一个"极高明而道中庸"的标准。

（二）中国化的佛教是冯友兰通论佛学与敦煌哲学研究的联系域

说到敦煌文化我自己常常用三个"5"说其主要的内容，即"5"百个洞窟、"5"万平方米壁画、"5"万卷文献（一般称为敦煌卷子）。我对敦煌文化的理解与过去很多人的理解略有不同，主要在三个方面形成了自己的看法。

第一，敦煌文化是中国传统文化不可分割的重要组成部分和特殊表达形态。由于丝绸之路的开通与繁荣，使敦煌在一千年左右（公元 4 世纪到 14 世纪，以敦煌莫高窟在前秦建元二年即公元 366 年始开佛教洞窟为起点，也可以藏经洞发现年代最早的文献公元 393 年即后凉麟嘉五年后凉王相高所写之《维摩诘经》为起点,到1368年元朝灭亡敦煌莫高窟停止营造为止)的古丝绸之路文明史上成为人类文明几个主要形态广泛接触交流的大都会,这一特殊的历史环境和文明交流道路造就了敦煌文化特殊的表达形态。季羡林先生曾指出:"世界上历史悠久、地域广阔、自成体系、影响深远的文化体系只有四个:中国、印度、希腊、伊斯兰,再没有第五个;而这四个文化体系汇流的地方只有一个,就是中国的敦煌和新疆地区,再没有第二个。"[1]因此,敦煌文化更多的是在与其他文明形态与宗教文化交往交流交融过程中表达出来的一种特殊的地域文化。相较于先秦文化、齐鲁文化等文化类型或阶段而言,敦煌文化是直接在开放的前沿与佛教文化、基督教文化和波斯文化直接打交道的过程中形成的,它不仅具有地域性,而且具有世界性,是一种更具国际比较意义的中国传统文化。同时,我们也必须承认敦煌文化骨子里还是流淌着中华文化的血脉、承载着中华文明的基因、传承着中华文化的精神的,在中华民族文化传统中占据重要而独特的地位。过去,不少学者在谈到中国传统文化或者敦煌文化时是自觉或不自觉地将敦煌文化排除在中国传统文化之外,这是没有什么道理的。在我看来,敦煌文化不仅是中华民族优秀历史文化的杰出代表,更是具有世界意义的人类文明互鉴和多元融合的东方典范,而这一典范在当今世界无论从学术还是政治上来说,都具有不可忽视的重要意义。

　　第二,敦煌文化是以中国传统文化为基因、以佛教文化为基本内容、以形象化的宗教题材为主要表现方式、以多文明多宗教交融创新为基本特点、以"通而不统"为其主要精神的综合性文化形态。甘肃社

---

①季羡林:《敦煌学、吐鲁番学在中国文化史上的地位和作用》,《红旗》1986年第3期。

会科学院颜廷亮指出，"敦煌文化指的是以 4—14 世纪为存在时限、以那一千年间敦煌地区的地理和历史状况为存在背景、以汉族为主体的敦煌地区全体居民具有鲜明特点的精神活动及其物化表现"。基于此，我们可以从主要内容、文化定位、文化特征、主要精神等方面理解敦煌文化。就主要内容而言，敦煌文化是由敦煌地区以汉族为主体的全体敦煌地区居民创造的、以中原传统文化为主体和主导、以宗教文化为主要表现方式的一种相对独立的文化；就文化定位而言，颜廷亮先生在《敦煌文化》一书中将敦煌文化定位为"古代世界文化格局中汉文化圈的西陲硕果"，即敦煌文化是专属于古代中国传统文化圈的一种文化现象；就文化特征而言，敦煌文化是一种去中心主义的文化形态，它既不是欧洲中心论、中华文化中心论，也不是佛教中心论，而是追求一种开放性、兼容性的"无中心而有重心"的多元文化交融体；就主要精神而言，敦煌文化既有古今中外思想精华的汇通追求融合，又有多层多样文化形态的丰富性并盛，既保持了各个文化类型自身的独立性，又兼容了不同文化类型各自的合理性，这就是敦煌文化"通而不统"的精神内涵①。

第三，敦煌文化的核心精神"通而不统"是"和而不同"的中华文化精神的特殊表达。"和而不同"意味着承认存在着差异和矛盾，追求多样性的统一，反对无差别的同一。作为中国传统文化基本内涵的"和而不同"的精神提倡多元文化在相互交流和相互融合中取长补短、共同繁荣。这一精神已经被世人所公认，达成基本共识。具体来说，"和而不同"更多地表达了一种文化传统内部各种思想流派和亚文化之间的关系，比如以此论儒墨道法释之间的关系就十分恰当。面

---

①范鹏论点摘编：《"通而不统"是敦煌文化的精神内涵》，《新华文摘》2018 年第 15 期。

对诸子蜂起、百家争鸣的局面，一些有宏大视野的学术史家已经看到，其实诸子百家在理论上的根本目标都是为了治国平天下，只是理论建构的视角和表达方式方法有所不同，正所谓"天下同归而殊途，一致而百虑"。推而广之，"和而不同"不仅是理解中国古代学术派别的基本精神和方法论原则，而且也是理解不同地域、不同民族、不同国家之间文化关系的基本精神和中华文明看问题的独特视角。在更广泛的范围之内，敦煌文化所体现的"和而不同"的国际不同文明、不同宗教、不同国家、不同民族之间"通而不统"的精神，更深刻、更广泛地体现了中华文明的博大胸怀和精深思想，正是由于有这样的精神作为哲学底蕴，才造就了千年辉煌的敦煌文化，而这一精神与"和而不同"一起共同成为构建人类命运共同体的重要精神资源。"和而不同"主要表明的是尊重文明多样性的态度和体现文明平等性的交往交流原则，而"通而不统"则主要表达的是文明交流交融的行为准则和实现文明互联互通而又不消解文明丰富性的文明理想。尊重文明多样性只是一种态度，而打通文明多样性则是一种实践。态度固然重要，但愿景成为现实才是尊重和交流的目的。构建人类命运共同体要以构建人类命运共识体为前提，"通而不统"的敦煌精神不仅是构建人类命运共同体的一粒"定心丸"，而且也是构建人类命运共识体的思想基础，当今世界需要"通而不统"的文化精神。与"和而不同"得出的过程有所不同，"通而不统"不是依据什么文献的一些概念而总结出来的，而是通过研究敦煌文化的众多表现形态，从各种文化现象中总结出来的，这也许就是敦煌哲学与中国传统哲学的传统研究方式有所区别的地方。①

---

①关于敦煌文化和"通而不统"该文全面引用了我自己发表于 2018 年第 2 期《甘肃理论学刊》的论文《"通而不统"的敦煌精神是构建人类命运共同体重要的思想文化资源》。故此文与前文重复颇多，特此说明。

从我对敦煌哲学的界定和敦煌文化的理解中就可以看到冯友兰的佛学观与敦煌哲学的联系域了,那就是"中国佛教""中国佛学"或者叫佛教的中国化。冯友兰的佛学观是研究中国化的佛教特别是其哲学思想的重要成果,敦煌是佛教中国化的一个重要文化标本。更为重要的是敦煌文化这个标本不仅为研究佛教中国化提供了十分珍贵的文本,一些内地已经失传的佛教经典在敦煌保存了下来,同样存在的一些经典,敦煌的译本往往是最古老的;而且敦煌还保存了大量当地民众开展佛教活动的原始材料。既有大量的写经,还有不少通俗的说唱文本;既有闻名全球的敦煌壁画,还有鲜为人知的敦煌人的僧俗混合生活方式;既有传统哲学可以借助的文献,也有敦煌哲学特别注重的活态的哲学研究对象。就敦煌所藏的佛教经典来说,姜亮夫指出:"敦煌所藏佛经可能是最早的译本,因为它把原文录上了。"[1]不仅有最早的译本,更有最早的写本,比如,杨学勇就提出:"敦煌文献中保存下来的《中论》写卷是目前已知最早的《中论》手抄本。"[2]这样的例证还有不少。

(三)中国佛教思想文化及其表现方式是冯友兰通论佛学与敦煌哲学研究的对接点

冯友兰通论佛学的佛学观与敦煌哲学的联系域是"中国佛教""中国佛学"或者叫佛教的中国化。具体说其对接点还可以说得更加具体一点,这就是中国佛教思想文化及其表现方式。冯友兰注重的是中国佛教思想文化及其表现的哲学方式,敦煌文化则主要反映的是中国佛教思想文化及其表现的世俗宗教方式和艺术方式。用冯友兰

---

①姜亮夫:《敦煌学概论》,北京出版社,2004年版。

②敦煌研究院编:《敦煌与丝绸之路多元宗教学术研讨会交流文集》,敦煌研究院,2018年版。

通论佛学的佛学观去理解敦煌文化中的佛教、佛学及其表现方式,可以大大加深对敦煌佛教文化解释的力度和理解的程度;反过来,用敦煌文化中的佛教、佛学及其多种表现方式,丰富发展完善冯友兰的佛学观,接着冯友兰往下讲,对于正确认识和深入理解中国传统哲学中的佛学思想及其发展阶段必将产生重要作用。敦煌卷子大约有 5 万卷左右,其中百分之九十是佛经,大部分是手写本,"卷子内容以《金刚经》《金光明最胜王经》为最多,因为这两部经在佛经里面,宗教意味最深,不是哲理意味最深"①。敦煌写经绝大多数是普通民众因祈求自己或亲人生活安康、病痛痊愈、路途平安而请人抄写的,写经人则多为寺院青年和尚,也有个别很有名望的高僧,如唐代的悟真(约811—895 年)等。从这些对接点入手,探究冯友兰佛学观对敦煌哲学研究可能的启示,进而推进敦煌哲学的研究和中国化佛学思想的研究,对学术界来说,不是一件可有可无的事,而是一件非常有意思的事,当然也是一件多多少少有点意义的事。

三、冯友兰通论佛学对敦煌哲学研究可能的启示: 阶段明主题、分析有框架、表达无定式

(一)对作为敦煌哲学研究对象之一的敦煌佛教文化的哲学研究应该明确自身的思想主题

冯友兰对中国化佛学思想主题的确认是经过将其纳入中国哲学演化的宏观历史进程之后逐步明确起来的。这起源于"大史期"的朦胧猜想、"小史期"的初步推定而定论在"新史期"的重新思考之中。冯友兰自称对中国化佛教哲学思想的研究在"新史期"分析加深了。"其所以能够如此,因为我抓住了玄学和佛学的主题,顺着它们的主题,

———————————
①姜亮夫:《敦煌学概论》,北京出版社,2004 年版。

说明它们的发展。"这启示我们：敦煌哲学的研究如果欲对其思想主题有一个初步的确认，就必须将敦煌哲学对敦煌佛教思想文化的研究纳入整个中国佛教思想史的全部进程乃至整个佛教思想史的大视野之中。就研究敦煌哲学的多数学者的现状看，我们现在的研究往往连敦煌佛教自身的全部面目都还没有完全搞清楚。对敦煌佛教与敦煌艺术研究成果的运用还处于生吞活剥阶段，有时甚至吞都没有吞下去。只有把敦煌佛教思想文化中的哲学意味把握准并将其纳入中国化佛教思想进程中去，才能划定其在中国佛学思想史上的定位。同时，冯友兰的佛学观还启示我们，对佛教哲学思想的研究不仅要纳入中国化佛学思想的进程中，而且作为中国哲学的一种特殊表现形态还应该纳入中国哲学思想的进程之中去考察，只有在这两个历史过程中才可能找到敦煌哲学的历史定位与思想主题。"通而不统"只不过是我们在初步研究敦煌哲学的过程中大胆假设的一个思想主题与精神现象，还没有得到什么理论的论证，更谈不上什么"充分论证"了。明确敦煌哲学在中国化佛教思想过程中的地位，从而把握其思想主题，这是冯友兰佛学观对敦煌哲学研究的首要启示；这一启示同时也要求我们将敦煌哲学纳入中国哲学的历史进程中去，这两个方面过去我们不仅没有做到，而且也没有想到，正是冯友兰的佛学观，是他通论佛学使我们想到了这一点。

（二）对作为敦煌哲学研究对象之一的敦煌佛教文化的哲学研究能够运用"表诠"与"遮诠"的方法

冯友兰通论佛学对佛教思想的表达方式有所谓"表诠"与"遮诠"的区分，在其他地方他也称之为"正的方法"与"负的方法"，就其自身说，他在构造自己的新理学哲学体系的时候主要运用的是"正的方法"，而在《新原人》中讲四境界时，似乎更喜欢所谓"负的方法"，这很大程度上得益于他对禅宗的理解。这些方法运用到敦煌哲学的研究中来,对敦煌文化进行哲学分析我们就会发现"表诠"与"遮诠"的方式在敦煌地方表达佛教思想时同样是存在的。大量的佛经主要都是通过写、讲、说、唱、画的"表诠"方式来表达的,而"遮诠"的方式也不能说没有。比如说,大量的壁画只能用直白的方式讲释迦牟尼成佛的佛传故事和成佛前的本生故事,而作为表达思想的经变画要讲佛经故事中表达的思想内容大概只有用隐喻方式即所谓"遮诠"的方法了。在敦煌壁画中表达佛经思想的经变画最多的是《东方药师经变》,大约有百幅以上,因其思想倾向于消灾延寿功能的阐述,比较符合中国人的现实需求,所以不仅在敦煌,在全国其他著名石窟也同样存在,但迄今为止在敦煌是保存得最多的。在敦煌"唐代以后,经变画成为壁画最重要的内容,往往在洞窟的南北两壁画及东壁整壁画经变画,如涅槃经变、维摩诘经变、弥勒经变、药师经变、法华经变等,虽然在隋朝已经出现,但所表现的情节故事大大增加。另有不少新出现的经变,如观无量寿经变、天请问经变、报恩经变、劳度叉斗圣经变、十轮经变等等"[1]。经变画并不是一般地展示佛教传播的宏大场面,而是通过佛经中不同的故事表达一种特定的观念甚至思想。因此,经变画成为敦煌哲学研究的重要对象。以《法华经变》为例,在敦煌唐代的法华经变画中,不仅有序品表现释迦牟尼灵鹫山说法的宏大场面的壁画,而且还有包括见宝塔品、观音普门品、药草喻品、譬喻品、信解品等十多品,该经共十八品,至少有一半以上在敦煌壁画中有专门的画面。这些经变画通过描绘佛经故事宣传佛教思想,启发信众通过生动的故事和形象的画面,加深对佛经的理解。比如信解品讲一个孩子在很小的时候与父亲走失,沦为乞丐,而其父则成为一个大富豪。一日,

---

[1]赵声良:《敦煌石窟艺术简史》,中国青年出版社,2016年版,第144页。

儿子行乞来到父亲家门口,却不认识自己的父亲,而父亲知道这是自己的儿子,却并不马上认他,而是先让人把他高价雇佣到自己家里干活,经过二十多年之后才逐步让他管理账目,一直到儿子对家中事务了如指掌时,才召集家族中人说明真相。这个故事,一方面表达了佛教因果报应的共同思想,另一方面更为深刻地表达了其忍耐成大事的主张,可以说表达佛教的一般道理用的是普通人都能看明白的"表诠"方式,而表达更深入的思想则用的是譬喻性质的"遮诠"方式。用这样的思路来解读经变画似乎比我们以往的说明要更加通达一点。这是冯友兰佛学观给我的重要启示之一。我曾经指导一名硕士研究生研究《维摩诘经变》故事画中的"不二""不思议"思想,论文在写作过程中我们共同的困惑是画面究竟能不能表达如此深奥的宗教哲学思想?如果可能,那么在《问疾品》这幅画中又是如何通过形象生动地表达这一思想的?我们能想到的只是我们的解释。其实,现在看来,佛教经变画自身是有一套冯友兰称为"表诠"与"遮诠"的方式的,只不过我们对手印、喻意、象征、刻画、物象、线条等等的表达还不深入掌握罢了。如果能够比较全面地掌握其表达方式,"形象哲学"与形象史学一样是可以讲的。比如,手印就是佛教表达思想的一种独特的创造,最常见的有说法印、施无畏印、与愿印、降魔印、禅定印等所谓释迦五印,多一些的还有十二手印,据说密宗的手印有几百种。手印是非常明确的肢体语言与立体、平面艺术可以共用的艺术语言,在我们理解佛教雕塑与壁画过程中发挥着其他解释不可替代的重要作用,这也许是敦煌哲学"观其迹思其所以迹"的重要入手处。

(三)对作为敦煌哲学研究对象之一的敦煌佛教文化的研究可以纳入"格义""教门""宗门"三个阶段进行解释

我们可能受益于冯友兰佛学观的最重要的方面应该是他最有创见的"格义""教门""宗门"三阶段说,这是逻辑的分析框架,与历史的真实演进结合起来说也许更能说明一些问题。敦煌哲学研究的敦煌文化最兴盛的时期大约是一千年左右即从公元 4 世纪到 14 世纪,这其中应该包括冯友兰所谓"格义""教门""宗门"三个阶段,但是,这三个阶段在敦煌佛教中是如何表现出来的应该是敦煌哲学与敦煌学共同研究的重要课题。段文杰先生有《佛在敦煌》一书,在分析敦煌佛教艺术的同时,对佛教在敦煌的传播发展也有涉猎。

　　敦煌佛教的兴起与传播是由于丝绸之路的开通。从逻辑上推论,由于敦煌地处西域与中原之间偏向西域的地界,从西来的佛教应该在敦煌比中原传播早一些,但事实上这方面的证据并不是十分充足。敦煌所在的整个河西走廊在魏晋南北朝时期佛教就已经比较兴盛了。随着北魏在敦煌设立军镇,河西走廊西端的军政中心转移到了敦煌,这一转移有力地推动了佛教在敦煌的传播。特别是丝绸之路在唐开元、天宝年间的繁荣和河陇地区成为当时"天下称富庶"的富裕地方,佛教也随之有了新的气象,大量宫廷写经传到敦煌,东来弘道、西去求法之人的频繁往来,使敦煌成为佛教双向强化的重地(这一点对于我们理解敦煌文化的中原基因至关重要,不少人只知道佛教从西向东,理所当然地认为敦煌的佛教是从西域传来的,其实大量写经是从当时的长安传到敦煌去的)。由于地处偏远,唐代发生在内地的几次灭佛事件对敦煌佛教并没有产生什么破坏性的影响。加之敦煌的吐蕃统治时期(786—848 年)、归义军时期(848—1036 年)和西夏(1068—1227 年)时期(党项人初信天、鬼、神,尚巫术,统治河西后开始接受并大力推崇佛教)都延续了佛教信仰,使佛教在敦煌的传播发展一直处于有当地统治政权支持的状态之下。用冯友兰先生的所谓"格义""教门""宗门"三个阶段来分析佛教在敦煌的发展与展现,"格义"应该是自始至终存在的,特别是在民众信仰和壁画之中,不"格义"无"连类"恐怕就很难表达自己的心愿与对佛经的理解。大量表达民众信仰心理的愿文(也称发愿文)在表白心愿时从来都是佛教信仰加俺家祖宗、各路神仙共同祈求。壁画中佛教的帝释天和梵天演变成中国的东王公与西王母的事是常有的。①

这一阶段最著名的代表人物首推"敦煌菩萨"竺法护。据任继愈主编《中国佛教史》第二卷:"竺法护……祖籍月支,世居敦煌。他一生往来于敦煌与长安之间,先后47年(266—313年),译经百余部。"《高僧传》评论其功说"经法所以广流中华者,护之力也"。"正因为是敦煌人,竺法护就有了一个响亮的名号——'敦煌菩萨'。让敦煌的名字和这位为中国佛教发展贡献巨大的高僧紧紧联系在一起,使敦煌实际上成为大乘佛教的发祥地!"②《高僧传》记录的另一个敦煌佛教人物是东晋名僧竺昙猷:"竺昙猷,或云法猷,敦煌人。少苦行,习禅定。……先是世高、法护译出禅经,僧先、昙猷等并依教修心,终成胜业。"根据马德先生推测,竺昙猷很可能在永和九年(353年)就在敦煌开窟修行了,这要比现在公认的前秦建元二年即公元366年乐僔和尚始开佛教洞窟的记录早上13年。

"教门"方式在敦煌壁画和写经中也有反映。敦煌莫高窟现存的三十多类经变画,如弥勒经变、阿弥陀经变、法华经变、维摩诘经变、涅槃经变、药师经变、华严经变等,不少就是依据佛教某一经典绘就的,为支撑"教门"时期佛教信仰发挥了重要作用。敦煌的写经活动也多多少少受到不同教门思想的影响,在不同阶层的人群和信众中各有侧重。用冯友兰的思想方法,也许我们还可以找到与他不同的研究

①马德:《敦煌的入世佛教及其社会实践》,《敦煌哲学》第一辑,甘肃人民出版社,2013年版。

②马德:《敦煌哲学杂谈三题》,《敦煌哲学》(杨利民、范鹏主编)第四辑,甘肃人民出版社,2017年版。

敦煌佛教及其艺术表达的分析框架。比如，从净土信仰、弥勒信仰、药师信仰、观世音信仰和维摩诘崇拜角度研究经变画也许更有意义和价值。对敦煌石窟艺术既有精深研究，又写过不少通俗介绍的赵声良先生在其《艺苑瑰宝——莫高窟壁画与彩塑》一书中专门对经变画作了深入浅出的介绍，他指出：中唐以后，经变画的种类越来越多，成为中国式佛教艺术的代表，体现着中国人对佛教的理解和审美观。这方面的研究已经有不少成果，但纳入冯友兰三个阶段分析框架的说明还不多见。我们也许可以沿着这一思路做一些工作。

"宗门"阶段的佛教信仰在敦煌佛教活动中更是可以得到大量的印证。特别是"不道之道""无修之修""担水砍柴，无非妙道"的修行思想，可以说是敦煌佛教在民间流传的思想基础。由于敦煌卷子大量保存了这方面的鲜活史料，我们可能使冯友兰对禅宗特点的描述得到比内地史料更好的说明，从而也为敦煌佛教在唐代前后的地方特色找到更加哲学化的理论依据。

我们的理想不仅是将冯友兰"格义""教门""宗门"三阶段的解释框架引入敦煌哲学的研究之中，而且期望通过我们的研究能够像冯友兰先生一样，抓住敦煌佛学思想的主题，顺着它的主题，说明它的发展，从而使敦煌哲学对敦煌佛学的研究有自己独特的视角甚至不同于敦煌学的特殊贡献。

（四）对作为敦煌哲学研究对象之一的敦煌佛教文化的研究还可能受到冯友兰通论佛学多方面的方法论启示

冯友兰的哲学智慧在其佛学观中得到了很好的体现，其治学方法也在这一领域彰显了巨大的解释力。敦煌哲学从一定意义上说就是对敦煌学研究成果的哲学解释，这与冯友兰对佛教史和佛学史研究的哲学解释十分相似。冯友兰的佛学观至少还可能给我们这样几个方面的启示：一是其敢下断语的勇气，可以给我们在必要的时刻对敦煌哲学研究中的若干重要问题得出我们自己的结论以学术胆识的支撑;二是他对事物本质的看穿说透,也可以帮助我们从十分繁杂的敦煌学众多成果中得出哲学视角的分析;三是他关于佛教中国化的"把复杂问题简单化"的思考与把握,可以使我们既把敦煌哲学纳入更加广阔的视野去思考和界定,又能够化繁为简、深入浅出,提出出自深入研究的重要结论,哪怕是冯友兰所说的"非常奇异可怪之论";四是辨名析理、释古喻今的方法,可能使我们敦煌哲学研究更具哲学特点和历史与逻辑统一的方法论特色。

以上三个方面是我所理解的冯友兰通论佛学对敦煌哲学研究可能的启示,但这只是一个大胆假设的产物,不仅十分粗糙,而且风格也不尽统一,大量利用了别人的成果和自己的旧说,如何变"可能"为"可以"还有待进一步的研究和深化。

(原载《天水师范学院学报》2019年第4期)

第三部分
敦煌哲学研究

敦煌哲学引论

敦煌哲学？是的，敦煌哲学。

我们不妨暂且将敦煌哲学视为敦煌学的一个分支学科。本文将对明确提出建立这一学科的因由稍加阐述，以为敦煌哲学破土而出并继续不断生成的引线。

首先，本文略述敦煌哲学这一学科观念的酝酿和萌生过程；其次，从两个方面初步阐述敦煌哲学的进路、其成立的依据和意义；最后，从敦煌哲学所面对的几项关系，对其路向与可能的进展和贡献作一个大体的展望。

一、敦煌哲学的酝酿和萌生

大凡一件事情的成与立，按照中国文化和中国人的观念，必须具备天时、地利与人和三项条件而后可。敦煌哲学自不例外，也是这三项条件因缘际会的产儿。简言之，敦煌哲学是敦煌学和哲学于敦煌所在之地相交相会的产物，其中有偶然性，更有必然性。

笔者关注敦煌学有年，作为一个哲学研究者，这种关注自然不免带着哲学特有的眼光。众所周知，作为国际性显学的敦煌学已走过百年历程，并且衍生出若干分支学科。①回过头来看，这些学科发展到一

①参阅郝春文主编：《敦煌学概论》第 2 页之"敦煌学示意图"，列出 12 个研究领域与其对应的分支学科，外加"敦煌学理论"而无对应学科名称；又第 1 页述敦煌学研究对象涉及哲学，但示意图中无对应者，高等教育出版社，2010 年 12 月版。

定程度之后，如果要继续取得突破性的进展，都面临着一个问题，即其作为一门学科的学理根据、学理基础是什么？而且，在敦煌学内部，这些分支学科之间的关系是什么？它们之间是偶然的、松散的集合还是有必然的学理关联？换句话说，由这些分支学科构成的敦煌学是什么？使敦煌学成其为严格的学科之学理是什么？①

任何一门学科若成其为"学"，必如此从其内部反躬自问，否则不成其为"学"，或者说，它即使因某种材料或对象的出现而生发出某种研究，但材料的物质性或历史性限度也将是这种研究的极限，它将很难突破这个限度而继续生长，也就是说，它只是逐渐衰竭而不是生生不已的偶然性事物，如果它没有找到自身生长的必然性学理根据的话。

而这种回过头来看的反躬自问，这种反思，这种对其"是"与"所以是"的追问，实际上正是哲学之问。

因此，如果说笔者身处甘肃而关注敦煌学，仅仅是出于对本地学术的关心而纯属偶然，那么带着哲学特有的眼光来看敦煌学，以哲学特有的对某物之所"是"和"所以是"的不懈追问，从而在哲学与敦煌学的交会中引发出"敦煌哲学"的观念和构想，则是敦煌学百年发展的必然。

因此，当笔者在三年前提出"敦煌哲学"的设想并多次请教于敦煌学界与哲学界的老师和同仁时，固然因其新鲜而招致不少疑问，但更多的是对此探索的肯定和鼓励。撰此引论之时回望，可以看到疑问的建设性。确切地说，疑问本身就是哲学性质的，因为这些疑问促使我们对"敦煌哲学"本身之"是"和"所以是"在敦煌学与哲学的双重维度上进行深入的探查思考。这里仅举一例，以见敦煌哲学萌生过程之一斑。

---

①参阅郝春文主编：《敦煌学概论》第2~4页，引述了否定敦煌学为有内在规律的系统科学的观点并予以反驳，但正面论证理由薄弱。

敦煌哲学的观念初生，笔者曾数次请教于颜廷亮先生，得到颜先生的明确肯定和鼓励。作为对敦煌文化和敦煌学具有深广造诣的敦煌文学研究专家，颜先生对哲学进入敦煌学以及建立敦煌哲学的必然性和必要性予以充分肯定。根据笔者与颜先生的交谈和对其著述的学习①，总括起来说，他自己在近年来深入进行的敦煌文学史研究，旨在在敦煌文学研究经由百年的发展而欲突破有限材料的限制之时，拓展敦煌文学的研究领域并寻找进一步发展的突破口；而在这样的拓展和寻求中，"敦煌文学是什么"的问题实际上一直处于基础性的位置而或明确潜在地起着支配性的作用。"敦煌文学是什么"的问题实为典型的哲学问题，或表述得更确切一些，它是敦煌文学研究中的哲学问题。由此可见，颜先生对敦煌学的"同情的理解"乃是出于敦煌学与敦煌文学发展的必然。换言之，敦煌哲学是百年来敦煌学自身所酝酿而呼之欲出的学科。哲学之进入敦煌学而生成敦煌哲学，此其时矣。

二、从敦煌文学（研究）看敦煌哲学

然而敦煌哲学究竟是什么？敦煌哲学作为哲学，必如此反躬自问。如果说这个问题的回答意味着敦煌哲学的充分展开而非一文所能承担，那么我们可以将目光收归眼下：敦煌哲学将循何进路如何着手？这里我们以敦煌文学（研究）为参照或样板来审视一个习惯性的思路。

简言之，这个习惯性的思路就是：敦煌哲学所要研究的乃是出自

---

①参阅范鹏总主编、巨虹编选：《陇上学人文存·颜廷亮卷》，尤其第一章"敦煌文学·理论探讨"，甘肃人民出版社，2011年版。

敦煌的某些"哲学材料"，即那些被某种学术分类系统划归到"哲学"名下的文本之类，比如说敦煌文献中的经、子类文本。

这种思路事出有因。事实上，当笔者提出敦煌哲学的观念并广泛征询意见时，这是包括笔者在内的大多数同仁的"第一反应"：有某些存在于敦煌的可以称之为"哲学"的对象供我们研究。从这个思路中，我们实际上可以看到包括敦煌文学研究在内的敦煌学的历史，即其自发生成的历史。当我们深入敦煌学这个自发生成的历史过程时，发现以这样的方式并不能生成敦煌哲学。为简要起见，这里以敦煌文学（研究）为例来说明这个问题。

所谓敦煌学的自发生成的历史，也就是说它在历史学意义的起源上具有极大的偶然性，这已是敦煌学史上众所周知的事实，此处不赘述。我们知道，敦煌文学研究与敦煌学几乎是同时并且以同样的方式兴起，因而也同样带有这个偶然性的幽灵。如果不能驱逐这个幽灵，那么敦煌文学（研究）将与打上引号的"敦煌学"一样，不过是姑妄名之而已。[①]这意味着两点：第一，当那些出自敦煌的文学文本被整理、考证清楚（这至少在理论上说是可以做到的）之后，敦煌文学（研究）还可以、还能够做什么？第二，更为关键的问题是，敦煌文学与（比如）天水文学、河南文学有什么不同，以至于对它的研究可以独立成为一个学科？于是我们又不得不回到这个哲学性质的问题：敦煌文学是什么？

从敦煌文学（研究）的历史中，我们可以看到，它的这种自发的起源、生成的方式并不适宜于敦煌哲学，因为如果敦煌哲学以这样的方式生成，不免与敦煌文学（研究）一样，最终依然碰触到关于它自身性质的哲学问题：敦煌哲学是什么？ 如果说这样的哲学之问在"最终"

---

① 参阅郝春文主编：《敦煌学概论》第 3 页，引周一良、荣新江语。

（这标志着某种界限，比如历史学的界限）出现对文学研究来说是合乎情理的，那么对哲学而言则极其荒唐，因为哲学意味着自我认知，更确切地说，意味着自我认知的自觉。这是说，敦煌哲学的起点乃是敦煌学及其中各分支学科（某种——比如说实证科学——意义上）的界限或转折点。比如说，当敦煌文学（研究）终于反躬自我认知而问"敦煌文学是什么"的时刻，我们可以说这是哲学的时刻：敦煌哲学出现了。

　　这就是敦煌哲学为什么出现在敦煌学百年历史发展之后的原因。敦煌学从自发的历史转入自觉的反思之时，敦煌哲学必然应运而生——因为这样的自觉乃是本来意义上的哲学。

三、作为敦煌学理论自觉的敦煌哲学

　　上一节似乎遗留下一个问题：敦煌哲学将循何进路如何着手？如果我们将这个问题更具体化：敦煌哲学可以、能够从敦煌学或敦煌文化的何处着手？那么我们其实已经回答过了。我们说诸如"敦煌文学是什么"这样的问题是哲学性质的问题，这就是说敦煌哲学可以从敦煌学的任何一个分支学科进入，确切地说，是可以从敦煌学任何一个分支学科的界限或转折处着手。这里所谓界限，并不是判定某学科已经终结或必然终结，而是说其内在的构成有不同的层次、不同的维度，包括作为其学理基础的哲学层面和维度。敦煌学及其各分支学科也不例外。因此，本文认为敦煌哲学并不仅仅是、主要不是对存在于敦煌的某些"哲学材料"的研究（这方面的内容当然也很重要）[①]，而是

　　[①]敦煌学论著中此类作品不少，均未冠"哲学"之名，论者于此或有各种理由，但实质上是有道理的。此类著作例如张弓主编：《敦煌典籍与唐五代历史文化（上、下卷）》（中国社会科学出版社，2006 年）、许建平：《敦煌经籍叙录》（中华书局，2006 年）、王卡：《敦煌道教文献研究——综述·目录·索引》（中国社会科学出版社，2004 年）、朱大星：《敦煌本〈老子〉研究》（中华书局，2007 年）等，举例明之，不具引。

对敦煌文化和敦煌学进行"哲学的"研究。敦煌哲学是敦煌学自身的理论自觉。

事实上,近十余年来,敦煌学界对敦煌学理论的吁求不断高涨,正如柴剑虹先生在谈到有人把敦煌文献看成杂乱无章没有系统的东西而不承认敦煌学是一门学问时所说:"我认为现在之所以对这个问题没有统一的认识,是因为我们现在对敦煌学的理论缺乏系统建构。一门学问最终的确立要有自己的理论框架,这些年由于我们所发现的敦煌文献实在太丰富了,所以各人研究各人的,研究文学的研究文学、研究宗教的研究宗教、研究经济的研究经济、研究军事的研究军事,都搞自己某个学术领域的东西。最近敦煌学术界在呼吁敦煌研究能否更系统、完整地进行。""敦煌学百年历程的回顾和对新阶段的展望,促使人们认识到敦煌学至今没有完整的学术史与学科理论是极大的缺憾。"①就笔者有限的视野所及,近年来敦煌学界对敦煌学术史的重视与日俱增,成就斐然②,但在敦煌学理论建设方面,相对而言比较逊色。这应该与敦煌学的历史性的实证史学的学术惯性有关,对此应有专文分析,此处暂且放下。

无论如何,敦煌学已经进入其理论自觉阶段,如果说"它是内容丰富的有完整的内在体系的一门独立的学问"③,那么它必得对这个"是"及其"所以是"提供系统的论证。如前文所反复申说的,这是典型

---

①柴剑虹:《敦煌学与敦煌文化》,上海古籍出版社,2007年版,第8页、第109页。

②除上引柴剑虹书,郝春文《二十世纪敦煌学》(上海古籍出版社,2006年)实为敦煌学史论文集;2002年8月在北京有专门的"敦煌学史国际研讨会";近期有刘进宝《敦煌学术史:事件、人物与著述》(中华书局,2011年)等。

③柴剑虹:《敦煌学与敦煌文化》,上海古籍出版社,第8页。

的、本来意义上的哲学问题。哲学问题需要哲学的回答,仅仅依赖敦煌学史的证明是不够的。所以与其说是哲学进入了敦煌学,毋宁说是敦煌学进入了哲学。经过一个世纪的发展,敦煌学对自身提出了哲学要求:敦煌学是什么? 敦煌学从哪里来? 敦煌学往何处去?

但是出于各种可以理解的原因,比如哲学与敦煌学的疏离,哲学问题的回答未必是哲学的;本来意义上的哲学(比如敦煌学论著中虽无专门的哲学作品,但往往可以发现不自觉或半自觉的哲学性质的内容①)未必是严格意义上的哲学。因此,面对敦煌学内在的哲学要求,建立作为一个严格学科的敦煌哲学势在必行。

敦煌学内在的理论要求是敦煌哲学生成的主要根据。二者是相辅相成的关系:敦煌学的存在,必然要求敦煌哲学的生成;而敦煌哲学成立,则敦煌学必然作为具有完整内在体系的学问而成立。这就是说,敦煌哲学将承担为敦煌学进行理论奠基的使命。

敦煌哲学的使命决定了它的对象是敦煌文化和敦煌学的整体。这也是由哲学的整体观照的本性所规定的。敦煌哲学的路向,也因此而得以规定。

四、敦煌哲学的路向及其展望

所谓敦煌哲学的路向,并非指进入敦煌哲学研究之后的具体课题设定——这是不可能也不应该事先规定的,而是指它的生成、它将可能展开的大体方向。敦煌哲学的成立,必须在敦煌学与哲学的双重维度上得到严格的检验和论证,这也就内在地规定了其展开的可能

---

① 如上引颜廷亮书关于敦煌文学研究的理论思考,又如余欣《神道人心:唐宋之际敦煌民生宗教社会史研究》(中华书局,2006 年)等著作,虽曰社会史研究,而极具哲学意味。

性。这里仅就敦煌哲学必然、必须面对的三个方面略加陈述,并对其可能的作为和贡献稍作展望。

首先,敦煌哲学与敦煌学。如前文所述,敦煌哲学以敦煌文化和敦煌学的整体为对象,将承担为敦煌学进行理论奠基的任务,此不赘述。需要补充的是,敦煌哲学是敦煌学中第一个有意识的、自觉的规划、建立的一个分支学科,也是敦煌学分支学科中的第一个理论性学科,从理论上说,它既在敦煌学之内,是其分支,又必须出乎敦煌学之外,否则它不可能完成对其整体观照并为之进行理论奠基的任务。这是说,敦煌哲学既必须具有严格的敦煌学属性,同时又必须具有严格的哲学属性。因此,敦煌哲学对其自身与敦煌学的关系的处理,对敦煌学理论的建设具有极大意义,即开拓出敦煌学超越自身的途径,获得入乎其内出乎其外的理论能力和品质。

其次,敦煌哲学与中国哲学。敦煌哲学是敦煌学的一个分支,也是中国哲学的一个分支。敦煌哲学的生成和展开,必将极大地丰富中国哲学的内容与方法,并且,敦煌哲学之"敦煌"与"哲学"的相互规定性,将更加明确中国哲学的独特性究竟在哪里;同时,作为中国哲学的一部分,敦煌哲学必然将中国哲学、文化的主要质素与视野"哲学地"带入敦煌学之中,从而使敦煌学的中国文化性质及其精神内涵获得明确的观念表达,从而进入现时代世界文化观念的动态生成之中。

第三,敦煌哲学与哲学。这一层关系实际上已经在前两个面向中隐含并且梳理过了。哲学通常被认为是理论性、思辨性的学问,而且即使是眼下的"中国哲学",在很大程度上依然带着其外来的、西学的品性及其所规定的方法等等。在这种背景下,敦煌哲学之"敦煌"与"哲学"的相互规定性,它的同时存在的敦煌学属性和哲学属性,意味着它是理论性的,但不可能是纯粹思辨性的。这将是敦煌哲学内在的困难,也是它为哲学做出贡献的可能性所在。具体说,敦煌哲学的生成事实上意味着探索一条如何做哲学的新途径。

　　敦煌学已经走过百年路程,在其新的百年开始之时,笔者撰此文以为敦煌哲学之引,因此本文并未奢望回答所提出的问题,而且很可能其中隐含的问题比已经意识到的问题更多——对一篇引论来说,这或许是适宜的,因为问题正是学问的起点。故冒昧抛砖,引玉有期焉。

　　(原载《敦煌文化中的中韩文化交流:敦煌文化与东亚文化国际学术研讨会论文选》,甘肃人民出版社,2013 年 7 月版)

　　说明:该文是本人为 2011 年 7 月在兰州召开的敦煌文化与东亚文化国际学术研讨会提交的论文,是由甘肃省社会科学院刘春生与我一起讨论并主要由他执笔撰写经我修改而成的,由于"敦煌哲学"概念是我首倡的,故春生同志坚持由我一人署名,特此说明。

敦煌哲学：如何可能与怎样可行

敦煌哲学是如何可能的？我在 2011 年的《敦煌哲学引论》中有过一个简要的说明与大体的设想，如果说《敦煌哲学引论》主要是提出问题、抛出概念本身的话，《敦煌哲学：如何可能与怎样可行》则要进一步论证已经抛出的概念究竟在多大程度上是可说的、可信的与可靠的、可行的。杨利民先生在作为本文姊妹篇的《敦煌哲学：概念的界定与研究的价值》一文中已经有了原则的论述，本文可以说是接着《敦煌哲学引论》和《敦煌哲学：概念的界定与研究的价值》往下讲的。

一、敦煌哲学的缘起由来：欲返本而开新径

敦煌哲学概念的提出最早大约在 2007 年前后，我到甘肃省社会科学院工作两年左右的时间，有一天与刘春生、马廷旭二先生谈起从道理上讲敦煌学中最应该有一门学问：敦煌哲学。立即就引起了他们极大的关注与浓厚的兴趣。后来，我又专门请教了敦煌文学这一学科的创始人颜廷亮先生，他认为这也是敦煌学自身的呼唤，完全可以大胆探索。读过穆纪光先生的《敦煌艺术哲学》一书之后，我的感觉是：穆纪光先生其实已经为我所谓敦煌哲学做出了实实在在的工作，既然有敦煌艺术哲学，也就可以有甚至必然有敦煌宗教哲学、敦煌文化哲学以及作为这三个概念上位概念的敦煌哲学。这时我脑海中已经有了一个大体的设想：敦煌哲学可以从敦煌文化哲学、敦煌艺术哲学和敦煌宗教哲学三个大的方面入手进行探讨。随后的一些时间里与

颜、穆、刘、马和几位中国哲学界的同仁们口头上多有讨论,也曾经安排刘春生先生先行做一些前期论证工作,《敦煌哲学引论》其实是我们两人合作并由他执笔的结果,但是他为了尊重首倡者的地位,坚持让我一人独立署名,如果今后敦煌哲学能有点作为,刘春生先生作为最早为之工作的学者的地位是同仁与后来者不能忘记的。我们正是从敦煌学应该返回哲学本质的角度首先想到敦煌哲学的,同时,我们认为对敦煌学"究竟是什么"和"应该是什么"的追问本身就是哲学问题。此返本开新之一也。

杨利民先生是我兰州大学哲学系的学兄,大学学习期间是我们班级的学习委员,大学毕业不久就在《哲学研究》上与其他两位同学联名发表过哲学论文,后来步入政坛,善于从战略高度与哲学视角思考与打量经济、社会、政治和文化方面诸多复杂矛盾,主政多地多方而以组织工作为主,在领导岗位和工作决策中多有建树,最后从省部级领导干部岗位退居二线。他出生在酒泉,又在敦煌县当过几年县(市)委书记,从领导岗位退居二线之前就曾经表示退休之后要重新回到学术研究中来,回到敦煌文化的研究与弘扬中来,本来他是想在敦煌宗教方面研究些问题,后来当我们与他谈及正在琢磨开展敦煌哲学研究时,他欣然接受我们的建议,决定与我们一道张罗成立敦煌哲学学会并领衔挂帅,共同开展敦煌文化与敦煌哲学的学习研究与传播弘扬。此返本开新之二也。

其实,在许多研究敦煌学的著名学者心目中,敦煌学中本应包括哲学的内容,刘进宝先生在其《敦煌学通论·引言》中就明确写道:"所谓敦煌学,就是指以敦煌遗书、敦煌石窟艺术、敦煌学理论为主,兼及敦煌史地为研究对象的一门学科。这门学科所涉及的范围十分广泛,大凡中古时代的宗教、民族、文化、政治、艺术、历史、地理、语言、文字、文学、哲学、科技、经济、建筑、民族关系、中西交通等各门学科,都可利用敦煌学资料,或填补空白,或纠正前人的错误,或改变某些传统的说法"。①在我们看来,欲建立一个敦煌学的完整体系,就非有敦煌哲学不可。从敦煌哲学在某种意义上是敦煌学的元理论研究来说,敦煌哲学从逻辑上应该在敦煌学之前,是前敦煌学;从历史发生的事实来说,敦煌学诞生近一百年之后才有人提出敦煌哲学,敦煌哲学从时序上已经在敦煌学之后,是后敦煌学;从我们对敦煌哲学的理解(敦煌哲学是以敦煌文化为研究对象,对敦煌文化进行哲学分析,从而发现和研究其中蕴藏的哲学问题,进而探索敦煌文化和敦煌学中带有普遍性的重大关系问题特别是关乎宇宙人生根本大道的根本问题的学问)来说,敦煌哲学只能说是在敦煌学之中。只有返回到敦煌学之中才能真正开始言说所谓敦煌哲学问题。此返本开新之三也。

二、敦煌哲学的性质宗旨:守敦煌而悟大道

敦煌哲学是以敦煌文化为研究对象,对敦煌文化和敦煌学进行哲学分析,从而发现和研究其中蕴藏的哲学问题,进而探索敦煌文化和敦煌学中带有普遍性的重大关系问题特别是关乎宇宙人生根本大道的根本问题的学问,其性质宗旨是始终坚守敦煌这一文化圣地、文化符号和文化领域,从哲学的视角观察敦煌文化和敦煌学的过去、当下与未来,研究敦煌学根本的元理论问题,力求理解和把握敦煌学研究中的一系列重大关系问题,透过敦煌遗书、敦煌石窟艺术、敦煌学理论、敦煌史地和中古时代的宗教、民族、文化、政治、艺术、历史、地理、语言、文字、文学、科技、经济、建筑、民族关系、中西交通等现象把握斯时斯地斯学中内在包含着的哲学理念及宇宙观、人生观、价值观,从宇宙论、本体论、认识论、价值论、方法论的角度解读敦煌历史

---

① 刘进宝:《敦煌学通论》,甘肃教育出版社,2002年版。

文献、欣赏敦煌艺术宝藏、分析敦煌社会现象、探索敦煌文化规律。此守悟之一也。

不仅对作为新兴学科的敦煌学人们的理解与把握有所不同,就是对作为学问之母的哲学人们的理解与把握其实也有很大的不同。总体来说,哲学发展到今天,大体有科学主义与人文精神两种不同的进路,前者主张哲学主要是科学的清道夫,从概念的澄清、逻辑的建构到方法的供给大概就是这一进路的重点甚至全部了。另外一种主张是哲学是人文主义的老祖宗,深度挖掘、充分展现、全面揭举人文精神才是哲学的职志。所谓哲学的功能是锻炼理论思维还是提高精神境界之别,其实也与对哲学的两种基本理解有关。在我看来,这两种不同的路向其实恰好说明了哲学之宽广深刻的张力,应该尊重各自的理解与选择,而不必要相互排斥。在敦煌哲学的理解与守望中我也主张既有科学主义指向敦煌学元理论的路向,也有人文主义指向敦煌学与敦煌文化背后的宇宙人生根本大道的路向。此守悟之二也。

敦煌哲学从敦煌学发展与体系来说本身就是其题中应有之义与历史的必然。因此,敦煌哲学首先和基本的性质是敦煌的,我们所守者其要义首义就是这种"敦煌性",我们的研究与思考一定要建立在敦煌学已有的所有成就之上才能真正守住这一文化圣地、文化符号与文化领域。作为敦煌学的后来人与敦煌哲学的先行者,我们必须以小学生的恭敬与谦虚向敦煌学的先辈和专家们学习,没有他们的艰辛探索与大量艰苦细致深入的奠基工作,不学习掌握敦煌学的大量基础知识,不甘心情愿地拜方方面面的敦煌学研究者为师,不在敦煌学中进行长期深入的钻研,敦煌哲学只能是空谈。此守悟之三也。

三、敦煌哲学的对象方法:致广大而尽精微

杨利民先生在《敦煌哲学:概念的界定与研究的价值》一文中指

出："敦煌文化是敦煌学的研究对象，而敦煌学与敦煌文化一道构成敦煌哲学的研究对象。我们可以说敦煌学是敦煌哲学的直接研究对象，而敦煌文化是敦煌哲学间接的研究对象。因此，敦煌哲学既是敦煌学的一部分，又是超出传统敦煌学的新的学问与学科。"①能否说敦煌学也是敦煌哲学的研究对象，我们还可以讨论。但任何一门学科的成立都要有自身独立的研究对象或不同的研究视角，对于敦煌哲学来说也许其研究对象的独立性很难与敦煌学严格地区别开来，但是与以往敦煌学不同的哲学视角却是显而易见的。敦煌学的研究对象从大处说就是敦煌文化，往细说，就是刘进宝先生在其《敦煌学通论》中明确划定的四个方面：敦煌遗书、敦煌石窟艺术、敦煌学理论和敦煌史地。回顾敦煌学对象的演进，我们可以大体看到这样一个由一而多的过程：在最早从事敦煌学实质性研究和第一个命名敦煌学的二陈（陈垣和陈寅恪）那里，敦煌学"仅仅是指整理研究敦煌遗书，并不包括其他"②。20世纪40年代敦煌艺术研究所成立之后，使敦煌石窟艺术也成为敦煌学的研究对象了，段文杰先生在其《敦煌研究文集·前言》中就明确指出："敦煌学的研究对象包括两个部分：一部分是敦煌石窟，一部分是藏经洞出土的缮本图书。""近年来，敦煌学理论的探讨日渐受到重视，相继发表了一些很有见地的文章。这些情况表明，敦煌学理论研究已成为敦煌学研究的一个方面，而且必将成为一个非常重要的方面。又由于敦煌学是以地名学的一门学科，因而在探讨敦煌艺术的产生、发展各个时期，探讨藏经洞的封闭，敦煌遗书的发现、被盗等问题时，必然要涉及与其有密切关系的敦煌史地。可以

---

①杨利民：《敦煌哲学：概念的界定与研究的价值》，《甘肃社会科学》2013年第3期。

②刘进宝：《敦煌学通论·引言》，甘肃教育出版社，2002年版。

说，深入了解、研究敦煌史地，是全面研究敦煌学的前提之一，所以我们认为，敦煌史地也是敦煌学的研究对象之一。"①对我们倡导敦煌哲学的人来说，我们欲研究的问题大体属于刘先生所谓敦煌学理论的范畴，倒过来似乎也可称之为理论敦煌学。最近几年，王建疆先生致力于当代敦煌学的研究，在他看来由敦煌文化圣地衍生出来的众多有着浓厚敦煌色彩或元素的文化产品也应该纳入敦煌学研究的范围，为了与传统以洞书为主的敦煌学有所区别，他名之为"当代敦煌学"。这样敦煌学至少有五个方面的研究对象了。由此可见，敦煌哲学的对象真正是"致广大而尽精微"，既有重要而广大的历史文献、宗教经典和艺术精品：1600 多年历史中形成的目前仍然可以看到的五百多个洞窟、五万多经卷、五万多平方米的壁画，这"三个五"就足够"广大"；但同时也有断片碎页、只言片语、残垣断壁和细沙一般的微观细节：一个字、一个眼神、一个具体日期，这许许多多的一个个"一个"真是够"精微"。其实哲学所说的"致广大而尽精微"还主要不是从数量级上去界定的，这里所言更多的是一种视野的广阔、精神的宏大与气势之磅礴与玄心妙赏真情洞见的微妙融合。此致广尽精一也。

　　"致广大而尽精微"既是对敦煌哲学对象丰富性和深刻性的一种形容，也是敦煌哲学方法的一种表白。作为方法，"致广大而尽精微"说的：一是敦煌哲学是从大处着眼（旨在揭示本质、领悟大道）小处着手（志在精益求精、精雕细刻）的学问，也必须一开始就树立这样的学风传统；二是敦煌哲学是举人文主义大旗而走科学主义小路的学问，兼容并包应该成为敦煌"哲学"的胸襟与方法；三是敦煌哲学是大文化视野中的小学科，其所言敦煌文化一定要是包罗万象的大文化，只要守住"敦煌"，文化的所有稀奇古怪的方面我们都来者不拒。但是，

---

①刘进宝:《敦煌学通论·引言》,甘肃教育出版社,2002 年版。

作为敦煌学中最新出现、"八字还没见一撇"的小字辈学科,一定要从细微处切入、在精致上发力、向深度进军,切不可志大才疏、求成过急以至于好高骛远、空言无用。此致广尽精二也。

对象、方法决定学科的性质,敦煌哲学就其性质来说既是哲学的又是敦煌学的。正如杨利民先生所指出的那样:"敦煌哲学从学科属性来说既是哲学特别是中国哲学的,又是敦煌学的。如果用一个逻辑的圈图(欧拉图)来表达,它就是中国哲学与敦煌学交叉的部分。因为敦煌哲学研究的不是一般意义上的敦煌学问题而是敦煌学中的哲学问题,因此它首先是哲学的;同时,在哲学这个一级学科中由于它主要研究的是敦煌文化中的哲学问题,而敦煌文化主要是发生在中国的,因而敦煌哲学进而属于中国哲学这个二级学科;但是,敦煌哲学又是以敦煌学为对象的,是对敦煌学中的哲学问题进行研究的结果,是敦煌学理论化的结果,因此,它同时也是属于敦煌学的。"①不论是从哲学、中国哲学,还是敦煌学、敦煌文化的角度看敦煌哲学的性质,我们都可以说其性质是"致广大而尽精微"的。致其广大,我们在学科性质上就要注意其交叉边缘的多学科综合创新特点,去除学科门户偏见而善于取他科之长、纳百家之言而立一家之理、成一科之学;同时,也不必刻意严格把自己的研究与其他敦煌学的研究区别开来以标新立异。尽其精微,我们在治学过程中就既要始终保持哲学的特点、体现哲理的优势、张扬哲人的智慧,又要秉承敦煌学重视原始资料的收集整理、重视语言文字的准确诠释、重视艺术作品的社会背景、重视国际学术对话交流等优良传统、爱国主义情怀、严谨的治学精神和献身学术事业的崇高品质。如果说得再高大一些,马克思所谓

①杨利民:《敦煌哲学:概念的界定与研究的价值》,《甘肃社会科学》2013年第3期。

哲学是时代精神的精华与文明的活的灵魂,同样适用于敦煌哲学,这恐怕就是最吓人的哲学属性了。如此广大的哲学属性落实到对"潜藏"在"敦煌性"中的精华与灵魂的准确把握与深刻揭示只有筚路蓝缕、精益求精才能窥其万一。此致广尽精三也。

四、敦煌哲学的境界精神:极高明而道中庸

我们已经明确界定敦煌哲学属于中国哲学的范畴,"极高明而道中庸"是冯友兰先生所理解而我非常认同的中国哲学的精神。因此,在我看来"极高明而道中庸"作为整体的中国哲学的境界和精神当然也就必然是敦煌哲学的精神。由于在我看来敦煌哲学是最为典型的中国哲学之一,"极高明而道中庸"作为整体的中国哲学的精神在敦煌哲学中得到了十分透彻而精当的表达与传神的体现。所谓"极高明而道中庸",是说中国哲学既是入世的又是出世的,是将入世的人生哲学与出世的天道哲学统一融合得天衣无缝的哲学。"极高明而道中庸"换个通俗的说法就是"不离日用常行内,直到先天未画前",在敦煌壁画中常常可以看到的图景即禅宗的最高境界,"担水砍柴,无非妙道"说的其实就是这种精神和境界。有了这种精神,中国哲学可以说是最理想主义的,它向我们展示了最美好的宇宙秩序、最和谐的大同盛世、最完美的理想人格;有了这种境界,它又是最现实主义的,它向我们提供了知心知性进而可知天同天的成圣之道、提醒着爱人成人的君子之德。在印度佛学中严重对立的入世与出世在敦煌佛学中水乳交融地统一了起来,这使敦煌哲学更显中国哲学之精神。我们的敦煌哲学研究也应该继承与弘扬中国哲学的这种精神和境界,以仰望星空的理想主义与脚踏实地的现实主义相结合为治学之价值选择。此极高道庸一也。

从普遍性与特殊性关系的哲学道理说,一般存在于个别之中,就

我们的研究范围来说,中国哲学的精神存在于敦煌哲学之中。那么,中国哲学的精神是以什么方式、什么特点、在什么意义上存在于敦煌哲学之中的呢?敦煌哲学学会发起同仁认为:敦煌哲学目前大体可以分为敦煌文化哲学、敦煌艺术哲学、敦煌宗教哲学、敦煌社会哲学和敦煌人生哲学五大类型。在这五个方面中都可以窥视中国哲学精神"极高明而道中庸"的存在方式和特点:在敦煌文化哲学中,文化理想主义与文明现实主义以文化大同的方式融合创新,既有理想根苗的培植,也有现实果子的展示,"季羡林名言"揭示的所谓四大文明、三大宗教融合创新难道不是最为成功的说明吗?在敦煌艺术哲学中,印度佛教审美观在敦煌艺术精品特别是飞天形象中的演变就十分具体地表达了入世与出世统一的中国化敦煌化佛教艺术审美观的升华;在敦煌宗教哲学中,中国道教与多种外来宗教的和平共处与相互借鉴融通,就能很好地说明中国哲学精神在敦煌哲学中的具体存在方式和中国中古特色,当然这些都需要更加细致的研究与具体的文献支持、学术理论论证;在敦煌社会历史哲学中,大量当时丝绸之路关键城市敦煌的特殊政治经济现象和河西文化的鲜明个性,给我们探究中国社会历史哲学问题提供了其他地方根本无法获得的最为珍贵的一手资料,标明具体时间地点是大量敦煌史料最具有研究价值的特点,深入这些资料之中,我们的社会历史哲学一定既是中国的又是敦煌的,内圣外王、立德立言的理想人格与自强不息、怀德竭力的现实人生的统一会找到更为鲜活的例证和更多的标本。敦煌人生哲学则是更为直接地体现中国哲学精神的领域,仅仅五百大盗成佛之类的成千上万的小故事就能演绎出多少理想人格与实现人生的高度完美结合的活剧。加之后来的敦煌地处偏远,既没有战火的毁灭性打击,也没有皇权的强制性扭曲,保留了中国文化的真种子与中国哲学的真精神,这是敦煌更为珍贵之处。此极高道庸二也。

　　在企业文化中,企业精神同时也往往被等同于企业家精神。在中国哲学中, 我们似也可将中国哲学的精神称之为中国哲学家的精神境界。如此,我们可以用"极高明而道中庸"的中国哲学精神作为我们治敦煌哲学之学人的基本精神和崇高境界。本着这种精神,我们敦煌哲学研究者就要心怀不达目的誓不罢休的理想主义精神为这一事业而尽心竭力。同时,我们也要立足现实、改善现状,扎扎实实去做学问而不陷入理想化的怪圈而不能自拔。既胸怀着崇高理想,又脚踏着实在的土地,一步一个脚印地推进敦煌哲学的学术研究。以出世的精神做入世的事业,志存高远而又甘于寂寞、乐于钻研、成于平凡。此极高道庸三也。

五、敦煌哲学的理想品格:尊德性而道问学

　　大家都知道,"君子尊德性而道问学、致广大而尽精微、极高明而道中庸"是《中庸》论圣人之道的总纲,我们分别借用以说明敦煌哲学的品格、对象与精神,说到最后,借用与本意更为接近:在中国哲学特别是作为主流之一的儒家哲学中, 天道是为人道奠基的,"尊德性而道问学"可以说是中国哲学最大的特点,就是以宇宙人生之道为道德理性的依据而实现理想人格。敦煌哲学在性质上既然属于中国哲学的范畴,我们就应该更多地继承与弘扬中国哲学的精神与品格。说得更为直接明白, 就是敦煌哲学应该像多数中国哲学一样以做人为旨归、以德性为根基、以悟道为目标、以学问为手段,突出中国哲学以做圣人为最高理想的特质, 在自身的学术研究与理论探讨中以人文精神的弘扬为主要功德,以纯粹学问的探究为扎实基础,将二者有机统一于研究过程之中。我们反对,至少是不提倡那种所谓道德中立的学术立场,而要以天下为己任、以学术为公器,追求真理、主持正义,弘扬真善美、抵制假丑恶,有益世道人心,有益国家富强,有益民族振

兴,有益世界和平。此尊德问学一也。

如果说以上所言是就整个社会层面的道德与学问关系而言的话,这里我还要强调敦煌哲学研究自身的学术道德与学问成就的关系。我们在进入敦煌哲学这个领域之前,敦煌学已经是国际显学了,其成果取得之艰难实非经过之人所能体会和想象。因而,尊重已有学术成果,不无端否定前人,不盗用他人成果,不执文害意、掠人之美,就应该成为我们基本的学术操守与学人良心。还是那句话:做人第一,学问次之,绝不能为学问而坏良心。通过我们的敦煌哲学研究,我们不仅期望敦煌文化的影响力、传播力更强大,敦煌学知识的普及更加广泛,而且敦煌文化的精神力量和道德引导作用也由此增强。我们期望全世界各国人民不仅因为敦煌艺术的绚丽多彩而朝圣敦煌,更要因为敦煌文化的博大精深而朝圣敦煌;不仅因为敦煌艺术的吸引力而朝圣敦煌,更要由于敦煌精神的道德感召力而朝圣敦煌。深刻揭示敦煌精神的道德感召力正是我们需要为之而奋斗的事业的主要目标。此尊德问学二也。

自敦煌哲学学会正式成立之日起,"我们必须义无反顾地向这个领域开进!"我学会同仁将抱定返本开新之志,以守敦煌而悟大道之理想,致广大而尽精微之方略,极高明而道中庸之精神,精诚团结、切磋琢磨,共同开创敦煌哲学研究之初始局面,为斯学之可能与可行奠定根基、探索道路,以我们扎实的劳动成果回报先祖、朝圣敦煌、有益中华。此尊德问学三也。

(原载《甘肃社会科学》2013年第3期,为《新华文摘》2013年第16期,全文转载)

曹氏归义军初期敦煌洞窟营建中折射出的价值观

——以莫高窟第 98 窟为例

一、问题的提出

公元 914 年，"西汉金山国"灭亡，瓜沙二州军民推举曹议金主掌瓜沙二州军政事务，从此开启了曹氏归义军统治的历史。曹氏子孙五代共统治瓜沙归义军政权 140 余年，在此期间，曹氏继承了前代的传统，在莫高窟、榆林窟开凿了许多大型石窟，如莫高窟第 98、100、454、256、61、55 窟等。这一时期，除新开洞窟之外，还对当时莫高窟崖面上的 600 多个窟龛中一半以上的窟龛进行了维修或重修。研究曹氏归义军初期洞窟营建中折射出的价值观，是从个案切入研究敦煌哲学的一次尝试。敦煌哲学有一个很重要的方法，就是既要照着敦煌学的成果讲，也要接着往下讲。具体以第 98 窟为例进行分析，我们就是接着敦煌学研究中前辈的研究往下讲的。本文所讲相当一部分内容只是复述敦煌学前辈的已有研究成果，只是在对这些成果的解释上，我们力图多少体现一些哲学的特殊视角。这究竟能否被称为敦煌哲学研究，仍尚待方家评说。曹氏归义军时期的洞窟内供养人画像数量较前代明显增多，画像体量与前代相比也有所加大，"一窟之内父子兄弟、婆媳姊妹齐聚,宛若家族祠堂"①。这在莫高窟第98窟中有集中的体现。第98窟的一个突出的特点是,在其甬道和主室的下方,绘满了供养人像,总共有200多身,除少数已经毁坏之外,至少有169身供养人题记的文字多少不等地保存下来。中心佛坛下以及南、西、北壁屏风画下,绘小身画像一排,为曹氏节度使衙门的大小官吏和当地高僧。窟内供养人像所包括的范围之广,为前代所未有。同时,供养人像的画像普遍比佛像大,尊长的形象甚至超过了真人,而洞窟内的佛、菩萨的像却比以前小了很多。该窟另一个现象是,供养人的职务、头衔统统都被写了上去。

第98窟中对供养人地位的突出,可以说是达到了空前绝后的程度。与前代突出供养人的供养心态有所不同,第98窟事实上突出的是"供养"的"人"。结合文献、壁画中对发愿、示愿、现愿的探讨,笔者认为,第98窟是一个佛人合一的洞窟,它不只是家庙,还是一个虚拟议事厅,更是一个"政治祠堂"。

二、第98窟的特点及其思想意蕴

第98窟又名大王窟②,是曹氏归义军首任节度使曹议金主持兴建的功德窟,建成于公元924年(清重修塑像)。该窟为一方形主室,中心佛坛窟,覆斗顶,窟顶四角有四天王,长甬道,敞口前室,窟前建有大型殿堂建筑。主室东西深15.2米,南北宽12.8米,高约10米,甬道

---

①宁强:《敦煌石窟寺研究》,甘肃人民美术出版社,2012年版,第228页。

②莫高窟第98窟在《腊八燃灯分配窟龛名数》中又被称作"大王窟",即曹议金功德窟。参见马德:《10世纪中期的莫高窟崖面概观——关于〈腊八燃灯分配窟龛名数〉的几个问题》,《1987年敦煌石窟研究国际讨论会文集》,辽宁美术出版社,1990年版,第47页。

长 6.8 米,宽 3.7 米,高为 4.88 米,总面积达 220 多平方米。窟前殿堂建筑遗址台基南北约 21 米,东西约 10 米,殿基南北约 11 米,东西约 6.6 米。洞窟内经变画多达 10 铺,底层屏风画达 32 屏①。所有这些均为莫高窟洞窟中所不多见者,第 98 窟在各个方面均有代表性和典型性,是一个名副其实的大窟。

(一)供养人像数量众多、涵盖广泛

第 98 窟一个突出的特点就是,在其甬道和主室的下方,绘满了供养人像。甬道南壁画曹议金父子供养像 8 身、侍从 2 身;北壁画姻亲张议潮、张淮深、索勋等供养人像 8 身。主室中心佛坛背屏背面下画曹氏归义军节度诸押衙供养人像一列。窟顶四角为四天王。佛坛南、西、北壁屏风画下绘小身画像一排,为曹氏家族女供养人、曹氏节度使衙门的大小官吏和当地高僧。东壁门南,下方画于阗国王、皇后等供养人 11 身,东壁门北下方画回鹘公主等男女供养人 7 身②。窟内供养人像所包括的范围之广,为前代所未有。这些画像均按尊卑长幼排行列次,画像的大小也由其地位决定。

根据其所处的位置和序列,第 98 窟的供养人像仅就残存可见者,约有 223 身,其人物大体可分为四类:一是前代的几任重要的节度使,如张议潮、张淮深、索勋;二是曹氏一门的女性眷属,包括曹议金的夫人回鹘李氏、钜鹿索氏、广平宋氏,曹议金的姊妹、女儿等;三是统治瓜沙僧尼大众的河西都僧统及其下属各级僧官,他们也是归义军节度使手下的释吏;四是归义军节度使麾下众多文武官吏(在所有的供养人像中,"节度押衙"达 97 人,从供养人题名中所见官衔达

---

① 沙武田:《莫高窟第 98 窟及其对曹氏归义军时期大窟营建之影响》,《敦煌佛教文化与艺术国际研讨会论文集》,兰州大学出版社,2002 年版,第 165~185 页。

② 敦煌研究院:《敦煌石窟内容总录》,文物出版社,1996 年版,第 31~32 页。

18种,人数最多,他们是曹氏归义军政权基础的核心部分)。

(二)供养人像鲜活高大、详列职衔

第98窟的一个现象是供养人像普遍比佛像大,尊长的形象甚至超过了真人,而洞窟内的佛、菩萨的像却比以前小了很多。该窟还有一个现象就是,供养人的职务、头衔统统都被写了上去。这种传统是对张氏归义军时期壁画中供养人画像开始突出的继承,同时又是对这一传统的进一步放大。

仅就目前残存可见的223身供养人画像来看,甬道南北二壁男供养人画像高均在2米以上,窟内女供养人画像高也近2米,曹议金的画像2.42米,更是大大超出了真人。与此同时,洞窟内的佛、菩萨的像却比以前小了,比供养人更是小了很多。"第98窟千佛像的基本尺寸是宽27厘米,高约48厘米,中间说法图一佛二弟子二菩萨宽约160厘米,高约98厘米,四坡相一致。"①

第98窟还有一个现象就是,它把供养人的职务、头衔都统统写上去了。从留存至今的169条供养人题名中我们可以清楚地看到这一现象,如"大朝大宝于阗国大圣大明天子……""节度押衙银青光禄大夫检校国子祭酒兼御史中丞上柱国张庆达供养""释门法律兼管内诸司都判官临坛供养大德沙门法胜供养"②等。

早期莫高窟中的供养人像,"基本上是单纯宗教性的。写貌题名者主要是向佛表明自己的敬信。所以供养人的位置,躲在佛座脚下或靠近佛座之处,表示对佛祖的亲近。画像形体貌小,或仅盈尺,以衬托

---

①沙武田,梁红:《敦煌千佛变画稿刺孔研究:兼谈敦煌千佛画及其制作技法演变》,《敦煌学辑刊》2005年第2期,第57~71页。

②敦煌研究院:《敦煌莫高窟供养人题记》,文物出版社,1986年版,第32,34,40页。

佛祖的伟大。题名文字在姓名上冠以'清信弟子''清信女'之类的皈依标识，而不侈夸世俗的官衔身份。总之，无不表明在佛祖面前的自卑与谦恭"①。到了隋代，供养人画像形体稍有放大，与早期相较，有所夸张。至唐代，供养人像形体空前增大，甚至超过等身；其位置，也由龛下、壁下转移到了甬道两壁（这原来是菩萨或天王的位置），成为独立的画面，并从高不盈尺的小像，变为等身巨像，从单身变为全家组合②。与此同时，供养人题名中也加上了高贵、显赫的世俗官职以示夸耀。"第98窟基本上继承了盛唐供养人画像的规制，但在进行世俗夸耀方面更突出了身份门第以及政治性和集团性色彩。主要供养人的位置占据了甬道两侧，次要供养人布满主室四周，并据其身份高低处理其形体大小之不同。但是总的看来，整个佛窟被一个有组织的集团占据着，不容旁人跻身……第98窟供养人画像对旧格局的大胆突破，一方面显示出世俗人自我意识的潜滋暗长；另一方面显示出在非自觉性的世俗意识排挤下，神权势力逐步退缩。"③供养人画像不仅数量多并按照严格的尊卑主次排列，而且画像中对王公大臣、地方官吏、贵族妇女、僧侣居士以及侍从奴婢等各类人物的描绘也越发精细，人物形象造型生动，服饰艳丽，体肢健美，神态各异。洞窟内对于各种具有典型代表性质的人物位置、大小、神态的安排很有章法。不仅反映出曹议金政权内部的显贵要次，而且也反映出外交内政上的亲疏程度，

①郑雨：《莫高窟第九十八窟的历史背景与时代精神》，《九州学刊》1992年第4期。

②对此，段文杰、张先堂等学者均有论述。参见段文杰：《供养人画像与石窟》，载《敦煌研究》1995年第3期；张先堂：《莫高窟供养人画像的发展演变——以佛教史考察为中心》，载《敦煌学辑刊》2008年第4期。

③郑雨：《莫高窟第九十八窟的历史背景与时代精神》，《九州学刊》1992年第4期。

所有这些都统统是现实社会和政治理想的集中反映。同时，"由于供养人队伍的庞大和供养人画像巨大，现实人物的形象已经超过了想象的神灵形象的地位，人的形象在洞窟里起着主导作用。"①所有这一切都意味着对现实社会和自身价值的肯定。所谓"政治祠堂"的判断与定位也由此而来。

（三）经变画的分布及内容

第98窟的经变画在主题、内容方面多因袭前代而较少创造。窟顶东南角画东方提头赖吒天王、西南角画南方毗琉璃天王、西北角画西方毗楼博叉天王、东北角画北方毗沙门天王各一铺。主室南壁东起画报恩经变、法华经变、阿弥陀经变、弥勒经变各一铺；下屏风画十三扇，画贤愚经变诸品。西壁画劳度叉斗圣变一铺；下屏风画十六扇，画贤愚经变诸品。北壁西起画天请问经变、药师经变、华严经变、思益梵天问经变各一铺；下屏风画三扇，画贤愚经变诸品。东壁画维摩诘经变，门上画权方便品，门南画文殊，门北画维摩诘经变（维摩诘）②。经变故事的绘制位置虽然仍然显眼，但艺术功力有限，人物形象缺乏审美感召力，至少是画师们的心思似乎并不在通过经变感人至深的故事来打动人了。

通过考察笔者发现，洞窟中佛在量上是超过人的，但在质上却是人的突显，是量在佛而质在人。任何艺术趣味与审美理想的转变，并非艺术本身所能决定的，决定它们的归根到底仍然是现实生活。第98窟是曹氏归义军初期敦煌社会现实生活的生动反映，它表面上描绘的是佛国世界，实质上成就的却是人间盛景。已有的敦煌学研究

---

①段文杰：《供养人画像与石窟》，《敦煌研究》1995年第3期，第113~116页。

②敦煌研究院：《敦煌石窟内容总录》，文物出版社，1996年版，第31~32页。

成果①认为，第 98 窟有四大基本功能：一是礼佛，二是祈愿，三是庆祝，四是家族活动。在敦煌学研究成果的基础上，笔者认为还有第五大功能，这就是显政——展示政治理想与组织架构，图解内政外交大政方针。第 98 窟是一个十分典型的"政治祠堂"。

三、第 98 窟所涉文献、壁画中折射出的价值观念

敦煌遗书中有两篇与第 98 窟有紧密关系的文献，编号分别为 P.3262 和 P.3781。马德先生认为，P.3262 是曹议金营造第 98 窟开工典礼仪式法会上使用的一件发愿文抄件残文，同时也是曹议金开凿第 98 窟的功德记；P.3781 是曹议金完成第 98 窟窟顶壁画绘制后的一次庆祝法会上功德祈愿文残文②。通过对这两件文献的分析，我们可以进一步梳理出第 98 窟所折射的价值观念，这些价值观念其实就是窟主曹议金的政治理想和人生哲学的真实反映。以下笔者通过发愿、示愿和现愿三个层次来探讨。

---

①马德、郑雨、荣新江、沙武田等先生对第 98 窟开凿的原因、社会历史背景或基本功能已有精辟的讨论。详见马德：《曹氏三大窟营建的社会背景》，载《敦煌研究》1991 年第 1 期；郑雨：《莫高窟第九十八窟的历史背景与时代精神》，载《九州学刊》1992 年第 4 期；荣新江：《关于曹氏首任节度使的几个问题》，载《敦煌研究》1993 年第 2 期；沙武田：《莫高窟第 98 窟及其对曹氏归义军时期大窟营建之影响》，载《敦煌佛教文化与艺术国际研讨会论文集》，兰州大学出版社，2002 年，第 165~185 页。米德昉认为，第 98 窟具有浓烈的政治意味，它已超出了家庙或是私人功德窟的单纯意义，应该是一座具有特殊含义的官方窟。参见米德昉：《敦煌莫高窟第 100 窟窟主及年代问题再议》，载《敦煌研究》2012 年第 4 期。刘永增、陈菊霞认为，第 98 窟应该是一个忏法道场。参见刘永增、陈菊霞：《莫高窟第 98 窟是一忏法道场》，载《敦煌研究》2012 年第 6 期。

②马德：《曹氏三大窟营建的社会背景》，《敦煌研究》1991 年第 1 期，第 19~24，114 页。

（一）发愿。P.3262《在千佛洞开窟作佛会祈愿文》、P.3781（1）《河西节度使尚书造大窟功德祈愿文》两篇发愿文性质的文献，比较全面地反映了曹议金在营建第98窟之前，他和他的政治集团的执政愿望和治国理想。在这两篇文献里面,窟主曹议金所发出的愿望其实就是其价值观,这些愿望粗略总结一下,大致有六个方面:一是"佛佑人安,四方开泰",这是讲神人关系意义上的天人关系的。二是"风调雨顺、五谷殷实"。三是"河清海晏,灾害减灭"。这两条是讲自然与人类关系意义上的天人关系的。四是"人事顺达,交通无碍",丝绸之路上交通无碍是个非常重要的愿景。这里讲的是成事之"天"与谋事之"人",即理想与现实意义上的天人关系。五是"歌舞升平,雅俗尽唱"。六是"官尽忠节,臣诚奉主"。最后这两条是讲君臣意义上的天人关系的。由此可见,中国传统哲学中以天人关系论价值理想的思维习惯在"远在天边"的曹氏归义军政权中仍然颇有影响,但也打上了深深的敦煌烙印。

曹议金执政时期,虽号称"河西陇右伊西庭楼兰金满等州节度观察处置管内营田押蕃落等使",但他实际控制的区域只是沙、瓜二州,是名副其实的"以弹丸之地孤悬塞外"。西汉金山国时代的连年征战及其惨败使敦煌地区的经济遭受重创,加之水灾虫害,更使其元气不振。周围各少数民族政权虎视眈眈,严重威胁着沙瓜的安全。曹议金虽恢复了归义军旧制,但仍要屈辱地代"金山国"履践与甘州回鹘的"父子"之约。这种内忧外患的处境,反映在文献上,就是两份祈愿文中一再祈愿的"河清海晏,千年无九横之殃;夏顺秋调,万载罢三灾之难""四方通泰,使人早还,风雨顺时,五谷殷实""四方开泰,使人不阻于前程;南北休征,□骑往来而无滞;蝗飞永散,万劫不起于边甿;水治洪津,竞唱南风之雅韵",等等。同时,刚刚恢复的归义军政权内部也很不稳定,P.3781（1）中所谓"府僚大将,各尽节于辕门;亲从之官,务均平而奉主"的祈愿,也反映了曹议金希望僚属们能齐心协力,助他振兴归义军政权的雄心大志①。这也就是曹议金在窟中绘制200多名僚属的供养像的缘由和良苦用心。窟内所绘与祈愿表达的意愿完全一致。

（二）示愿。在宏图大愿实现之前，曹议金传承了敦煌的文脉图腾，在洞窟的雕塑、壁画、布局中尽情展示了他的愿望。由此，我们可以通过考证四天王、佛像、经变故事的变化探究时代的印记，发掘其哲学思想。对经变画的研究，敦煌学家们特别注意比较，考察同一题材当中增加了什么，减少了什么。如此一时期"维摩诘变中反映吐蕃赞普的形象从壁画中消失或后退……经变中再无蕃装人物"②。而对能够满足人们各类愿望并消除一切灾难的药师经变的有意绘制，正是当时孤悬一隅的瓜沙曹氏地方小政权所面临的实际境况与祈求的真实写照。表达孝亲思想、尽忠之意的报恩经变的盛行，或许正是当时敦煌民众困守孤城、以身报国思想的表达。维摩诘经变中的各族王子以及窟内大量包括政界联姻女性、大家族、少数民族如回鹘公主、于阗国王的齐聚一堂、和谐共处则是对内政外交美好愿景的祈望。再如，反映征服外藩、归顺中原寓意的劳度叉斗圣变的大幅描绘，以及对极具地方化、社会化、生活化贤愚经变的丰富和发展，等等，都是对某种情感的抒发或诸多愿望的表达，同样是现实的观念反映。窟顶四角的四天王更是被赋予了治国安邦的象征意义，其所表达的"佛祐人安""救人护国"的思想，以及希求佛界力量"愿照边陲"护佑瓜沙的祈愿，等等，都可以从前所述祈愿语中得到印证。所有这些都"使原本宗

①马德：《敦煌莫高窟史研究》，甘肃教育出版社，1996年版，第234~236页。荣新江：《归义军及其与周边民族的关系初探》，《敦煌学辑刊》1986年第2期，第24~44页。

②史苇湘：《敦煌历史与莫高窟艺术研究》，甘肃教育出版社，2002年版，第87页。

教图像被赋予浓厚的政治色彩和民族意识，体现出敦煌佛教艺术的时代现实意义"①。

在前辈学者已有的敦煌学研究成果的基础上，我们发现类似这样的现象还有不少，多多少少都渗透着时代的印记，需要我们细致地查证与深入地思考。经变故事是体现人生哲学思想的最重要的形式之一，必须引起我们充分的重视。前面发愿文中包含的从不同角度讲天人关系的丰富价值观，基本上都用图像、雕塑、连环画的形式，生动鲜活，甚至风趣幽默地体现出来了。当我们对这些壁画故事深入解读之后，便不难发现，在以壁画为主要代表的洞窟综合艺术中，展示的价值观念和政治理想比发愿文更为绚丽多姿。笔者粗略地总结了20个方面：(1)佛佑人安，(2)天遂人愿，(3)政局稳定，(4)天下太平，(5)对外交好，(6)对内团结，(7)对上称臣，(8)对下安抚，(9)修身齐家，(10)政通人和，(11)歌舞升平，(12)百姓安康，(13)忠君报国，(14)造福一方，(15)以退为进，(16)韬光养晦，(17)文治礼教，(18)崇真向善，(19)善恶有报，(20)积德施恩。从展示出来的这些价值观念里面来看，其中既有佛教思想的影响，又有中国精神的基调；既是时代的产物，又有地域的特征。中国佛教发展到五代时期，进入了如冯友兰先生所讲的中国佛教和佛学发展的第三个阶段，即从格义时期到教门时期再到宗门时期（从历史年代上说，第一阶段相当于汉魏晋南北朝时期；第二阶段、第三阶段相当于隋唐初至唐中叶禅宗兴盛时期，之后佛教则开始走上衰落），最后是真正的中国化的时期。佛教发展至此，在汉地中原实际上已经达到了中国化的高峰。同样，在敦煌，也可以说是一个世俗化、社会化、大众化的高峰。但此高峰非彼高峰，

---

① 米德昉：《形制与图像：莫高窟第 100 窟设计思想探源》，《世界宗教文化》2013 年第 3 期，第 73~78 页。

其内容、形式、理念、祈愿等都源于中原却又明显异于中原,这也许正是我们应当关注的重点。第98窟经变画中呈现出的这些价值观念,既体现了敦煌的传统,也反映着西部的共性。反映在政治上,既表达了独立王国的优越,也反映出俯首称臣的无奈;既充满着长期统治的理想,也有着暂时求安的权宜之计。如果用冯友兰先生总结的中国哲学的精神来分析曹议金时期敦煌莫高窟所反映的哲学境界,那就是"高明"不足而"中庸"有余,即以第98窟为代表的曹议金统治初期敦煌洞窟中反映的精神是"佛性不足而人性有余",表面上是佛窟,而实际上是人窟。第98窟是曹议金时期政治、经济、文化、社会、军事、外交的纪念馆,是其施政纲领的展示地。这里面展示的不仅仅是价值观念,还有这些价值观念寓于其中的曹议金政权的施政纲领、政治抱负和外交战略。

(三)现愿。现愿就是曹议金统治期内,他发愿、示愿的实现程度。发愿是主观的,示愿是形象的,只有现愿才是客观的。结合历史文献,笔者以为,曹议金所发的这些愿望,在其统治期内(914—935年),都不同程度地实现了(1)佛佑人安,(2)借佛挺人、崇佛赞人,(3)安外稳内,(4)政通人和,(5)风调雨顺,(6)雅俗尽唱,等等。

公元935年曹议金卒,其长子曹元德继任归义军节度使。曹元德时期(935—939年),归义军政权及其统治下的瓜沙地区面临的内忧外患的困境还没有完全摆脱,节度府衙的幕僚们也还不是尽职尽责、同心同德,当然,这与第98窟初建时期相比,情况要好一些。这从敦煌遗书S.4245《建窟功德赞抄》(曹元德所营造之100窟祈愿文)残卷中可窥其一斑①。公元939年曹元德死,其弟曹元深继任曹氏归义军第三任节度使。据曹元深时期P.3457《河西节度使司空造大窟功德赞文》

----

①S.4245中尚有"刀兵罢散,四海通还;疠疫不侵,櫼枪永灭。三农秀实,民歌来暮之秋;霜疴无期,誓绝生蝗之患……都衙等两班官僚,输忠尽节"等祈语。

（写成于 940—942 年间）①有关当时社会历史背景的描写中，"已经没有虫灾水害等内忧；刀光剑影、烽火狼烟的外患也不似以往那么严重；文武臣僚们大概也能与节度使同舟共济了，故文书中不再提及"②。赞文展示了曹元深初掌权时归义军政权内部的稳固和沙瓜地区初步安定繁荣的景象。曹元深时期的其他佛教文书如 P.2962、P.2269等，都有相同的描述。曹元深执政刚刚两三年时间，就能出现这么好的局面，实际上是曹议金时期多年以其明确的价值理念苦心经营的结果。在曹议金执政的最后几年，他亲征回鹘，不仅重新疏通了河西走廊道路，而且彻底改变了西汉金山国时代"可汗是父，天子是子"的甘沙关系，形成了沙州归义军节度使是父，甘州回鹘可汗是子的新格局。同时，也提高了归义军在周围各少数民族政权间的威望，得到瓜沙地区人民群众的拥护，更使得府衙内部的"文武两班官僚"都能"向主""输忠尽节"了③。曹议金通过二十多年的努力，使曹氏归义军政权由初建时的内忧外患逐渐走向强盛。在此过程中，他最初所发的那些愿，都不同程度地得以实现，如政通人和、丝路畅通、周边安定、大族和睦，以及军事上的不战而屈人之兵，等等。在改善周边关系方面，与

---

①马德先生认为，此件文献是曹元深建成第 454 窟后（940~942 年）的法会祈愿文。P.3457 中祈语的内容、口气皆与先前不同，如"当今帝王，永戴天冠；十道澄清，八方顺化……司空己寿，以彭祖而齐年；国母天公主，保坤仪而助治；郎君、娘子，受训珪璋；先过后亡，神生净土；枝罗亲族，吉庆长年；合郡人民，间沾少福"。充分显示了曹氏归义军政权由乱到治、瓜沙地区逐步繁荣昌盛的社会背景。参见马德：《敦煌莫高窟史研究》，甘肃教育出版社，1996 年版，第 130~131 页。

②马德：《曹氏三大窟营建的社会背景》，《敦煌研究》1991 年第 1 期，第 19~24，114 页。

③荣新江：《归义军史研究：唐宋时代敦煌历史考察》，上海古籍出版社，1996年版，第 237~246 页。

回鹘、吐谷浑、于阗、龙家、通颊、吐蕃、鞑靼、羌族等,或政治联姻或通使结好①;在政治方面,恢复了河西归义军节度使的旧称,奉中原王朝为正朔,对内整纲肃纪,笼络幕僚,取悦下属。通过这一系列措施,对其执政初期的内忧外患给予了最大可能的化解,使归义军政权逐步稳固和强盛,瓜沙地区社会日趋安定,经济相对繁荣,由此开创了区域政权统治的新的历史时期。

四、以第 98 窟为例的个案研究对敦煌哲学研究的几点启示

通过以上分析,我们得出的结论是:曹氏归义军初期洞窟营建的一个很重要的功能就是曹议金要向政权内外充分展示自己的政治抱负、执政理念、外交方略、治理路径和安邦之策,发愿直白,示愿形象,现愿笃行。从中我们可以受到几点启发:

一是研究敦煌哲学必须站在敦煌学家巨人的肩膀上才有可能照着讲——说清研究对象的基本情况,在照着讲讲得像样的前提下才可能接着讲——说出点哲学的道理来。第 98 窟中透出的哲学道理是:主观愿望,既是已有客观现实的反映,也是未来客观现实的可能出现的前提,其中折射出的敦煌哲学的道理集中地表现为"以佛挺人"的独特价值观。天人关系在敦煌哲学中有自身独立的表达方式。因此,我们有理由说,敦煌哲学是中国哲学的一种特殊的呈现形态。敦煌哲学之"迹"既有发愿诸文等文字形态,也有洞窟内的所有艺术呈现与文字说明,更有敦煌当时的社会现实与民俗风情;敦煌哲学之"所以迹"即敦煌之道,"观其迹思其所以迹"是敦煌哲学研究的一种可行的方法。这一方法,既是敦煌学的优良传统,也是敦煌哲学的独特之处。

---

①荣新江:《关于曹氏归义军首任节度使的几个问题》,《敦煌研究》1993 年第 2 期,第 46~53 页。

二是关于敦煌哲学的性质也能在我们对第 98 窟个案的解剖中得到新的印证，即"敦煌哲学既是中国哲学的，又是敦煌学的"。就其是中国哲学的而言，第 98 窟营造前、中、后的价值观念与同时代中原王朝的价值观大体一致而又表现出鲜明的敦煌特点，特别是几类天人关系既没有超出中国哲学普遍论及的大范畴，又体现了当时敦煌社会的独特性。冯友兰先生用来分析中国哲学的"极高明而道中庸"的分析方法，在敦煌同样适用但却要特处特用。同样是冯友兰分析中国佛教进程的"格义""教门""宗门"，在敦煌却有点失灵。这也许正是敦煌哲学敦煌学性质的一个体现。我们对第 98 窟的研究，如果敦煌学家们不太见外的话，可以说是"学着"敦煌学讲的，完全可以纳入敦煌学已有的研究范式而被容纳。

三是在"守敦煌而悟大道"方面，通过第 98 窟的研究，我们有了新的心得。敦煌哲学首先一定是发现的哲学，没有对敦煌学已有成果的认识、认同和发现，便不可能学着讲，也不允许照着讲，更无法接着讲。因此，发现是"守敦煌"式的发现，而不可能是在别的地方、别的学问中去发现。同时，敦煌哲学在"守敦煌"中不只是要求知识、做学问，而是要"悟大道"，悟道才是哲学的功能。敦煌哲学如果要体现其哲学学科的特性，就必须从文明活的灵魂、文化的思想基础、时代精神的精华的角度来对待敦煌文化，对待交融后形成的"敦煌式"的人类文明新形态和中古时代中外交通、文化交流、人心交往中的时代精神，而且要触及灵魂，探底基石，提炼精华。目前，这只是一个宏愿，但如曹议金能发愿、示愿、现愿一样，我辈同仁今日发愿"守敦煌而悟大道"，来年或可以"大盛融通"作为敦煌之道呈现给世人一本《敦煌哲学概论》，这就不仅是"发现"的哲学，也同时具备了建构的哲学的特性。这也许就是返本所开之新途。

（原载《敦煌研究》2016 年第 2 期）

通而不统的敦煌文化

——以莫高窟第 285 窟（西魏）为例

　　所谓敦煌文化是指 4 世纪至 14 世纪在敦煌出现的，以佛教石窟艺术为主要表现形式，以中原文化为思想根基，渗透着多种文明因素的融建筑艺术、雕塑艺术、绘画艺术于一体的综合性文化现象，是多种文明长期交流交融、综合创新的人类文明成果。敦煌文化博大精深，作为 4 世纪至 14 世纪创造出现在中国大地上的重要文化现象，敦煌文化理所当然是中国哲学研究的对象。敦煌文化的独特之处在于，这些中古时代创造的文化成果、文明遗存有大量发现于 1900 年的保存着 7 至 11 世纪在敦煌出现过的大量珍贵历史文献与文物作为其思想资源与内容佐证。敦煌文化虽然是以佛教文化的方式呈现给世人的，但经过深入研究可以发现：敦煌文化的内容其实是非常丰富多彩的，并不是佛教文化占绝对统治地位的，它是多种文明并存相通却没有一种文化能够作为中心的有重心无中心的多元文化综合体，"通而不统"是敦煌文化的基本特性和根本精神。

　　所谓"通而不统"，是"和而不同"的中国文化立场的一种深层体现，就是在"多样性统一"的前提下，多种文明和谐相处却没有受到一种文明高度强制统一、统领的状态。敦煌文化的各种构成元素是相容、相通、相融合的，其中并没有一个绝对占统治地位、凌驾于其他文化元素之上的核心文化或中心文明，而是十分典型的多元文化综合体和多种文明融合创新的产物，我们可以说敦煌文化的精神就是"和而不同"特别是"通而不统"。这一状态非常适合当今世界文明演进。自觉推进人类文明向着"通而不统"的发展方向，将为创造持久和平、普遍安全、共同繁荣、开放包容、清洁美丽的世界创造良好的文化生态环境，有利于弘扬和平、发展、公平、正义、民主、自由的全人类共同价值。

下面，我以敦煌莫高窟西魏时期(有大统四年公元538年开建，大统五年公元539年建成题记)开凿的第285窟为例论证自己的观点。

首先，介绍一些读懂敦煌莫高窟的基本知识。作为石窟艺术，敦煌莫高窟是建筑艺术、雕塑艺术和绘画艺术的综合体。由于敦煌地区的地质特点不适应大规模的石刻，因此，大量的雕塑采用的是木胎泥塑，绘画代替泥塑扮演了洞窟中人们礼佛的主要角色。通过建筑艺术、雕塑艺术和绘画艺术营造出的是一个完整的以佛教为重心的信仰空间和多元文化场景。从建筑形制说主要有中心塔柱窟、覆斗顶窟、殿堂窟、大像窟等；从石窟功能上说，主要有礼拜窟、涅槃窟、禅(修行)窟、僧房(居住)窟、瘗(埋葬死者)窟、廪(贮存物资)窟、影窟(绘制高僧真容的纪念性洞窟，比如发现了藏经洞的第17窟就是一个影窟，其中保存着洪辩法师的塑像)等①。莫高窟西坐向东，进入洞窟正面是西壁，一般有佛龛或雕像，顶部一般呈方形，称为藻井；从藻井向四面延伸的倾斜的面称为四披，多绘千佛，也有绘其他内容的；南北两面是绘制壁画的主要壁面，绘画主要有佛尊像画(说法图)、佛本生(前世)故事画、佛本行(佛传)故事画、因缘故事画、经变故事画、供养人像、装饰画。雕像主要有(佛)尊像、弟子、菩萨、力士(金刚)和魔鬼等，最典型的是一佛二弟子两菩萨两力士所谓一铺七身雕塑。下

①洪辩之名应为上"巩"下"言"，目前电脑无此字，故一般均以"辩"这一同音字暂时替代。

面,我们分别来说明 285 窟是如何体现多元文化"通而不统"的。

一、从第 285 窟形制看

285 窟是从中心塔柱（在洞窟中央稍后修建一个从地到顶的方形立柱象征着佛塔,四面开龛造像正面开龛较大塑造主佛,这种形制明显受到印度式塔庙窟——支提窟的影响, 但体现出中原文化的建筑风格)向覆斗顶(像一个倒立的斗,已经基本是中国式的了)过渡阶段的形式,是覆斗顶窟与禅(修行)窟相结合的窟。窟顶为覆斗顶正面开龛塑主佛供礼拜,且左右有修行者像龛,南北两壁均开有各四个修行空龛,兼有礼佛与修行双重功能。为信仰提供一个对象,让修行有处可去大概是印度佛教最初营造洞窟的基本目的。形制本身表明此时原本从印度传来的佛教信仰从洞窟形式上已经开始中国化,印度式的中心塔柱已经开始向中国化的覆斗顶窟转变或过渡了, 赵声良先生在《敦煌石窟艺术简史》一书中谈到西魏时期的石窟形制时指出:"覆斗顶窟这一形式在印度和中亚都很难找到, 而在敦煌却逐步成为主流。"[1]中国人的理念从一开始就渗透到了佛教的建筑和传播方式之中了, 这可以说是洞窟形式上的中国文化和印度文化的初步融合,也是整个 285 窟中外文化融合创新的物质基础与思想前提。

二、从 285 窟的内容布局看

该窟具备敦煌莫高窟佛教洞窟的所有雕塑和绘画的形式, 反映的内容也是十分齐全的。正面开大龛塑造主佛一尊,为信仰提供最基本的对象,两边各开一小龛塑修行禅僧像,南北各开四个空龛供修行者使用,南北两面除去四个空龛之外均为绘画,内容十分丰富。东西

---

[1]赵声良:《敦煌石窟艺术简史》,中国青年出版社,2016 年版,第 76 页。

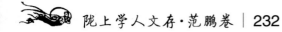

两壁特别是东壁也有绘画。窟顶为中心圆周边方的藻井,有人认为体现了中国人天圆地方的宇宙观。从藻井到平面墙壁过渡的四披也绘制了内容独特的壁画。"其窟顶东披描绘伏羲和女娲的形象,这也是汉代以来墓室壁画或画像石、画像砖中常见的表现神仙的题材。"①从形制到内容都有中国古代神仙思想与佛教思想的结合,正是冯友兰先生所说的佛教"格义"时代的产物。

一是从雕塑风格看中外文化因素的交织。说到敦煌文化很多人本能地认为它是从印度传到中国的佛教文化,从西向东是基本传播路线和唯一走向。其实事实并非如此简单。敦煌文化是自西向东与自东到西相互交流的结果,既有西来的影响,也有东来的熏陶,是双向聚合、多样融合、长期磨合的结晶。所谓双向聚合,主要是西来的接受了古希腊影响的佛教艺术与已经去过中原中国化了的佛教艺术的双重影响。所谓多样融合主要是说敦煌文化中不仅有佛教思想与艺术而且也有其他文化的因素与影响,总体上是多样融合的而不是一家独尊的。所谓长期磨合是说敦煌文化有一个多种文化要素相互认知、相互"格义"、相互渗透共同创造出一种全新的文化的过程。"磨"去了一些原有的特色,也"合"出来了一些原本大家都不具有的新的文化要素。285窟的雕塑在原有印度风格的基础上已经体现出浓厚的中原文化特点。"西魏的彩塑进一步接受来自中原的强烈影响,人物形象趋于清瘦,包括佛像的袈裟也表现出飘逸的特征。在第249、285、432等窟中,主尊佛像面容清秀,身体瘦削,衣纹贴体,佛像袈裟呈双领下垂式,露出里面的僧祇支,而内衣有打结的带饰,带子打成结并露在外,这是当时最流行的佛衣样式。"②从佛教艺术中国化这个视角

①赵声良:《敦煌石窟艺术简史》,中国青年出版社,2016年版,第76页。
②赵声良:《敦煌石窟艺术简史》,中国青年出版社,2016年版,第76页。

说中原文化的影响甚至大于印度文化的影响,特别是在西魏时期。

　　二是从绘画内容看中外文化的交融。包括第 285 窟在内的西魏时期敦煌莫高窟的绘画内容空前增加。比如尊像画中出现了早期密教的形象,第 285 窟西壁佛龛两侧绘出了毗瑟纽天(毗湿奴)等等早期印度密教形象, 表明敦煌佛教在当时仍然是紧跟印度佛教的趋势发展的;佛龛南北两侧出现了敦煌壁画中最早的四天王形象,而佛教的四天王是源于印度教的,体现了佛教的护法思想,值得一提的是佛教的护法思想不仅仅是护持佛法而且也保护大众, 护法金刚力士四大功力不仅面向佛法也护佑众生;北壁出现了连续七铺并列的说法图,有人认为是过去七佛(拘那牟尼等)与无量寿佛,其中有释迦与多宝并坐说法图,本窟东壁南北所绘也以说法图为主,门北壁画有文字直接说明是主尊无量寿佛与四大胁侍菩萨,门南内容与此大体相近,整体上说比较完整地描绘了西方佛国净土境界。南北壁壁画可分为三个层次介绍,上方是 12 位伎乐飞天,还有日天、月天形象,据有关专家分析与克孜尔石窟相关联,有中亚与古希腊文化元素;中部主要是《五百强盗因缘》又叫《得眼林》,故事结尾处有一铺释迦牟尼与多宝并坐说法图,下面是四个禅窟,周边还绘有药叉等。

　　第 285 窟最值得一说的主要是东披绘出的伏羲女娲和大量中国民间神话内容。“敦煌莫高窟第 285 窟窟顶东披中央以摩尼宝珠为中心,两侧分别画有伏羲、女娲相对的形象,皆人首兽身,上身着大袖襦,衣带飘扬,伏羲在右,一手持规,女娲在左,一手持矩,一手持墨斗。二者胸前皆佩圆轮,分别象征日、月。”[①]在其他三披同时绘出风雨雷电四神,西魏时期的其他洞窟相关内容非常丰富。关于伏羲女娲在

---

　　①赵声良:《敦煌石窟艺术简史》,中国青年出版社,2016 年版,第 81 页。

敦煌壁画中的出现不同学者有不同的解读，可以达成共识的是这是中原文化影响佛教最有力的证明，是佛教容纳吸收中国民间神话的反映。隋法经等人编著的《众经目录》中有所谓《须弥四域经》，其中写道："天地初开之时，未有日月星辰；纵有天人来下，但用顶光明照用。尔时人民，多生苦恼。于是阿弥陀佛道二菩萨，一名宝应声，二名宝吉祥，即伏羲、女娲是。此二菩萨，共相筹议，向七梵天上，取其七宝，来至此界，造日月星辰二十八宿，以照天下，定其四时，春夏秋冬。时二菩萨，共相谓言：所以日月星辰二十八宿西行者，一切诸天人民，尽共稽首阿弥陀佛。是以日月星辰，皆悉倾心向彼，故西流也。"这是用佛教思想化用中国神话最露骨的例子。第285窟建造之时《须弥四域经》很可能已经问世，但不论第285窟建造之时《须弥四域经》是否问世，其思想已经被形象化已是不争的事实。因为，第285窟及西魏时期的其他洞窟大量绘制了当时人类已知各种文化中的三类日月星辰神话形象。除去中国传统的伏羲女娲被当作日月之神十分巧妙地引入其绘画话语体系之外，还有如佛教常用的莲花宝座上的日月神，在古埃及、古巴比伦、古希腊文明中常见的"驾车或骑马的日神"和"乘鹅的月神"，可以肯定的是至少在宇宙空间命运的总体掌控这一重大问题上当时在敦煌的佛教文化已经有很强的世界眼光和融通意识了。

三是从文化符号看中外文化的交通。第285窟的文化符号十分繁多且奇妙。这里仅仅举例式提出几个可解读的符号初步探讨一下。首先，在285窟中佛教文化最显著的符号是"显密并列"，密教是印度佛教部派佛教、大乘佛教之后的第三个阶段，主张身密（手印）、语密（咒语）、意密（观想）三密相应行，以求得出世的果报。密教把一切借助语言文字明显表达佛教思想信仰的教派统称为显教。285窟在正面西壁画出了早期密教的毗瑟纽天、帝释天、摩醯首罗天、鸠摩罗天和毗那夜迦天。早期密教形象与大量显教形象的并列具有重要的历史意义与哲学解释学价值，至少可以说明佛教的表达与修行是多样化的，密教推崇的手印成为在洞窟形象中解读主尊思想的最直接的方法，也是信仰者之间意会式相互交流的最简单明了的途径。"显密并行"的哲学意义在于形象化的佛教在表达思想方面手段奇特、效果绝妙，这是敦煌哲学入手的重要法门，仅仅就手印的哲学解读就可写出一部大书，这一符号体现出当时印度佛教与中国佛教的交流融合是非常及时的，因为密教当时在印度也才是刚刚萌发，如此迅速地来到中国真是令人深思。其次，中国文化元素符号最为显著的就是伏羲女娲，其中除去日月星辰之外，最典型的要算是"规矩并行"了。《孟子》有言："离娄之明，公输子之巧，不以规矩，不能成方圆。"[1]285窟的这一文化符号表明中国人的规矩意识得到了佛教的认可与重视，中国印度都视其为人类共同生存交往的自律规范与合作前提。最后，285窟还有一个十分有趣的文化符号"莲荃并用"。很多人都知道主尊佛说法一般都是坐在莲花宝座上的，有的人知道说法时主尊佛的宝座有须弥座与须弥莲花座之分，但西魏时期的壁画中出现了坐在一种叫"荃蹄"的座具上的佛，南北两壁说法图中均有这一流行于魏晋之际的座具为主尊佛所使用。说到这一座具，总会使人联想到《庄子·外物》："荃者所以在鱼，得鱼而忘荃；蹄者所以在兔，得兔所以忘蹄。"联系到当时魏晋玄学的言意之辩，这一对文化符号的解释就更有哲学的味道了。其实，285窟最值得研究的文化符号可能是"得眼林"故事之中"失明得眼"的启示了。在开窟者看来佛教是给人以光明的宗教，而世俗的人和初发愿心的信仰者都是在黑暗中摸索的人。

---

①《孟子·离娄上》。

三、从 285 窟为代表的整个西魏开窟理念看
"通而不统"的敦煌文化精神

西魏时期是敦煌文化中外交流最为活跃的时期之一，这一时期开凿的洞窟大约有 10 个，主要有第 285、249、432、288 窟等。通过以上对其丰富多彩内容的概要介绍我们可以发现：

一是该窟所涉及的文化因素之广泛堪称敦煌文化之最。就古代文明因子说既有古希腊也有古印度还有古波斯；就佛教说既有密教也有显教还有初步中国化了的佛教；就宗教神话传说类型说既有正统佛教的历史与演绎，也有大量中国传统道教甚至民间信仰的成分；就开凿理念说既有信仰修行场地的设置，也有佛教思想艺术的展示；就解释空间而言既有符号化的也有实质性的，等等。

二是该窟集中体现了"通而不统"的敦煌文化精神。

"通而不统"是"和而不同"的中华文化精神的特殊表达。所谓"和而不同"，就是容纳多元文化的共存，提倡和鼓励多种文化在相互接触、相互交流、相互融合、求同存异、取长补短中共同发展、共同繁荣。中国传统文化"和而不同"的精神已经被人们公认，基本达成共识。这一精神更多的是表达了一种文化传统内部各种思想流派和亚文化之间的关系，比如以此论儒墨道法释十分恰当。面对诸子蜂起、百家争鸣的局面，一些有宏阔眼光的学术史家认为，其实诸子百家的理论目标是一致的，都是为了治理好国家，只是所采取的方法和理论根据不同而已，正所谓"天下同归而殊途，一致而百虑""道并行而不悖"。汉代史学家班固更加明确地指出，各家"其言虽殊，辟犹水火，相灭亦相生也；仁之与义，敬之与和，相反皆相成也"。①推而广之，"和而不同"

---

① 班固：《汉书·艺文志》。

不仅是处理不同学术思想派别之间关系的基本原则，而且也是处理国内不同地域文化、各个民族文化之间的关系，尤其是世界各国的不同文化之间关系的基本原则。在更广泛的范围之内敦煌文化所体现的"和而不同"的国际不同文明、不同宗教、不同国家、不同族群之间"通而不统"的精神，更深刻更广泛地体现了中华文明的博大胸怀和精深思想，正是由于有这样的精神才造就了千年辉煌的敦煌，而这一精神与"和而不同"一起成为构建人类命运共同体的重要精神资源。"和而不同"主要表明的是尊重文明多样性的态度和体现文明平等性的交往交流原则，而"通而不统"则主要表达的是文明交流交融的行为准则和实现文明互联互通而不消解文明丰富性的文明理想。尊重文明多样性只是一种态度，而打通文明多样性则是一种实践。态度固然重要，但愿景成为现实才是尊重和交流的目的。构建人类命运共同体要以构建人类命运共识体为前提，"通而不统"的敦煌精神不仅是构建人类命运共同体的一粒定心丸，而且也是构建人类命运共识体的基础。当今这个互联互通的时代不仅是技术上"大智移云点扫微"的时代，而且也是精神上互联互通互鉴的时代。我们需要和世界上各个地方、各种文明、各色人等实现联通，但与此同时，没有任何一个国家任何一种文明希望"通"了以后被某一个国家、某一种主义、某一种思想一统天下。中国提出了人类命运共同体的价值主张，发出了建设"一带一路"的倡议，希望通过中国道路为解决人类问题提供中国智慧和中国方案，但是中国也绝不希望用中国这一套把世界统一起来，同时中国也不相信任何人任何国家任何主义有这样的能力和本领将拥有上万年文明史、近 70 亿人的世界统一起来。习近平总书记曾指出："世界上有 200 多个国家和地区，2500 多个民族和多种宗教。如果只有一种生活方式，只有一种语言，只有一种音乐，只有一种服饰，

那是不可想象的。"①可见,人类命运共同体思想强调和承认世界的多样性、差异性,现在的世界需要的就是"通而不统"的文化精神。

以"和而不同"的原则构建人类命运共同体可以画出最大同心圆,以"通而不统"的理念构建人类命运共同体则可能在各种文明之间取长补短、促进人类共同进步。中国著名思想家梁漱溟先生在《中国文化要义》一书中指出:"历史上与中国文化若后若先之古代文化,或已夭折,或已转易,或失其独立自主之民族生命。唯中国能以其自创之文化永其独立之民族生命,至于今日岿然独存。"②我认为,这个在世界文明史上一直以"独立之民族生命"延续下来的中国文化,其延续不断、薪火相传的"奥秘"就是一贯主张"和而不同""通而不统"。随着中华民族的伟大复兴,这个古老的"奥秘"正闪烁出新的时代火花——为人类命运共同体提供文化支撑。"和而不同"意味着多样性意义上平等共处的理论原则,侧重于表现多样文明的共生共存;"通而不统"意味着多样性意义上交流交融的行为准则,侧重于表现多样文明共荣共存共进化。所谓世界大同,不是一统天下,而是世界文明的共同进步。从文明相通、文化相融的视野建构"人类命运共同体",就是试图创造一个"和而不同"的世界文明格局,实现不同文化的进一步发展进步。在人类命运共同体构建中一定会"逻辑的先在"一个"人类命运共识体",而敦煌在千年的历史中其实早已"存在过"这样一个"共识体"。交流、理解、合作、包容、共赢等现代人类命运共同体亟需的文化共识,都能在敦煌文化中找到它的影子和成就。当今世界正处于大发展大变革大调整时期,世界多极化、经济全球化、社

---

①习近平:《习近平谈治国理政》,外文出版社,2014年版,第316页。
②梁漱溟:《中国文化要义》,世纪出版社,2011年版。

会信息化、文化多样化深入发展，不同文明、不同民族文化之间的关系问题日益紧迫地摆在全人类面前，文化自觉比过去任何一个时代都显得更加迫切，更加重要。众所周知，不同文明之间的关系，不是只有对抗和冲突，而且也有相互接触、交流、协调、互动、融合与共生。从世界文明的总体发展趋势来说，不同文明之间的交流互动、彼此借鉴融合始终是主流，文明对抗、冲突只不过是暂时的、局部的现象。不同文明是在既冲突又融合、既对立又统一的关系中发展共进的。基于这种认识，习近平主席主张："一带一路"建设要以文明交流超越文明隔阂、文明互鉴超越文明冲突、文明共存超越文明优越，推动各国相互理解、相互尊重、相互信任。"和而不同"的中华传统文化精神特别是"通而不统"的敦煌精神是这一主张深厚的历史底蕴之一，是消解文明冲突、促进文明融合的一剂对症良药，需要我们深入挖掘、深入研究、深入阐释，以达到创造性转化、创新性发展。

　　本文其实也涉及本次会议所讨论的一个重要话题即中国哲学的边界问题。就我所讨论的问题来说，我个人认为：中国哲学的时空边界应该是十分广泛的，自从有了神话传说之后的所有时代都应该纳入其时间范畴，凡是华人所涉及的具有思想内容的文化现象都应该在研究探讨的范围内，所谓哲学的边界不在时空之中也不在学科之内，而在于以什么样的方式言说。①

（原载《天水师范学院学报》2022 年第 2 期）

---

　　①本文原为向 2021 年中国哲学史学会年会提交的参会文章，本次年会的主题是"中国哲学的核心、边界与未来"。

"通而不统"的敦煌精神是构建人类命运共同体重要的思想文化资源

构建人类命运共同体是习近平主席首倡、中国政府大力推进、已经得到国际社会一定认同的一种治理理念、一个人类共同梦想和一项造福人类的超大规模系统工程。美国知名未来学家约翰·奈斯比特认为,中共十九大不仅释放出未来中国发展的信号,而且预示了世界未来走向。这个"走向"就是中共十九大报告中所体现出的人类命运共同体美好愿景,即"建设持久和平、普遍安全、共同繁荣、开放包容、清洁美丽的世界。"这一愿景使得中国共产党、社会主义的中国站在了人类发展道义的制高点,具有非常重大的意义。广泛凝聚文化共识,着力打造人类命运共识体是构建人类命运共同体的题中应有之义和逻辑前提,而人类命运共识体的构建需要全面认识、客观推介、切实尊重人类文明的多样性。从这个意义上来看,构建人类命运共同体需要各种人类文明资源的共同滋养。其中,作为"和而不同"的中国优秀传统文化精神的另一种表达的"通而不统"的敦煌精神是构建人类命运共同体的重要精神文化资源。

第一,中国传统文化研究应该更多地关注敦煌文化。因为,敦煌文化是中国传统文化不可分割的重要组成部分和特殊表达形态。由于丝绸之路的开通与繁荣,使敦煌在一千年左右的古丝绸之路文明史上成为人类文明几个主要形态广泛接触交流的大都会,这一特殊的历史环境和文明交流道路造就了敦煌文化特殊的表达形态。季羡林先生曾指出："世界上历史悠久、地域广阔、自成体系、影响深远的文化体系只有四个：中国、印度、希腊、伊斯兰，再没有第五个；而这四个文化体系汇流的地方只有一个，就是中国的敦煌和新疆地区，再没有第二个。"①因此，敦煌文化更多的是在与其他文明形态和宗教文化交往交流交融过程中形成的一种特殊的地域文化。相较于先秦文化、齐鲁文化等文化类型或阶段而言，敦煌文化是直接在开放的前沿和佛教文化、基督教文化和波斯文化直接打交道的过程中形成的，它不仅具有地域性，而且具有世界性，是一种更具国际比较意义的中国传统文化。同时，我们也必须承认敦煌文化骨子里还是流淌着中华文化的血脉、承载着中华文明的基因、传承着中华文化的精神，在中华民族文化传统中占据重要而独特的地位。过去，不少学者在谈到中国传统文化或者敦煌文化时自觉或不自觉地将敦煌文化排除在中国传统文化之外，这是没有什么道理的。在我看来，敦煌文化不仅是中华民族优秀历史文化的杰出代表，更是具有世界意义的人类文明互鉴和多元融合的东方典范，而这一典范在当今世界无论从学术还是政治上来说，都具有不可忽视的重要意义。

第二，敦煌文化是以中国传统文化为基因、以佛教文化为基本内容、以形象化的宗教题材为主要表现方式、以多文明多宗教交融创新为基本特点、以"通而不统"为其主要精神的综合性文化形态。有学者指出："敦煌文化指的是以 4—14 世纪为存在时限、以那一千年间敦煌地区的地理和历史状况为存在背景、以汉族为主体的敦煌地区全体居民具有鲜明特点的精神活动及其物化表现。"②基于此，我们可以

---

①季羡林：《敦煌学、吐鲁番学在中国文化史上的地位和作用》，《红旗》1986 年第3 期。

②颜廷亮：《敦煌文化》，光明日报出版社，2009 年版。

从主要内容、文化定位、文化特征、主要精神等方面理解敦煌文化。就主要内容而言，敦煌文化是由敦煌地区以汉族为主体的全体敦煌地区居民创造的、以中原传统文化为主体和主导、以宗教文化为主要表现方式的一种相对独立的文化；就文化定位而言，颜廷亮先生在《敦煌文化》一书中将敦煌文化定位为"古代世界文化格局中汉文化圈的西陲硕果"，即敦煌文化是专属于古代中国传统文化圈的一种文化现象；就文化特征而言，敦煌文化是一种去中心主义的文化形态，它既不是欧洲中心论、中华文化中心论，也不是佛教中心论，而是追求一种开放性、兼容性的"无中心而有重心"的多元文化交融体；就主要精神而言，敦煌文化既有古今中外思想精华的汇通融合，又有多层多样文化形态的丰富性并盛，既保持了各个文化类型自身的独立性，又兼容了不同文化类型各自的合理性，这就是敦煌文化"通而不统"的精神内涵。

第三，"通而不统"是"和而不同"的中华文化精神的特殊表达。"和而不同"意味着承认存在着差异和矛盾，追求多样性的统一，反对无差别的同一。作为中国传统文化基本内涵的"和而不同"的精神提倡多元文化在相互交流和相互融合中取长补短、共同繁荣。这一精神已经被世人所公认，达成基本共识。具体来说，"和而不同"更多地表达了一种文化传统内部各种思想流派和亚文化之间的关系，比如以此论儒墨道法释之间的关系就十分恰当。面对诸子蜂起、百家争鸣的局面，一些有宏大视野的学术史家已经看到，其实诸子百家在理论上的根本目标都是为了治国平天下，只是理论建构的视角和表达方式方法有所不同，正所谓"天下同归而殊途，一致而百虑"。推而广之，"和而不同"不仅是理解中国古代学术派别的基本精神和方法论原则，而且也是理解不同地域、不同民族、不同国家之间文化关系的基本精神和中华文明看问题的独特视角。在更广泛的范围之内，敦煌文化所体现的"和而不同"的国际不同文明、不同宗教、不同国家、不同民族之间"通而不统"的精神,更深刻、更广泛地体现了中华文明的博大胸怀和精深思想。正是由于有这样的精神作为哲学底蕴,才造就了千年辉煌的敦煌文化,而这一精神与"和而不同"一起共同成为构建人类命运共同体的重要精神资源。"和而不同"主要表明的是尊重文明多样性的态度和体现文明平等性的交往交流原则,而"通而不统"则主要表达的是文明交流交融的行为准则和实现文明互联互通而又不消解文明丰富性的文明理想。尊重文明多样性只是一种态度,而打通文明多样性则是一种实践。态度固然重要,但愿景成为现实才是尊重和交流的目的。构建人类命运共同体要以构建人类命运共识体为前提,"通而不统"的敦煌精神不仅是构建人类命运共同体的一粒"定心丸",而且也是构建人类命运共识体的思想基础。当今这个互联互通的时代不仅是技术上"大智移云点扫微"的时代,而且还是"精神上互联相通共享的时代"。我们需要和世界上各个地方、各种文明、各色人等实现联通,但与此同时,没有任何一个国家任何一种文明希望"通"了以后被某一个国家、某一种主义、某一种思想一统天下而不允许其他文明存在与发展。

　　中国提出了人类命运共同体的价值主张,发出了建设"一带一路"的倡议,推动着"一带一路"建设项目,希望通过中国道路为解决人类问题提供中国智慧和中国方案,但是中国也绝不希望用中国这一套把世界统一起来,同时中国也不相信任何人、任何国家、任何主义有这样的能力和本领将拥有上万年文明史、近70亿人的世界统一起来。习近平总书记曾指出:"世界上有200多个国家和地区,2500多个民族和多种宗教。如果只有一种生活方式,只有一种语言,只有

一种音乐,只有一种服饰,那是不可想象的。"①可见,人类命运共同体思想强调和承认世界的多样性、差异性,现在的世界需要的就是"通而不统"的文化精神。

第四,以"和而不同"的原则构建人类命运共同体可以画出最大同心圆,以"通而不统"的理念构建人类命运共同体则可能在各种文明之间取长补短,促进人类共同进步。中国著名思想家梁漱溟说:"历史上与中国文化若后若先之古代文化,或已夭折,或已转易,或失其独立自主之民族生命。唯中国能以其自创之文化永其独立之民族生命,至于今日岿然独存。"②中国文化之所以能够成为世界文明中唯一没有断裂的文明,其延续不断、薪火相传的"基因密码"就是其一贯主张的"和而不同""通而不统"精神。随着人类历史的发展,中华民族的复兴,这一"基因密码"必将为新时代人类命运共同体的构建提供新的文化支撑。"和而不同"意味着多样性意义上平等共处的理论原则,侧重于表现多样文明的共生共存;"通而不统"意味着多样性意义上交流交融的行为准则,侧重于表现多样文明共荣共存共进化。所谓世界大同,不是一统天下,而是世界文明的共同繁荣共同进步。从文明相通、文化相融的视野建构"人类命运共同体",就是试图创造一个"和而不同"的世界文明格局,实现不同文化的发展进步。在人类命运共同体构建中一定会"逻辑的先在"一个"人类命运共识体",而敦煌在上千年的历史中其实早已"存在过"这样一个"共识体"。交流、理解、合作、包容、共赢等现代人类命运共同体亟需的文化共识,都能在敦煌文化中找到它的影子、基因和成就。当今世界风云激荡、变幻莫

①习近平:《习近平谈治国理政》,外文出版社,2014年版。
②梁漱溟:《中国文化要义》,世纪出版社,2011年版。

测,如何使人类的不同文明在既冲突又融合、既对立又统一的关系中共存共进,成为横亘在人类前方的一道难关。基于这种认识,习近平主席主张:"'一带一路'建设要以文明交流超越文明隔阂、文明互鉴超越文明冲突、文明共存超越文明优越,推动各国相互理解、相互尊重、相互信任。"①"和而不同"的中华传统文化精神特别是"通而不统"的敦煌精神是这一主张深厚的历史底蕴之一,是消解文明冲突、促进文明融合、推动文明共进的一剂对症良药,需要我们深度挖掘、深入研究、深刻阐释,以达到创造性转化、创新性发展,这不仅是一种中国智慧,也是一种中国行动。我们坚信,通过对"通而不统"的敦煌精神的深度挖掘、深入研究与大力弘扬,人类命运共识体的达成与人类命运共同体的建设将会以更加浓厚的中华文明特色贡献给人类。

（原载《甘肃理论学刊》2018 年第 2 期）

---

① 习近平:《"一带一路"国际合作高峰论坛重要文辑》,人民出版社,2017 年版。

第四部分
哲学基础理论与
重大现实问题研究

哲学的品格
——哲学文化·哲学精神·哲学认识

哲学究竟是什么？

这是一个让哲学家十分头痛的问题。迄今为止还没有哪一个哲学定义可以让每一个哲学家都接受。我们是不是可以换一个角度，不去急着下定义，而是从哲学现象的描述中来把握哲学的品格呢？我想是可以的，本文正是这样一种尝试。

那么，古今中外的哲学，有哪些共同的现象呢？首先，哲学是一种文化现象，这是无可否认的；其次，哲学是一种精神现象，这也是不言而喻的；最后，哲学是一种认识现象，这同样是不容置疑的。由此，哲学文化、哲学精神、哲学认识这三者的统一是一切哲学共同的构成要素，也就是哲学最一般的品格。

一、哲学文化：文化的思想基础

文化是人类所创造的一切物质财富与精神财富的总和。文化由三个基本层次构成，即物质文化、制度文化和精神文化。所谓物质文化泛指人类所创造的一切实体性的文化成果，诸如工具、厂房、机器、产品、用具、文物、服饰、工艺品等等有形有象、真实可感的东西；所谓制度文化泛指人类在生产生活过程中形成的各种规范性的文化成果，诸如风俗习惯、组织结构，活动程序、国体政体，管理法规、法律制度等等虽无形无象却真实存在的东西；所谓精神文化，泛指人类精神生产生活过程及其成果,诸如哲学、科学、艺术、宗教、道德等等反映和表现物质文化与制度文化的东西。

无论是物质文化、制度文化,还是精神文化,都是在一定的物质条件下形成和发展起来的,都是通过一定的主体实践活动而实际地表现出来的,都受一定的生产方式和生产水平的制约;也都是通过一定的价值观念和思维方式见之于客观的,而这种价值观念和思维方式同样是由物质前提、人类实践、生产方式及生产水平所决定的。因此,客观存在的物质世界是文化的物质前提,人类实践活动是文化的决定因素,生产方式和生产水平是文化的物质基础,价值观念和思维方式则是文化的思想基因。

哲学既是一种观念形态的精神文化,是文化的一部分,同时又是一定的价值观念和思维方式的集中体现者和具体阐发者,是文化的思想基础。每一时代、每一民族的文化,都有自身的哲学文化作为其基本标志和深刻基础。哲学的这种思想基础的地位和作用,主要是由以下三个方面的原因所决定的:

(一)哲学代表着文化的基本性质、反映着文化的本质内容、预示着文化的发展方向

无论何种哲学,所关心和探讨的都是一些在当时带根本性的问题。如古代的宇宙发生论、存在本源论,近代的认识起源论、真理标准论,现代的主体存在论、科学认识论等。这些看上去玄而又玄的问题,其实十分现实,它们都是从当时的文化成果中抽象和概括出来的,反映当时文化的基本性质的问题。如古代的宇宙发生论,既是当时物质文化中迫切需要解决的问题(人们需要知道自身生活于其中的自然环境与物质生产生活的真实关系),又是当时制度文化中迫切需要解决的问题(社会的秩序是天理还是王法),更是精神文化中迫切需要解决的问题(人们开始了对神话和原始宗教的理性反思)。宇宙发生

论代表了继原始文化之后的文化形态的基本性质即探源性文化。屈原的《天问》，古希腊众多的《论自然》，正是当时探源性文化的哲学概括。

正因为哲学代表着文化的基本性质，所以才能用其特有的形式概括地反映文化的本质内容。抽象晦涩的黑格尔哲学反映的正是德国资产阶级文化的本质内容。同时，哲学还以其深刻和富有远见的思想预示着文化发展的方向。马克思主义哲学早在一百多年以前就昭示了社会主义乃至共产主义新文化的大方向，就是典型。

（二）哲学是文化基因（价值观念与思维方式）的思想载体

外部客体与人的主体需要的关系叫价值关系，对价值关系的反映形成不同价值评价，相对稳定的价值评价标准构成一定的价值观念。哲学在价值观念的形成和发展中起着十分重要的作用。（1）哲学为价值观念的形成与转换提供世界观前提。价值关系是主客体之间的一种基本关系，这种关系是建立在实践基础之上的，是受客观存在的现实和主体状态所制约的。因此，要正确处理好价值关系，首先就必须有一个正确的世界观指导，这种指导只能来自于哲学。同时，价值观是广义的世界观的一部分，要形成完整的世界观理论体系必须有一个能反映这一世界观核心思想的价值观念体系。（2）哲学为价值观念的形成与发展提供认识论基础。我们已经提到，价值观念首先是建立在对主客体之间关系认识的基础之上的，而这正是认识论的职能。因此，价值观念在形成与发展中一刻也不能离开认识论。只有搞清了"是什么"的问题，才能进一步解决"该怎样"的问题。（3）哲学为价值观念的形成与转换提供思考的余地与方法。哲学对世界宏观的根本的把握可以开阔人们的视野、加深人们的认识，为人们选择价值标准、形成价值观念提供广阔的思考余地和深刻的思维方法。

如果说价值观念是人类选择标准的集合，那么，思维方式则是人类认识成果的积淀,这两个基本的文化要素构成了文化的基因,而哲学则是这一基因的思想载体, 这种载体作用在哲学与思维方式的关系中表现得更为明显。(1)思维方式由哲学总结和揭示。哲学通过自身对人类全部文化的深刻反思,对人类活动(实践和认识)的各个环节、各个方面、各种形式进行批判性的考察,从而揭示出渗透到各个文化因素之中的、反映时代和民族特色的思维定势、思维格局、思维程序,这就是通常所说的思维方式。通过哲学的总结和揭示,思维方式以哲学范畴、哲学命题、哲学理论的形式表现出来。(2)思维方式的形成与发展是在一定的哲学观念的指导下完成的, 又重新内化为一定的哲学观念。(3)哲学为思维方式的发展提供理论指导和方法指导。一定的思维方式总有一个形成、发展、完善、过时的过程,推动这一过程的只能是人类实践, 但实践的推动作用是通过哲学的指导作用具体实现的。

(三)哲学是文化成果的理论浓缩

哲学是最远离物质文化成果的最抽象的精神文化成果, 但它在本质上仍然是物质文化与制度文化的积淀、内化和反映,它以理论的形式浓缩了全部精神文化,从而也就浓缩了人类全部文化成果。

二、哲学精神:人类的精神支柱

所谓精神支柱就是人类精神生活由以寄托的最根本的观念、信念。这种观念、信念,中国古代哲学家称之为"安身立命之处",西方哲学家则称其为"精神家园"。

从心理学角度看,精神支柱是人的一种高层次的精神需求,它成为一种独特的精神享受;从社会学的角度看,精神支柱是一个国家、一个民族的民族精神,是一个政党或政治集团的团体精神,是其政治纲领和思想路线的理论基础;从历史学的角度看,精神支柱是一定历史时期时代精神的结晶;从认识论的角度看,精神支柱是建立在人类认识基础之上的深层的理性信仰。

精神支柱是在一定的价值观念和思维方式的作用下在实践中形成的,反过来又充实和强化着价值观念和思维方式。因此,哲学精神是哲学文化的升华。

哲学精神的社会表现形式主要有三种:作为时代精神的结晶,哲学精神最能代表某一时代的精神风貌;作为民族精神的象征,哲学精神最能反映一个民族的精神气质;作为团体精神的基础,哲学精神最能说明一个政党或政治集团的思想倾向。

所谓时代精神,就是一定历史时代发展的现实、理想和趋势的集中表现,它代表该时代的潮流,反映该时代的本质。时代精神渗透到该时代文化的各个方面,又通过各种形式表现出来,是该时代共同文化的内在依据。哲学作为文化的思想基础,作为一定时代价值观念和思维方式的思想载体,折射着时代精神。因此,任何哲学都是时代的产物、时代精神的表现,而任何真正的哲学都是自己时代精神的精华。

所谓民族精神, 就是民族这一共同文化体所具有的特殊的精神风貌和民族品质,是由一系列潜移默化于民族性格、风范之中的独特的民族观念构成的,代表着一个民族基本的心理素质和文化素质。一个民族的哲学,最大限度地概括了这个民族的精神生活,深刻地反映着这个民族的价值观念和思维方式。因此,哲学是民族精神的象征,是一个民族的灵魂和智慧之所在。

所谓团体精神, 就是一个政党或政治集团的全体成员共同遵循的基本信念。任何一个政党或政治集团,都是一定阶级的政治代表,都有其根本的宗旨和共同的追求, 正是共同的阶级利益决定了这些共同的精神需求。哲学作为团体精神的基础,是一个政党或政治集团的理想、信念、宗旨的最高表现和最深刻的根据,表现着该政党或政治集团的认识水平、思想倾向、价值取向和思维方法,构成他们思想路线的理论基础。

哲学精神的社会表现具体体现在一定集体的成员的精神生活之中便构成了其个体表现形式。

寻求精神寄托是人的一种高级的精神需求,这是哲学精神和宗教信仰产生的共同的心理基础。信仰是人生不可缺少的因素之一,信仰既可能是非理性的、宗教式的,也可能是理性的、哲学式的。理性的信仰即哲学式的信念,在个人说就是其精神寄托、精神支柱。

每个人都有其理性的信仰——生活的基本信念和处世哲学,不过有些人意识到了自己的精神支柱之所在,而有些人没意识到这一点。但无论自觉与否,精神支柱本身是客观存在的。中国哲学家总是在追求一种自持无惑的精神境界即所谓"安身立命之处",而西方哲学家总是在寻找似乎失去了的"精神家园"。这些都是哲学精神在个人精神生活中的体现,哲学家则成为人类追求精神安慰的有理智的代表。哲学以其博大的胸怀和深邃的目光给人不可匹敌的精神力量,使人的情感、意志、知识在智慧的感召下凝为一体,去冲击命运之神的捉弄,驾起生命的航船勇往直前。这就是哲学的力量!

哲学在个人精神生活中的作用,概括起来就是两句话:哲学可以丰富人的精神生活,哲学可以提高人的精神境界。所谓"彻底的唯物主义者是无所畏惧的",不正是有赖于哲学精神的气魄吗?所谓"改造主观世界",不正是丰富精神生活、提高精神境界的另一种说法吗?

三、哲学认识:认识的独特形式

哲学既是一种文化现象,又是一种精神现象,更是一种认识现象。作为认识现象的哲学,是一种不同于日常生活认识和科学认识的独特的认识方式。这三种认识方式代表着认识的三种不同的类型和境界,日常生活认识的要求是了解,科学认识的要求是理解,哲学认识的要求则是悟解。

这里我们主要通过哲学认识与科学认识的比较,来把握哲学认识的本质。

从认识性质看,哲学认识与科学认识同属理性认识,都出现在理性认识阶段,但哲学认识更具有理论思维的特点,因为它已剔除了科学认识中经验性的成分。哲学认识就其本身而言是一种纯粹的理论思维活动,是对全部人类精神进行的反思,凡是人类精神所能涉及的一切问题都在哲学认识的视野之中。人类精神不仅包括思维,而且也包括情感和意志,人类精神的反思无疑应该是对知情意总体的反思,这种反思使真善美的统一成为哲学追求的最高理想,这也是哲学作为文化的思想基础和人类的精神支柱的又一根据,由此也可以反观到哲学的世界观性质。所以,从认识成果的角度看哲学,哲学是最高深亦是最高雅的学问。

从认识方式看,哲学认识是一种范畴性的认识,是一种反思式的认识,而科学认识则是一种概念性的认识,是一种反映式的认识。在这里,概念与范畴的区别在于:概念反映的是某一类具体事物的共同本质,而范畴揭示的则是事物作为存在的一般规定;概念是对事物本质的反映,而范畴则是对所有概念的反思。由此引申出的反映与反思的区别在于:反映是面对具体事物的一种认识方式,而反思则是面对所有精神活动及其成果的一种认识方式,换句话说,反映的客体是事物,而反思的客体则是精神活动及其成果;哲学通过反思方式间接地反映着世界的本质与规律。

从认识结构看,哲学认识的结构要素表面上与科学认识并无不同,它们都有"主体—中介—客体"这样一个结构,但哲学认识的中介是科学认识,这个中介本身同样也具有"主体—中介—客体"这样一

个结构。于是,哲学认识便呈现为一种二重化的结构,即:

哲学认识的这种二重化结构正是其反思性、范畴性认识的根据所在。这种结构可以通俗地表述为"事实—事理—思理",以区别于科学认识的"事实—经验—事理"结构。这种结构的不同,决定了两种认识方式功能之不同。

从认识功能看,科学认识的功能是揭示自然、社会和人类思维的某一部分、某一方面、某一层次的规律,而哲学认识的功能则是揭示自然、社会和人类思维的普遍规律,即贯穿于人类一切活动始终的思维与存在矛盾运动的一般规律。科学认识揭示的规律,可以直接用来说明和解决人类面临的许多具体问题,甚至可以为某些问题提供准确无误的现成答案。因此,科学认识的成果具有直接的实用性。哲学认识则不然,它所揭示的规律虽然更深刻地反映着事物的本质,却不能直接用来说明和解决任何具体问题,更不能为解决任何具体问题提供现成的答案。哲学认识只能为说明和解决具体问题提供世界观和方法论的原则指导,哲学认识只有和科学认识密切配合才能较好地解决具体问题,只有内化为人们的价值观念和思维方式,凝结为人类的精神支柱和文化之魂,才能真正发挥其社会功能。哲学万能论与哲学无用论都是荒谬的。哲学能给人智慧,哲学能使人高尚,但这是有条件的,最重要的条件就是:哲学必须植根于人类实践的沃土之中,必须与科学携手并进。

综上所述,从哲学文化、哲学精神、哲学认识这三个哲学的基本品格中,我们可以反观到哲学的基本性质,这些基本性质包括:(1)哲学的普遍性和根本性所决定的哲学的世界观性质;(2)哲学的规范性和指导性所决定的哲学的方法论性质；(3)哲学的范畴性和反思性所决定的哲学的认识论性质；(4)哲学的理论性和规律性所决定的哲学的逻辑学性质。

尽管从哲学的品格中我们所引申出的还是四个人们习以为常的基本性质，但把这些性质放到哲学品格的视野中去把握就有了新的意义，它将会使我们对"哲学是什么"这一问题有一个比较真切具体的了解和回答。

（原载甘肃《社会科学》1990 年第 6 期）

"哲学认识"论纲

自我认识是认识深化的标志，"哲学认识"问题的提出是哲学自我认识深化的必然要求。

科学认识论的创立与发展启发了我们：在哲学理论中，应该有专门的"哲学认识"论，哲学认识论的对象就是哲学认识。

现行哲学教科书体系把作为系统化理论化的世界观的哲学与作为社会存在反映的社会意识形态之一的哲学分作两处讲，使哲学的性质模糊不清，而哲学认识问题的提出为这种分割现象的统一铺平了道路。

中国社会主义现代化建设和世界历史的进程呼唤着马克思主义哲学的新发展，而深入的自我反思是坚持和发展马克思主义哲学、更好地发挥其社会功能的前提。

"哲学认识"概念的提出是建立在哲学作为一种主体观念地掌握客体的认识活动、认识现象、认识成果的客观存在的基础之上的。

哲学史上不少哲学家早就注意到了哲学作为一种认识现象、认识活动、认识成果的特殊性并作过有益的探讨，哲学认识这一概念也早已被历史上的哲学家们所使用，其中包括马克思主义哲学的创始人和继承发展者。

我们是把哲学认识作为不同于科学认识和日常认识的一种相对独立的认识形式来研究的。所谓哲学认识是主体以范畴的形式观念地掌握客体的认识活动，是主体通过人类认识的全部成果反思式地反映客体的认识活动。哲学认识的成果是人类认识成果的高度概念，是人类认识进一步发展的工具。

本论纲从哲学认识的发生与发展入手，重点分析科学形态的哲学认识的要素、结构与功能，揭示哲学认识系统的本质和特点。作为论纲，对问题的研究尚处于描述水平，只有将所论列的所有问题全面深入地展开才可能使哲学的自我反思向纵深发展，而那将是下一步的工作，论纲的关键是提出问题。

哲学认识的发生与发展

哲学认识的发生与发展是哲学认识自身构成的历史前提，是研究哲学认识所遇到的第一个基本问题。

一、哲学认识的系统发生

（一）系统发生的外在表现

哲学认识的系统发生是指哲学作为一种认识形式的历史起源。它分为经验水平与理论水平两个方面，经验水平的哲学认识的发生早于理论水平的哲学认识的发生。

哲学认识的发生表现为哲学思想从神话中分离出来，独立为哲理性的格言和理论性的命题，这是人类意识的第一次大分工。西方哲学认识发生的理论水平的标志是泰勒斯命题的提出。"水是万物的本源"既是从自然本身说明自然的新的思维方式的产物，同时又与神话有着某种有机的联系，日本学者大沼正则指出："自然界的元素是水，这听起来该是多么幼稚。可是在美索不达米亚的神话中早已讲过了。以淡水之神阿普斯做父亲，海水之神阿马特为母亲，这个宇宙便诞生了。"[1]泰勒斯的功绩在于使水脱下了神的外衣，以自然的面目呈现了

---

①[日]大沼正则：《科学的历史》，求实出版社，1983 年版，第 15 页。

出来,以它来说明万物的根本,构成了哲学认识的第一条原理。①

(二)哲学认识发生的动因

哲学认识发生的最终动因是生产、生活实践的发展。这个发展在社会中表现为希腊人从纯自然性的社会关系中提升出来的实际历史运动,希腊哲学不过是希腊人的实际历史运动在思想上的最高的自觉表现。哲学认识产生的条件如亚里士多德所说有三个方面:一是对自然的"惊异",二是"闲暇",三是"自由"。这三个条件是哲学认识产生的直接动因,它们都是与社会分工、阶级产生、生产发展相联系的,或者说是由这些所决定的。人脑和语言的发展为哲学认识的产生奠定了主体方面的物质基础,也为人类建构哲学认识客体提供了可能。对神话内容的理性思考则是哲学认识实现的又一重要动因。

(三)哲学认识发生的内在根据

哲学认识的发生作为人类意识第一次大分工的产物实际上是人类理性认识发生的标志。这是一个十分复杂而漫长的过程。这一过程的内在根据主要有三个方面:(1)人类实践的亿万次重复,使实践活动的结构内化为思维的逻辑的格。逻辑的格的建构过程亦即人类认知范畴的初创过程。(2)原始思维向逻辑思维的演进及其固定化,这是逻辑的格在立体的意识结构方面的表现。(3)现实的历史进程在人类意识中的反映。

(四)哲学认识在其发生中形成的最基本的特点

尽管哲学认识的发生是人类理性认识发生的同义语,但哲学认识从其发生之日起,就已经初步形成了自身不同于非认识形式的宗教、艺术及认识形式的日常认识、科学认识的特点。这些特点主要有

---

①亚里士多德和黑格尔都曾提到水作为万物之源这一思想与神话有着某种朦胧的联系。

普遍性、超越性、根本性、总括性等。哲学认识一开始就是主体追求最彻底、最完善、最深广的认识理想的表现,而人类不仅需要普遍性、根本性、超越性、总括性的认识,而且也需要特殊性、经验性、具体性、纪实性的认识。这就决定了人类认识从一开始就具有从两个方向、两个层次上分别接近客体的特点。这种双向聚合的认识进程的交汇点从历史角度看就是近代科学的诞生,从逻辑角度看就是科学从哲学中不断分化出来的内在认识机制。

二、哲学认识的系统发展

哲学认识的系统发生必然要求其系统的发展,哲学认识的系统发展构成了人类哲学思维的全部历史进程。

（一）哲学认识发展的根据与表现

哲学认识的发展是内在根据与外部条件统一的产物。哲学认识发展的内在根据是社会实践的发展造成的理论自身的矛盾,其表现形式是多样的,这是因为社会实践的发展是通过众多的中间环节才被折射到哲学理论中来的。这些环节既包括认识性的成果,如科学成果、哲学资料,也包括非认识的意识形态的成果和内容,如艺术、宗教等等。它们共同构成哲学认识发展的意识相关因素,构成哲学认识系统的最近一层的外部环境。哲学认识正是在与这些相关因素的信息交流中得到发展的。

由于时代的制约、认识主体的社会关系的投射、所直接面临的理论课题等因素的交互作用,哲学认识的发展呈现出多样性,表现为不同思想体系、流派、思潮的此消彼长、交错发展。哲学认识构成的基本表现形式是哲学体系,体系可以分属不同的哲学认识形态。

（二）哲学认识发展的一般模式

哲学认识的发展始终以解决概念范畴之间的矛盾为其外在表现。因此,哲学认识的过程往往是从批判开始,以建设告终。哲学体系的不断建构是哲学认识发展的标志。

哲学认识的发生就是批判地思考神话的产物。在其进一步的发展中,总是把批判的矛头指向理论本身,在批判中发现问题,解决问题。这些矛盾的形成是现实的间接反映,现实中最迫切、最重大、最根本的问题在哲学范畴中的抽象反映构成哲学批判的对象。哲学认识主体依据当时科学认识的成果和实践经验,在一定范围内解决这些理论矛盾,提出一些可供人们选择的满意的答案,建立起哲学体系,这就完成了哲学认识的一个相对完整的过程,构成哲学认识发展中的一个小阶段或环节。这便是哲学认识发展的一般模式。

如用 P 代表哲学认识,P_1、P_2、P_3 分别表示不同阶段或类型的哲学认识成果;以 T 为科学认识,T_1、T_2、T_3 则为科学认识的不同阶段;以 S 为实践提出的问题,则 S_1、S_2、S_3 代表不同的实践问题。X 代表某种基本的哲学、科学或实践问题中矛盾的一方,$\overline{X}$ 则为这个矛盾的另一方,这样哲学认识发展的一般模式用公式表示如下所示:

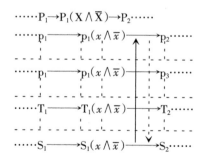

(说明:↑表示决定关系;表示反作用;→表示发展)

也就是说,哲学认识的发展,从纵向看是哲学自身历史的不断延续,从横向看是人类实践科学认识的哲学概括。

(三)哲学认识发展的主要阶段

哲学认识的发展原则上可以划分为三大阶段:以向外追求本原

为标志的存在论时期；以向内反求诸己为标志的认识论时期；以内外
结合、主客统一为标志的主体论时期。现在哲学认识处于主体论时期
的一个发展阶段上。划分的标准是哲学研究重心的倾斜度，并不意味
着某一时期哲学研究上注重某一问题，而是说哲学认识在这一时期
是围绕什么中心而全面展开的。

从哲学认识系统发生的阶段中，可以找到马克思主义哲学产生
的理论必然性，在这个理论必然性背后隐藏着历史必然性。

三、哲学认识的个体发生

（一）个体发生的机制

社会历史根源、自然科学基础、社会科学背景、哲学批判的两个
对象（历史上的哲学和同时代的哲学）、其他意识形态中折射出来的
时代精神等因素集中反映到哲学认识中来，使人类社会的历史发展
规律问题成为马克思主义哲学创始人所面临的直接问题。这一问题
的解决是为了全面揭示自然、社会和人类思维发展的一般规律。围绕
这一核心任务，马克思和恩格斯总结了人类认识史的全部成果，批判
地考察了德国古典哲学及其现代变种，重新审定了一批原有的哲学
范畴，创造了一些反映哲学认识新成果的新范畴，逻辑地建构了哲学
认识的新体系。这个体系尽管在形式上没有被集中表示出来，但就其
精神实质而言是被原则地建构起来了，否则以后马克思主义哲学的
发展都是不可思议的了。这里，要认识到哲学认识的个体发生绝不是
哲学家个人冲动的产物，而是社会历史和理论自身发展的必然。但是
这个必然趋势必须通过相应的代表历史潮流的哲学认识主体来实
现。谁能成为新时代哲学认识新水平的认识主体，这取决于认识主体
自身的本质力量。

在个体发生的过程中，认识客体表现为一定的社会存在形式。哲
学认识对客体的反映就是对社会存在的反映。因此，客体反映到主体

的观念中已经是经过"改装"的,打上了认识主体和客体之间社会关系的烙印的认识了,这就是哲学认识个体发生的机制。

(二)个体发生中的受制因素分析

现实生活的重大的基本问题是哲学认识发生中的决定性的定向因素。

当时科学认识的成果及其水平是哲学认识发生中的主要的定质因素。

哲学批判的矛头、同时代哲学的影响是哲学认识发生中的定型因素。

同时代的哲学认识系统的最近一层的外在环境即当时社会意识诸形态的时代精神内容是哲学认识发生中的非决定性的定向因素。

哲学认识主体自身的本质力量、知识结构、认知结构、思维方式、社会关系等是哲学认识个体发生中的次要的定质因素。

(三)个体发生的历史条件分析

哲学认识往往发生在社会历史的重大转折时期前后、科学认识的突破性进展阶段、哲学理论矛盾尖锐冲突的情况下。

这些历史条件往往使哲学成为政治革命的先导或头脑,成为科学革命的总结或滥觞,成为哲学发展的新阶段。马克思主义哲学的产生便是人类社会历史发生重大转折的超前反映,是人类科学认识达到新阶段的反思,是哲学理论激烈斗争的结果。

四、哲学认识的个体发展

(一)个体发展是个体发生的必然延续

个体发生奠定了其进一步发展的基础,而个体发展则是个体发生的必然延续。个体发展的根据表现为体系内部矛盾的不断出现和解决,其根源在社会实践自身的发展,这个发展造成的实践和理论的矛盾是哲学个体进一步发展的直接推动力。马克思主义哲学一经产生,其发展就成为历史的必然。

(二)个体发展的受制因素分析

一般说来，个体发展的受制因素与其发生的受制因素在量上是相同的(就种类或方面的数量而言)，但在质上是不同的。这时历史和认识都进入了相对稳定的发展时期，哲学认识的发展在更多的方面取决于理论自身的不断完善和系统化，理论自身的形式要求在哲学认识的发展中起到重要的作用。这时哲学认识研究的具体问题比发生期更远离社会经济基础。

(三)个体发展模式是系统发展模式的特例或缩写

这里的 P_1、P_2 代表着哲学认识发展的同一体系的不同阶段：

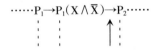

$$\cdots\cdots P_1 \rightarrow P_1(X \wedge \overline{X}) \rightarrow P_2 \cdots\cdots$$

哲学认识系统

哲学认识在其发生和发展中形成了一个哲学认识系统，这个系统的构成要素是哲学认识的主体、客体和中介。它们构成一个二重化的哲学认识结构，正是这个特殊的结构具有其特殊的功能，从而确证了哲学认识系统存在的意义和价值。

一、哲学认识的主体和客体

(一)哲学认识主体

只有生活在具体社会关系中，利用社会形成和给予的实践活动和思维活动的各种手段和形式(工具、语言、逻辑概念、范畴等)、各种实践经验和思想资料，并有意识地进行对象性活动的人，才是现实的认识主体。认识主体是社会的人，是一般和个别(群体与个体)的有机统一。认识主体的内部分工是构成不同类型的具体认识形式的主体根据。哲学认识的主体只是一部分人,其中坚是哲学家;从发展的眼光看则必须是所有的人。而在其过渡形态中,哲学逐步从哲学家的书斋中解放出来,变成广大人民群众手中的认识武器,使越来越多的人成为哲学认识的主体。

(二)哲学认识客体

人类认识面临的客体是确定地和现实地被纳入主体对象性活动结构,为主体的对象性活动所指向的事物、属性和关系。科学认识和哲学认识所面临的客体从宏观上讲是同一的。不同的认识类型划分的客体根据是客体矛盾的特殊性,而不是不同的实体。严格地说,自然科学研究的是客体的自然属性,社会科学研究的是客体的社会属性,哲学则研究客体的存在属性。哲学认识的客体即存在,正像亚里士多德所言是作为存在的存在,就是把一切事物仅仅看作是存在。

(三)哲学认识客体的特殊性剖析

作为哲学认识客体的存在是不能自身显现其一般规定性的,就像任何事物的属性都表现在一事物与他事物之间的关系中一样,存在的一般规定性也只能通过存在与思维的关系表现出来,也只有通过这个关系才能够被认识。思维与存在的关系也因此成为哲学的基本问题。

哲学认识客体通过思维与存在的关系被认识,形成了思维最基本的结构与形式即哲学范畴。这表明哲学认识的成果是对象意识与自我意识的高度统一,也是主体客体化与客体主体化的高度统一。哲学认识的客体作为存在,对人类一般认识客体具有一种超越性,哲学认识客体为人类认识的一般客体的不断建构和向无限扩展提供了可能,它力求将人类认识引向无限广阔的视野。

二、哲学认识的中介和结构

（一）哲学认识的中介是全部人类认识成果

哲学认识与其他一切形式的认识一样是主体通过一定的中介观念地掌握客体的活动，充当中介的是思维工具（概念、范畴、判断、理论框架）。这些工具都是人类认识的成果。但哲学认识要求以以往全部人类认识成果为中介，而以往全部人类认识成果具有无限丰富的内容，为认识主体提供了广阔的选择余地。中介体本身是一个系统，它同样具有自身的结构和功能。这不仅决定了哲学认识的丰富性，而且决定了它的特有结构。

（二）哲学认识的中介本身是一个认识系统

以往人类全部认识成果在哲学认识中充当中介系统是作为一个认识系统而出现的，它自身具有认识主体、认识客体和中介这样几个要素，并按一定结构组织起来。这个结构中积淀了人类以往实践和认识的全部成就，它以理论的形式再现着人类认识活动的全部历史和丰富内容，它以语言符号体系的形式呈现于哲学认识主体之前。因此，哲学认识主体处理的感性材料就是一组组有意义的符号系统，这些符号反映的是客体的理性的内容，是一种思维中的具体。哲学认识正是从这种科学思维中的具体出发，经过哲学抽象，达到哲学思维中的具体的过程。这个过程的结果是哲学范畴的建构、补充或校正。

哲学认识的中介既是一个认识系统，又是一个符号系统；哲学认识既是一个反思过程，同时又是一个符号操作过程。

（三）哲学认识的二重化结构

由于哲学认识中介的特点，使哲学认识具有一种二重化的结构。在哲学认识系统中基本要素仍是三个。其结构为"主体—中介—客体"。但是，中介自身又是一个同样形式结构的认识系统，所以，严格地说，哲学认识的结构可示为：

从这个结构中我们就可以看出哲学认识的间接性、反思性、超越性、普遍性、根本性、符号操作等性质和特点。它决定了哲学认识的功能,显示了哲学认识的优势与不足。

三、哲学认识的基本功能

（一）本体论——世界观功能

哲学认识作为主体的范畴的形式观念地掌握存在的特定的认识方式,它首先是关于存在的学说即本体论。哲学认识的本体论意义决定了其世界观功能。

如果说人类掌握世界的形式是多种多样的,通过这多种多样的掌握可以形成不同的世界图景的话,哲学认识则要俯视这种多世界图景,以立体透明的全息式反映(反思)建立起特定时代的世界观。

所谓世界观功能,就是给认识主体提供一个观察世界的立场、观点、方法、角度,使人形成一个基本的态度。这个立场、观点、方法、角度、态度可以为人们的活动提供理想的力量和目标,为价值观、人生观等人类观念的形成和选择提供依据。在一定时代,世界观成为该时代一个民族、一个国家、一个政党的精神支柱和理论基础,并因此成为整个文化的思想基础和个人精神生活的根基（安身立命之处）,以及个人与社会沟通的途径之一。优秀的哲学认识是人类文明的活的灵魂,是时代精神的精华,是人民最珍贵、最精致的精神遗产和财富。

（二）认识论——智慧学功能

哲学认识同时又是思维与存在关系的学说,因此是广义的认识论,具有认识论——智慧学功能。主要表现在:哲学认识使主体认识着的认识成为自明的和自觉的;哲学认识以其广阔性和深入性为人类其他认识活动的产生和发展提供智慧的启迪；哲学认识渗透到人类活动的各个领域的一切方面，以其隐蔽的形式对人类活动起着示范和引导作用。

（三）逻辑学——方法论功能

哲学认识的成果是一系列具有内在必然性的逻辑范畴的全面展开。在这里"逻辑不是关于思维的外在形式的学说，而是关于'一切物质的、自然的和精神的事物'的发展规律的学说，即关于世界的全部具体内容及对它的认识的发展规律的学说，即对世界的认识的历史的总计、总和、结论"。（列宁语）人类认识是通过思维的范畴综合功能的发挥而实现和完成的，而范畴综合功能的发挥取决于主体范畴结构的样式。这个样式是通过哲学认识建构起来的。范畴之网越简单，认识就越贫乏；越复杂，就越丰富。哲学的方法论功能正是通过其逻辑范畴功能表现出来的，因此，所谓哲学指导作用，只能是逻辑——方法论的指导，而不是具体的规范。哲学范畴形成人类进行语言符号操作的方法论原则，它可以结合具体思维内容的特点进一步具体化为操作的方法和规则。通过这种方法和规则使思维达到真实性。

哲学认识的性质和特点

一、哲学认识的性质

（一）哲学认识是一种全息式的反思式的反映

哲学认识的本质也是反映，但这种反映具有全息式和反思式的特点。也就是说，哲学认识以完整的理论体系揭示存在的基本形式，形成思维的范畴结构和世界观。这个结构是通过对全部人类认识成果的反思实现的，它将人类掌握世界的多种方式形成的多世界图景作统一观，因而具有立体透明的全息性质，是人类掌握世界的多种方式的概观。

（二）哲学认识是一种范畴式的认识

科学认识是一种概念式的认识，它通过思维范畴的运用完成概念化的过程，具体地揭示客体的内容。哲学认识则是一种范畴式的认识，它既要运用原有范畴完成哲学概念化即范畴化的过程，又要在这一过程中修正、校正、深化、补充、拓宽原有范畴，在哲学认识革命时期则要建构新范畴，清洗或重新规定旧范畴。正是这种范畴化的过程，使哲学认识不断得到发展，从而使人类认识成果以范畴的形式在主体的认识结构中积淀下来，为认识的进一步发展提供条件，这也就是前面所说的认识论、逻辑学功能。

（三）哲学认识的成果是一个范畴体系

哲学认识作为关于存在的学说，反映在人脑中所形成的只能是最一般的思维形式——哲学范畴。因此，哲学认识的成果只能通过范畴体系的形式表现出来。这个范畴体系以最一般的形式反映着人类认识发展的程度和水平。

在这个范畴体系构成的基础理论的周围还有一个哲学学科群。这个学科群是哲学认识与科学认识之间的中介，是以哲学认识的方式总结科学认识成果的产物。它可分为三个层次：哲学基础理论是核心，哲学学科理论是里层（包括狭义认识论、自然辩证法、历史唯物论等），哲学应用理论是外层（包括自然科学的哲学理论、社会科学的哲学理论、思维科学的哲学理论等等）。

二、哲学认识与科学认识的关系

哲学与科学的关系具有多方面的内容，哲学认识与科学认识的关系是其中的主要内容之一，主要有：

（一）互生关系

哲学认识在认识发展中统一扮演着前科学假说的角色，对科学尚未涉猎的领域作出哲学式的推断，这能启发人类认识不断指向未知领域。这种超前性有时在时间跨度上是大得惊人的。中国古代哲学家的生态意识已有几千年的历史，而生态学的真正实证研究才是最近十年的事情。因此，爱因斯坦作为一个伟大的科学家宣称哲学是科学之母。

同样值得重视的是，哲学认识是来自科学认识的，它是对科学认识的概括和总结。任何有时代水平的哲学理论都直接地或间接地与科学认识的水平相关，受其制约。只有建立在科学基础之上的哲学才能反过来推动科学。从这个意义上讲科学又是哲学之母。

对哲学与科学的互生关系不能作直线性的理解，既不能简单地把哲学理解成前一时代科学的产物和下一时代科学的升华，也不能简单地把科学理解成前一时代哲学的产物和下一时代哲学的升华，而是要在交互作用中、在共建关系中作环形的理解，即共时态的双向建构过程。

（二）互补关系

哲学认识的范畴框架需要科学认识的概念内容来确证和说明，科学认识的理论材料又需要哲学认识的范畴框架来整理和范导。任何哲学或任何科学如果仅仅宣布只有自己才能认识真理，那不过是井底之蛙。互补关系表明科学必须与哲学结盟，反之亦然，这是人类实践和认识完整性的必然要求。

（三）互证关系

哲学认识必须有相应的科学认识的支持，科学认识则需要哲学认识的逻辑范畴的指导，这样，哲学认识和科学认识之间便有一种相互确证的关系。哲学认识既要为科学认识指明方向，为科学认识进行哲学辩护，为科学认识理论的形成提供逻辑框架和世界观支撑，同时也要对科学认识进行哲学批判和澄清，防止科学认识走上僵化和绝对化的邪路，这种哲学的批判精神在科学发展中的作用是有目共睹的。科学认识也是批判地对待哲学认识的,它并没有被哲学认识束缚住自己的手脚,而是通过互相批判的否定性统一使哲学认识与科学认识相互确证,从而具有相互补充、相互催化的作用。

三、哲学认识的几个显著特点

(一)超越性

哲学认识既是一种具体的认识,又是一种认识"认识本身"的普遍的认识。它既是对人类认识客体的一种观念式的把握,又超越现实的认识客体导向可能的客体,并在主客体的相互关系中达到自身的反思,使人类认识既在特定的阶段上显示其现实性,又超越特定的阶段指向无限和理想性。

哲学认识的超越性使其主体性大为增强,也使哲学认识具有了信念甚至信仰的特点,与宗教有了相似之处。这既是哲学认识的优势,可以使人类认识在更广阔更深刻的层面上展开和不断拓宽,也是哲学认识的劣势,为幻想、虚构、臆造提供了市场和气氛。

(二)主观性

所谓哲学认识的主观性是指哲学认识主体在利用人类认识成果时具有个人选择的广阔余地。"仁者见仁、智者见智"是其表现之一,也是哲学认识多样性的根源之一。哲学认识是一个充满争斗的论辩的场所,正是在激烈的矛盾冲突中人类认识才得到了不断地升华。这一特点使其与艺术有了某种相似之处,因此,给其评价带来一定的困难。有人说哲学无公理,这从某个侧面反映了这一特点。哲学认识的主观性一方面来自哲学认识主客体相互作用的特殊性,另一方面来自哲学认识客体的非实体(非感性)性。

(三)社会性

哲学认识的社会性包括阶级性、党性、民族性等内容,它主要研究的是不同于科学认识所具有的阶级世界观、派别对立性和民族化形式。哲学认识的社会性特点表明哲学认识中主客体关系中社会关系的参与性与投射。在自然科学中,尤其是在其认识成果中,仅仅反映客体的自然属性,因此不具有社会性。而社会科学则直接研究社会关系(即社会性),因此具有强烈的鲜明的社会性。哲学认识客体作为存在当然以抽象的形式包涵着社会存在,投射着社会关系,所以它以一种微弱的隐蔽的形式反映出其社会性。

(四)理性与非理性统一

哲学认识在本质上是理性的,是以逻辑范畴的形式反映客体的一种理论水平的认识,但在其实际活动中,比科学认识具有更浓厚的非理性色彩;它借助于想象、直观、直觉、灵感等思维形式中的非理性因素达到对科学认识的总体把握和反思。哲学认识力求达到某种"悟"的境界,这种"悟"即有限向无限的跃迁,使哲学具有信仰的因素。爱因斯坦的所谓宗教感其实是一种哲学信仰。

我们生活在一个伟大变革的时代,一个十分有利于哲学认识发展和飞跃的时代。为了顺应时代的潮流,满足时代的要求,哲学认识必须走在时代的前列。因此,哲学认识的自我反思同样是时代的课题,它不仅具有理论意义,而且也具有现实意义。这份围绕哲学认识这个中心展开的论断式的论纲,既是笔者进一步研究的基础和引子,也希望能成为其他研究者的铺路石和引玉砖。

(原载《青海社会科学》1988 年第 4 期)

多世界理论的启示

1. 罗嘉昌同志的《客观实在论》一文,发表于《中国社会科学》1987年第 2 期,读后很受启发。尤其是他提出的多世界理论,能够解决不少理论上的难题,解除很多困惑。因此,我向广大读者推荐这篇好文章,并就多世界理论的意义谈一点粗浅的体会,求教于罗嘉昌同志。

2.《客观实在论》一文从物理实在观的变革入手,阐明了现代物理学是如何从内部破除力学实在观的迷信的。现代物理学表明:洛克所谓第一性质(广延等)并不比第二性质(色声味等)更为固有,它同样要依赖主体和对象之间的中介物,也就是说任何性质都是相对的。其哲学意义在于:客观实在性本身也不是抽象的、绝对的,而是相对于主观实在性而言。因为,在马克思看来,"抽象的、孤立的、与人分离的自然,对人来说也是无"[①]。这就表明哲学认识的特殊视角是从思维与存在的关系中把握对象世界。因此,哲学作为本体论与认识论的统一,从其第一个概念——物质——开始就已经表现出来了,这种统一得到了现代科学的有力支持。

3.《客观实在论》一文在剖析所谓客观性的危机的过程中,辩证地重建了客观性。这种辩证重建既概括了现代物理学的最新成就,又坚持和发展了马克思主义的"实践—物质"一元论。"现代物理学启示

---

①马克思:《1844 年经济学哲学手稿》,人民出版社,1979 年版,第 131 页。

我们，真正的客观性在于保证科学的描述把等价的信息传递给一切观察者，保证这种信息能被所有研究者理解。"①罗嘉昌同志在分析现代物理学关于实体性质理论的过程中，用一个函数式表明了实体性质与属性的相对表现即关系之间的关系：

$$Y=f(x_1, x_2, x_3 \cdots\cdots) \tag{1}$$

这里的 Y 表示任何一种主客体之间的关系，x_1 表示属性，x_2、x_3 则代表认识条件。

例如，对于第二性质的颜色来说，Y 可以是任何一种颜色；x_1 为刺激变量，可以是外界的某种物理或化学作用，如波长这些第一性质；x_2、x_3 则分别为感官状态、人的机体的主观状态等情境变量。"（1）式表明：无论是第一性质还是第二性质，都是 x_1 在一定的认识条件（包括内部条件）中的相对表现（投影）。"②因此，无论是第一性质还是比第一性质更基本的性质（罗文称之为第零性质），都不能归结为实体的最终属性，即 $Y=f(x_1)$ 的模式是行不通的，这种所谓的彻底客观化，是有碍科学进步的，也是不利于人们对客观性的彻底的唯物主义的理解的。"相反，如果我们辩证地、在主客体辩证统一的框架中来把握客观性，看到客观性的层次性和相对性，那么，就非但能够拒绝将第一性质归入主观，反而还要求我们回过头来重新确认第二性质以及日常生活中其他对象的客观性。"③

4. 这种辩证重建的客观性，既承认自然科学中物理世界的实在性，承认在物理世界中，"客观世界"无色、无声、无嗅，但同时也承认

---

①罗嘉昌：《客观实在论》，《中国社会科学》1987 年第 2 期，第 24 页，以下出自该文的引文只注页码。

②第 25 页。

③第 25 页。

"眼见为实"承认人们在日常生活中所经验的世界是五颜六色的世界。既承认科学,又维护常识,这是人之常情,只有多世界理论才能解决人们在生活中的这个难题。常识的观点,将 X_1、X_2、X_3……因素全部综合起来,形成有多世界理论才能解决人们在生活中的这个难题。常见的观点,将 X_1、X_2、X_3……因素全部综合起来形成

$$Y=f(x) \tag{2}$$

模式,(2)式并不违反科学,它只是作了与自然科学抽象不同的另一种选择。由于实践活动的无限丰富性,人们把握世界的方式也可以是无限多样的,人可以进行多种选择,选择的根据就是对象世界的多样性,这就是多世界理论的基本思想。美学家有美学家的世界,科学家有科学家的世界,数学家有数学家的世界。这众多的世界都是客观存在的,是客观实在的不同表现形式。多世界理论不仅为常识找到了存在的根据,而且也为美学家们的第三性质的审美世界找到存在的根据,重要的是它们都享有客观世界的殊荣。

5. 多世界理论既能使科学理论畅通无阻于自己的势力范围,又使它得到了一定的限制。我们当然应该相信科学,但多世界理论告诫我们:切不可迷信科学! 如果我们只迷信科学,说客观世界无声、无嗅、无色,岂不成了颠倒黑白的狂人? 这并不是科学的过错,而是形而上学的"一"的罪过,如果我们执着于唯一把握世界的方式,执着于只有一个对象世界,那么这种胡言乱语就会成为真理,人们就会得出"颜色和声音客观上存在又不存在"的貌似辩证、实则似是而非的荒谬命题。多世界理论在承认科学世界的同时还承认包括常识世界在内的其他众多的世界。它坚决地抛弃不与常识一致这个"唯心主义者的腐朽的怪癖"①,这一点对于我们正确对待科学与常识具有重要的

①列宁:《哲学笔记》,人民出版社,1957年版,第295页。

启发意义。

6.《客观实在论》在辩证重建客观性的基础上,阐明了自己的彻底的唯物主义一元论的客观实在观:"既然物质就是客观实在,既然这种客观实在是为我们的感觉所复写、摄影的,因此它就遍括了我们的意识所反映的一切现象、事物、过程。不言而喻,也包括了第二性质、第三性质以及日常生活中其他对象和性质。"①这个客观实在观,既坚持了马克思的实践唯物论的基本立场,强调在实践基础上人与自然的统一、主体和客体的统一;强调所谓"物质的"就是"对象性"的,而不是抽象的、孤立的、与人分离的存在物,同时也坚持了恩格斯和列宁的物质观,即用"客观实在性"作为物质的唯一特性,并以此作为多世界理论的理论依据。这个物质观包容了一切现象、事物和过程,尤其是包容了作为审美性质的第三性质,这可以说是对物质观的一个新发展,起码是理解上的一个深化。这样的物质观有力地批驳了还原主义,指出"还原主义之路,乃是一条虚无主义的道路"②。这种批判是深刻有力的,叫人心悦诚服。

7. 多世界理论抛弃了形而上学的"神目观",即站在世界之外,以上帝的目光看世界的观点,因此,它把物质的客观实在性与实践的客观实在性有机地统一了起来,因而重新使"物质带着诗意的感性光辉对人的全身心发出微笑"③。因为它使人的感性世界无限丰富了起来,使物质不再冷漠人,从而使人文主义与科学主义并行不悖,而且在实践唯物主义的观点中得到合理的说明。这无疑是马克思主义哲学久已盼望的境界,更显示了马克思主义哲学的本质力量,使其成为

---

① 第 29 页。

② 第 27 页。

③《马克思恩格斯全集》第 2 卷,人民出版社,1956 年版,第 164 页。

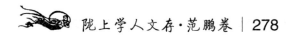
能说服人和催人奋进的哲学。

8.《客观实在论》一文所涉及的问题广泛而又重要,在许多问题上它为读者留下了深入思考的余地,如可能世界的问题、美的客观性的论证问题、"物质—实践"一元论的问题、现代西方哲学存在的根据问题、人在马克思主义哲学中的地位问题等等。我认为,这些问题从多世界理论出发都可能得到一种全新的理解。因此,罗嘉昌同志不仅为他自己而且也为众多的哲学工作者开辟了一条哲学研究的新路子。

总之,《客观实在论》是一篇坚持和发展马克思主义哲学的好文章。我们期待着有更多这样的文章问世。

（原载《中国社会科学》1988 年第 3 期）

哲学概括与总结刍议

乌杰同志的《系统辩证论》出版之后，在哲学界引起了反响，多数同志认为它建立了一种新的哲学体系，但也有一些同志不以为然。那么，究竟怎样才算是对科学成果进行概括和总结，从而创立哲学体系呢？本文避开系统辩证论不谈，而从哲学学的意义上、从哲学范畴形成与发展的角度，对哲学概括与总结的基础、条件和过程进行一些分析，试图为是否创立了新的哲学体系提供一种标准。

一、哲学概括活动的内在机制与哲学范畴的形成过程

哲学概括活动进行和完成的过程，就是哲学范畴的抽象和形成过程。为此，我们有必要进一步分析一下哲学范畴的具体含义。

范畴是西方哲学中 Category 一词的译名，它有这样几层基本含义：（1）存在的一般属性；（2）认知的性质范围或性质种类；（3）普遍的思想观念或思维的基本结构；（4）最基本的语言述辞。

在中国传统哲学中，有《尚书·洪范篇》所列"洪范九畴"，"洪"即宏大，范即形式法则。"洪范九畴"是箕子在回答武王治国安邦的道理、次序时提出的九类根本大法，是为达到治国安民的目的而制定的必须遵循的基本原则。它们既有描述性又有规范性，既来源于个别又超越了个别，具有一定的普遍意义。范畴的语言学、逻辑学意义，在中国哲学中则相当于《墨子·经上》所言"名：达、类、私"中的达名和《荀子·正名》所说的"大共名"。可见，《尚书·洪范篇》的洪范九畴加上《墨

子·经上》的达名和《荀子·正名》的大共名,概括出的"范畴"一词与西方哲学中的 Category 的意义大致相通,指的都是最一般的思维形式、最普遍的思想观念和最基本的语言结构。

在马克思主义哲学中,范畴的含义基本上沿用了西方传统哲学的形式,但作了实践唯物主义的理解和规定,其基本含义是:"范畴"是客观实在普遍联系和运动发展的共同本质和一般形式,这些存在的本质和形式通过人类实践的亿万次重复,在人类思维中积淀和内化为普遍的思维形式。这些思维形式是通过"实践—精神"把握方式被揭示出来的,是思维与存在同一的基本要素,也是构成哲学理论的细胞,是人类认识的最普遍的思维工具。

哲学范畴是通过哲学概括活动被揭示出来的。这个概括活动主要包括以下几个方面的内容:

(一)人类实践的亿万次重复是哲学范畴形成的客观基础。列宁指出:"人的实践经过千百万次的重复,它在人的意识中以逻辑的格固定下来。这些格正是(而且只是)由于千百万次的重复才有着先入之见的巩固性和公理的性质。"[①]这是一切范畴形成的客观基础。正是人类实践沟通了思维与存在,使它们的同构、同律等具体的同一性充分显示了出来。正像恩格斯所说的那样:"由于人的活动,就建立了因果观念。"[②]但是,由日常生活的普遍观念上升为哲学范畴,还必须经过哲学以"实践—精神"的把握方式进行理论加工和创造。

(二)人类精神活动成果的积累是哲学范畴形成的现实条件。由丰富的实践形成的把握世界的众多方式,从不同层次、不同侧面、不同意义上揭示着客观存在的具体内容, 这些具体内容作为人类精神

---

①列宁:《哲学笔记》,人民出版社,1972 年版,第 233、228 页。
②恩格斯:《自然辩证法》,人民出版社,1956 年版,第 98 页。

活动的成果,在人类认识进程中不断积累下来,这就为哲学范畴的形成提供了现实条件。注重哲学范畴形成的客观基础与其现实条件的统一,正是"实践—精神"把握方式的内在要求。这个方式还要求我们注重哲学概括活动的普遍性。过去我们有意无意地只强调知识性成果在哲学范畴形成中的意义,这就使人类精神活动成果的相当一部分内容被排除了哲学概括的范围,从而使我们的哲学理论显得单调死板,毫无生气。

(三)人类精神活动成果的理论化是哲学范畴形成的真实起点。人类精神活动的成果在本质上当然是社会实践的成果,这些成果有的是理性化、知识化了的,有的则是经验型、观念型甚至非理性形式的。对这些精神活动成果的概括首先要使其理性化、理论化,即对它们作出理论总结与说明。这个总结与说明有两个基本层次:一个是科学理论层次,一个是哲学理论层次。例如,对艺术进行理论总结与说明,首先形成艺术理论,属于科学认识层次;其次才上升到艺术哲学,属于哲学认识层次。只有完成这两个基本过程,哲学的概括才有可能。要完成这一理论化的过程,必须依靠各个领域的专家和哲学家的共同努力。

(四)在不同的理论成果中,发现客观实在的共同本质和一般形式是哲学范畴形成的关键步骤。这里哲学所面临的便是一个纯粹的思想领域了,哲学认识主体所面对的材料既有以往哲学理论的成果和遗留问题,也有从人类最新精神成果中概括出来的新结论、新问题,解决和回答实践中迫切需要解决和回答的重大的根本的问题。完成对原有范畴的清理和改造,把新发现的共同本质和一般形式纳入一定的范畴之中,在旧范畴无法容纳新思想时,移植、筛选、建构新的哲学范畴。这是哲学范畴形成的关键一步,也是哲学研究中最常见的创造性工作。

（五）根据清理和改造旧范畴，移植、筛选、建构新范畴的结果，从思维与存在关系的范围内，以最普遍的思维形式定义范畴，是哲学范畴形成的最终标志。

以上我们粗略地勾划了哲学范畴形成的基础、条件和步骤，这实际上就是我们所理解的哲学概括活动的具体机制。哲学概括活动是以"实践—精神"的方式把握世界的第一步，这一步具体反映了哲学把握世界的特殊视角；一切事物都被作为存在来考察其普遍本质和一般形式，一切活动都被当作思维与存在矛盾运动的具体形态而揭示其普遍规律性；哲学的普遍概括性、总体性、根本性、超越性在这里得到初步体现，"实践—精神"把握方式的实践本质也得到反映。

二、哲学总结活动的具体含义与哲学范畴的原理化过程

仅仅有哲学概括活动，仅仅靠哲学范畴，还不足以说明"实践—精神"把握方式的丰富内容，还不能具体说明存在普遍联系与运动发展的真实情况，不能说明思维与存在达到同一的全过程。为此，还要进一步分析哲学总结活动的具体内容，把握哲学范畴深化、哲学思想升华的过程。马克思说："正如从简单范畴的辩证运动中产生群一样，从群的辩证运动中产生系列，从系列的辩证运动中又产生整个体系。"①这就是哲学总结活动的基本含义和主要程序。

哲学总结活动的进行是与哲学概括活动交织在一起的，以上马克思所说的是创立一切科学理论体系的一般的总结过程，但它与哲学理论体系的创立过程在形式上是同一的，只是在内容与层次上有所区别。在哲学发展的常规时期，哲学概括和总结活动并不必然导致

①《马克思恩格斯选集》，人民出版社，1972年版，第107页。

新的范畴体系的创立,更多则表现为对已有的范畴的深化、系列的调整和体系的完善。在哲学发展的突破性进展时期,哲学概括与总结则表现出一些新特征,它必然要求新的范畴体系的建构。下面,我们将按照马克思指明的思路, 从哲学认识的常规性进展与突破性进展的结合上,具体说明一下哲学总结活动的全过程,从中进一步透视哲学把握方式的特点,加深对哲学本质的认识。

(一)哲学总结的基础是哲学范畴的初步规定,其客观依据是科学理论所揭示的客观存在、人类实践和人类思维发展的具体规律。通过反思这些规律及把握这些规律的具体思维进程, 形成反映客观实在与人类思维矛盾运动的某一层次、某一侧面、某一过程的个别规律的范畴群,解决和回答实践和科学向哲学提出的问题,总结为特定的哲学命题,这就是哲学总结活动的第一步。范畴群往往组织成一组命题,因此,从个别范畴向范畴群的推进标志着范畴间的本质关系被揭示了出来。

(二)在形成了一定数量的范畴群,提出了一系列具有内在联系的哲学命题的基础上,进一步揭示各范畴群之间的本质联系,通过深入考察分析范畴群辩证运动的内在逻辑,综合出范畴系列,使哲学命题之间的有机联系逻辑化,揭示思维与存在矛盾运动的特殊规律,是哲学总结活动的第二步。通过这一步使哲学思想由零散进到完整,从个别上升到特殊,由命题演进为原理。这一步在哲学认识的常规时期往往引起哲学理论的较大发展, 在哲学认识的突破时期则是形成新的哲学体系的重要一环。一般说来,从范畴群(命题组)向范畴系列(特殊原理)的推进,标志着哲学思想发展中的阶段性或局部性质变。

(三)在哲学系列规律、特殊原理被揭示的基础上,通过全面深入地考察人类认识的全部成果,发现特殊原理之间的本质联系,并按照人类认识的全部成果,发现特殊原理之间的本质联系,并按照人类逐步认识这些范畴、范畴群、范畴系列的历史过程和逻辑过程,合理地安排各个范畴、范畴群、范畴系列依次发展的逻辑顺序,形成哲学思想体系,完整地解决哲学基本问题,全面揭示思维与存在矛盾运动的一般规律,从宏观上完整地再现"实践—精神"把握方式形成的哲学世界图景。形成人类认识史上具有重要意义的新世界观,这是哲学总结活动的第三步。这一步标志着哲学总结活动在特定的历史时期和认识主体活动中的完成,是哲学思想发展中的质变。

(四)恩格斯指出:"每一时代的理论思维,包括我们这个时代的理论思维,都是一种历史的产物,它在不同的时代具有完全不同的形式,并因而具有完全不同的内容。"①这里讲的历史产物可以从两个方面来解释:一是说哲学是时代的产物、实践的产物;二是说哲学是哲学思维不断发展的继续。通过前几个问题的论述,我们对哲学是实践的产物有了比较明确的认识。这里我们特别要强调一下历史上的哲学思想和同时代其他哲学思想对哲学的特定形态的形成与发展的重要影响。这也是哲学总结活动不可或缺的重要方面,它渗透到哲学活动的每一个环节中。

从以上粗略的描述中,我们认识到哲学概括的过程即哲学范畴形成的过程,哲学总结的过程即哲学范畴的原理化、体系化过程。概括和总结的实质是从事物运动的具体规律、人类实践的丰富内容和人类思维的具体进程中,逐步揭示思维与存在矛盾运动的个别、特殊、一般规律。

哲学概括和总结的内在机制是一个十分复杂的问题,我们以上所论及的只是从范畴的形成与发展这一角度看问题的结果。事实上,

①《马克思恩格斯选集》第 3 卷,人民出版社,1972 年版,第 465 页。

哲学理论形成的内在机制可以从不同角度、层次上进行多方面的研究。只有这样才可能全面系统地揭示哲学认识的具体过程。例如，换一个角度，从"问题"的形成发展角度看哲学的概括和总结，可以作出另一种描述：(1)问题的提出；(2)问题实质的解析，论域的确定；(3)问题的种种假设的答案的提出与比较；(4)解决一般的问题——命题的提出；(5)关键性问题的解决——核心命题与基础命题的确立；(6)根本问题的解决带来的核心命题的泛化——新思想的发散；(7)一切问题重新解释和调整——哲学体系的创立。我们所要强调的是：不论从"范畴"还是"问题"或者其他什么角度看问题，关键是要牢牢把握住哲学的本质，始终把实践放在首位。哲学活动始终不能游离于人类实践之外，不能超出思维与存在矛盾运动的具体范围之外，否则哲学就不成其为哲学。

如果哲学不严格地在自己的认识范围内活动，不以自身特有的方式把握世界，不以揭示思维与存在矛盾运动的规律为己任，那就可能：(1)变成具体科学理论，具体描述事物、实践或思维的实证规律，导致哲学的实证化；(2)变成空洞的思辨和臆说，导致哲学的神秘化；(3)变成宗教教条式的东西，导致哲学的非理性化；(4)变成吹鼓手、辩护术，导致哲学的庸俗化。这些倾向都曾或多或少地在我们的哲学研究中出现过。正确认识哲学把握方式的特殊性，抓住哲学的本质，就可能防止这些失误。

三、哲学概括与总结所应遵循的几个基本原则

根据对哲学概括与总结具体机制的描述，为了充分体现马克思主义哲学的特殊本质，进一步揭示"实践—精神"把握方式的具体内容，我们还需要对哲学概括和总结活动提出一些理论规范，即哲学活动中所应遵循的几个基本原则。

（一）实践原则

马克思主义哲学在本质上是实践唯物主义,是"物质—实践"一元论。因此,实践原则便成为哲学概括和总结中的首要原则。实践原则作为唯物主义原则,它强调哲学认识的客观性、现实性,坚持"从外部世界中汲取和引出"哲学范畴,在实践基础上提出哲学命题,在时代发展中完善哲学理论,这是实践原则的首要含义。实践原则作为辩证法原则,它要求始终在思维与存在关系的范围内,在主客体的统一中去把握自然、社会和人类思维发展的一般规律,这是实践原则的第二层含义。实践原则的第三层含义是,一切着眼于改造世界,它表明:理论之谜的解答最终依赖历史之谜的解答;实践唯物主义是从改造世界的高度来认识世界的,它公开宣称"现在一切都在于实践"①。它要求自身必须思考与解答那些与人类前途命运直接相关的重大而迫切的根本问题。

可见,实践原则必须是马克思主义的实践唯物主义之第一和基本的原则,这是马克思主义哲学区别于一切哲学的根本标志。

（二）发展原则

发展原则是实践原则的进一步具体化和展开。发展原则曾被黑格尔作为哲学和哲学史研究的基本方法论原则作过精辟深刻的阐述。②马克思主义哲学的发展原则,首先坚持实践发展推动哲学发展的观点,要求从实践中寻求哲学活水的源头、吸收自身发展的养料,反过来推动实践向前发展。其次,要坚持哲学是一个发展中的系统、一个开放的系统,反对任何窒息发展的形而上学哲学观,要求从古今中外一切人类精神活动成果中汲取精华, 主张在动态的发展中不断

①《列宁选集》,人民出版社,1972年版,第298页。
②参见黑格尔《小逻辑》导言,《哲学史讲演录》导言。

完善自己的理论。第三,哲学的发展原则必须进一步具体化为哲学研究的方法论原则。这些原则包括从具体到抽象、再由抽象到具体的原则;哲学圆圈发展原则,历史与逻辑统一的原则;批判继承的原则等等。最后,坚持发展的原则就必须不断地进行自我反省、自我批判,在不断的自我扬弃中实现理论的发展,要不断地根据时代的发展丰富自身的内容,根据内容的发展完善或改变自己的形式。

(三)创造原则

没有创造就不可能有发展。所以,创造原则是发展原则更深刻的根据。马克思主义的实践唯物主义主张主体通过实践创造对象世界,也主张通过理论的创造去推动实践的创造。马克思主义哲学作为全部人类认识史的结晶,没有创造性反思就根本不可能存在,更谈不上什么发展。哲学的创造原则要求哲学认识主体必须培养和发展自身的创造性思维能力,必须创造性地反思人类精神活动的成果。创造精神和批判精神是密不可分的。哲学的批判孕育哲学的创造,而哲学的创造完成了哲学的批判。哲学的创造必须表现在哲学活动的每一个具体环节上。一般说来,从概括到总结,越接近哲学体系的创立,对创造性思维的要求也就越高。创造性原则要求哲学认识主体必须独立思考,没有独立思考的精神创造,哲学思想的深化和升华是不可能的。

(四)超前原则

创造性原则的进一步发展,就必然要求哲学具有一种超前意识。"人的意识不仅反映客观世界,并且创造客观世界。"①要在思维中创造世界,除了必须坚持实践原则、创造原则、发展原则之外,还必须具有一个理性的"应该"高度,必须通过超前意识活动,从宏观上预测和预见未来世界图景,这就是哲学研究中的超前原则。因此,哲学不仅

---

①乌杰:《系统辩证论》,人民出版社,1991 年版。

要充当深刻反思人类实践的"密纳发的猫头鹰",而且还必须充当具有一种自觉的预见能力的"高卢的雄鸡",成为实践的先导。在人类实践、科学技术飞速发展的现代社会中,这一点显得比任何时期都重要。

(五)统一原则

要真正坚持以上四原则,还必须自觉贯彻哲学研究的统一原则。首先是物质与实践统一的原则。它构成了马克思主义哲学实践唯物主义的基本立场,必须始终一贯地坚持到哲学活动的每一个细节中。其次是理论与实践统一的原则。一切从实际出发、一切为了推动实践的发展,应该成为哲学理论研究的基本准则和基本要求。第三是思维与存在、主体与客体统一原则。这是由哲学自身的本质特点所决定的,是保持哲学自身特点、发挥哲学特有功能的理论前提。第四是辩证法(本体论)、认识论、逻辑学统一的原则。这三者一致的原则在实践唯物主义中仍然是一条基本的原则,坚持这条基本原则,坚持实践与物质统一的原则,辩证唯物主义与历史唯物主义的统一才可能成为真正的内在统一。最后是世界观与方法论统一的原则。这是"实践—精神"把握方式的必然要求,是哲学描述性功能与规范性功能统一的依据。世界观与方法论统一的原则要求在哲学研究中有自觉的指导意识,着眼于哲学社会功能多层次、多角度地有效发挥。

用上述标准看《系统辩证论》,我认为,它符合哲学概括与总结的一般规律,的确从现代科学,尤其是从具有较高理论层次的系统科学中筛选、移植、建构了新的哲学范畴并使之形成了范畴系统,标志着马克思主义哲学的一种新的形式的创立,至少是不同于传统教科书理论模型的一种新的尝试。

(本文由作者的硕士学位论文《哲学本质简论》第三章改写而成,在此特向导师陈柏灵教授表示诚挚的谢意!原载《系统辩证学学报》1995年第3期)

论毛泽东的哲学观

　　哲学观是哲学家对哲学本身的看法,其核心是关于哲学的性质、对象、任务、方法的观点。任何一个哲学家都有自己的哲学观,这些哲学观有的是明确系统地表述出来的,有的是体现在哲学体系之中的。毛泽东同志的哲学观,既有基本的哲学观命题,同时也体现在毛泽东哲学理论之中。毛泽东哲学观的核心由下列几个命题组成,并由此形成一个完整的系统。

一、"哲学就是认识论"

　　"什么是哲学?哲学就是认识论,别的没有。"①这是毛泽东哲学观最基本的命题,它揭示了哲学的性质和本质特征。

　　"哲学就是认识论",这里的认识论是广义的。所谓广义的认识论,在毛泽东看来,就是关于主观和客观矛盾关系的学说,也就是关于思维和存在矛盾关系的学说,广义认识论的基本问题也就是哲学基本问题。可见,广义的认识论也就是哲学本身,所以,毛泽东才说"哲学就是认识论,别的没有"。这里的哲学,不仅是指马克思主义哲学,而且包括一切哲学,古今中外一切哲学在本质上都是关于主观与客观矛盾关系的学说,都是广义的认识论。因此,毛泽东进一步认为:

---

　　①转引自《光明日报》1987 年 9 月 11 日。

"唯物论、唯心论、世界观、辩证法,都是讲的认识论。"①世界上的学问五花八门、性质各异,但是,作为研究主观与客观矛盾关系的、具有认识论性质的却只有哲学一门。"哲学就是认识论"揭示了哲学的本质特征和认识论性质。

哲学作为认识论的本质特征在马克思主义哲学中得到了最好的体现,以科学的社会实践为特征的马克思主义哲学,紧紧围绕思维与存在、主观与客观这一基本矛盾而展开,揭示了思维与存在、主观与客观矛盾运动的一般规律,形成了科学的认识论。这个科学的认识论在毛泽东哲学中表现为以实践论为核心的实践论、矛盾论、群众论的有机统一。

(一)认识论就是实践论

在毛泽东哲学中,哲学被理解为主观和客观矛盾关系的学说,也就是广义认识论,而马克思主义哲学则被理解为关于主观与客观矛盾运动规律的科学,即辩证唯物论的认识论。"实践的观点是辩证唯物论的认识论之第一和基本的观点"②,整个马克思主义哲学都是建立在实践观点的基础之上的,离开了实践的观点,就不可能真正解决思维与存在、主观与客观的矛盾,就不可能真正把握主观与客观矛盾运动的一般规律。

作为实践论的马克思主义认识论,在毛泽东哲学中,被高度概括为"实事求是"。实事求是首先坚持了物质第一性的唯物主义基本立场,与一切唯心主义划清了界限。其次,实事求是坚持了从客观到主观、再从主观到客规即从实践到认识、再从认识到实践的唯物辩证的

---

①许全兴:《毛泽东改造哲学体系意见浅见》,《北京大学学报》1986 年第 3 期。

②《毛泽东著作选读》,人民出版社,1986 年版,第 123 页。

认识路线,其目的在于认识主观与客观矛盾运动的一般规律,并运用这个规律能动地改造世界,与一切旧哲学划清了界限。再次,实事求是坚持了具体问题具体分析的矛盾辩证法,与一切形而上学的唯心辩证法划清了界限。最后,实事求是坚持了彻底的唯物主义,把唯物主义的基本立场、观点和方法贯穿到社会历史领域中去,坚持社会存在决定社会意识的辩证唯物的历史观。可见,以实事求是的实践论为特征的毛泽东哲学,作为中国化了的马克思主义哲学,同样体现着认识论、辩证法、历史观的统一。

(二)认识论就是矛盾论

哲学作为认识论首先是实践论,它所追求的目标就是主观与客观具体的历史的统一,也就是把握主观与客观矛盾运动的一般规律,并运用它能动地改造世界,它所处理的所有问题中都始终贯穿着主观与客观的矛盾(即思维与存在的矛盾),由解决这个矛盾而被把握的事物矛盾法则,是哲学认识论的主要内容之一。"事物矛盾的法则,即对立统一法则,是自然和社会的根本法则,因而也是思维的根本法则。"[1]因为"矛盾即是运动,即是事物,即是过程,也即是思想"[2]。而"认识的真正任务在于经过感觉而达于思维,到达于逐步了解客观事物的内部矛盾,了解它的规律性"[3]。认识世界就是认识矛盾、改造世界就是解决矛盾,这样,以认识世界和改造世界为目的,以科学的社会实践为特征的马克思主义认识论同时也就是矛盾论,是以主观与客观这个基本矛盾为主线而展开的一个矛盾范畴体系。

作为矛盾论的马克思主义认识论,在毛泽东哲学中被高度概括

---

[1]《毛泽东著作选读》,人民出版社,1986 年版,第 159 页。

[2]《毛泽东著作选读》,人民出版社,1986 年版,第 121 页。

[3]《毛泽东著作选读》,人民出版社,1986 年版,第 142 页。

为"具体问题具体分析",即具体分析和解决各种不同的矛盾,毛泽东认为这是马克思主义最本质的东西和活的灵魂。具体问题具体分析实际上就是实事求是,它同样体现着马克思主义认识论、辩证法和历史观的统一。尤其在毛泽东哲学中,矛盾范畴和矛盾理论方法渗透到了每一个哲学范畴之中,社会基本矛盾理论就是这种渗透的有力体现。可见,《矛盾论》是《实践论》的逻辑展开,是马克思主义认识论的题中应有之义,是毛泽东哲学的主体。

（三）认识论就是群众论

毛泽东认为,人民,只有人民,才是世界历史的创造者和真正动力,才是认识和实践的主体。毛泽东哲学作为实践论就是从人的社会性、从人的历史发展出发讨论认识论问题的,这里的人主要指的是人民群众;毛泽东哲学作为矛盾论,其主旨在于教导人民群众"善于去观察和分析各种事物的矛盾的运动,并根据这种分析,指出解决矛盾的方法"①。因此,在毛泽东那里,作为实践论、矛盾论的马克思主义认识论同时也就是群众论。

认识论作为群众论,在毛泽东哲学中被高度概括为"从群众中来,到群众中去"的群众路线。"从群众中来,到群众中去",实质上也就是从实践中来、到实践中去的唯物辩证的认识路线,就是马克思主义的认识论。毛泽东同志曾明确地说:"这种认识论……简单地说,就是从群众中来,到群众中去。"②"从群众中来、到群众中去"的马克思主义认识论同时也就是从个别到一般、又从一般到个别的马克思主义辩证法。

实践论、矛盾论、群众论既是毛泽东哲学的三部曲,又是一个有

①《毛泽东著作选读》,人民出版社,1986年版,第844页。
②《毛泽东著作选读》,人民出版社,1986年版,第144页。

机统一的整体,它直接体现了"哲学就是认识论"的哲学观。据此,我认为,毛泽东哲学的精髓是其实践精神、群众观点和矛盾方法,概括为一点就是实事求是,这就是马克思主义、毛泽东思想的基本立场、观点和方法。

二、哲学是自然科学和社会科学的概括和总结

"什么是知识? 自从有阶级的社会存在以来,世界上的知识只有两门,一门叫作生产斗争知识,一门叫作阶级斗争知识。自然科学、社会科学,就是这两门知识的结晶,哲学则是关于自然知识和社会知识的概括和总结。"①毛泽东的这一哲学观思想进一步从哲学的理论构成方面说明了哲学的性质、对象、任务及其与具体科学的关系。

(一)哲学理论来源于自然科学和社会科学

哲学作为认识论,是从主观与客观矛盾关系中揭示自然、社会和人类思维的普遍规律即主客观矛盾运动的一般规律的。因此,它是离不开具体认识自然和社会的各种运动规律的自然科学和社会科学的,哲学所要揭示的自然、社会和人类思维的普遍规律,只能从概括和总结具体科学规律中得来,它所谓的主客观矛盾运动的一般规律,只能从主客观矛盾运动的特殊规律中得来,也就是说,哲学理论只能从科学理论中来。

(二)自然科学和社会科学是哲学的直接对象

哲学所概括和总结的材料是由自然科学和社会科学直接提供的,从这个意义上讲哲学的直接对象就是自然科学和社会科学,即人类一切认识成果。在这个直接对象中,哲学所要概括和总结的是主观

①《毛泽东著作选读》,人民出版社,1986年版,第148页。

与客观矛盾运动的一般规律,因此,主观与客观的矛盾及其规律就构成了哲学的间接对象,间接的东西往往才是本质的东西。毛泽东认为:"对于某一现象领域所特有的某一种矛盾的研究,就构成一门科学的对象。"哲学就是研究人类实践和认识中普遍存在的主观与客观的矛盾的学问,主观与客观的矛盾及其规律就构成哲学的对象,人类对这个矛盾的研究是通过具体科学这个中介完成的,所以才有了直接对象与间接对象之分。哲学对象的科学规定是哲学作为认识论的本质特征被揭示的前提之一。

(三)哲学作为自然科学和社会科学的概括和总结与哲学作为实践的产物是统一的

毛泽东十分强调人的正确认识只能从社会实践中来,哲学也不能例外。任何科学的哲学理论都是实践的产物,这一思想与哲学是自然科学与社会科学的概括和总结并不矛盾,而是统一的。具体科学本身是人类实践经验的结晶,从科学理论中概括和总结出来的哲学理论,其"根"还是在社会实践之中。哲学是具体科学的直接概括和总结,是实践经验的间接概括和总结。在实践经验和哲学理论之间,必须有科学理论这个中介,离开了这个中介哲学就不成其为哲学,而成了具体科学;离开了这个中介哲学也无法指导社会实践。也就是说,哲学从实践中来,必须通过科学理论这个桥梁;哲学到实践中去,也必须通过科学理论这个桥梁。这是由哲学的性质和特点所决定的。"哲学是自然科学和社会科学的概括和总结"进一步说明了哲学就是认识论,使我们从哲学的对象、特点中具体理解了为什么哲学就是认识论。

三、哲学是认识和改造世界的武器

1939年1月17日,毛泽东在给何干之的信中写道:"我的工具不够,今年还只能作工具的研究,即研究哲学、经济学、列宁主义,而以哲学为主。"①可见,毛泽东把哲学视为一种认识工具。他还说过:"反映全世界无产阶级实践斗争的马克思列宁主义的普遍真理,在它同中国无产阶级和广大人民群众的革命斗争的具体实践相结合的时候,就成为中国人民百战百胜的武器。"②毛泽东以其革命实践宣传了马克思主义哲学,实践了自己的哲学观,或者说使自己的哲学观变成了现实。

（一）这一哲学观思想揭示了哲学的社会功能

哲学之所以能成为认识世界和改造世界的伟大工具和武器,是由其认识论性质所决定的。马克思主义哲学作为科学的认识论,揭示了自然、社会和人类思维的一般规律即主客观矛盾运动的一般规律,这个一般规律是从个别的科学规律中、从主观与客观矛盾运动的特殊规律中概括和总结出来的,因此,它能反过来指导人们的认识和实践,即指导人们处理具体的主观与客观的矛盾,并在这个指导中检验、修正、发展自身。这种对人类认识和实践的指导作用就是哲学的社会功能。

（二）哲学在改造主观世界中的特殊功能

马克思主义哲学区别于一切旧哲学的标志之一,就是它不仅主张认识世界,而且主张改造世界。毛泽东认为:"改造世界的斗争,包括实现下述任务:改造客观世界,改造自己的主观世界——改造自己的认识能力,改造主观世界同客观世界的关系。"这里着重谈谈哲学在改造主观世界中的特殊功能。首先,哲学可以帮助人们提高自己的认识能力。哲学作为认识论是一种理论思维,通过哲学的学习和训练

①《毛泽东书信选集》,人民出版社,1983 年版,第 136 页。
②《毛泽东著作选读》,人民出版社,1986 年版,第 435 页。

可以锻炼人们的理论思维,而使认识能力有所提高,也就是人们常说的具有哲学头脑——善于分析问题、抓住事物的根本去解决问题。其次,哲学可以帮助人们提高认识水平。马克思主义哲学作为科学的世界观与方法论,为人们提供了正确认识世界和改造世界的武器和工具,借助这个武器,人们可以提高自己的认识能力,也可以提高自己的认识水平,使自己的认识更加符合客观实际。因为,马克思主义哲学作为科学的认识论,为人们提供了达到主观与客观统一的一般规律。最后,哲学可以帮助人们改造世界观。马克思主义哲学作为科学的世界观与方法论,还可以帮助人们树立正确的人生观、道德观、自然观,从而帮助人们形成正确的世界观,使个人的不自觉的、零散的、不科学的世界观得到正确的改造,从而使人的思想认识、思想觉悟、精神境界都得到提高。综上所述,我们认为,毛泽东哲学观的最基本的命题是"哲学就是认识论",它揭示了哲学的本质特征,并在"哲学是自然科学和社会科学的概括和总结"的命题中进一步具体说明了哲学的性质、对象、任务及其与具体科学的关系,也就具体说明了哲学为什么是认识论。正因为哲学就是认识,它才能够成为人类认识世界与改造世界的工具和武器。

毛泽东哲学观具有丰富的理论内容和重要的现实意义,深入研究毛泽东的哲学观,对于我们在新的历史条件下坚持和发展马克思主义哲学有着重大的理论意义和现实意义。

(原载《理论学习》1987 年第 5 期)

世事洞明皆学问　人情练达即文章
——社会科学学术论文撰写的几个问题

　　文章从来都是没有成文的章法的。"法无定法"才是登堂入室的高境界,但在入门之前或入门时总觉得需要有人点拨。

　　我认为为文有三种"境界":一种是"两只黄丽鸣翠柳,一行白鹭上青天"。就是说不知从何入手,或下手一两句便无话可说了;第二种是"笼天地于形内,挫万物于笔端",即想说的话太多,提笔便不能自已,洋洋万言意犹未尽,修改时总觉得自己是满腹经纶,文章也字字珠玑,怎么也舍不得删去;第三种是"删繁就简三秋树,领异标新二月花",这要求文字精当、平实,思想新颖、独到,观点鲜明、准确,结构一清二楚,给人以理性的美感和多方面的启示。

　　要做到为文的最佳境界,又需要注意为文的多个环节。

一、选题:理论研究的开端

　　理论研究要有自己的主要领域——专业和主攻方向。没有专业,或有了专业却没有方向都谈不上系统的研究,因为非系统的研究往往很难有真正的建树。所以,严格意义上的学术研究基本上都是系列化的研究,现在社科成果评奖、课题立项都很讲究系列化。所以选题的前提就是要"大方向"明确。

　　(一)方向明确

　　方向在专业之中,可以多而不一定很死,但一般来说方向不宜太多,而且小方向要能始终围着大方向转。北大中文系的王瑶先生主张做学问要"严谨而不烦琐,专门而不孤僻"。不能把自己捆得太死,路子太窄,但也不能太放任自流、随心所欲。什么都想干的人,最终什么也干不成。做学问也要敢于、善于有所不为。方向上我个人的体会和主张是要把"现实需要、专业特长、兴趣爱好"三者有机地统一起来。

（二）有感而发

在研究中发现问题、提出问题、解决问题,这样就会对有些问题有所见、有所思,然后才能真正有感而发,而不是无病呻吟。有感而发说的是这个地方确实有问题,对这个问题我确实有想法,只有这样写出来的东西才有针对性,"言之有物",即有理、有立、有力、有利。

（三）难易得当

选题中还要注意一个问题,就是你能否驾驭得了? 因为有些问题难度较大,也有研究价值,但你的知识背景、研究能力、写作水平能否胜任呢?而有些问题对于你也许过于简单,不值一写。这两个极端都是要不得的。那么我们选择什么样的题目为好呢? 要"啃得动"——不太难;"吃得饱"——不太易;"有嚼头"的才会有价值、有味道、有持续性。

二、综述:理论研究的基石

人们常说万事开头难,写文章也是开头难。选题是开头,收集材料、整理材料也是开头,把整理好的材料理出个头绪来还是开头,这个开头就是搞综述。有人看不起综述文章,这是不善于搞研究的一种偏见。综述本身就是一种研究,尽管是初步的,但却很重要,它相当于建筑物的奠基礼。无论写一篇硕士论文、博士论文,还是写一篇四五千字的小文章,都要对你所讨论的问题"心中有数",这个"数"就是一篇有形无形的综述文章。具体说,搞综述就是收集—整理—提炼材料的过程。

（一）收集材料贵在广、精、勤

面要广。不广便无以占领制高点，不能一览众山，就难免挂一漏万，甚至贻笑大方。

选其精。要抓领袖群伦的高论和代表人物，而不要面面俱到。

手贵勤。有情况就记录在案。收集材料类似于搞情报，要尽量全、真、新、快。

（二）整理材料贵在举重若轻、大智若愚、大巧若拙

举重若轻说的是要能综合、善概括、会分类，这样一大堆材料便能轻而易举地被你玩于掌上，这样一个线条清晰、对比分明的"敌情图"也便勾画出来了。这里的关键是要有快刀斩乱麻的气概，有下断语的学识。

大智若愚是以一个小学生的态度认真对待各种观点和看法，不轻易漏掉任何一个细小的差别。

大巧若拙是用笨办法办聪明事，而不自以为是、不用有色眼镜看问题，似乎吃亏了，其实占了大便宜。这样可以少走弯路、后发制人，直奔前沿。并通过收集、整理材料使自己成为这个问题上的"内行"。

（三）提炼材料贵在形成综述，权衡利弊，发现问题

综述不一定要形成有形的文章，但一定要对情况有个了解，这个情况可以在心中或纸上，但学位论文最好有争取发表的综述文章。

综述的高级形式是述评，评便要有说长论短的标准，这实际就是自己的倾向甚至观点。

说长论短就会发现问题，学到运思的方法，这样不仅有所知，而且就会慢慢地有所见。

三、提纲：理论研究的蓝图

大家为文，有不假思索一挥而就者，但这些人却大都经过了运

思、腹稿、琢磨、推敲的过程,不过不留痕迹罢了。

我们学习做学术论文,我主张还是要列提纲,因为好的提纲正如建筑物的图纸一样,对未来的写作已定下了个标准和框架,实施中只要按图执行就是了。提纲的形成要注意几点:

(一)提纲是问题域的设定

你要研究、讨论、表述的问题应限定在什么范围、层次上,针对什么而言,运用哪些概念、范畴,需要哪些数据、材料,采用什么论证手段与研究方法,在提纲中都要反映出来。

(二)提纲是接着讲的范围

有所知的综述是"照着讲",最多是"比着讲",而有所见的论文则是"接着讲"和从什么地方接。而接引到什么地方去,提纲就可以把握一个大体的范围,这样可以防止漫无边际,论题不明。

(三)提纲本身是一个由粗而细、从远及近、化虚为实的过程

形成提纲的过程就是思考的过程,研究的过程。只有"想"通了的东西,才能"说"通;只有"说"通了的东西,才能"写"顺。正如明清之际的启蒙思想家黄宗羲先生所言:"所谓文者,未有不写其心所明者也。心苟未明,劬劳憔悴于章句之间,不过枝叶尔,无所附之而生。"先立乎其大者,细部经思考、研究清楚之后再一一列就,此所谓由粗而细。同时,对问题的观察,"远观其势,近观其质",着眼于大处使提纲奠定文章之大势,有大气。在大势已成、大局已定的情况下,再对对象的每一部分进行仔细推敲思索,以达到观其质的目的。化虚为实的过程是提纲向初稿的演进和过渡,在写之前已有的一些心得、体会、札记、卡片,已使部分文稿坐实了。

四、初稿:理论研究的半成品

论文初稿的写作原则上应严格按提纲设定的计划去执行,所谓

"原则上"就是说有例外,初稿肯定有突破提纲的地方,因为写作过程中会发现新的矛盾和问题,个别时候很可能还会把计划彻底打乱,另起炉灶。所以初稿写作中应注意的几个问题是:

(一)写初稿要体现研究问题的性质

提纲不可能把所有的问题都彻底解决,解决问题还是要靠文章本身。所以,初稿写作的过程仍然是研究的过程。什么是研究?叶公圣陶先生说:"研究云者,自己站在这东西的外面,而去爬剔、分析、检察这东西的意思。"我觉得所谓研究就是把事情搞清楚。"研"是磨碎的意思,"究"是到底的意思,把你要搞清楚的对象打碎、磨细、分解开来,真正咬破吃透,不生吞活剥,把它的来龙去脉搞个水落石出,这就叫研究。要培养一种"于不疑处有疑"的探索风格。写初稿是用笔思考,是研究的一种方式,想不清的问题一写便可发现问题的症结之所在。

(二)写初稿要放开手脚

要敢提自己的观点,敢用独特的思考方式与写作方式,甚至要有意识培养自己突发奇想、口出狂言、冒天下之大不韪、有奇谈怪论的作为,此其一。其二,不要受文字观念限制,尤其是第二境界的人,特别想说特别想写时,不要压抑自己的创作冲动与表达欲,可以尽情地写下去。但这个放开一定要围绕提出的问题、设定的范围,否则便一发而不可收拾。因为放是相对的,是有限度的。其三,不要怕材料的堆砌,虽然文章是不能光堆砌材料的,但初稿,尤其是初写文章的人,却不能在写初稿时怕堆砌材料。

(三)假戏真做

初稿不是定稿,但写作时一定要当成定稿去写。这样遣词造句便需要推敲,行文便注意流畅,思想则力求成熟,这样就不致于使初稿太粗,不成体统,写了等于没写。这似乎与第二点的说法相矛盾,其实并不矛盾,这也是相对而言的。

五、修改稿:理论研究的升华

文章不厌百回改,这是许多人的体会,除鬼斧神工之作一气呵成便无懈可击、不可更改之外,多数论文都有大大修改的余地。修改时关键抓两条:

(一)修改是研究中的再认识过程

修改文章就是匡正思想、发扬成绩、纠正错误、弥补不足。宋代大儒程颐曾这样认识这个问题,他说:"学问之道无他也,知其不善则速改,以从善而已。"怎么知其不善呢?一是放一段、学一些新东西、长一些新见识,然后自己再看、再思;二是请高人指点;三是请同行过目;四是请外行提意见。自己看是自己解决问题;请高人指点总是应该能看出点破绽来的,否则怎能显其高呢?同行是可靠的老师,他发现的问题都是专业之内的问题;请外行看的目的是看文章结构、文字、表述上有没有硬伤、有没有故弄玄虚之处,有没有违背非专业的常识的地方。

(二)修改是反复推敲的过程

修改一方面是思想的深化,另一方面是形式的优化,所以,修改是思想的锤炼,也是文字的锤炼,二者缺一不可。

文字功夫不是三天五天就可以练出来的。为了达此目的,要勤练多写。胡适之先生做学问讲究"勤、谨、和、缓"四个字,可谓四字真言。"勤"是勤于思考、勤于搜求,眼勤、手勤、腿勤。有些学问重在脑勤、手勤、眼勤,有些学问则非腿勤不能胜任,如民族学、民俗学等等,离开了田野调查便一事无成。"谨"即多取证据,不轻信;多做设想,不武断;反复推求,不盲从。"和"就是心平气和,不假意气,不动肝火,尤其是在争论文字、商兑文章、论战过程中以理服人而不能以势压人,不能进行人身攻击,胡搅蛮缠。"和"还可以理解成多样性的统一,即"有象斯有对,对必反其为;有对斯有仇,仇必和而解"。"缓"就是不急于求成,不轻易下结论,证据不足不下结论;把握不到十分不下结论;不能把商榷者的所有诘难回答清楚不下结论。宁可悬而不决,绝不敷衍了事。

文字的功夫也有不同境界,孙长江先生有"四等出入"的高论,有缘当面聆听,实乃三生有幸,有道是听君一席话,胜读十年书,此理不虚。"浅入深出"最低,"浅入浅出"较低,"深入深出"较高,"深入浅出"最高,能深入浅出者方能开广大法门为后学接引,比增进个体学术水平之人又高一筹。

六、定稿:理论研究的成果

修改定稿是研究写作的最后一环,也是重要的一环。

修改定稿相当于产品的最后检验、包装、出厂。检验员既可以是自己又可以是别人,最好是别人,但多数情况下只能靠自己,于是便有一个角色转换的问题,要以一个鸡蛋里挑骨头的刻薄检验员的姿态出现在自己的文章面前,这样就可能真正发现问题、解决问题、提高质量。

修改定稿贵在精雕细刻而又不露痕迹、删繁就简而又详略得当、旗帜鲜明而又不带成见。

(一)使文章在文字上归于平淡

文字亦有三境界:苍白—华美—平淡。写文章时文史哲底子厚、各种数据丰富、引证得当,就终会言之成理,必然走出苍白。文章走出苍白主要靠内在的底蕴,但也少不了文字的雕饰,这样不留神就容易过于追求华美。爱美之心人皆有之,爱美应该说不是缺点,但学术论文如果过于注意词藻,就有可能以文害意,不够"君子"之格。《论语》有言曰:"质胜文则野,文胜质则史。文质彬彬,然后君子。"丰富的思想和流畅的文字有机结合起来才能成就一篇好文章，但仍不是最高境界。最高境界应是"绚烂之极归于平淡""是真佛只说家常"，晚年的巴金、冯友兰都达到了这种高超的境界。而修改定稿最好的就是把雕琢的痕迹轻轻抹去。

(二)使文章在气势上余韵无穷

"文似看山不喜平"。文字的平淡，论点的平实，并不是思想的贫乏和行文的平庸，要想让文章在气势上大气磅礴，就必须在修改定稿时大刀阔斧，忍痛割爱，删繁就简，标新立异，有话求短，无话不说。超越"有话则长、无话则短"的老套，该详尽处尽详尽，这主要指的是别人没想过、没说过、不会说、说不好的地方，你尽可畅所欲言，尽可发挥得淋漓尽致，尽可以不惜笔墨，甚至着意渲染。但无关宏旨，仅为铺垫，上引下联之处则尽可一带而过，甚至暗度陈仓。这样文章便虚实有间，错落有致，娓娓道来，引人入胜。使人读后有启发、能思考、值得再回味、再咀嚼，自然也就不同凡响，"居高声自远，非是藉秋风"。

(三)使文章在发表后引起共鸣

在修改定稿中要想到文章发表之后有人看，首先题目还应再推敲、再提炼，怎么既鲜明、又准确且新颖而引人注目，这是引起共鸣的一个方面。第二方面是观点新、材料新、方法新，定稿中对有新意的地方要强化，着意包装，可以通过摘要、主题词强化"新"处。第三方面是破除门户之见，旁征博引，标明别人的成果，肯定他人的劳动，留有再思考、再认识的余地，给人接着讲的空间，有"下转语"的可能。最后对该项研究的意义、自己结论的意义，抛砖引玉的意义再说明、再强调，使人不能不为之动心、动情、动笔，这样的文章发表后便有人看、有人学、有人引、有人驳，你的目的也就达到了。

(原载《西北成人教育学报》1999年第2期)

让思想冲破牢笼

每当唱起《国际歌》，"让思想冲破牢笼"与"英特那雄奈尔就一定要实现"一样，发自内心地表达着我们的信心决心和信念信仰。

面临"十四五"开好局、起好步，机遇多多，困难重重，优势与劣势共在的甘肃究竟应当如何向高质量发展，努力跟上全国现代化建设的步伐，完成习近平总书记交给我们的谱写建设幸福美好新甘肃、开创富民兴陇新局面的新篇章的战略任务，在刚刚结束的省市党政主要领导干部学习贯彻党的十九届五中全会精神专题研讨班上，大家达成的最大共识就是"让思想冲破牢笼"，促进甘肃后发腾飞。

马克思主义、共产党人是靠思想解放起家的。中国共产党、中国化的马克思主义更是靠解放思想形成发展起来的。要续写千秋伟业之百年华章，就必须进一步解放思想，以改革创新为根本动力，围绕高质量发展这个主题，破解发展难题，答好人民出给我们的时代考题。对相对欠发达却发展潜力大、崛起机遇多的甘肃来说，更应该吹响继续解放思想的号角，擂响接续奋进的战鼓，奏响新阶段高质量发展的时代最强音。

解放思想既要让思想冲破牢笼，也要让思想符合实际。"解放思想也就是实事求是"。什么是甘肃最大的实际？甘肃最大的实际就是历史上曾辉煌过，奋斗中曾奉献过，现实中"追兵早已没有，标兵渐行渐远"。我们只有一条路，迎难而上，担当作为，抓好机遇，突围赶超。我们应当以知耻近乎勇的胆略与气魄，用辉煌的过去与奋进的成就提振发展的信心,用潜在的优势与比较的长项激励赶超决心,用明显的差距和人民的期盼激发干好的狠劲。要打破陈旧的不合时宜的观念,冲破利益固化的藩篱,抛弃不切实际的幻想,打碎自我束缚的"限高""限速"式的体制性障碍和机制性关卡,精确找到甘肃在全国发展新阶段中的方位、在构建新格局中的定位、在贯彻新理念中的使命,科学分析、清醒掌握自己的优势领域和短板不足,结合真实的而不是想象中的实际,因地制宜,扬长避短,走出符合甘肃实际的高质量发展之路,通过挖潜力、补短板使富民兴陇之路走得更坚实更给力。

解放思想贵在转变观念。要彻底抛弃等靠要的观念,牢固树立自己干的观念;幸福美好新甘肃是等不来的,必须靠甘肃人自己干出来;只靠上面给、别人帮,永远是"活不好"的,最多只能"死不了";什么都"要",最终只能把自己"要"成站不稳、走不动、活不久的病汉;不等不靠不要不是说不期望国家政策支持和兄弟省市帮助,而是要弄清楚"外因是变化的条件,内因是变化的根据",要搞明白老百姓常说的"日子还是要靠自己过"的最朴实的道理。要坚决破除甘肃"没治了"的老观念,牢固树立大有作为的新信心;一些人认为甘肃地处偏远不能融入国内国际大循环活起来,总量太小、政策太少、赶得再快也赶不上全国现代化的步伐,干旱缺水、生态脆弱、大企业看不上、搞农业没前(钱)途(图)、搞服务没对象,只能垫底,谁也没治。这种悲观论调公开讲的人并不多,但内心有的人并不少。正是内心深处时隐时现的这种自甘落后、赶超无望的心态,严重束缚了我们的思想,严重局限着我们的思路,严重捆住了我们的手脚。我们应该通过新一轮的解放思想,来一次灵魂深处的革命,以"黄河尚有澄清日"的信心打好"甘肃岂能无希望"的思想翻身仗,以思想解放来解放和发展生产力,来激活社会发展活力,以后来居上的"少壮"心态激发当年的"长子"情怀,以舍我其谁的担当为祖国母亲增光。

要坚决走出甘肃对国家无足轻重的思想误区，认清甘肃在国家推进"一带一路"、黄河流域生态保护与高质量发展、新时代推动西部大开发形成新格局等重大战略中不可或缺的重要地位，为国家分忧，替全局着想，干好甘肃的事，尽好对国家的责。甘肃自古就有拱卫中原、护翼宁青、保疆援藏、佐陕佑蒙的战略地位，在新时代新阶段更是联通"一路"与"一带"的关键联接点、维护国家安全的战略纵深区、经济社会文化发展的战略通道区、国家生态安全的战略屏障区、民族文化复兴的战略重点区。甘肃的肩上担了不少国家责任，我们切不可掉以轻心，一定要负起责任，干好自己的事，让国家和全国人民放心。

解放思想既要转变思想观念，也要激励人人想干敢干能干且干成事。思想解放的关键是人的解放，没有一个人人想干事、个个敢干事、处处能干成事的大环境、好氛围，说什么都没有用！因此，各级党委、党的组织系统、各类人力资源部门一定要为想干事敢干事能干事能干成事的干部创造愉快胜任的制度条件和干事环境，纪检部门监察机关要明规在前、预警于先，为他们不出事保驾护航，对干事者特别是探索者要尽职免责，对受诬陷的干部要尽快洗冤，对有小错、受轻处分的干部要大胆再使用。要让那些资历浅、眼光远、干事实、官声好的干部尽快成长起来，把最适合的人放到最适合的位子，以使用干部的思想解放更好地创造普遍解放思想的良好政治生态。

在新一轮解放思想的大背景好氛围中，甘肃的"十四五"发展充满希望。思想解放的发动机加上改革创新的加速器，再加上朴实无华坚韧不拔的陇原儿女的苦干实干巧干，富民兴陇的宏伟蓝图一定会变成幸福美好的现实。

（原载《甘肃日报》2021 年 3 月 23 日第 6 版）

软实力的提升需要哲学社会科学的不断创新

　　如果说一个国家和地区的硬实力主要依靠的是自然科学和工程技术的自主创新，那么其软实力的提升则主要依靠的是文化特别是哲学社会科学的不断创新。

　　在时代高起点上实现文化内容形式、体制机制、传播手段创新，解放和发展文化生产力，是繁荣文化的必由之路。哲学社会科学正是通过思想解放、理论创新、发挥思想库作用而成为文化创新的最高层次和社会发展的重要引领。马克思说过，过去的哲学家只是这样那样地解释世界，而问题在于改变世界。西方马克思主义的代表人物马尔库塞则指出："文化或观念的东西是不能改变世界的，但它能够改变人，而人是能够改变世界的。"哲学社会科学的创新，主要就是通过影响和改变人的思想观念、心智模式、决策思路和执行方式来发挥作用的，这一作用肯定不会像自然科学和工程技术的自主创新那样直接明显，但却同样重要。

　　哲学社会科学的创新对于各个领域的自主创新具有导向、引领和促进作用。自主创新战略实质上是通过哲学社会科学研究的结论确立的，也只有通过哲学社会科学这个中介才能确定自主创新的目标与方式。如果说自然科学和工程技术支撑的是知识经济的话，哲学社会科学昭示的则是智慧经济。知识经济本质上走的依然是技术主义的路线，而智慧经济则依靠的是创新文化的路线。智慧经济的概念在国内首先是由广东学者程扬提出来的。其重要背景之一，就是美国前两年提出的基于物联网的"智慧地球"战略。甘肃目前最需要的首先是创新文化，当从行政首长、科学院院长到基层干部、普通科研人员和操作工都被一种创新文化所熏陶、被创新冲动所驱使的时候，甘肃的全面发展就真正有希望了。

哲学社会科学创新有三种基本方式：一是发现新情况、解决新问题、认识新规律、得出新结论、总结新原理、形成新体系，提出原理性理论，这是哲学社会科学和所有基础学科自主创新的最高境界和根本方式。二是涉猎新领域、总结新经验、作出新概括、形成新判断，提出完善性理念，这是哲学社会科学创新的基本途径和重要方式。三是开阔新视野、提供新解释、运用新方法、给出新定义、使用新方法，提出对策性理论，这是哲学社会科学创新的一般做法和常规方式。

通过以上三种方式，最终要实现哲学社会科学在学术研究的内容形式、体制机制和传播手段上的创新。这就必须选择贴近社会经济发展各方面实际的创新研究内容；通过打造自身品牌，形成特色模块创新成果形式；通过深化改革，创新管理体制和科研机制，解放和发展科研生产力；通过创新传播手段，让哲学社会科学成果被更多的人了解、使用。目前重点是要在先进生产力的五个方面开展创新，先进生产力=现代科学技术×(高素质的人+先进的技术设备+高附加值的开发项目)×现代管理。

"实践对接"是充分发挥哲学社会科学创新、促进全面发展的可靠方式。甘肃地方社科院所要牢固树立"围绕发展、服务甘肃、面向社会、崇尚科学"的理念，实施"以科研项目为龙头、以队伍建设为关键、以学科建设为基础、以应用研究为中心、以服务全省为目的、以科学管理为保障"的办院方针，进行"实践对接"。这是推进哲学社会科学面向实践、不断创新的基本方式，有利于建立哲学社会科学服务地方经济建设和社会发展的长效机制。在提升哲学社会科学自主创新能力、有效服务经济社会全面发展过程中,要从三个方面继续努力,更好地发挥党和人民事业的思想库的作用。

一是要夯实基础理论根底,坚持不懈地强化基础理论学习研究,在探索新规律上下功夫,力求在学术观点创新方面有所作为,要特别重视涉及甘肃非均衡跨越式发展中的重大理论问题的基础研究,从而为甘肃全面发展提供理论支撑。

二是要深入实际、总结经验,对前瞻性、区域性和对策性的实践经验进行理论加工和高度概括,力求在总结新经验、作出新概括、拿出新办法方面有所作为,从而为甘肃发展提供新经验、形成新思路。

三是要开阔视野、运用新方法,创造性地继承、借鉴与发展已有发展思路与区域战略,大胆借鉴人类文明进步的一切优秀成果和其他地区发展中的成功经验,及时介绍推广外界好的做法与成功模式,在吸收借鉴的基础上提出全面发展甘肃政治、经济、文化、社会、生态等各项事业及重大思路的建议。

(原载《中国社会科学报》2010年6月24日第14版)

论改革开放中形成的三大中国观念

——以甘肃为例

改革开放 30 年,我们不好说形成了什么中国模式,但可以肯定地说形成了一系列中国观念,其中最重要的就是:发展第一的观念,实践至上的观念,人民为本的观念。对于经济相对落后、社会发育缓慢、生态环境十分严酷的甘肃来说,牢固树立发展第一的观念,使发展成为最硬的道理;始终遵循实践至上的观念,靠实践破解发展难题;坚定践行人民为本的观念,让群众得到更多实惠,是改革开放促进甘肃不断发展的三大法宝。发展第一、实践至上、人民为本三大中国观念在甘肃的实践表明:改革开放是决定当代中国命运的关键抉择,也是甘肃发展进步的必由之路。

一、发展第一:使发展成为最硬的道理

"发展才是硬道理",这是改革开放以来最著名的马克思主义科学论断,也是解放思想形成的最伟大的思想理论成果,当然也就是新时期最深入人心的中国观念。这一观念在甘肃的实践有其特殊重要的意义和不同凡响的价值。

(一)紧跟时代潮流,牢固树立发展理念

改革开放之前的 20 年,中国最大的教训就是不重视解放和发展生产力,贫穷在中国特别是在甘肃成为十分普遍的现象。一家六口人,只有一床被子、三条裤子,只有三只碗,还有一只是破的! 这在当

时的甘肃并不是极个别现象。邓小平总结过去的经验教训,反思究竟什么是社会主义,得出的第一个重要结论就是"贫穷不是社会主义"!甘肃由于贫穷落后更甚于全国,甘肃人民对贫穷不是社会主义的体会更深、认同更快,摘掉贫困帽子的愿望十分强烈,当时有好几个地方都自发地搞起了类似于安徽凤阳小岗村包产到户的改革。比如,1979年会宁县青江驿公社的几位农民创造性地实施"大包干",几乎与安徽凤阳的小岗村同时觉醒。正是在这种情况下,甘肃贯彻十一届三中全会精神异常主动,在1979年秋举办的真理标准"补课"中,时任省委书记的宋平提出:"现在主要矛盾变了,中心任务也变了。如果说要提以什么为纲的话,我看那就应当以四个现代化为中心,大力发展生产力,而不是以阶级斗争为纲了。这个提法,我们许多同志初听起来感到很不习惯,但却合乎我国现阶段的实际,合乎现阶段的阶级状况和阶级斗争的实际,是正确的,也是科学的。"①省委书记这样讲,基层干部更这样看,老百姓抓住机遇拼命干,发展第一的观念在陇原大地就这样牢牢地扎根了。在后来的30年中,凡是为了发展的事在甘肃都可以大开绿灯,凡是阻碍发展的事都人人喊打。发展第一是以经济建设为中心的基本路线在人们观念中的深刻内化,坚持党的基本路线不动摇关键是坚持发展第一不动摇。

(二)抢抓历史机遇,努力加快发展步伐

这30年,甘肃不断增强机遇意识,每一届省委都号召抢抓机遇。大的机遇起码有三次:第一次是全党工作重心转移,甘肃觉醒早、动作快。原因是在此之前贫困与灾害把老百姓折磨得已经够苦了,在20世纪70年代初发生了中华人民共和国成立以来第二次严重自然灾害,甘肃中部的贫困状况引起了周总理的直接关注。解决老百姓的

①牛颖、彭效忠:《宋平在甘肃》,中央文献出版社,2003年版。

吃饭问题在 1978 年之后成为燃眉之急，十一届三中全会的召开，为之提供了最好的历史机遇，广大农民自发走出困境的诸多冒险之举得到了解放思想大潮强有力的支持。抓住这次机遇使甘肃的发展势头在改革开放之初非常强劲，特别是农村改革和农业发展出现了几十年未遇的大好局面，农民"第二次解放"的感受特别强烈。第二次是 1992 年小平南方谈话后，甘肃及时抓住千载难逢的机遇，反复学习，深刻领会，并结合本省实际全面贯彻，同样也有力地促进了发展，从 1992 年到 1998 年，GDP 从 317 亿元增长到了 869 亿元，人均 GDP 从 1384 元增加到了 3456 元。第三次是 1999 年中央提出实施西部大开发战略，甘肃提出加快西陇海—兰新经济带甘肃段建设步伐，"争取十年内取得突破性进展"，通过艰苦奋斗，GDP 总量从 1999 年的 931 亿元增加到 2007 年的 2699 亿元，预计到实施西部大开发战略十周年的 2009 年突破 3000 亿，人均有望突破万元大关。甘肃人不仅强调抢抓历史机遇，而且有人明确提出"学会制造机遇"，促进甘肃全面发展[1]。抓住机遇加快发展这是发展第一观念形成与拓展中增加的十分重要的内涵，机遇意识由此也成为改革开放中推进发展的重要因素。在进入新的战略机遇期之后，这种意识不仅不能弱化，而且必须进一步强化。

（三）准确把握省情，不断完善发展思路

"思路决定出路"，这对区域类型多、发展困难多、制约因素多的甘肃来说尤为贴切。中国特色社会主义理论最重要的是社会主义初级阶段理论，"我们仍将处于并长期处于社会主义初级阶段"是最大的国情，在这一科学理论指导下，甘肃历届省委特别重视不断深化对

---

[1] 甘肃省委宣传部：《甘肃"十一五"发展思考》，甘肃文化出版社，2005 年版，第 73 页。

省情的认识，注重根据变化了的情况制定相应的发展战略并及时调整发展思路。从大的方面说，甘肃这30年主要的发展战略和思路有：1983年的"两西（河西、定西）建设"战略，形象地表述为"有水路的走水路，有旱路的走旱路，水旱不通另找出路"，在河西主要是建设商品粮基地，在定西主要是"种草种树、发展畜牧、改造山河、治穷致富"，实现"三年停止破坏、五年解决温饱"。1984年的"敞开大门、开发致富"战略，强调解放思想、深化改革，对内搞活、对外开放，尊重知识、尊重人才，开矿生财、加工致富，发展城镇集体经济和乡镇企业，建立开放型、开发型、高效型商品经济。20世纪80年代后期有"建设黄河上游多民族经济开发区"的设想。20世纪90年代初，提出"双带整推"战略：以农业为基础，以能源工业为先导，以原料工业为重点，积极调整经济结构，充分发挥大中型企业的作用，实现加工增值，搞活商品流通，以工带农、以重促轻、以城带乡、以大带小，整体推动甘肃发展。1994年提出把兰州建设成为西北商贸中心。"八五"末为贯彻落实十四届五中全会关于"九五"期间要实现经济体制从传统的计划经济体制向社会主义市场经济体制转变、经济增长方式从粗放型向集约型转变的精神，甘肃提出了"123"奋斗目标：一个自给——粮食自给，两个加快——加快脱贫致富奔小康、加快现代化进程，三个翻番——GDP提前四年翻两番、人均GDP翻两番、农民人均纯收入翻两番。1997年提出了"再造河西"战略，旨在把河西（包括武威、张掖、酒泉、金昌、嘉峪关五市，是甘肃经济相对发达的地区）建成高科技节水农业示范区，重点发展对外制种、酿酒原料、优质果菜、专用粮食、草畜等产业。20世纪末中央提出实施西部大开发战略之后，甘肃相应提出了配合国家"西陇海——兰新经济带"甘肃段建设的"一体两翼"发展战略：以兰州为龙头，以陇海线甘肃段的其他11城市为节点，按照"节点城布——轴线开发模式"促进城市与工业经济加速发展，从而促进甘肃整体发展上新台阶。十六大之后,提出"两个高举、一个加强、两抓两放"(高举改革的旗帜、高举发展的旗帜,加强党的建设,改革抓企业、发展抓项目,下放企业管理权、下放干部管理权)的总体发展思路和工业强省战略。2007年甘肃省为全面贯彻落实十七大精神和深入贯彻落实科学发展观,从甘肃发展总体上已经进入"夯实基础、突出重点、突破难点、强化保障、加快发展"的阶段性特征出发,对总体发展思路又进行了新的补充完善,提出了"四抓三支撑"(发展抓项目、改革抓创新、和谐抓民生、保证抓党建,强化基础设施、人力资源和优势特色产业支撑)的发展思路,在全省上下得到广泛认同,为甘肃步入科学发展轨道奠定了良好基础。回顾反思甘肃发展思路的不断调整完善,我们体会到:改革开放以来党的基本理论、基本路线、基本纲领、基本经验与甘肃基本省情相结合,就是甘肃发展基本思路形成的主要依据,也是未来根据新的实际调整完善的基本原则。这也是"新时期最突出的标志是与时俱进"的生动例证。

(四)继续解放思想,步入科学发展轨道

党的十七大明确提出:"我们必须始终保持清醒头脑,立足社会主义初级阶段这个最大的实际,科学分析我国全面参与经济全球化的新机遇新挑战,全面认识工业化、信息化、城镇化、市场化、国际化深入发展的新形势新任务,深刻把握我国发展面临的新课题新矛盾,更加自觉地走科学发展道路,奋力开拓中国特色社会主义更为广阔的发展前景。"[①]为了更加自觉地步入科学发展的轨道,甘肃省委在2008年初发出通知,在全省开展"继续解放思想、促进科学发展"的

①胡锦涛:《高举中国特色社会主义伟大旗帜为夺取全面建设小康社会新胜利而奋斗——在中国共产党第十七次全国代表大会上的报告》,人民出版社,2007年版,第14~15页。

大讨论,通过大讨论,广大党员干部特别是领导干部对科学发展观的战略地位、科学内涵和基本要求进一步加深了理解,特别是能够结合甘肃省情把科学发展观的要求具体化。在"发展对于甘肃全面建设小康社会、加快推进现代化进程具有决定性意义""甘肃与全国相比既有发展不充分的问题、更有发展不平衡的问题""越是落后越要坚持科学发展"等重大问题上达成了共识。在破解发展难题过程中,甘肃正在逐步步入科学发展的轨道,尽管与其他地区相比这一进程肯定会更加艰巨、更加漫长。

二、实践至上:靠实践破解发展难题

实践的观点是马克思主义认识论之第一和基本的观点,改革开放正是在对这一观点的重新认识和大胆恢复中开启了其艰巨历程的,实践至上的观念由此而成为又一个深入人心的中国观念,这一观念在甘肃的实践同样意义重大、影响深远。

(一)实践的观念是改革发展之第一和基本的观念

众所周知,改革开放是从解放思想开始的,而解放思想由确立实践权威、破除"两个凡是"启动,实践至上的观念历史地成为改革开放的逻辑起点。甘肃是极"左"路线的重灾区,当时最著名的经验就是"用无产阶级专政的办法办农业"。在甘肃,实践至上观念的确立同样经历了不平凡的历程。1977年2月,"两个凡是"正式出笼,甘肃发展究竟是靠"两个凡是",还是真正敢于从实际出发,尽管当时思想活跃、说法很多,但绝大多数人的思想还是被死死地禁锢在既定的极"左"模式之中的。为了澄清是非、统一思想,从1977年10月起,在宋平支持下,甘肃理论界、新闻界、教育界联合举行"双周理论讨论会",重点讨论事关全局的重大理论和现实问题,参加人员非常广泛,宋平等主要领导多次参加。为了防止抓辫子,讨论只设论题,不做记录,这一形式坚持了一年多，对于广大干部解放思想、坚持一切从实际出发、牢固树立实践至上观念起到了很好的作用。1978 年 4 月初，宋平在一次理论讨论会上说："要把我们的工作搞上去，就要解放思想，敢于冲破禁区。检验真理的标准只能是实践，实践是检验真理的唯一标准。要根据客观实际，实事求是地研究问题，解决问题。"①这可以看成是"双周理论讨论会"的最好成果，也是甘肃从改革开放一开始就牢固树立实践至上观念的良好开端。实践出真知、理论是指南的马克思主义真理再一次显示出威力。

（二）实践的权威是改革发展之最高和根本的权威

牢固树立实践至上观念，甘肃的农村改革走在全国前列，在有"不许包产到户、不许分田单干"的禁令的情况下，甘肃省委明确提出克服"恐右症"、大胆划分农业作业组、允许牲畜分户喂养。1979 年初，全省 11 万个生产队中有 4 万个实行了联产作业组。1979 年 3 月 15 日《人民日报》发表了甘肃一名干部题为《三级所有，队为基础，应当稳定》的来信并加了编者按称："已经出现分田到组、包产到组的地方，应当正确贯彻执行党的政策，坚决纠正错误做法。"中央人民广播电台当天也在头条广播，但《甘肃日报》并没有按惯例转载。当天上午，就有农民到武威县法放公社问公社书记张学忠"作业组还搞不搞？"他回答说，按省委《十条》规定办。原来，甘肃省委在此前出台了《关于当前农村经济政策十个问题的试行规定》（简称《十条》），充分肯定了农民有利生产发展和生活改善的创造性探索，顺应了变革的潮流、体现了实践的权威。在当时，农民非常满意，也有不少人十分担心。"辛辛苦苦三十年，一夜回到解放前"的说法很流行，但甘肃省委坚持解放思想、尊重实践、顺应民心、顶住压力，又在 1979 年 10 月 17

①牛颖、彭效忠：《宋平在甘肃》，中央文献出版社，2003 年版。

日以省委文件形式正式肯定了"责任到人""包山到户"等做法。1980年6月5日,《甘肃日报》发表了《高学兰养鸡对不对?》的文章,报道了只有小学文化程度的农村妇女高学兰养鸡的事,立即引起了多方关注。农民养鸡对不对?是不是搞资本主义?农民经过自身生产经营致富的路能不能走?最终还是实践至上的观念战胜了"左"的余悸,得出了"不仅可以养,步子还可以再大一点"的结论,不仅给高学兰吃了"定心丸",也坚定了全省广大干部群众勤劳致富的信心和决心。在后来的新经济组织带头人能不能入党、国有企业能不能被个体私营经济所兼并、农民土地敢不敢反租倒包等问题上,甘肃各级党政组织都不是简单地"按政策办""按原则办",而是允许试验、敢于创新,真正做到了尊重群众创造、坚持实践至上。

(三)实践的推动是改革发展之首要和关键的动力

实践至上不仅是由于实践是认识的来源和标准,还在于实践是认识发展的动力。甘肃这30年的发展与全国一样,很多时候是让实践推着政策走的。红军长征路过的通渭县榜罗公社革委会1978年12月就制定了《关于当前农村经济政策的八项具体规定》,并于1979年1月3日即十一届三中全会结束后第六天在全公社公布实施。这八项规定:一是生产队实行按劳分配加照顾分配;二是牲畜实行分户包养;三是允许社员自养家畜家禽;四是给社员划分三分地种树;五是经济作物实行责任田;六是回销粮照顾劳力多的户;七是允许社员种药材;八是允许社员搞多种经营。正是在农民大胆实践的推动下,1979年1月4日,甘肃省革委会发出通知,决定给中部干旱地区社员划出一定数量的荒山、荒坡,用于种草种树,解决社员的燃料困难,增加饲草、肥料,绿化荒山,增加社员收入。总结30年改革发展实践经验,我们体会到,要把甘肃的事情办好,必须坚持解放思想、实事求是、与时俱进的思想路线,把中央精神同甘肃实际紧密结合起来,把握机遇、制造机遇、创造性地开展工作；必须始终高举发展的旗帜、高举改革的旗帜，坚持用发展和改革的办法解决前进中的困难，一切工作围绕发展第一来进行；必须从各类纷繁复杂的矛盾中抓住主要矛盾，确定正确的发展思路，找准有效的工作载体来推动工作；必须坚持实践至上的原则，一切是非曲直由实践来检验、让实践去判断：一切有利于解放和发展生产力的事，一切有利于增强甘肃整体实力的事，一切有利于改善甘肃老百姓生活的事都要毫不犹豫地大胆去干、持之以恒地坚持去抓；必须敢于正视困难、注意掌握规律，既知难而进、迎难而上，又尊重规律、讲究科学，不断破解发展难题；必须坚持人民为本，着力解决关系人民群众切身利益的关键问题，把让群众得到更多的实惠作为发展的最大成果；必须高度重视党的建设，特别是领导班子建设和干部队伍建设，为甘肃发展培养一大批敢想敢干、埋头苦干、科学巧干的带头人。

（四）实践的成果是改革发展之主要和最大的成果

30 年来，甘肃各族人民在历届省委的领导下，结合当地实际创造性地贯彻落实十一届三中全会以来与时俱进的路线方针政策，抢抓机遇、加快发展步伐，取得了历史性的进步，陇原大地的面貌、甘肃人民的面貌发生了历史性的变化。就经济发展来说，1978 年，甘肃省 GDP 为 64.73 亿元，到 2007 年达到 2699.2 亿元，比 1978 年增长了近 41 倍；与之相对应，1978 年甘肃人均生产总值为 348 元，到 2007 年，达到 8757 元，突破 1000 美元大关。这一变化标志着甘肃省已从低收入省份进入中等收入省份行列。就社会进步来讲，甘肃的公共服务水平与改革开放之初相比也大幅提高，发展环境有了明显改善。例如，1978 年全省卫生机构 3534 个，到 2007 年末已增加至 12135 个。医疗卫生机构基础设施建设步伐加快，特别是在农村卫生投入渠道、管理体制、运行机制等方面取得了历史性突破。从 2006 年开始，省财政每年安排 4000 万元,用于农村卫生机构设备配备。又如,30 年来,甘肃省城市进出口、省际连接线、高速公路连接线以及重要经济干线公路和旅游公路建设步伐加快。截至 2007 年底,全省公路通车总里程达到 4.22 万公里,其中二级以上公路达到 6219 公里。道路的改善加快了交通运输业的增长,1978 年全省各种运输方式完成货物周转量175.58 亿吨公里,旅客周转量达到 51.72 亿人公里,到了 2007 年,各种运输方式完成货物周转量已达 1024.81 亿吨公里,旅客周转量为348.93 亿人公里,高速公路从无到有不仅实现了零的突破,而且已经有 1300 多公里,以兰渝铁路开工建设为标志,铁路建设也面临重大突破。引洮工程、引大入秦工程等大型水利工程是甘肃人几十年甚至上百年的梦想,也在改革开放时期逐步变成了现实。"新时期最显著的成就是快速发展",十七大报告的这一结论在甘肃同样得到充分证明。

三、人民为本:让群众分享发展成果

我们共产党人奋斗的一切都是为了造福人民,人民为本的观念是共产党区别于其他一切政治力量的本质之所在,在改革开放中这一观念越来越具体地成为共产党执政的核心理念。在改革开放 30 年的历史发展中,甘肃各级党组织和广大共产党员始终坚持实践人民为本的根本价值观念,为造福甘肃人民不懈努力,实践了党的宗旨,实现了发展的目的。在实现、维护和发展人民利益方面,甘肃与全国一样,也经过了保障物质生活、拓展利益范围、提高维权层次、建立长效机制四个主要阶段。

(一)尊重群众首创精神,夯实利益物质基础

群众生活困难是甘肃发展中的一个老大难问题,农业基础薄弱是造成这一状况的重要原因。全省 70% 的人口在农村,70% 以上的耕地是山旱地,近 80% 的农村人口生活在干旱半干旱山区。长期以来,

一直处于小旱小灾、大旱大灾,年年遭灾、年年抗旱的被动局面。如何解决农业的稳定发展、解决老百姓的吃饭问题,一直是困扰甘肃的重大现实问题。中华人民共和国成立以来,历届省委为此进行了艰辛探索,特别是改革开放以来的每次探索都取得了重大成果,从雨水集流到全膜双垄沟播技术,就是历次探索成果的典范。经过几十年艰苦卓绝的努力,在总结群众实践经验、深入探索客观规律的基础上,甘肃旱作农业发展形成了一套比较完整的思路,概括起来叫作"修梯田、打水窖、铺地膜、调结构"。例如,对传统水窖进行改造提升,创造了雨水集流工程;对普通的地膜覆盖技术作了大胆革新,有了全膜双垄沟播新技术,开辟了旱作农业发展的新途径。经过多年努力,近年来粮食产量基本稳定在 800 万吨以上, 人均占有粮食稳定在 300 公斤以上, 农民人均纯收入从 1978 年的 101 元增加到了 2007 年的 2328元,从根本上解决了老百姓的吃饭问题,这是自清代以来几百年没有解决好的大问题。这一问题的根本解决,是夯实群众利益物质基础最重要的功绩。

(二)立足群众现实需要,拓展利益实现范围

甘肃在实践人民为本的中国观念的过程中不仅高度重视、着力解决人民群众生存的问题即所谓温饱问题,而且在条件其实并不具备时就注意立足群众现实需要,不断拓展群众利益实现范围。多干打基础、利长远、为百姓的事,成为历届省委和各级领导干部 30 年来最强烈的愿望和最朴实的理想。在 2006 年办成了"5 件实事",2007 年办了"12 件实事"的基础上,2008 年,甘肃省委、省政府公开向全社会征集为民办实事的建议, 围绕改善农村生活生产条件和加快社会事业发展,确定了集中力量为民办好 14 件实事:(1)解决 100 万农村人口的饮水安全问题。(2)新建改建农村公路 1 万公里、乡镇客运站150 个、行政村汽车停靠站 1500 个。(3)新建 15 万户农村沼气。(4)改

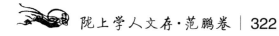
造农村特困群众危房 2 万户。(5)新建 4000 个"农家书屋",实施乡镇综合文化站建设工程。(6)建立村干部养老保险和养老补贴制度。(7)提高农村低保省级补助标准,稳定城市低保人口的物价补贴。(8)解决城镇低收入家庭人均住房面积 6 平方米以下群众的住房困难。(9)提高农村义务教育阶段贫困家庭寄宿制学生生活补助标准, 将免费教科书覆盖范围扩大到所有农村义务教育阶段学生。(10)免除城市义务教育阶段学生学杂费, 实行城市低保和残疾人家庭学生教科书免费制度。(11)对到乡镇中小学任教的省属师范院校本科毕业生实行以奖代补政策。(12)继续推进国家助学贷款、生源地信用助学贷款工作。(13)加快城乡卫生服务体系基础设施建设,新建 30 个城市社区卫生服务中心,建设 23 所县医院等。(14)新型农村合作医疗参合农民补助标准翻一番,城镇居民医疗保险参加率扩大到 80%以上。各市州县区也根据自身实际围绕民生问题层层办实事、解难题,产生了良好效果。正因为坚持不断拓宽群众利益实现范围,努力提高群众利益实现层次,甘肃老百姓的生活满意度逐年提高,幸福感有所增强。据甘肃省社会科学院调查:甘肃广大工人农民对个人生活的满意程度,在 2006 年,工人"满意"的占 29.82%,"比较满意"的占 47.96%;农民"满意"的占 38.31%,"比较满意"的占 41.56%。超过七成的人(其中工人 72.51%,农民 80.52%)对总体社会生活满意或者比较满意。以 5 分为幸福、1 分为不幸福、3 分为中间状态,2006 年甘肃民众总体幸福感 3.58,对未来五年的预期有 63.6%的被调查对象比较乐观[①]。

(三)确保群众主体地位,提升利益维护层次

在代表和实现广大人民群众利益的过程中, 甘肃各级党委政府

①范鹏、魏胜文、魏琦等:《2006—2007 年甘肃经济社会发展分析与预测》,甘肃人民出版社,2007 年版,第 239~243 页。

人大十分重视确保人民主体地位,提升利益维护层次,关键是在保障公民民主权利和推进民主化建设进程方面,严格按照《中华人民共和国宪法》精神和党的十三大到十七大关于中国特色社会主义民主政治建设的基本原则,扎实有效地推进了民主法制建设进程,使人民利益的实现与维护更加全面且有政治保障。地方立法是加强民主法制建设和从当地实际出发切实维护人民群众合法权益的重要方式,可以从一个侧面反映出甘肃民主政治建设、提升人民利益层次的情况。甘肃地方立法从 1979 年 7 月地方组织法赋予省级人大及其常委会制定地方性法规的权力以来, 省人大及其常委会先后制定了 144 件现行有效的地方性法规,批准民族自治地方(甘肃有 2 个民族自治州和 7 个民族自治县)人大制定的自治条例和单行条例 52 件。这些地方性法规的颁布实施, 为促进甘肃经济社会全面协调可持续发展发挥了其他法律不可替代的作用。在多年的立法实践中甘肃的主要做法是:第一,遵循宪法基本原则,努力结合当地实际,着力解决经济社会发展中的实际问题,确保地方立法的正确方向。第二,以宪法、法律和行政法规为依据,制定和修改地方性法规,切实做到不越权、不照抄、不抵触、不冲突,坚决防止和克服部门利益与地方保护倾向,合理调整部门与地方、整体利益与局部利益的关系,保持了立法理性、中立的品质。第三,坚持以人为本,立法为民,关注民生,切实解决人民群众最关心、最现实、最直接的利益问题,使人民群众共享改革发展的成果。第四,遵循经济社会发展规律,加强社会领域的地方立法,引导和保障地方经济和社会健康协调发展, 推进地方民主法制建设进程和依法治省进程。第五,坚持开门立法,发扬立法民主,体现人民意志,及时有效地整合社会各阶层的利益诉求,不断扩大立法的群众基础和群众认可程度。第六,依照法定权限和程序,科学合理地规定公民、法人和其他组织的权利与义务、地方国家机关的权力与责任,正确处理国家权力与公民权利的关系。通过多年努力,使维护人民利益的层次不断提高、政治保障日益强化。

(四)着眼群众未来发展,形成利益长效机制

党的十七大明确要求全党:要始终把实现好、维护好、发展好最广大人民群众的根本利益作为党和国家一切工作的出发点和落脚点,尊重人民主体地位,发挥人民首创精神,保障人民各项权益,走共同富裕道路,促进人的全面发展,做到发展为了人民、发展依靠人民、发展的成果由人民共享。在贯彻落实这一精神的过程中,甘肃按照科学发展观的要求提出了着眼长远发展、建立长效机制的主要任务和重点措施:一是解决以就业为重点的民生问题、确保群众生活水平不断提高,逐步形成完善促进就业增长、协调劳动关系和社会保障正常增长的机制。二是积极推进民主法制建设、保障社会公平正义,逐步形成完善扩大公民有序政治参与、保证公民依法直接行使民主权利和加强科学决策民主监督的机制。三是建设社会主义和谐文化、巩固全省人民共同团结奋斗的思想基础,逐步形成完善保障公民文化权益、提高公民文化素质、不断繁荣文化事业、大力发展文化产业的机制。四是加强社会建设与管理,逐步形成完善政府绩效评估和问责、突发公共事件应急处理、社会矛盾纠纷排查调处和社情民意表达的机制。通过建立健全和不断完善代表、实现、维护和发展广大人民群众利益的长效机制,使以人为本的核心要求正在逐步落到实处。

总之,改革开放30年形成的三大中国观念在甘肃都留下了深刻的印记,反过来说,这些观念的形成与升华也凝聚了2600多万甘肃人民的心血与智慧。珍视这些观念、深化这些观念、进一步强化推广这些观念必将对未来中国又一个30年的发展产生极其重要的作用。

(原载《兰州大学学报》(社会科学版)2008年第5期)

以人为本　共享文明
——社会主义核心价值观的一种可能表述

关于社会主义核心价值观的概括和表述是近期理论研究的一大热点,也是人们高度关注的一个重要现实问题。党的十七大和十七届六中全会为研究和思考这一问题指引了政治方向、奠定了理论基础,相关课题组、有关专家和理论工作者的研究将这一问题的认识与思考不断引向深入,特别是《红旗文稿》连续发表了一系列重要文章①,使这一问题的研究与讨论不论是从具体内容概括表述,还是从研究、概括和表述应当遵循的方法论原则都大大深入了一步, 已经达成了一定共识。目前的绝大多数研究成果都力求用几个鲜明的直接的价值主题或命题概括出社会主义核心价值观, 尽管在一些主要方面大体能够达成共识,如讲得最多的有以人为本、共同富裕、民主法治、公平正义等等, 但很难得到绝大多数研究者和广大干部群众的普遍认可。我认为概括的程度还不够高是一个主要原因。因此,从方法论的角度来看,进一步提高概括高度有可能取得更大范围的认同。本着这一原则和已经达成的重要共识,我个人认为"以人为本、共享文明"可以作为社会主义核心价值观的一种可能的概括和表述。理由如下:

---

①参见《红旗文稿》2012 年第 1—10 期。本文发表时二十四字社会主义核心主义价观尚未正式公布。

一、这一表述符合社会主义核心价值观概括的基本理论前提、已经达成的共识和应有的要求

（一）社会主义核心价值观概括必备的理论要素：社会主义的本质要求、价值追求与理想诉求

体现本质要求、价值追求与理想诉求是任何社会、一切领域核心价值观的共同要求、普遍规律。社会主义核心价值体系是兴国之魂，是社会主义先进文化的精髓，决定着中国特色社会主义的发展方向。作为这一体系本质规定、精神实质和思想灵魂的社会主义核心价值观必须充分体现社会主义的本质，体现社会主义不同于封建主义和资本主义等一切已有社会的质的规定性；体现社会主义不同于其他一切社会形态的最高价值追求，特别是最基本的即核心的价值追求；体现社会主义从已有社会现实中寻求的确立自身理想、又把理想逐步变成现实的理想诉求。这样的社会主义核心价值观才能成为兴国之魂、立国之本、强国之路。

（二）社会主义核心价值观概括达成的基本共识：政党认同、国家认同与公民认同的一致

在社会主义核心价值观概括的理论探讨和实践探索中人们已经达成了一些基本的共识，其中最重要的就是社会主义核心价值观不仅是社会主义国家公民的价值标准和行为规范，需要基本的普遍的公民认同，同时也是社会主义国家执政党的核心执政理念和人民政府的基本行政准则，也需要政党认同和国家认同。既要有国家层面"安邦定国"的执政理念、国家理念和目标路径，也要有公民层面"安身立命"的

精神追求、价值取向和行为方式①。

（三）社会主义核心价值观概括在形式上应有的要求：体现本质、简要鲜明、易知可行

所谓体现本质，就是概括必须能够充分体现社会主义的本质要求、价值追求与理想诉求。所谓简要鲜明，就是表述确切简洁、内涵确定清晰、导向确实具体。所谓易知可行，就是便于绝大多数人了解理解和遵循践行。内容决定形式，形式反过来影响内容，社会主义核心价值观的概括如果不能有一个恰当的形式就很难准确反映内容、很难形成共识，当然也就不易广泛传播、无法有效传承。

二、"以人为本、共享文明"为什么可能成为社会主义核心价值观的恰当概括

（一）"以人为本、共享文明"体现了社会主义的本质要求、价值追求和理想诉求

"以人为本、共享文明"的基本含义：从政党认同和国家认同的层面说，就是坚持以人民利益为社会主义国家执政党和人民政府一切工作的出发点和落脚点，坚持让所有人共同享有社会主义革命、建设和改革开放取得的一切文明成果；或者更简要地说，就是为人民服务、让人民幸福。列宁曾经指出："总的来说，资产阶级民主制和议会制同苏维埃的或无产阶级民主制之间的差别在于：前者是把重心放在冠冕堂皇地宣布各种自由和权利上，实际上却不让大多数居民即工人和农民稍微充分地享受这些自由和权利；相反地，无产阶级或苏维埃的民主不是把重心放在宣布全体人民的权利和自由上，而是着重于保证那些曾经受资

---

①杨明：《国家与公民：社会主义核心价值观概括的基本路径》，《红旗文稿》2012 年第 4 期，第 8 页。

本压迫和剥削的劳动群众能实际参与国家管理……在实际上使被剥削的劳动者能够真正享受文化、文明和民主的福利。"①从公民认同的层面说，是坚持把人当人即以人而不是以物为价值主体与价值目标，坚持与他人、集体共同建设、共同享有社会主义文明成果；或者更通俗地说，就是"大家好才是真的好"。充分体现不同于资本主义的社会主义、集体主义和爱国主义的价值导向。概括起来说就是：以人民群众为价值主体与价值目标，使人民群众共同建设、共同享受社会主义物质文明、精神文明、政治文明、社会文明和生态文明。共享物质文明就是共同富裕，这是社会主义本质最简要的概括；共享精神文明就是追求共同社会理想、遵循共同指导思想和共同道德规范，这是社会主义在精神层面的本质规定、价值追求和理想诉求；共享政治文明就是人民共同享有民主权利、法制保障和公平正义，这是社会主义革命、建设和改革在政治层面的本质规定、价值追求与理想诉求；共享社会文明就是各尽所能、各得其所而又和谐相处，这是社会主义在社会建设管理方面的本质规定、价值追求与理想诉求；共享生态文明就是资源节约、环境友好、人与自然和谐相处，这是社会主义在处理人与自然关系方面的价值追求与理想诉求。从另一角度我们也可以说，以人为本、共享文明，也就是以人民群众的需要和利益为根本出发点和落脚点，共享人类文明的积极成果和中华文明的优良传统，共走生产发展、生活富裕、生态文明的文明发展道路，即建立、建设、发展社会主义并进一步从社会主义走向共产主义。这是从科学社会主义的一般要求来说的。如果从中国特色社会主义的特殊要求来说就是建立、建设、发展中国特色社会主义，就是坚持走中国特色社会主义道路。

①《列宁选集》第 3 卷，人民出版社，1995 年版，第 724 页。

如果用几句简明的语言表述，"以人为本、共享文明"中的"共享文明"也可以进一步分述为：共享物质文明就是"尊重劳动、共同富裕"，共享精神文明就是"人人为我、我为人人"，共享政治文明就是"民主法治、公平正义"，共享社会文明就是"诚信友善、安定有序"，共享生态文明就是"资源节约、环境友好"。在全面表述中可以说"以人为本、共享文明"的社会主义核心价值观的具体内容是："尊重劳动、共同富裕，人人为我、我为人人，民主法治、公平正义，诚信友善、安定有序，资源节约、环境友好"。再简略就是"富强、文明、民主、和谐"。

（二）"以人为本、共享文明"体现了社会主义核心价值观研究中已经达成的共识

从中国特色社会主义这一社会主义的特定道路来说，对社会主义核心价值观的这一概括充分体现了社会主义共同富裕的本质，深刻体现了社会主义中国的立国之本，即必须坚定坚持的四项基本原则即马克思主义的指导、社会主义道路、共产党的领导和人民民主专政，全面体现了社会主义核心价值体系的指导思想、共同理想、精神支柱和共同道德等四个方面的主要内容，涵盖了政党认同、国家认同和公民认同，与中国特色社会主义建设的战略纲领与总体战略布局完全一致、与党的性质宗旨和基本路线完全一致，与全体中国人民共同的现实选择与理想追求完全一致，这一概括是一个指向明确、内涵确定、包容性强的概括。与目前已有的其他概括相比，这一概括最简明地概括了社会主义的核心价值追求，最鲜明地提出了社会主义核心价值的指向，最大限度地包容了社会主义核心价值应有的内容和已有的研究成果。这一概括不仅在国内可以成为各个方面、各个阶层共同的价值遵循和走中国特色社会主义道路共同的思想基础，而且在国际上可以成为中国走和平发展道路的价值宣示，成为建设和谐世界的共同思想基础。

（三）"以人为本、共享文明"能满足三个方面的基本要求

首先，这一概括充分体现了"社会主义的本质，是解放生产力，发展生产力，消灭剥削，消除两极分化，最终达到共同富裕"①。充分体现了社会主义代替资本主义走向共产主义的共同理想，在当代中国则具体体现为在中国特色社会主义道路上实现中华民族伟大复兴的共同理想。充分体现了以马克思主义为指导思想的共同理论基础，在当代中国则体现为以中国化的马克思主义为指导即坚持高举中国特色社会主义伟大旗帜，以邓小平理论和"三个代表"重要思想为指导，深入贯彻落实科学发展观。充分体现了社会主义公民共同的道德规范，在当代中国则具体体现为爱国、敬业、诚信、友善，在各地各行业则体现为不同的地方精神和行业核心价值。体现了坚持中国特色社会主义政治文明发展道路即坚持党的领导、人民当家做主和依法治国的有机统一。体现了坚持中国特色社会主义社会文明发展道路，构建社会主义和谐社会的本质要求。体现了当代中国坚持走生产发展、生活富裕、生态文明的文明发展道路的坚定决心。其次，这一概括简明扼要，是目前提出的所有概括中字数较少、内涵最多、不易产生歧义而且能够包容几乎所有概括的一种概括。最后，这一概括易知可行。不用过多地解释，绝大多数具有高中以上文化程度的人都可以大体掌握其基本内容，经过一定的解读，所有人都可以准确无误地理解其基本精神、主要指向和行为要求。共享文明的前提是共建文明，这就把社会主义核心价值观的理想引领作用与现实指导作用有机地统一了起来，既有利于倡导一种与以往任何社会都不同但又充分吸收了人类文明所有积极成果足以引领人类发展方向和潮流的核心价值，也

---

①《邓小平文选》第三卷，人民出版社，1993 年版，第 373 页。

有利于通过建设实践使这一核心价值观念逐步从理想变为现实。这一概括既能充分地吸收人类历史已有价值观的积极成果又超越了这些价值观历史与阶级的局限，是一个足以代表人类未来的先进的核心价值观。我们可以说社会主义是指向"以人为本、共享文明"的社会，而共产主义就是"以人为本、共享文明"的社会。

三、"以人为本、共享文明"作为社会主义核心价值观的概括有助于全面推进社会主义核心价值体系建设

（一）"以人为本、共享文明"要求我们坚持马克思主义的指导地位不动摇

社会主义核心价值体系的指导思想和首要内容是马克思主义。"以人为本、共享文明"的共享精神文明就内在地要求我们必须坚持共同指导思想也就是马克思主义的指导地位，在当代中国就是用中国化的马克思主义作为共同指导思想。作为共同指导思想的中国化马克思主义是社会主义精神文明的灵魂即最重要的文明成果，有了这一指导思想，我们就有了思想和精神旗帜；有了旗帜我们就有了方向、有了形象、有了力量、有了希望，就足以担当起"兴国之魂"的使命，就足以引领中国特色社会主义的发展方向，这就是我们的主心骨。

（二）"以人为本、共享文明"要求我们坚持社会主义共同理想不动摇

社会主义核心价值体系的又一重要内容是社会主义的共同理想，"以人为本、共享文明"同样明确要求追求共同理想。我们共产党人的远大理想是实现共产主义，而社会主义文明是走向共产主义的基本前提和必要环节。共享的前提是共建，这就要求我们要努力在中国特色社会主义道路上实现中华民族的伟大复兴。这一共同理想既是中国共产党人的不懈追求，也是全体中国人民的共同愿望，是执政党与老百姓共同的远大目标。要实现这一目标，我们现在的主要任务

是全面建成小康社会,进而建成富强、文明、民主、和谐的社会主义现代化强国。

(三)"以人为本、共享文明"要求我们坚持弘扬以爱国主义为核心的民族精神和以改革开放为核心的时代精神不动摇

共同精神支柱是社会主义核心价值体系的重要内容,"以人为本、共享文明"不仅要求共建共享社会主义物质文明、精神文明、政治文明、社会文明和生态文明,也包括共享人类文明特别是中华文明。因此,倡导这样一种核心价值观,不仅是政党认同、国家认同与公民认同的统一,事实上也是民族认同、时代认同与公民认同的统一。坚持弘扬以爱国主义为核心的民族精神和以改革开放为核心的时代精神是共建共享社会主义文明的基本要求。这一要求把各个行业、各个地方共同倡导的爱国、创新等优良品格和时代风采都充分地吸纳进来了。同时,"以人为本、共享文明"并没有脱离人类文明的发展大道,而是内在地要求与公开地主张充分汲取和共享人类文明的一切积极成果,内在地要求和积极地主张继承优良传统、传承民族命脉、共建中国文化、共享中华文明,共建共享中华民族共同精神家园,让中华文明走出去,为人类文明做出更大贡献。

(四)"以人为本、共享文明"要求我们坚持社会主义荣辱观不动摇

社会主义荣辱观是社会主义共同道德的集中体现,是社会主义核心价值体系建设的基础内容。"以人为本、共享文明"的社会主义核心价值观强调共享精神文明、主张遵循共同道德,内在地要求我们坚持社会主义荣辱观不动摇。"以人为本"要求不仅把人当人,也要使人成人;"共享文明"就必须先"共建文明"。使人成人不仅要有物质的基础,也要有政治的保障,还要有文化的引领、精神的支柱,社会主义荣辱观就是在精神和文化上特别是在共同道德上具体的引领。社会主义荣辱观所倡导的热爱祖国、服务人民、崇尚科学、艰苦奋斗等优良

传统和高尚美德是"以人为本、共享文明"的社会主义核心价值观的概括中的题中应有之义,倡导"以人为本、共享文明"有助于继承发扬和传承创新这些优良传统和高尚美德。

（原载《甘肃社会科学》,2012 年第 5 期）

塑造陇人品格

甘肃精神内涵非常丰富，它不仅通过从古到今的一代代甘肃人的风范、行为和他们所创造的业绩呈现出来，从甘肃深厚的文化底蕴、改革开放时代的火热生活中展示给世人，还经过千百年的历史沉淀，浓缩成相对稳定的陇人品格。培育和弘扬甘肃精神，对于凝聚人心、鼓舞民气、鼓励创新、振兴甘肃具有重大意义。甘肃省第十一次党代会报告说，甘肃精神包含着艰苦奋斗、不怕牺牲、崇尚实干、不甘落后、坚韧不拔、顽强拼搏、锲而不舍、奋发有为等丰富内涵，具有强大的生命力和广泛的群众基础。那么，我们怎么准确理解甘肃精神，怎么去真正认识甘肃人，怎么挖掘陇人品格，怎么去塑造陇人品格？我想可以从三个方面来进行分析、解读和阐释。

首先，甘肃精神的核心是自强不息、艰苦奋斗。自强不息、艰苦奋斗的精神，既是中华民族的民族精神，也是中国共产党人领导中国革命、建设和改革开放所弘扬的优良作风。自强不息，就是生命不息、奋斗不止。顽强的奋斗，才能成就辉煌的事业。特别是在甘肃这样一个自然条件十分严酷、社会经济发展相对滞后、各方面发展都受到制约的省份，发扬自强不息、艰苦奋斗的精神尤为重要。20年前我曾经讲，毛主席把世界划分为三个世界，中国实际上也有三个世界。如果说中国是世界上的第三世界，那么甘肃就是第三世界国家中的第三世界。改革开放之初，整个中国处于社会主义初级阶段，那么甘肃是什么呢？甘肃是社会主义初级阶段中的初级阶段，在全球是"第九世界"，在中国是欠发达的谷底。尽管与自身比甘肃发生了历史性的巨变，已不能与当年同日而语，但在全球、全国范围内，我们相对落后的地位仍没有发生根本的改变。最大的变化是甘肃彻底摆脱了吃不饱饭的局面，完全实现了"两不愁"，即"不愁吃、不愁穿"。我们过去最大的一个问题就是粮食不够吃，吃不饱肚子。现在我们的粮食产量连续多年稳定在 1000 万吨以上。我算了一个大账，就是甘肃人每一个人平均一年有 400 多公斤粮食可以吃。400 多公斤是什么概念呢？就是在最重的体力劳动下，在没有肉吃没有菜吃的情况下，最壮的壮汉都是够吃的。更不要说今天其他物质条件已经极大丰富了。这也许在别的地方算不了什么，然而对甘肃来说，能解决几百年解决不了的吃饭问题，就是一个了不起的成就。尽管这样，我们现在还有一百多万的贫困群众，是全国脱贫攻坚任务最艰巨的省份。当下（即 2018 年 10 月），离扶贫攻坚最终目标（整体解决绝对贫困问题）不足 800 天，甘肃省委号召全省在精准扶贫中要有敢死拼命的精神，这仍然是甘肃精神的传承创新，我想还应加上"敢打能赢"四个字，这对甘肃来说也是必须的。所以，甘肃人发扬奋斗的精神，拼命的精神，勇猛的精神，实干的精神，不拖全国的后腿，来建成全面小康，也同样是必须的。领导干部要夙夜在公，深入实践的最前沿；知识分子要有为民的情怀，深入学术的最前沿；我们每一个人都应该在自己的岗位上，一门心思去把自己该干的事情干好。一句话，每个甘肃人，都要认认真真做事，堂堂正正做人，用自己的知识、智慧和心血，为老百姓努力工作，我想这是甘肃精神的第一个内涵，陇人的第一个品格。

其次，陇人品格的基本内涵是诚实守信、包容创新。李广、王符、安维峻等等，这些甘肃古人都是非常老实的人，非常讲信用的人，同时他们又是心胸非常的宽阔、敢作敢为的人，所以诚实守信、包容创新应该是陇人品格的基本内涵，也是从《中庸》中出来的"人一之、我

十之,人十之、我百之"的中国传统美德所倡导的精神。中国人认为
"诚"是天和人最可贵的品德,诚实守信是做人最基本的条件。我常
说,甘肃人的优点是老实,特点是真老实,缺点是太老实。往"诚实"的
方向再努力就是一大优点,守住这一点就是特点,滑向迂腐式的所谓
"老实",实际上是脑袋不开窍,也就演变成缺点了。所谓"信",就是人
是说话的,说话是要算数的,不守信用,就失去了做人的基本资格。包
容创新是在诚实守信的基础上,以广阔的胸怀来为往圣继绝学,为万
世开太平的基本的要求。所以诚实守信、包容创新的陇人品格应该得
到进一步弘扬。现在社会诚信缺失比较普遍,不守信用成了一些人的
处世哲学。还有些人心胸狭窄,自己不走运,成天盼着别人倒霉。思想
不够解放,观念保守,动作太慢,也是我们甘肃发展中的一个弊病。所
以我们既坚守诚实守信,也倡导包容创新;既传承传统,又开拓进取,
来创造甘肃美好的明天。刚才说了,诚实是甘肃人的一个优点,老实
是甘肃人的特点,太老实是甘肃人的缺点。为什么是缺点呢? 缺点就
是优点的过分的运用和特点的不良发挥。一个人实际上是三点合一
的,优点、缺点、特点,其实就是一个点,诚实是优点,老实是特点,太
老实就成了缺点。所谓太老实就是保守,所谓太老实就是不能与时俱
进,所谓太老实就是不懂得在坚定的原则性基础上的灵活变通。所以
我们既要保持和发扬诚实的优点,坚守住老实的特点,同时也要克服
太老实的毛病。包容也是如此。一个人有广阔的胸怀,能听得进不同
的意见,能听得进逆耳之言,就是中华文明厚德载物的美德的发扬。
但是如果包容变成无原则的退让,变成你好我好大家都好的"乡愿",
就会适得其反。孔子说"乡愿,德之贼也"。甘肃老百姓也说"老好人是
老坏人",没有原则的人和没有诚信的人一样是要不得的。创新是在
人类文明基础上创制出过去所没有的东西, 发现过去没有发现过的
真理,掌握前人还没掌握的知识,创造出前辈们没有实践过的新的物

质文明、精神文明、制度文明。但是创新不是没有边际的胡编乱造，不是没有依据的空想，更不是为创新而创新。那些冒天下之大不韪，违背规律的盲目蛮干，绝不是创新。因此，我们要从正面来坚守诚实守信，从正面来践行包容创新，防止走极端，防止走到事物的反面去。

第三，陇人品格的最显著特征是朴实无华、坚韧不拔。如果说自强不息、艰苦奋斗是一种精神的话，那么像石述柱那样，认准一件事，豁出一辈子，不干出个样子来誓不罢休的这种执着和坚韧，更多的则是做人的一种品格。这种品格不仅是个人的，也是甘肃人整体上的一种地域特征，在集体无意识中积淀汇聚成了团结奋进的社会生态与精神表达。团结奋进，说的是人不能天马行空独来独往，在自强不息、艰苦奋斗的过程中，要心往一处想，汗往一处流，劲往一处使，用集体的力量，用集体英雄主义来达到我们的目的。咬紧牙关，坚持到底，是一种执着，是一种坚韧。实践中，很多事情咬紧牙关再坚持一下，可能就柳暗花明又一村。很多人就是不够坚韧而功亏一篑的。所以，我有一个说法，"万事开头易，持之以恒难"。意志的坚强，是一个人成就大事、担当重任的基本人格要求。很多人是三分钟的热情，所以毛主席说一个人做点好事并不难，难的是一辈子做好事不做坏事。我们说一个人立下一个宏图大志，着手去开启这个宏图大志，其实并不是一件很难的事，最难的事情是坚持不懈地把它干下去，干到底，干出名堂来。俗话说，小人常立志，君子立志长。立志贵在长，贵在坚韧不拔，贵在坚持到底。我们无论是做人还是干事，都要有这种坚韧不拔的精神。"朴实无华、坚韧不拔"是我十年前对陇人品格的最简单的概括。十年过去，我越来越觉得这个概括十分准确，特别传神。所以，我进一步说"朴实无华、坚韧不拔"是陇人品格中最显著的特征。

如果说坚韧不拔是个体的，那众多个体的坚韧不拔就是集体的团结奋进了。"团结奋进"继承了中华民族以爱国主义为核心的团结统一、勤劳勇敢、自强不息、爱好和平的精神。人是社会性的动物,再厉害的人都不可能把天下所有的事干完。曾讲过"水火有气而无生,草木有生而无知,禽兽有知而无义,人有气有生有知亦且有义,故最为天下贵"的荀子还告诉我们这样一个道理:"人,力不若牛,行不若马,而以牛马为用,何也? 曰:人能群,彼不能群也。"人是可以团结为一个集体的,而动物是没有文明的传承和集体的力量可言的。当然如果我们看《动物世界》,它们也许有语言,有团结,有奋斗,但是比起人类团结的自觉性、奋斗的主动性、文化的传承性来,它们毕竟是没有创造出宇宙间本来不存在的文明。所以我经常开玩笑说,地球上只有人类文明,而没有猴类文明、狗类文明、马类文明,就是这个道理。团结奋进实际上是人类社会得以生存和发展的重要条件,特别是在甘肃这样一个很多地方不适宜人生存,需要百倍十倍的努力才能活下来、才能干成一点事情的地方,更需要团结奋进。所以,我们要最大限度地调动一切有利于团结的力量,最大限度地消除一切不利于团结的因素,团结一心来创造新的辉煌。在这个过程中,民族的团结是最重要的,各民族团结在中华民族这个最大的族群概念之下。我们都是中国人,都应该有一个爱国心,都应该致力于民族的振兴,求大同存小异,大事讲原则,小事讲风格,这样才能干成一番事业。

陇人的品格还有很多,比如说勤勤恳恳、踏踏实实;比如说奋发有为、昂扬向上;比如说不畏艰险、乐在其中等。这些品格与那些不思进取、慵懒无为、安于现状、墨守成规、狭隘保守、故步自封、坐而论道、华而不实的不良作风是格格不入的。我们常说物竞天择、适者生存,任何一个优良的传统、做人的美德和高尚的品质都是在同那些消极的、没落的、腐朽的思想作风、精神状态比较甚至斗争中形成和发展起来的。有些人有一种"甘肃无望论""甘肃没治论"等一些消极的情绪,他们认为甘肃这个地方天不养人,人再奋斗也没有用;他们认为甘肃自安史之乱后就落后了，那么聪明坚强的古代人都没有把甘肃治好，现代人可能也治不出什么名堂；他们认为甘肃这个地方就是把天王老子派来，或者说派两个神仙下凡也有背不走的大山等等。我们觉得这种消极无为的思想作风和精神状态是万万要不得的。相反，我们既要继承中华民族的优良传统，特别是自强不息的民族精神，也要有改革创新的时代精神，努力形成鼓励改革、扩大开放、解放思想、勇往直前、只争朝夕、开拓进取、协作交流、求真务实、雷厉风行、宽容失败等这样一些好的风气。弘扬甘肃精神，培育陇人品格，一定要摒弃那些消极无为的精神状态，和这些消极的思想进行旗帜鲜明的斗争，才能形成良好的舆论氛围和精神状态，才能实现甘肃老百姓对本省发展"纵向比较迈大步、横向比较有进步"的美好期盼。

（选自《话陇点精——甘肃精神甘肃人》，甘肃人民出版社，2019年）

附录

论著目录

一、论著类

《二十世纪中国哲学散论》,范鹏著,甘肃人民出版社,1996 年 2 月。

《道通天地·冯友兰》,范鹏著,山东画报出版社,1998 年 2 月。

《甘肃宗教》,范鹏著,甘肃民族出版社,2006 年 2 月。

《画陇点精》,范鹏著,甘肃人民出版社,2019 年 8 月。

《甘肃民族宗教读本》范鹏、马亚萍著,甘肃民族出版社,2009 年。

《中国特色社会主义理论及其在西部的实践》,范鹏、王晓平著,中共中央党校出版社,2004 年 8 月。

二、编著类

《当代热点文化追踪》,范鹏策划主审,王文行、李君才、王茂生主编,甘肃人民出版社,1999 年 12 月。

《历代中央政府治藏方略研究》,陈建华、范鹏主编,民族出版社,2013 年 7 月。

《大学生思想政治教育的理论与实践》,范鹏主编,兰州大学出版社,2012 年 6 月。

《统筹推进"五位一体"总体布局》,范鹏主编,人民出版社,2017 年 7 月。

《中国特色社会主义概论》,范鹏主编,甘肃人民出版社,2016年8月。

《陇人品格丛书》,范鹏总主编,甘肃人民出版社,2009年4月。

《甘肃省情》(第三版),范鹏、朱智文主编,甘肃民族出版社,2019年12月。

《敦煌文化中的中韩文化交流:敦煌文化与东亚文化国际学术研讨会论文选》,范鹏、颜廷亮、马廷旭主编,甘肃人民出版社,2013年7月。

《敦煌哲学》(1—4辑),杨利民、范鹏主编,甘肃人民出版社,2013年10月、2015年8月、2016年7月、2017年9月。

《"一带一路"战略导读》(一),连辑、范鹏、段建玲主编,甘肃文化出版社,2015年10月。该书有英文版同期出版。

《建设现代企业文化》,来耀勤、范鹏主编,兰州大学出版社,1990年4月。

《中国哲学史·现代哲学(下)》,范鹏撰稿,陈莹、裴大洋、刘辉主编,陕西人民出版社,1993年。

《中国现代哲学人物评传·冯友兰》,李振霞、傅云龙主编,范鹏撰稿,中共中央党校出版社,1991年12月。

《陇上学人文存》(1—90卷),范鹏总主编,甘肃人民出版社,2010—2022年。

三、论文类

《论毛泽东的哲学观》,《理论学习》,1987年第5期。

《新理学的理论框架及其意义》,《中国哲学史研究》,1988年第一期。

《中国现代哲学史首届全国学术讨论会综述》,《理论月刊》(中央党校)1988年第2期。

　　《冯友兰的境界说》收入《中国现代哲学与文化思潮》,求实出版社,1988 年 10 月。

　　《1987:中国现代哲学史研究的重要一年》,范鹏、阮青,《哲学动态》1988 年第 6 期。

　　《传统孝道与现代亲子关系》,《天府新论》1994 年第 5 期。

　　《1987 年:中国现代哲学史研究的重要一年》,《哲学动态》,1988 年第 7 期。

　　《文化层次与社会改革》,《理论导刊》(重庆)1988 年第 7 期。

　　《"与哲学无缘"的哲学家》,《人民日报》(海外版)1988 年 7 月 9 日。

　　《阅旧邦以辅升命·极高明而道中庸》,《人民日报》(海外版)1988 年 12 月 2 日。

　　《新理学人生哲学的内在逻辑》,《冯友兰先生纪念文集》,北京大学出版社,1993 年 10 月。

　　《恩格斯哲学观核心思想初探》,《马克思主义研究》1986 年第 2 期,收入《哲学与现实》,甘肃人民出版社,1988 年 9 月。

　　《评〈系统辩证论〉》,《内蒙古社会科学》1989 年第 1 期。

　　《人生哲学的三个基本层次及重要内容》,《中国哲学史研究》1989 年第 1 期。

　　《哲学并不全国》,《学习理论》1989 年第 3 期。

　　《"第二种理论模型"的一种尝试》,《自然辩证法报》1989 年 7 月 4 日。

　　《孔子与当代中国青年知识分子的心态》收入《纪念孔子诞辰 2540 周年国际学术研讨会文集》。

　　《企业文化建设的几个基本问题》,《甘肃理论学刊》1989 年第 6 期。

《"礼"、"忠"、"孝"的现代诠释》,《孔子研究》1997年第4期。

《恻隐之心　人皆无之？》,《发展》1998年第3期。

《大孔子学说的创获与难题》,《文化中国》(加拿大)1998年第1期。

《解读冯友兰·学者研究卷》参加编写其中一章。

《找准儒学在未来教育中的位置》,《光明日报》1999年12月24日。

《冯友兰与中国哲学的时代化》,《冯友兰研究》第二辑,大象出版社,1999年8月出版。

《冯友兰落难记》收入《畅销书摘》,江苏人民出版社,1999年4月。

《冯友兰的境界说》,《中国现代哲学与文化思潮》,中央党校出版社,1989年11月。

《解放思想与统一思想的内涵及关系》,《党的建设》2002年第10期。

《辛亥革命与中国近代思想文化》,中国人民大学出版社,1991年9月。

《辛亥革命与中体西用》,《国学论衡》第二辑,兰州大学出版社,2002年转载。

《宗教文明与和谐社会》,《当代中国民族宗教问题研究（第二集)》。

《哲学的品格——哲学文化·哲学精神·哲学认识》,《社会科学》1990年第6期。

《革命的群众论与建设的群众论》,《甘肃社会科学》1993年第6期。

《一代文化托命之人——写在冯友兰先生诞辰百年之际》,《学术月刊》1995 年第 11 期。

《立·和·得·化——谈冯友兰和冯契对中国哲学的总结与把握》，《学术月刊》1998 年第 2 期。

《甘肃民族地区干部教育与经济社会发展之关系研究》，《开发研究》1997 年第 2 期。

《思想路线至关重要》，《甘肃理论学刊》1998 年第 6 期。

《弘扬儒学·探讨儒教·呼唤儒商——纪念孔子诞辰 2550 周年 21 世纪的儒学、儒教与儒商研讨会侧记》，《甘肃社会科学》1999 年第 5 期。

《四通八达的冯友兰》，《冯友兰研究》（第一辑），国际文化出版公司，1997 年 6 月。

《甘肃少数民族地区干部对干部教育的认识、评价和希望》，《甘肃理论学刊》1999 年第 2 期。

《冯友兰与中国哲学的时代化》，《旧邦新命——冯友兰研究》，大象出版社，1999 年 8 月。

《世事洞明皆学问人情练达即文章——社会科学学术论文撰写的几个问题》，《西北成人教育学报》1999 年第 2 期。

《关于积极引导宗教与社会主义社会相适应的几点思考》，《天水行政学院学报》2001 年第 1 期。

《坚持继承优良传统与弘扬时代精神相结合》，《甘肃日报》2001 年 12 月 1 日。

《甘肃民族地区干部教育发展对策研究》，《甘肃社会科学》2001 年第 6 期。

《在结合与创新中发展马克思主义》，《甘肃日报》2001 年 7 月 8 日。

《关于宗教文明建设的几个问题》，《甘肃理论学刊》2003 年第 6 期。

《冯友兰教育哲学发微》,《天水师范学院学报》2004 年第 4 期,收入《人大复印资料》。

《论宗教文明建设》,《新疆师范大学学报》(哲学社会科学版)2005 年第 1 期。

《试论冯友兰新理学对旧理学的超越》,《兰州大学学报》2005 年第 6 期。

《大力发展循环经济建设资源节约型社会》,《甘肃日报》2005 年 12 月 26 日。

《学会制造机遇促进社会发展》,《甘肃社会科学》2005 年第 6 期。

《加强社会主义社会建设理论的研究》,《甘肃日报》2005 年 4 月 7 日。

《关于构建社会主义和谐社会的几个问题》,《甘肃社会科学》2005 年第 4 期。

《建设社会主义核心价值体系是和谐社会建设的灵魂工程》,《甘肃日报》2006 年 11 月 8 日。

《曹氏归义军初期敦煌洞窟营建中折射出的价值观——以莫高窟第 98 窟为例》,《敦煌研究》2016 年第 2 期。

《深刻理解社会主义荣辱观的科学内涵和重大意义》,《甘肃日报》2006 年 3 月 20 日。

《建设现代宗教文明积极引导宗教与社会主义社会相适应》,《世界宗教研究》2007 年第 1 期。

《深入学习贯彻中国特色社会主义理论体系》,《甘肃日报》2007 年 10 月 31 日。

《把人当人使人成人——以人为本的价值维度和实践目标》,《天水师范学院学报》2007 年第 3 期。

《旗帜问题至关重要》,《甘肃日报》2007 年 7 月 4 日。

《深入学习贯彻中国特色社会主义理论体系》,《甘肃社会科学》2008 年第 1 期。

《论改革开放中形成的三大中国观念——以甘肃为例》,《兰州大学学报》(社会科学版)2008 年第 5 期。

《〈新理学〉诸概念与命题分析》,《大连大学学报》2009 年第 1 期。

《认真学习领会执政党建设的基本经验》,《甘肃日报》2009 年 10 月 23 日。

《追赶型跨越式发展的新目标》,《甘肃日报》2009 年 12 月 1 日。

《抗震救灾精神是伟大民族精神的集中体现和新的发展——汶川特大地震周年祭》,《天水师范学院学报》2009 年第 3 期。

《社会主义民主政治稳步发展人民当家作主得到制度保障》,《甘肃日报》2009 年 9 月 30 日。

《建设现代宗教文明:积极倡导与深入论证——范鹏教授访谈录》,《甘肃社会科学》2010 年第 1 期。

《软实力的提升需要哲学社会科学的不断创新》,《中国社会科学报》2010 年 6 月 24 日。

《开发资源宝库建设文化大省》,《社科纵横》2010 年第 7 期。

《〈陇上学人〉开栏词》,《甘肃社会科学》2011 年第 2 期。

《宗教文明建设对甘肃少数民族地区文化发展的影响》,《西北民族大学学报》2011 年第 3 期。

《论科学发展观在甘肃的实践》,《甘肃日报》2011 年 5 月 23 日。

《创推进智库建设之先争服务跨越发展之优》,《甘肃日报》2011 年 7 月 11 日。

《甘肃民生科技支撑体系建设的路径探析》,《甘肃社会科学》2012

年第 3 期。

《以人为本共享文明——社会主义核心价值观的一种可能表述》,《甘肃社会科学》2012 年第 5 期。

《以全新理念规划建设兰州新区》,《甘肃日报》2012 年 9 月 28 日。

《敦煌哲学:如何可能与怎样可行(上)》,《甘肃日报》2013 年 11 月 11 日。

《敦煌哲学:如何可能与怎样可行(下)》,《甘肃日报》2013 年 11 月 15 日。

《将甘肃打造成丝绸之路经济带黄金段》,《甘肃日报》2013 年 11 月 5 日。

《敦煌哲学:如何可能与怎样可行》,《甘肃社会科学》2013 年第 3 期。

《敢担当重实干》,《甘肃日报》2013 年 6 月 5 日。

《"普遍增加城乡居民收入"应该成为甘肃"十三五"目标的靶心》,《甘肃日报》2015 年 11 月 16 日。

《推进甘肃特色新型智库建设》,《甘肃日报》2015 年 5 月 11 日。

《"三不朽"的时代价值》,《人民日报》2016 年 10 月 26 日。

《回望首届文博会持续办好文博会》,《甘肃日报》2016 年 10 月 28 日。

《增强"四个意识"当好理论尖兵》,《甘肃日报》2016 年 11 月 2 日。

《建立"公民学分制"建设学习型社会》,《甘肃日报》2016 年 2 月 15 日。

《以文化交流促开放发展》,《甘肃日报》2016 年 3 月 14 日。

《为了党的肌体更加健康》,《甘肃日报》2016 年 7 月 1 日。

《死死扭住创新驱动发展这个牛鼻子》,《甘肃日报》2017 年 1 月 10 日。

《构筑马克思主义中国化理论高地》,《甘肃日报》2017 年 10 月 13 日。

《主要矛盾的转化是进入新时代的依据》,《甘肃日报》2017 年 11 月 1 日。

《重温"八个着力"共建幸福美好新甘肃》,《甘肃日报》2017 年 2 月 24 日。

《坚持"党校姓党"做从严治党的排头兵》,《甘肃日报》2017 年 3 月 17 日。

《以改革创新促进经济社会健康发展》,《甘肃日报》2017 年 5 月 10 日。

《发挥党校优势打造特色智库》,《甘肃日报》2017 年 5 月 12 日。

《提升我省县域经济发展层次》,《甘肃日报》2017 年 8 月 11 日。

《凝聚人类命运共同体的文化共识》,《甘肃日报》2017 年 9 月 29 日。

《"通而不统"与"一带一路"》,《民主协商报》2018 年 11 月 6 日。

《"通而不统"的敦煌精神是构建人类命运共同体重要的思想文化资源》,《甘肃理论学刊》2018 年第 2 期。

《人在风云变幻中道通天地有形外——忆冯友兰先生》,《学习时报》2018 年 4 月 27 日。

《习近平新时代中国特色社会主义思想传承的马克思精神》,《天津师范大学学报》(社会科学版)2019 年第 2 期。

《"初心""使命"从何而来》,《甘肃日报》2019 年 6 月 25 日。

《冯友兰通论佛学对敦煌哲学研究可能的启示》,《天水师范学院学报》2019 年第 4 期。

《坚持创新在现代化建设全局中的核心地位》,《甘肃日报》2020 年 11 月 10 日。

《慈母风范与长子情怀》,《青海日报》2020 年 12 月 21 日。

《善于用改革创新办法破解难题》,《甘肃日报》2020 年 12 月 30 日。

《"文化综合创新论"是折中论吗?——兼与金惠敏教授商榷》,《福建论坛·人文社会科学版》2020 年第 12 期。

《文明互鉴论的中国文化立场》,《甘肃社会科学》2020 年第 3 期。

《为人民谋幸福的一百年》,《甘肃日报》2021 年 11 月 26 日。

《界定与辨析:"创造性转化""创新性发展"的内涵解读》,《兰州大学学报》(社会科学版)2021 年第 2 期。

《让思想冲破牢笼》,《甘肃日报》2021 年 3 月 23 日。

《〈共产党宣言〉:人民美好生活观的思想源头》,《甘肃社会科学》2021 年第 6 期。

《陇上学人文存》已出版书目

━━━━■ 第一辑 ■━━━━

《马 通卷》马亚萍编选　　《支克坚卷》刘春生编选
《王沂暖卷》张广裕编选　　《刘文英卷》孔 敏编选
《吴文翰卷》杨文德编选　　《段文杰卷》杜琪 赵声良编选
《赵俪生卷》王玉祥编选　　《赵逵夫卷》韩高年编选
《洪毅然卷》李 骅编选　　《颜廷亮卷》巨 虹编选

━━━━■ 第二辑 ■━━━━

《史苇湘卷》马 德编选　　《齐陈骏卷》买小英编选
《李秉德卷》李瑾瑜编选　　《杨建新卷》杨文炯编选
《金宝祥卷》杨秀清编选　　《郑 文卷》尹占华编选
《黄伯荣卷》马小萍编选　　《郭晋稀卷》赵逵夫编选
《喻博文卷》颜华东编选　　《穆纪光卷》孔 敏编选

━━━━■ 第三辑 ■━━━━

《刘让言卷》王尚寿编选　　《刘家声卷》何 苑编选
《刘瑞明卷》马步升编选　　《匡 扶卷》张 堡编选
《李鼎文卷》伏俊琏编选　　《林径一卷》颜华东编选
《胡德海卷》张永祥编选　　《彭 铎卷》韩高年编选
《樊锦诗卷》赵声良编选　　《郝苏民卷》马东平编选

第四辑

《刘天怡卷》赵　伟编选　　　《韩学本卷》孔　敏编选

《吴小美卷》魏韶华编选　　　《初世宾卷》李勇锋编选

《张鸿勋卷》伏俊琏编选　　　《陈　涌卷》郭国昌编选

《柯　杨卷》马步升编选　　　《赵荫棠卷》周玉秀编选

《多识·洛桑图丹琼排卷》杨士宏编选

《才旦夏茸卷》杨士宏编选

第五辑

《丁汉儒卷》虎有泽编选　　　《王步贵卷》孔　敏编选

《杨子明卷》史玉成编选　　　《尤炳圻卷》李晓卫编选

《张文熊卷》李敬国编选　　　《李　恭卷》莫　超编选

《郑汝中卷》马　德编选　　　《陶景侃卷》颜华东　闫晓勇编选

《张学军卷》李朝东编选　　　《刘光华卷》郝树声　侯宗辉编选

第六辑

《胡大浚卷》王志鹏编选　　　《李国香卷》艾买提编选

《孙克恒卷》孙　强编选　　　《范汉森卷》李君才　刘银军编选

《唐　祈卷》郭国昌编选　　　《林家英卷》杨许波　庆振轩编选

《霍旭东卷》丁宏武编选　　　《张孟伦卷》汪受宽　赵梅春编选

《李定仁卷》李瑾瑜编选　　　《赛仓·罗桑华丹卷》丹　曲编选

第七辑

《常书鸿卷》杜　琪编选　　　　《李焰平卷》杨光祖编选
《华　侃卷》看本加编选　　　　《刘延寿卷》郝　军编选
《南国农卷》俞树煜编选　　　　《王尚寿卷》杨小兰编选
《叶　萌卷》李敬国编选　　　　《侯丕勋卷》黄正林　周　松编选
《周述实卷》常红军编选　　　　《毕可生卷》沈冯娟　易　林编选

第八辑

《李正宇卷》张先堂编选　　　　《武文军卷》韩晓东编选
《汪受宽卷》屈直敏编选　　　　《吴福熙卷》周玉秀编选
《蹇长春卷》李天保编选　　　　《张崇琛卷》王俊莲编选
《林　立卷》曹陇华编选　　　　《刘　敏卷》焦若水编选
《白玉岱卷》王光辉编选　　　　《李清凌卷》何玉红编选

第九辑

《李　蔚卷》姚兆余编选　　　　《郗慧民卷》戚晓萍编选
《任先行卷》胡　凯编选　　　　《何士骥卷》刘再聪编选
《王希隆卷》杨代成编选　　　　《李并成卷》巨　虹编选
《范　鹏卷》成兆文编选　　　　《包国宪卷》何文盛　王学军编选
《郑炳林卷》赵青山编选　　　　《马　德卷》买小英编选

读客®

读客彩条外国文学文库

外国文学读彩条，大师经典任你挑

猫的摇篮

[美] 库尔特·冯内古特 著　　姚向辉 译

CAT'S CRADLE

海南出版社
·海口·

图书在版编目（CIP）数据

猫的摇篮 /（美）库尔特·冯内古特
(Kurt Vonnegut) 著；姚向辉译 . —— 海口：海南出版
社，2023.7
　　书名原文：CAT'S CRADLE
　　ISBN 978-7-5730-1117-6

　　Ⅰ.①猫… Ⅱ.①库… ②姚… Ⅲ.①长篇小说－美
国－现代 Ⅳ.① I712.45
　　中国国家版本馆 CIP 数据核字 (2023) 第 078683 号

猫的摇篮
MAO DE YAOLAN

作　　者	［美］库尔特·冯内古特	
译　　者	姚向辉	
责任编辑	王金丽	
执行编辑	徐雁晖	
特约编辑	武姗姗　　王　品　　夏文彦	
封面设计	李子琪	
印刷装订	河北中科印刷科技发展有限公司	
策　　划	读客文化	
版　　权	读客文化	
出版发行	海南出版社	
地　　址	海口市金盘开发区建设三横路 2 号	
邮　　编	570216	
编辑电话	0898-66822026	
网　　址	http://www.hncbs.cn	
开　　本	880 毫米 × 1230 毫米　1/32	
印　　张	8.25	
字　　数	135 千	
版　　次	2023 年 7 月第 1 版	
印　　次	2023 年 7 月第 1 次印刷	
书　　号	ISBN 978-7-5730-1117-6	
定　　价	65.00 元	

如有印刷、装订质量问题，请致电 010-87681002（免费更换，邮寄到付）
版权所有，侵权必究

献给肯尼斯·里陶尔，

一个有勇气和格调的男人。

这本书里没有一句真话。

"靠福麻*生活能让你既勇敢又仁慈，既健康又快乐。"

——《博克侬之书》第一章第五节

---

*无害的非真相。——原注

目　录

1

世界终结之日

叫我约拿[1]好了。我爹妈就这么叫我——反正差不离吧，他们叫我约翰。

是约拿还是约翰都无所谓，就算我本来叫萨姆，也还是一个约拿。不是因为我给别人带来了厄运，而是因为总会有人或事把我在特定的时间带到特定的地点，没有任何例外。传输的方式和动机有可能合乎常理，也有可能异乎寻常，但反正都会从天而降。然后，这个约拿就会按照老天的计划，在每一个指定的时刻出现在每一个指定的地点。

听我说：

我还年轻的时候——两个老婆之前，二十五万支香烟之前，三千夸脱[2]烈酒之前……

我还非常年轻的时候，开始搜集素材，准备写一本名叫《世界

_____

1 《圣经》中的先知，曾受耶和华之命去亚述帝国首都尼尼微城传天谴警告，却借机逃跑，被吞入鲸腹。约拿悔改并祷告，随后被救出，履行了传道职责。——编者注
2 英美制容积单位，1夸脱约等于1000毫升。——编者注

终结之日》的书。

这本书要写真人真事。

这本书要讲述第一颗原子弹投在广岛的那天，美国的重要人士都在干什么。

这本书要用来宣传基督教，当时我是一名基督徒。

现在我信奉博克侬教。

要是当时就有人教我学习博克侬苦甜参半的谎言，我大概早就是一名博克侬教徒了。然而除了加勒比海的圣洛伦佐共和国，在环绕这个小岛的砾石滩涂和嶙峋珊瑚之外，根本没人听说过博克侬教的名字。

我们博克侬教徒相信人类被组织成队伍，这些队伍按照神的旨意行事，但永远不会发觉自己在干什么。博克侬称这么一个队伍为一个卡拉斯，而把我引入我所属的那个卡拉斯的工具（也就是坎坎）正是《世界终结之日》——我一直没写完的那本书。

2
好，很好，非常好

"假如你发现你的生活和另一个人的生活纠缠在一起，但找不到非常符合逻辑的理由，"博克侬写道，"那么这个人就有可能属于你的卡拉斯。"

他在《博克侬之书》里还教导我们："人创造了棋盘，神创造了卡拉斯。"通过这个比喻，他想表达的是卡拉斯超越了国家、机构、职业、家庭和阶级的界限。

它和阿米巴变形虫一样，没有固定的形态。

博克侬还在他的《第五十三号卡利普索[1]》里邀请我们和他一起高唱：

> 哈，中央公园里
>
> 一个昏睡的醉汉，
>
> 幽暗森林里
>
> 一个猎狮的枪手，
>
> 还有一个中国牙医，
>
> 还有一个英国女王——
>
> 全都在同一台机器里
>
> 彼此啮合。
>
> 好，很好，非常好；
>
> 好，很好，非常好；
>
> 好，很好，非常好——
>
> 这么多不同的人
>
> 却在同一台装置里。

1　卡利普索是20世纪初至中叶发源于特立尼达和多巴哥的非裔加勒比音乐风格。——译者注（本书中注释如无特别说明，均为译者注）

3

愚行

博克侬从不禁止你去探索你所属这个卡拉斯的边界和全能上主想要你的卡拉斯去完成什么功业。博克侬只是淡然指出，这样的探究注定是不完整的。

他在《博克侬之书》的自传部分写了一则寓言，借此讽喻假装发现和理解的愚行。

　　我曾经在罗得岛州的纽波特认识一位圣公会的女士，她请我为她的大丹犬设计并建造狗窝。这位女士声称她完全懂得神和神的行事，她无法理解为什么会有人困惑于既已发生的事情和将要发生的事情。

　　然而，当我把我建造狗窝的蓝图拿给她看的时候，她却对我说："对不起，我从来都看不懂这些东西。"

　　"拿给你的丈夫或你的牧师，请他们转交给上帝。"我说，"等上帝有空了，我相信他一定会找到一个连你都能理解的方法，把我想怎么造狗窝给你解释清楚的。"

　　她解雇了我。我永远也不会忘记她。她相信神喜欢驾驶帆船的人，胜过喜欢开摩托艇的人。她没法忍受见到蚯蚓。只要见到蚯蚓，她就会惨叫。

　　她是傻瓜，我也是，任何一个人，只要他以为他明白

上帝在干什么，就必定是个傻瓜。

4

卷须的尝试性纠缠

尽管如此那般，但我打算尽可能多地把我的卡拉斯的成员放进这本书，我想调查每一条强有力的线索，搞清楚作为一个集体的我们究竟要在这个地球上干什么。

我不打算把这本书写成博克侬教的宣传小册子。不过，对此我倒是有一句博克侬教徒的格言可以免费奉送。《博克侬之书》开门见山的第一句是：

"我将要向你讲述的一切真相，都是恬不知耻的谎言。"

我这个博克侬教徒则要这么提醒读者：

任何人，假如他无法理解有益的宗教有可能建立在谎言的基础上，那么他也将无法理解这本书。

就这样吧。

好了，来说我的卡拉斯吧。

其中当然有费利克斯·赫尼克博士的三个孩子。赫尼克博士是第一颗原子弹的所谓"父亲们"之一，他本人无疑也在我的卡拉斯里，尽管在我的斯诺卡（人生卷须）开始与他的三个孩子的斯诺卡

彼此纠缠之前，他就已经去世了。

在他的后裔里，我的斯诺卡首先触碰到的是牛顿·赫尼克——他的三个孩子里最小的一个，两个儿子里比较小的一个。我参加的兄弟会名叫德尔塔·厄普西隆，我从会刊《德尔塔·厄普西隆季刊》得知，诺贝尔物理学奖得主费利克斯·赫尼克的儿子牛顿·赫尼克宣誓加入[1]了我所属的康奈尔分会。

于是我写信给牛顿。

亲爱的赫尼克先生：

或者我可以称您为亲爱的赫尼克兄弟？

我是康奈尔大学的毕业生，目前以自由写作者的身份谋生。我正在为一本关于第一颗原子弹的书搜集素材。这本书将只写1945年8月6日，也就是原子弹在广岛投下那一天发生的各种事情。

您已故的父亲被公认为这颗炸弹的主要创造者之一，假如您能告诉我原子弹投下那一天在您父亲家中发生的任何逸事，本人将不胜感激。

我很抱歉地说，我对您杰出的家族了解得不多，因此不知道您是否有兄弟姐妹。假如您有，那么我很想知道他们的地址，以便向他们提出相同的请求。

---

1 美国的学生兄弟会入会往往分两个阶段，首先宣誓入会（pledge），然后通过考验正式入会（be initiated）。

我明白原子弹投下的时候您还很小，这样反而更好。我这本书的重点是人，而不是原子弹与技术相关的那一面，因此通过一个"宝贝"（请原谅我的用词）见证的那一天的回忆会完美地契合这个主题。

您不需要担心风格和形式的问题，这些都交给我处理好了，只需要给我一个梗概就行。

本人当然会在此书出版前把终稿寄给您，请您核准。

您永远的兄弟

5
一名医学预科生的来信

牛顿对此的回信：

非常抱歉，耽搁了这么久才给你回信。你正在写的书听上去很有意思。原子弹投下的时候我还太小，因此我恐怕帮不上你的忙。你应该求教的对象是我的哥哥和姐姐。我姐姐是哈里森·C.康纳斯太太，家住印第安纳州印第安纳波利斯市北梅里第安街4918号。这也是我目前的住址。我认为她会乐于帮助你的。没人知道我哥哥弗兰克的下落。两年前我父亲的葬礼过后，他就消失得无影无踪

了，从此再也没人听说过他的音信。对我们来说，他和死了毫无区别。

他们在广岛投下原子弹的时候我只有六岁，因此我对那天的记忆都源于其他人的提示。

我们当时住在纽约州的伊利昂[1]，我记得我在我父亲书房门外的客厅地毯上玩耍。门开着，我能看见我父亲。他身穿睡裤和睡袍，正在抽雪茄。他在玩一个绳圈。父亲那一整天都没去实验室，而是穿着睡衣待在家里。只要他不想上班，就可以待在家里。

你应该知道，我父亲为伊利昂的通用铸造与锻造公司研发实验室工作了几乎一辈子。制造原子弹的曼哈顿计划启动之后，我父亲不愿离开伊利昂去为他们工作。他说除非他们允许他在他选择的地点工作，否则他就不会为这项工程效力。简而言之就是他要在家里待很长时间。除了伊利昂，他只肯去一个地方，也就是我们家在科德角的别墅。他就死在科德角，去世那天是圣诞前夜。你应该也是知道的。

总之，原子弹投下那天，我在他书房门口的地毯上玩耍。我姐姐安吉拉说我会捧着玩具卡车一玩就是几个小时，嘴里发出马达的声音，没完没了地"砰通、砰通、砰通"。所以我猜原子弹投下那天，我还是在"砰通、砰

1　冯内古特杜撰的一个地名，伊利昂（Ilium）本身是罗马人对特洛伊的别称。

通、砰通";我父亲在书房里玩他的绳圈。

说起来,我碰巧知道他在玩的那根绳子的来历。也许你可以用在你的书里。有个人从监狱里寄了一部小说的手稿给我父亲,这根绳子就是用来捆扎稿子的。小说写的是世界在2000年走到尽头,书的名字就叫《公元2000年》。它讲述疯狂的科学家制造了一颗可怕的炸弹,有能力抹平整个世界。所有人都知道世界即将毁灭之后,他们来了好一场混乱的群交。然后耶稣基督在炸弹爆炸前十秒钟现身。作者名叫马文·夏普·霍尔德内斯,他在附信中说他蹲监狱是因为他杀了自己的亲兄弟。他之所以把手稿寄给我父亲,是因为他想不出该在这颗炸弹里安装什么样的爆炸物。他觉得我父亲也许能给他一个建议。

我并不想告诉你我六岁时就读了这本书。手稿在我们家放了好几年。我哥哥弗兰克把它当作他的个人财产,原因无非是里面的下流片段。弗兰克把它藏在他卧室的所谓"墙内保险箱"里。那其实并不是保险箱,而只是个古老的烟道口,带一个铁皮盖子。弗兰克和我小时候把群交那段读了少说也有一千遍。手稿在我们手上放了几年,后来被我姐姐安吉拉发现了。她读完后说它狗屁不是,只是一堆烂透了的肮脏下流玩意儿。她烧了书稿,连捆扎书稿的绳子都没有放过。她对弗兰克和我来说就像母亲,因为我们的亲生母亲在生我的时候去世了。

我父亲从没读过这本书。对此我非常确定。我觉得他

这辈子就没读过任何小说，甚至短篇小说也没读过，反正他从小就什么都不读。他不读他收到的信件，也不读报纸杂志。我猜他大概读了很多技术期刊，但实话实说，我不记得我见过父亲读任何东西。

如我所说，他对那部手稿感兴趣的只有那根绳子。他就是这么一个人。没人能预测到他接下来会对什么产生兴趣。投下原子弹那天，他感兴趣的是那根绳子。

你读过他领取诺贝尔奖时的演讲词吗？演讲词全文如下："女士们、先生们，之所以今天我能站在诸位面前，是因为我一直就像一个八岁孩子在春天早晨去上学的路上那样悠悠荡荡。任何东西都有可能让我停下脚步，盯着它欣赏和琢磨，有时候从中学到点什么。我是个非常快乐的人。谢谢大家。"

总之，我父亲盯着那个绳圈看了一会儿，然后开始用手指玩它。他用手指把绳子绕成一个名叫"猫的摇篮"的花样。我不知道父亲是从哪儿学来的。也许是他的父亲吧。说起来，他父亲是个裁缝，因此我父亲小时候手边肯定到处都是线和绳子。

用绳子翻猫的摇篮，这是我见过父亲最接近于玩世人所称的游戏的时刻了。他对所有的戏法、游戏和其他人制定的规则都不屑一顾。我姐姐安吉拉做的剪贴簿里有一张来自《时代》杂志的剪报，有人问我父亲靠什么游戏来解闷，他回答说："有那么多真实存在的游戏可以参加，我

为什么要去玩人为制造的游戏呢？"

他用那根绳子翻出猫的摇篮时，肯定连自己也吃了一惊，也许他因此想到了他的童年。他突然走出书房，做了一件他从没做过的事情。他想和我一起玩。稀奇之处不仅在于他以前从没和我玩过，更是因为他几乎没和我说过话。

然而那天他和我一起跪在地毯上，微笑得露出了牙齿，朝着我挥舞那根自我纠缠的绳子。"看见没？看见没？"他问，"猫的摇篮。见过猫的摇篮吗？看见可爱的小猫在睡觉吗？喵，喵喵喵。"

他的毛孔看上去有月亮上的陨石坑那么大。他的耳朵和鼻孔长满了黑毛。雪茄让他闻上去就像地狱的入口。从这么近的距离看我父亲，他无疑是我见过的最丑陋的东西。我经常梦见当时的景象。

这时他唱了起来。"猫咪在树顶摇啊摇，"他唱道，"小风吹啊吹，猫咪摇啊摇。树枝断了怎么办，猫咪就会掉下来。掉下来啊掉下来，猫咪摔成小猫饼。"

我哭了起来。我跳起来，以最快的速度跑出屋子。

我必须在这儿停笔了。现在已经过了凌晨两点。我的室友刚刚醒来，抱怨打字机吵得他没法睡觉。

6

虫子打架

第二天上午，牛顿继续写信。他接下来这样写道：

　　第二天上午。睡了八个小时，我精神抖擞得像一朵小雏菊，这就继续往下说吧。兄弟会的宿舍此刻非常安静。所有人都去上课了，只有我除外。我是个有特权的人，已经不需要去上课了。上周我被退学了。我是医学预科生。他们让我滚蛋是正确的，因为我只会变成一个蹩脚的庸医。

　　等我写完这封信，我大概会去看电影。或者等太阳下山，也许我会去某条峡谷里走一走。峡谷难道不是美不胜收吗？今年有两个姑娘手拉手跳了峡谷。她们想参加的姐妹会不肯要她们。她们想参加的是三德尔塔姐妹会。

　　还是先说回1945年8月6日吧。我姐姐安吉拉对我说过许多次，那天我看不上猫的摇篮可是深深地伤害了我父亲，我不肯和我父亲一起坐在地毯上，听他唱猫咪从树上掉下来。也许我真的伤害了他，但我不认为我有可能把他伤害得多么深。他是有史以来把自己保护得最好的人类。人们无法叩开他的心灵，因为他对人类根本不感兴趣。我记得有一次，他去世前一年左右，我想让他跟我说说我母亲。但他已经完全不记得她的事情了。

你有没有听说过我父母前往瑞典领取诺贝尔奖那天吃早饭的故事？这个故事上过《星期六晚邮报》。我母亲做了一顿丰盛的早餐，结果收拾桌子的时候，她在我父亲的咖啡杯旁边发现了一个两毛五、一个一毛和三个一分钱的硬币。那是他给她的小费。

在我深深地伤害了我父亲之后——就当我真的这么做了吧——我跑进院子。我不知道我要去哪儿，跑着跑着发现我哥哥弗兰克趴在一大丛绣线菊底下。弗兰克当时十二岁，看见他趴在地上，我一点也不觉得奇怪。天气炎热的时候，他总是在那儿一趴就是大半天。他就像一条狗，在树根周围的凉爽泥土里刨出了一个坑。而你永远也猜不到弗兰克会拿着什么东西趴在树丛底下。有一次是一本黄书。还有一次是一瓶料酒。投下原子弹的那天，弗兰克拿着的是一把勺子和一个梅森瓶。他舀起不同种类的虫子倒进梅森瓶，让虫子们互相争斗。

虫子打架太有意思了，我立刻停止了哭泣，把老头子忘了个一干二净。我不记得那天弗兰克的瓶子里都有什么虫子在打架，但我记得我们后来安排的其他比拼：一只大锹甲对一百只红蚂蚁，一只蜈蚣对三只蜘蛛，红蚂蚁群对黑蚂蚁群。虫子不会无缘无故地打架，你必须不断摇晃瓶子才行。弗兰克正在做的就是这个：摇晃瓶子。

过了一会儿，安吉拉出来找我。她拨开树丛的一角，说："找到你们了！"她问弗兰克他觉得他在干什么。弗

兰克答道："做实验。"人们问弗兰克他觉得他在干什么的时候，他总是这么回答。他每次都会说："做实验。"

安吉拉当时二十二岁。她十六岁的时候，我母亲去世，而我出生，她从此成了全家的老大。她经常说是她养大了三个孩子，一个是我，一个是弗兰克，还有一个是我父亲。她这话说得并不夸张。我记得寒冷的早晨，弗兰克、我父亲和我在门厅里排成一行，安吉拉帮我们穿上暖和的衣服，对我们三个人一视同仁。唯一的区别是我要去幼儿园，弗兰克去上高中，而我父亲去研究原子弹。我记得有那么一个早晨，天气冷得连炉子都灭了，水管结冰，车怎么都发动不了。我们全都坐在车里，安吉拉一次又一次按点火器，直到电池耗尽。然后我父亲开口了。你能猜到他怎么说吗？他说："真不知道乌龟。"安吉拉问他："真不知道乌龟什么？"他说："乌龟把脑袋缩回去的时候，脊椎是折叠还是收缩呢？"

安吉拉是原子弹背后的无名英雄之一，说起来，这个故事似乎还没人说过呢。也许你可以用在书里。乌龟这档子事过后，我父亲对乌龟产生了莫大的兴趣，以至于扔下了原子弹研究。曼哈顿计划的人最后找到家里来，问安吉拉该怎么办。她叫他们拿走我父亲养的乌龟。于是一天夜里，他们溜进他的实验室，连同水族箱一起偷走了乌龟。我父亲一个字也没提过乌龟的神秘失踪。他第二天直接去上班，看有什么东西可以供他玩耍和思考，然而能够供他

玩耍和思考的东西都和原子弹有关。

安吉拉把我从树丛底下拖出来，问父亲和我之间发生了什么。我一遍又一遍说他太难看了，我太讨厌他了。于是她扇我耳光。"你怎么能这么说你的父亲？"她说，"他是有史以来最伟大的人！他今天打赢了战争！你难道不明白吗？是他打赢了战争！"她又扇了我一个耳光。

我不怪安吉拉扇我耳光。父亲是她的一切。她没有任何男性朋友。她根本就没有任何朋友。她只有一个爱好，那就是吹单簧管。

我又说我多么讨厌父亲，她又扇了我一个耳光。然后弗兰克从树丛底下钻了出来，一拳打在她肚子上。这一拳打得她很疼。她倒在地上，翻来滚去。等终于缓过劲来，她哭着喊爸爸。

"他不会来的。"弗兰克说，朝着她大笑。弗兰克说得对。父亲从窗口探出脑袋，看见安吉拉和我在地上打滚儿，号啕大哭，而弗兰克站在我们身旁，放声大笑。老头子把脑袋又缩了回去，事后连问都没问我们到底在闹什么。与人相处不是他的强项。

这样可以了吗？对你写书有帮助吗？不过，你只想听投下原子弹那天的事情，等于捆住了我的手脚。关于原子弹和我父亲，还有许许多多其他的逸事，但都发生在其他的日子。举例来说，你知道阿拉莫戈多第一次试爆原子弹那天我父亲的故事吗？原子弹爆炸后，美国确定只用一

颗炸弹就能毁灭一个城市之后，一位科学家转向我父亲，说："科学现在认识了罪孽。"你知道我父亲怎么回答吗？他说："罪孽是什么？"

祝一切都好。

牛顿·赫尼克

7

杰出的赫尼克家族

牛顿的这封信有三段"又及"：

又及，我不能在信尾签"你的兄弟"，因为兄弟会不允许我当你的兄弟，理由是我的成绩太差。我只走到宣誓入会的一步，现在他们连这个身份都要剥夺了。

又又及，你用"杰出"形容我们的家族，我认为假如你在书里也这么说，那恐怕就要犯下一个错误了。举例来说，我是侏儒，只有四英尺[1]高。而我哥哥弗兰克，我们最后一次听说他的消息，佛罗里达警察局、联邦调查局和财政部正在通缉他，因为他把偷来的车用战时剩余的坦

1　英制长度单位，1英尺约等于0.3米。——编者注

克登陆舰运往古巴。因此我很确定你应该用的形容词不是
"杰出"。"迷人"也许更接近事实。

又又又及，二十四小时后，我重新读了一遍这封信，
看得出别人也许会产生某种不好的印象，认为我成天游手
好闲，回忆悲伤的往事，自怨自艾。事实上，我这个人非
常幸运，我自己也知道。我很快就要和一个漂亮小妞结婚
了。这个世界上有足够的爱供所有人分享，你需要的只是
抬头看一看。我就是个最好的证据。

8
牛顿和津卡的情缘

牛顿没告诉我他的女朋友是谁。然而他写信给我两周以后，
全美国都知道了她叫津卡——就是"津卡"两个字，她似乎没有
姓氏。

津卡是个乌克兰侏儒，博尔佐伊舞蹈团的一名舞女。事情是这
么发生的，牛顿去康奈尔念书前，在印第安纳波利斯看了一场舞蹈
团的演出。后来舞蹈团又来到康奈尔演出。康奈尔的演出结束后，
小牛顿守在后台门口，怀抱一打长梗的美国美人玫瑰。

小津卡请求在美国政治避难之后，和小牛顿一起双双失踪，报
纸从这儿开始报道他们的故事。

然而仅仅过了一周，小津卡走进俄国大使馆。她说美国佬太物质了，说她想回家。

牛顿在印第安纳波利斯他姐姐家躲风头。他向媒体发表了一个简短的声明。"这是私人事务，"他说，"是心与心的纠葛。我并不后悔。事情与其他人无关，只与津卡和我本人有关。"

莫斯科有一位进取心非凡的美国记者，他在当地的舞蹈圈子里打听津卡的情况，毫不留情地揭露了真相：津卡不像她声称的那样只有二十三岁，而是已经四十二岁了，老得足够当牛顿的母亲。

9

主管火山事务的副总裁

写原子弹投下之日的那本书进展很慢。

大约一年后，离圣诞节还有两天，为了写另一篇报道，我途经纽约州的伊利昂。费利克斯·赫尼克的大部分工作都是在这儿完成的，小牛顿、弗兰克和安吉拉在这儿度过了性格形成期。

我在伊利昂稍作停留，看看我能看见的东西。

伊利昂没有还在世的赫尼克家族成员了，但很多人声称他们很熟悉老人和他那三个奇特的孩子。

我约了阿萨·布里德博士，通用铸造与锻造公司负责研发实验室的副总裁。我猜布里德博士也是我的卡拉斯的一名成员，但他几

乎从第一眼就讨厌上了我。

"喜不喜欢和是不是没关系。"博克侬说——你很容易忘记他的这个教诲。

"我知道在赫尼克博士的大部分职业生涯中,你一直是他的主管。"我在电话中对布里德博士说。

"纸上的。"他说。

"我不明白。"我说。

"要是我真能管理费利克斯,"他说,"那我现在就可以掌管火山、潮汐、鸟和旅鼠的迁徙了。他就像自然力量,凡人是不可能控制住的。"

10

特工X-9

布里德博士约我第二天一大早见面。他说研发实验室戒备森严,他会在上班的路上来我住的旅馆接我,这样可以简化我进实验室的流程。

于是我需要在伊利昂消磨一个晚上。我住的德尔普拉多酒店本来就是伊利昂夜生活的起点和终点。酒店的酒吧叫科德角吧,是妓女出没的窝点。

说来也巧——换了博克侬,他大概会说"就该这么巧"——吧

台前坐在我旁边的妓女和为我斟酒的酒保都是弗兰克林[1]·赫尼克的高中同学，也就是那个折磨虫子取乐的家伙，三个孩子里排行老二的大儿子，目前下落不明。

这个妓女自称桑德拉，说她能给我找点乐子，除非去皮加勒广场或塞得港[2]，否则我就不可能享受到那样的欢愉。我说我不感兴趣，她很会看眼色，立刻说她其实也不怎么感兴趣。从结果来说，我们都过高估计了我们的淡漠，但也不算太出格。

不过，在衡量彼此的激情之前，我们先聊了聊弗兰克·赫尼克，还聊了聊他们家的老头子，稍微聊了几句阿萨·布里德，聊了聊通用铸造与锻造公司，又聊了聊教皇和节育，还有希特勒和犹太人。我们聊了聊伪善；我们聊了聊真实。我们聊了聊黑帮；我们聊了聊商业。我们聊了聊上电椅的穷苦好人；我们聊了聊没上电椅的有钱坏蛋。我们聊了聊有变态癖好的宗教徒。我们聊了许许多多的话题。

我们喝醉了。

酒保对桑德拉很好。他喜欢她，尊重她。他告诉我，桑德拉曾经是伊利昂高中班级配色委员会的主席。他向我解释，每个高三班级都必须选择一组特定的颜色，然后自豪地用它们打扮自己。

"你们选了什么颜色？"我问。

"橙色和黑色。"

"很漂亮的搭配。"

1　弗兰克的全称。
2　前者在巴黎，拥有以红磨坊为首的各种声色场所。后者在埃及，是历史悠久的度假胜地。

"我也这么认为。"

"弗兰克林·赫尼克也在班级配色委员会里吗？"

"他什么都不参加，"桑德拉轻蔑地说，"他没进过任何委员会，不参与任何运动，也从不约女孩出去。我觉得他甚至没和女孩说过话。我们都叫他秘密特工X-9。"

"X-9？"

"不明白吗？看他鬼鬼祟祟的样子，就好像总是在从一个秘密地点去另一个的路上。他从不和任何人说话。"

"也许他确实有个什么内容丰富的秘密生活。"我猜测道。

"行了吧。"

"行了吧，"酒保嗤之以鼻，"他啊，就是那种做飞机模型，从早到晚打手枪的小子。"

11
蛋白质

"他本来应该来我们的毕业典礼演讲。"桑德拉说。

"谁？"我问。

"赫尼克博士，他们家的老头子。"

"他讲了些什么？"

"他没来。"

"所以你们的毕业典礼没人致辞？"

"不，有人。布里德博士，你明天就会见到他。他来了，跑得气喘吁吁，算是讲了几句。"

"他讲了些什么？"

"他说他希望我们中能有很多人踏上科学的道路。"她说。她不觉得这话有什么可笑的，而是在回想一场给她留下了深刻印象的演讲。她努力回忆，忠实地重复博士的话："他说，这个世界的问题在于……"

她不得不停下，搜肠刮肚回想。

"这个世界的问题在于，"她踌躇着继续道，"人们依然迷信，而不相信科学。他说，假如每个人都能多学习一点科学，就不会有那么多问题了。"

"他说有朝一日，科学会发现生命的根本秘密。"酒保插嘴道。他挠挠脑袋，皱起眉头："我前几天好像在报纸上看见，说科学家终于搞清楚了那是什么？"

"我没注意到。"我喃喃道。

"我看见了，"桑德拉说，"好像是两天前。"

"没错。"酒保说。

"生命的秘密是什么呢？"我问。

"我忘了。"桑德拉说。

"蛋白质，"酒保朗声道，"他们搞清楚了蛋白质的什么什么。"

"对，"桑德拉说，"就是这样。"

12
世间快乐的末日

德尔普拉多酒店的科德角吧，一个年纪更大的酒保走过来，加入我们的交谈。他听说我正在写一本关于投下原子弹那天的书，于是向我描述了那一天他是怎么度过的，还有那一天我们此刻所在的酒吧是个什么样子。他说话带着W. C. 菲尔兹[1]的那种鼻音，鼻子像个偌大的草莓。

"那时候这儿还不叫科德角吧，"他说，"还不像现在这样到处挂着该死的渔网和贝壳。那时候这儿叫纳瓦霍帐篷。墙上挂着印第安毛毯和牛头骨。桌上摆着小手鼓。客人需要服务生了，拍一拍手鼓就行。老板还想叫我戴羽冠，但我不肯。有一天，来了个真正的纳瓦霍印第安人，告诉我纳瓦霍人其实不住帐篷。我对他说：'真他妈可惜。'再往前它叫庞培吧，摆满了石膏像。然而无论酒吧叫什么名字，老板从不更换该死的灯具。进来喝酒的人和外面那个该死的镇子也永远不会变。赫尼克该死的炸弹在日本投下去的那天，进来了一个流浪汉，想讨一杯酒喝。他求我给他倒一杯，理由是世界要完蛋了。于是我给他调了一杯'世间快乐的末日'。我往挖空的菠萝里倒了半品脱薄荷酒，然后使劲挤攒奶油，顶上点一颗樱桃。'拿着吧，你个可怜的龟孙子，'我对他说，'别说老子亏

---

1 W. C. 菲尔兹（W. C. Fields，1880—1946），美国著名演员。

待了你。'然后又进来一个人，说他刚从研发实验室辞职，说科学家不管研究什么，到最后无论如何都会变成武器。他说他不想帮政客打他们该死的仗了。他叫布里德。我问他和该死的研发实验室的老大是什么关系。他说关系太他妈大了，说他老爸就是研发实验室的老大。"

13
中转站

哎呀，我的天，伊利昂这个城市太丑陋了。

"哎呀，我的天，"博克依有言，"每个城市都太丑陋了。"

正在下雨夹雪，雾霾却纹丝不动，依然像毯子似的笼罩大地。此刻是清晨。我坐在阿萨·布里德博士的林肯轿车里。我不太舒服，还没完全从昨晚喝的酒里醒过来。布里德博士在开车。废弃多年的电车轨道时而卡住车轮。

布里德是一位脸色红润的长者，精神矍铄，衣着讲究。他彬彬有礼，乐观向上，一看就知道既能干又沉稳。而我刚好相反，浑身是刺，病恹恹的，一肚子怨气。我和桑德拉鬼混了一整夜。

我的灵魂散发着恶臭，就像烧猫皮冒出来的浓烟。

我把每个人都往坏里看，我知道阿萨·布里德博士一些相当龌龊的秘密，都是桑德拉告诉我的。

桑德拉告诉我，伊利昂的每个人都确信布里德博士与费利克斯·赫尼克的老婆有一腿。她说几乎所有人都认为布里德是赫尼克家三个孩子的生父。

"你了解伊利昂吗？"布里德忽然问我。

"这是我第一次来。"

"这是个爱家的镇子。"

"什么？"

"这儿没什么夜生活。差不多每个人的生活都以家和家庭为中心。"

"听上去非常健康。"

"确实如此。我们的青少年犯罪率非常低。"

"很好。"

"说起来，伊利昂有个非常有意思的背景呢。"

"这就非常有意思了。"

"知道吗，它曾经是中转站。"

"什么？"

"西部大移民[1]的中转站。"

"哦。"

"人们曾经在这儿置办行装。"

"非常有意思。"

1　18世纪末，美国东部居民向美国西部地区迁移和进行开发的群众性运动，通常称为西进运动。——编者注

"研发实验室的原址以前是监狱，也是整个镇公开处绞刑的地方。"

"要说犯罪的下场，那还是现如今比较好。"

"1782年这儿吊死了一个人，他害了二十六条人命。我经常觉得应该有人为他写一本书。乔治·米诺·莫凯利。他在绞架上唱了一首歌，这首歌是他专门为上绞架写的。"

"歌里唱了什么？"

"要是真的感兴趣，你去历史协会可以查到歌词。"

"我只是想知道个大意。"

"他没有任何悔恨。"

"有人就是这样的。"

"但你想一想！"布里德博士说，"二十六条人命，压在他的良知上。"

"在想了，我在努力想呢。"我说。

14
假如车上有雕花玻璃花瓶

我病恹恹的脑袋在我僵硬的脖子上来回摆动。电车轨道再次卡住了布里德博士亮闪闪的林肯轿车的轮子。

我问有多少人要赶在八点前走进通用铸造与锻造公司的大门，

他说三万。

每个路口都站着身穿黄色雨披的警察，白手套打出的手势永远和交通信号灯相反。

交通信号灯在雨夹雪之中化作红红绿绿的幽灵，没完没了地重复它们毫无意义的愚蠢闪烁，告诉仿佛冰川的车流该怎么做。绿灯行，红灯停，黄灯闪闪等一等。

布里德博士告诉我，赫尼克博士还年轻的时候，一天早上，他在伊利昂直接弃车而去。

"警察想搞清楚到底是什么阻塞了交通，"他说，"发现费利克斯的车停在路中央，引擎在空转，烟灰缸里有一支还在冒烟的雪茄，花瓶里插着鲜花……"

"花瓶？"

"那是一辆马蒙轿车，足有调度火车头那么大。门柱上有雕花玻璃的小花瓶，费利克斯的妻子每天早上都会把鲜花插在花瓶里。停在路中间的就是这辆车。"

"就像玛丽·西莱斯特号[1]。"我说。

"警察局拖走了车。他们知道那是谁的车，于是打电话给费利克斯，非常有礼貌地告诉他去哪儿领他的车。费利克斯说你们留着吧，他不想要那辆车了。"

"他们就留下了？"

"当然没有。他们打电话给他妻子，她来把车开走了。"

1　著名的鬼船。

"说到他妻子，她叫什么来着？"

"艾米丽。"布里德博士舔舔嘴唇，表情变得恍惚，然后又念了一遍那个去世多年的女人的名字，"艾米丽。"

"假如我把马蒙轿车的故事用在书里，你认为会有人不同意吗？"我问。

"只要你别把结局写进去。"

"结局怎么了？"

"艾米丽不习惯开那么大的车。她在回家路上出了严重的车祸，损伤了她的骨盆……"车流刚好停滞不前，布里德博士闭上眼睛，紧紧握住方向盘。

"所以她才会在生小牛顿的时候去世。"

15

圣诞快乐

通用铸造与锻造公司研发实验室离公司伊利昂工厂的大门不远，与布里德博士停车的高管停车场隔着一个城市街区的距离。

我问布里德博士有多少人在研发实验室工作。"七百，"他说，"但真正做研究工作的还不到一百。另外六百个都是形形色色的管家婆，而我是管家婆里的管家婆。"

我们汇入公司大街上的人类洪流，我们后面的一个女人祝布

里德博士圣诞快乐。布里德博士转过头，和善地扫视苍白面孔的海洋，认出与他打招呼的人是弗朗辛·佩夫科小姐。佩夫科小姐芳龄二十，算是好看，但欠缺特色，身体健康，总之就是个无聊的普通人。

为了向圣诞节的美好气氛致敬，布里德博士邀请佩夫科小姐与我们同行。他介绍她是尼尔萨克·霍瓦特的秘书，然后他告诉我霍瓦特是什么人。"著名的表面化学家，"他说，"用这个那个膜做了很多了不起的事情。"

"表面化学有什么新闻吗？"我问佩夫科小姐。

"上帝啊，"她说，"你别问我。我只负责把他说的话用打字机打出来。"然后她向我道歉，因为她呼唤了一声"上帝"。

"嗯，我认为你知道的比你表现出来的多。"布里德博士说。

"您不是说我吧？"佩夫科小姐一脸尴尬，她不习惯和布里德博士这样的重要人物聊天。她的步伐受到了影响，变得僵硬，就像小鸡在走路。她挤出假笑，在脑海里寻找能说的话，却发现那儿只有用过的纸巾和人造的首饰。

"好的……"布里德博士用低沉的嗓音拖着长腔说，"你来我们这儿已经——多久了？差不多一年了？你觉得我们怎么样？"

"你们科学家总是想得太多。"佩夫科小姐脱口而出。她呵呵傻笑。布里德博士的友善烧坏了她神经系统里的每一根保险丝。她管不住自己的嘴巴了："你们全都想得太多了。"

一个胖女人气喘吁吁地走在我们身旁，她垂头丧气，身穿肮脏的工作服，步履蹒跚，听见了佩夫科小姐的话。她扭头打量布里

德博士，用绝望的斥责目光望着他。她厌恶想得太多的人。在这一刻，我认为她适当地代表了全人类的共同看法。

胖女人的表情像是在说，要是谁敢再思考一下，她就当场发疯给你看。

"依我看，"布里德博士说，"每个人思考的总量是一样的。科学家只是用他们的特定方式思考，而其他人用其他的方式思考。"

"呸，"佩夫科小姐冷然啐道，"我照霍瓦特博士说的打字，那根本就是天书。就算我上过大学，我也不觉得我听得懂。而他说的内容说不定就像原子弹，能从上到下、从里到外颠覆一切。"

"以前我放学回到家，我母亲会问我这一天都发生了什么。"佩夫科小姐说，"现在我下班回到家，她会问我相同的问题，而我只能回答——"佩夫科小姐摇摇头，两瓣松弛的红唇跟着甩动，"——不知道，不知道，我不知道。"

"要是你有什么不懂的，"布里德博士劝慰道，"就请霍瓦特博士解释给你听好了。他非常擅长解释。"他转向我："赫尼克博士说过，要是一个科学家没法解释得让一个八岁孩子听懂他在干什么，那他就肯定是个江湖骗子。"

"那我就比八岁孩子还笨了，"佩夫科小姐哀叹道，"我连江湖骗子是什么都不知道。"

16
回到幼儿园

我们爬上研发实验室门前的四级大理石台阶。实验室大楼有六层高，由普普通通的砖块砌成。门口站着两个荷枪实弹的警卫，我们从他们之间穿过。

佩夫科小姐向左手边的警卫出示别在左侧胸口上的粉红色保密徽章。

布里德博士向右手边的警卫出示别在软翻领上的黑色绝密徽章。布里德博士仪式性地用一条胳膊搂着我，但没有真的碰到我，以此告诉警卫我在他尊贵的保护与控制之下。

我朝一名警卫笑笑。他没有朝我笑。国家安全可不是开玩笑的事情，绝对不是。

布里德博士、佩夫科小姐和我各怀心思，穿过实验室宏伟的门厅，走向一排电梯。

"请霍瓦特博士抽个时间给你解释点什么，"布里德博士对佩夫科小姐说，"看他能不能给你一个清楚又好懂的答案。"

"那他必须用一年级的知识解释才行，甚至幼儿园，"她说，"我缺了很多教育。"

"咱们都缺，"布里德博士附和道，"咱们最好都从头重新接受教育，从幼儿园开始就更好了。"

门厅的墙上陈列着许多供教学使用的展品，我们望着实验室的

接待员——打开电源。接待员是个高高瘦瘦的姑娘，冷冰冰的，脸色苍白。她干净利落地拨动开关，彩灯开始闪烁，齿轮开始转动，烧瓶开始冒泡，电铃开始敲响。

"魔法。"佩夫科小姐感叹道。

"听见实验室大家庭的一员说出这个中世纪的可憎词语，我真是太伤心了，"布里德博士说，"这些展品的每一件都解释了自己在干什么，设计它们就是为了打破迷信。它们完全就是魔法的对立面。"

"魔法的什么？"

"魔法的反面。"

"你没法向我证明。"

布里德博士只是有点恼怒。"好吧，"他说，"我们不想制造迷信。你至少该为这个夸我们一声。"

17
姑娘池

布里德博士的秘书站在外间办公桌的写字台上，正在往天花板的灯具上绑百褶的圣诞纸铃铛。

"当心啊，内奥米，"布里德博士叫道，"我们六个月没出过伤亡事故了！你要是掉下来就会毁了我们的纪录！"

内奥米·浮士德小姐是个欢快的干瘪小老太。我猜她大概伺候了他一辈子——也是她的一辈子。她大笑道："我是摔不坏的。再说了，就算我掉下来，圣诞天使也会接住我。"

"他们可是出了名的会失手。"

两条同样是百褶的纸穗从铃舌垂下来。浮士德小姐拉开其中的一条。它不情不愿地展开，变成了长长的彩带，上面写着几个字。"拿着，"浮士德小姐说，把另一头递给布里德博士，"一直拉到底，把那头钉在公告牌上。"

布里德博士照她说的做，然后退开，读彩带上的文字。"愿世界和平！"他饱含热情地朗读。

浮士德小姐抓着另一条纸穗爬下写字台，同样拉开。这条彩带上写着："喜悦归于人！"

"我的天，"布里德博士唏唏笑道，"圣诞节如今也有脱水版了！现在有节日气氛，很有节日气氛了。"

"我也没忘记给姑娘池买巧克力，"她说，"就说你为不为我感到骄傲吧？"

布里德博士扶额叹息，因为自己的健忘而沮丧："谢天谢地！我真的忘记了。"

"忘什么都不能忘这个。"浮士德小姐说。"如今这是个传统了：布里德博士在圣诞节送巧克力给姑娘池。"她向我解释，姑娘池其实是打字班，在实验室的地下室工作，"无论是谁，只要能拨通录音电话热线，姑娘们就会为你服务。"

她说，姑娘们全年无休，听着电话热线的录音，把不知长相的

科学家的声音变成文字，而录音是邮递姑娘们送下去的。姑娘们每年一次走出逼仄的水泥牢房，唱圣歌，从阿萨·布里德博士手中领取巧克力。

"尽管她们对科学也许一窍不通，"布里德博士做她的见证，"但她们也在为科学服务。上帝保佑她们每一个人！"

18

世界上最有价值的商品

我们走进布里德博士的内间办公室，我整理思绪，希望这次访问能谈得足够深入。但我发现我的精神面貌没有任何改善。等我开始向布里德博士询问投下原子弹那天发生的事情时，我发现烈酒和烧焦的猫皮捂死了我大脑的公共关系中枢。无论我问什么，似乎都在暗示原子弹的创造者是有史以来最下流的集体屠杀的帮凶。

布里德博士先是大惊失色，继而恼怒起来。他从我面前撤开，嘟囔道："看来你不太喜欢科学家。"

"我可不会这么说，先生。"

"你所有的问题似乎都在逼着我承认科学家铁石心肠，没有良知，目光短浅，要么毫不关心全人类的命运，要么就根本不能算是人类的成员。"

"你这话就说得太重了。"

"但显然不会比你打算写在书里的话更重。我以为你想公正而客观地写一写费利克斯·赫尼克的生平，对这个时代的一名年轻作家来说，这无疑是你能让自己承担的最有意义的一项使命了。但你并不想，而是带着对疯狂科学家的成见来的。你的这些念头到底是从哪儿来的呢，是无聊的小报吗？"

"其中一个来源是赫尼克博士的儿子。"

"哪个儿子？"

"牛顿。"我说。我带着小牛顿写给我的信，我拿出来给他看："说起来，牛顿到底有多小？"

"不比伞架高。"布里德博士说，读着牛顿的信，皱起了眉头。

"另外两个孩子的身高正常吗？"

"当然了！我不想让你失望，但科学家的孩子和其他人的孩子没有任何区别。"

我尽量安抚布里德博士，说服他相信我真的想准确地描绘赫尼克博士这个人："我来找你只有一个目的，那就是忠实记录你向我讲述的有关赫尼克博士的一切。牛顿的信只是个引子，我会用你告诉我的事情来平衡它。"

"我受够了人们误解科学家的本质和科学家的作为。"

"我会尽我所能地消除误解。"

"在这个国家，大多数人甚至不明白什么是纯粹的科研。"

"要是你愿意和我说一说，我会不胜感激的。"

"老天在上，纯粹的科研不是寻找更有效的香烟过滤嘴、更柔软的纸巾或更耐久的家用涂料。这个国家人人都在说科研，但几乎

没人在做科研。真的出钱雇人做纯科学研究的公司屈指可数，我们就是其中之一。其他公司吹嘘他们如何重视科研的时候，说的无非是拿钱办事的工业技术员，他们身穿白大褂，捧着教科书干活儿，梦想让明年的新款奥兹莫比尔装上他们改良的雨刷。"

"但这儿……？"

"这儿，还有美国少得可怜的另外几个地方，花钱雇人是为了增长知识，除此之外没有任何其他目的。"

"通用铸造与锻造公司真是太慷慨了。"

"和慷慨没关系。新知识是世界上最有价值的商品。我们掌握的真理越多，就会越富有。"

假如我当时已经是博克侬教徒了，他的这句话保准能让我号叫起来。

19
再也没有烂泥了

"你的意思是，"我问布里德博士，"实验室里没有人是接受命令做研究的？甚至没人建议他们去研究什么？"

"当然经常有人提出建议，然而搞纯科学研究的人，天生就不会在乎别人的建议。他们的脑袋里只有自己的课题，而我们希望的正是这样。"

"就没人尝试过建议赫尼克博士研究什么课题吗？"

"当然有了。尤其是海陆空三军的将领。在他们眼中，他是个魔法师，挥挥手就能让美国变得不可战胜。他们把形形色色的疯狂计划送到这儿来，现在也还是这样。这些计划只有一个缺陷，那就是凭借我们目前的知识水平，还无法把它们变成现实。赫尼克博士这种级别的科学家的任务就是填补这样的小小空白。我记得费利克斯去世前不久，有个海军陆战队的将军来找他，请他对烂泥做点什么。"

"烂泥？"

"海军陆战队在烂泥里蹚了快两百年了，已经受够了这玩意儿，"布里德博士说，"身为他们的发言人，将军认为既然时代进步了，那么海军陆战队也不该继续在烂泥里打仗了。"

"将军有什么想法？"

"消灭烂泥。不再存在烂泥。"

"我猜，"我推测道，"要是有堆积成山的什么化学品，或者千百万吨的什么机器……"

"将军想要的是一粒小药片或一台小机器。海军陆战队不但受够了烂泥，也受够了携带笨重的物品。这次他们想要一个方便携带的小工具。"

"赫尼克博士怎么说？"

"费利克斯用他开玩笑的口吻——他无论怎么说话都像是在开玩笑——说也许可以扔下一粒什么东西，甚至是显微镜下才能看见的一粒，就能把一望无际的粪堆、沼泽、湿地、江河、湖海、

流沙和泥淖变得和这张写字台一样结实。"

布里德博士用他长满老人斑的拳头砸写字台。写字台呈肾脏的形状，是个海绿色的精钢玩意儿。"一名海军陆战队队员携带的那东西能把一个陷在佛罗里达大沼泽里的装甲师救出来。按照费利克斯的说法，一名海军陆战队队员只需要在小拇指的指甲底下藏一丁点儿，就足够完成这个任务了。"

"这不可能。"

"你可以这么说，我可以这么说，人人都可以这么说。然而对费利克斯来说，他开玩笑似的随便研究一下，就是完全有可能的了。费利克斯的奇迹之处——我真诚地希望你能把这句话放进你的书里——在于他永远能从全新的角度去解决古老的难题。"

"我现在的感觉就像是弗朗辛·佩夫科，"我说，"还有姑娘池里的所有姑娘。赫尼克博士不可能解释得让我明白，该怎么用能藏在指甲缝里的东西把一整片沼泽变得和你的写字台一样硬。"

"我说过了，费利克斯非常擅长解释……"

"即便如此……"

"既然他能解释得让我明白，"布里德博士说，"那我确定我也能解释得让你明白。难题是该怎么让海军陆战队摆脱烂泥，对吧？"

"对。"

"那好，"布里德博士说，"你听仔细了。是这样的。"

20
九号冰

布里德博士对我说："一种液体可以有多种结晶方式，或者说凝结也行，液体的原子能够以多种方式堆叠和互相锁定，形成有序的固体。"

老人挥动他长着老人斑的双手，请我想象炮弹如何以多种方式堆垒在政府大院的草坪上，橙子如何以多种方式被装在板条箱里。

"晶体里的原子也一样，同一种物质的两种晶体有可能呈现出截然不同的物理性质。"

他告诉我有一家工厂制备酒石酸乙二胺的大块晶体。这种晶体用于一些特定的生产活动，但有一天，工厂突然发现它制备的晶体不再具有他们想要的性质了。原子忽然以另一种方式堆叠和互锁，也就是凝结。结晶的液体本身没有任何改变，然而从工业应用的角度来说，形成的晶体完全变成了垃圾。

事情的发生机制是个谜。不过，理论上的罪魁祸首是布里德博士称之为"冰种"的东西。他指的是一小粒结晶体，其结晶方式刚好是你不想要的那一种。这粒冰种天晓得从哪儿冒出来，教原子以一种全新的方式堆叠和互锁，也就是结晶或凝结。

"再想一想政府大院草坪上的炮弹和板条箱里的橙子。"他提示道，然后帮我理解最底下一层炮弹和橙子如何决定上面每一层的炮弹和橙子如何堆叠和互锁，"最底下一层就是种子，告诉接下来

的每一个炮弹或橙子该去哪儿，以此类推，乃至于无穷多的炮弹和橙子。"

"现在想象一下，"布里德博士愉快地笑着说，他显然乐在其中，"水有许多种结晶或凝结方式。想象一下，我们滑冰的冰面、威士忌里的冰球——就叫它一号冰好了——只是几种冰之中的一种。想象一下，地球上的水之所以永远凝结成一号冰，是因为没有其他的种子教它如何形成二号冰、三号冰、四号冰……？再想象一下，"他再次用他衰老的拳头敲桌子，"存在一个形态，咱们不妨叫它九号冰，这个结晶体硬得和写字台一样，而融点是，呃，比方说，一百华氏度[1]，不，再高一些好了，融点是一百三十华氏度。"

"好的，我还能听懂。"我说。

外间办公室传来了交谈声，既响亮又傲慢。那是姑娘池的声音。

姑娘们准备在外间办公室唱圣歌了。

她们开始唱的时候，布里德博士和我出现在门口。外面有一百来个姑娘，她们戴上了用白色卡纸做的假领子，用曲别针固定住，把自己打扮成唱诗班的女歌手。她们的歌声非常美妙。

我吃了一惊，同时陷入伤感的情绪。年轻女人唱歌时流露出的甜蜜与可爱是一种极少被使用的财宝，每次听见都会让我感动。

姑娘们唱的是《美哉小城伯利恒》。我恐怕不会很快忘记她们对其中一句的演绎：

"万世希望，众生忧喜，今宵集中于你我。"

1　100华氏度约37.7摄氏度。

21

海军陆战队勇往直前

老布里德博士在浮士德小姐的帮助下分发圣诞巧克力，之后我们回到他的办公室。

坐下后，他对我说："说到哪儿来着？哦，对！"然后老人要我想象美国海军陆战队陷在某个鸟不拉屎的沼泽里。

"他们的卡车、坦克和榴弹炮车在下沉，"他哀叹道，"陷在了臭气熏天的沼气和稀泥里。"

他举起一根手指，朝我使个眼色，道："但想象一下，年轻人，有个海军陆战队队员带着一颗小小的胶囊，里面是一粒九号冰的冰种，能教水原子以一种全新的方式堆叠和互锁，也就是凝结。假如这个海军陆战队队员把这粒冰种扔进了他身边的水坑……？"

"这个水坑会结冰？"我猜测道。

"水坑周围的烂泥呢？"

"也会结冰？"

"结冰的烂泥周围的水坑呢？"

"也会结冰？"

"结冰的烂泥里的水塘和溪流呢？"

"也会结冰？"

"当然会了！"他叫道，"而美国海军陆战队会从沼泽中一跃而起，勇往直前！"

22

黄色小报的记者

"这种东西存在吗？"我问。

"不，不，当然不了，"布里德博士再次对我失去了耐心，说道，"我告诉你这些，只是为了让你理解费利克斯会如何用别出心裁的新方式去解决老问题。我刚刚跟你说的正是他对找他帮忙解决烂泥问题的将军说的话。

"费利克斯每天一个人在这儿的食堂吃饭。我们有个规矩，禁止任何人和他坐同一张桌子，以免干扰他的思路。但海军陆战队的那个将军大摇大摆闯进来，拉开一把椅子，然后开始说烂泥。我刚刚告诉你的是费利克斯当场想到的点子。"

"所以……所以那东西并不真的存在，对吧？"

"我说过了，不存在！"布里德博士气愤地叫道，"那之后没多久，费利克斯就去世了。另外，要是你仔细听了我说的纯粹科研人的做事方式，就不会问我这么愚蠢的问题了！纯粹的科研人研究他们感兴趣的课题，而不是别人感兴趣的。"

"我还在想那片沼泽……"

"你就别想了，行不行？我已经说完了我想用沼泽举的例子。"

"既然流经沼泽的溪流凝结成了九号冰，那么溪流所汇入的河湖呢？"

"会结冰。但九号冰这种东西并不存在。"

"那结冰的河湖汇入的海洋呢？"

"当然也会结冰了，"他怒喝道，"我看你这就要拿着九号冰的骇人故事冲向市场了。我再说一遍，这东西不存在！"

"那流进结冰河湖的泉水呢？汇集成泉水的地下水呢？"

"会结冰，真该死！"他吼道。"要是我早知道你是黄色小报的记者，"他站起身，庄重地说，"就连一分钟都不会浪费在你身上！"

"那雨水呢？"

"下雨的时候，雨滴会凝结成九号冰，变成硬邦邦的小钉子——到时候世界就完蛋了！这次访问也结束了！再见！"

23
最后一炉布朗尼

布里德博士至少弄错了一件事：九号冰真的存在。

而且就在我们这个地球上。

九号冰是费利克斯·赫尼克在前去领取他应得的奖赏前，为全人类创造的最后一件礼物。

没有人知道他创造了九号冰，他也没有留下任何记录。

造物确实需要精密复杂的设备，但这些东西在研发实验室比比皆是。赫尼克博士只需要去拜访实验室里的邻居，借点这个，

借点那个，就像一个惹人厌烦的邻家傻大姐，直到——打个比方说——烤好他的最后一炉布朗尼。

他制造出了一小片九号冰。它呈蓝白色，融点高达一百一十四点四华氏度。

费利克斯·赫尼克把这一小片九号冰装进一个小瓶子，把这个小瓶子揣进口袋，然后带着三个孩子去了科德角的别墅，打算在那儿过圣诞节。

安吉拉那年三十四岁，弗兰克二十四，小牛顿十八。

老头子在圣诞前夜去世，只把九号冰的秘密告诉了他的孩子们。

他的孩子们瓜分了那片九号冰。

24
什么是万彼得

说到这儿，我就要解释一下博克侬教所谓"万彼得"的概念了。

万彼得是卡拉斯的枢纽。博克侬教导我们，没有万彼得就不可能有卡拉斯，正如没有轮轴就不可能有轮子。

任何东西都有可能成为万彼得，无论是一棵树、一块石头、一只动物、一个点子、一本书、一段旋律还是圣杯。无论万彼得是什么，这个卡拉斯的成员都会围绕它转动，那壮丽而混乱的态势就仿佛螺旋星云。卡拉斯成员围绕其共同万彼得转动的轨迹自然是灵性

的轨迹。在转动的不是肉身，而是灵魂。正如博克侬请我们齐声高唱的：

> 我们一圈一圈没完没了地转动，
> 带着灌铅的双脚和铁皮的翅膀……

博克侬还教导我们，万彼得有来也有去。

对于一个卡拉斯，在任何一个特定的时刻，事实上都存在两个万彼得，一个的重要性在逐渐增强，另一个在逐渐减弱。

我几乎可以肯定，我和布里德博士在伊利昂交谈的时候，我的卡拉斯里日趋兴盛的万彼得正是那种水的结晶体，一颗蓝白色的小宝石，名叫九号冰的末日种子。

我深深相信，那三小片九号冰的下落将是我的卡拉斯最关注的问题。

25
赫尼克博士最重要的事情

好了，关于我的卡拉斯的万彼得，就先说到这儿吧。

与通用铸造与锻造公司研发实验室的布里德博士的见面不欢而散之后，我落在了浮士德小姐的手中。她得到的命令是送我出去。

不过，我说服了她先领我去看看赫尼克博士生前的实验室。

我在路上问她对赫尼克博士的了解程度。她的回答坦率而有趣，顺便附送我一个狡黠的笑容。

"我不认为你有可能了解他。我是说，人们说了解一个人的多少时，指的是听说或没听说过与这个人有关的秘密，指的是他私人的事情、家里的事情和情爱的事情。"和蔼的老太太对我说，"赫尼克博士的生活中当然也有这些事情，每一个活着的人都必然有，但对他来说，这不是最重要的事情。"

"那他最重要的事情是什么？"我问。

"布里德博士总是说，对赫尼克博士来说，最重要的事情是真理。"

"你似乎不同意。"

"我不知道我该不该同意。我只是不理解一个人怎么可能只满足于真理本身。"

浮士德小姐，你已经有皈依博克侬教的资格了。

26
神是什么

"你和赫尼克博士交谈过吗？"我问浮士德小姐。

"哦，当然了。我经常和他聊天。"

"有没有哪次交谈是你一直忘不掉的？"

"有一次他和我打赌，说我不可能说出一件绝对正确的事情。于是我对他说：'神就是爱。'"

"他怎么回答？"

"他说：'神是什么？爱是什么？'"

"嗯。"

"但神真的就是爱，你该知道的，"浮士德小姐说，"无论赫尼克博士怎么说。"

27

来自火星的男人

费利克斯·赫尼克生前使用的实验室在六楼，也就是建筑物最高的一层。

门口拉着一根紫色绳子，墙上的铜牌告诉你为什么这个房间是圣地：

诺贝尔物理学奖得主费利克斯·赫尼克博士
在这个房间里度过了他人生的最后二十八年。
"他所在之处，就是人类知识的最前沿。"
这个人在人类历史上的重要性是无法衡量的。

浮士德小姐问我要不要解开紫色绳子，让我进去和房间里或许有的鬼魂亲近一下。

我说当然好。

"完全就是他离开时的样子，"她说，"除了以前有个试验台上全都是橡皮筋。"

"橡皮筋？"

"别问我那是干什么用的。别问我任何东西是干什么用的。"

老头子留下的实验室凌乱不堪。廉价玩具随处可见，数量之多立刻吸引了我的注意：有个断了龙骨的纸风筝；有个缠好了绳子的玩具陀螺，一拽就能呜呜转动，自己维持平衡；有个用鞭子抽的陀螺；有个吹泡泡的管子；有个金鱼缸，里面有个小城堡和两只乌龟。

"他喜欢逛一毛店。"浮士德小姐说。

"看得出来。"

"他最著名的一些实验就是用不到一块钱的仪器做的。"

"省一分就是赚一分。"

实验室里当然也有大量传统设备，然而与颜色艳丽的廉价玩具相比，它们似乎既笨重又多余。

赫尼克博士的办公桌上堆满了信件。

"我觉得他从没回过任何一封信，"浮士德小姐沉思道，"你想得到答复，就必须叫他听电话或者直接来找他。"

他的办公桌上有个相框，背对着我。我不由猜测那是谁的照片："他妻子？"

"不对。"

"他的一个孩子？"

"不对。"

"他本人？"

"不对。"

于是我拿起来看了看，发现照片上是个小而简朴的战争纪念碑，立在某个小镇的镇公所门前。纪念碑有一部分是个牌子，上面刻着在各次战争中捐躯的镇民的名字，我以为牌子肯定是照片放在办公桌上的原因。我能看清那些名字，我猜应该能在里面找到赫尼克这个姓氏，但我错了。

"这是他的一个爱好。"浮士德小姐说。

"什么爱好？"

"拍摄炮弹在政府大院草坪上堆码的方式。这张照片里的堆码方式显然很不寻常。"

"我明白了。"

"他是个不寻常的男人。"

"同意。"

"也许再过一百万年，人人都能像他在世的时候那么聪明，能以他的方式看待事物。可惜与现如今的普通人相比，他就像火星人一样与众不同。"

"也许他真的是从火星来的。"我说。

"倒是能从很大程度上解释他的三个孩子为什么那么古怪。"

28

美乃滋[1]

我和浮士德小姐等电梯送我们去底楼，浮士德小姐说她希望来的电梯别是五号。然而我还没来得及问她有什么合乎情理的缘由，五号电梯就到了。

电梯操作员是个矮小的老黑人，叫莱曼·恩德斯·诺尔斯。我几乎可以肯定，诺尔斯的精神不正常，而且严重到了冒犯人的地步。因为每当他觉得自己说到了点子上，就会抓着自己的屁股大叫："对，对！"

"你们好，类人猿同胞、睡莲叶子和汽船桨轮，"他对浮士德小姐和我说，"对，对！"

"一楼，谢谢。"浮士德小姐冷冷地说。

诺尔斯要做的事情很简单，无非是关上门，然后按一个按钮让电梯去一楼，但他还没有要这么做的意思。他也许要等好几年才会这么做。

"有人告诉我，"他说，"这儿的电梯全都是玛雅建筑物，而我直到今天才知道。我回答他：'所以我是什么呢？美乃滋[2]？'对，对！他还在琢磨我说了什么呢，我扔给他一个问题，他一下子

1　即蛋黄酱。——编者注
2　美乃滋音似法语里的玛雅人。

愣住了，用了两倍的心思去琢磨！对，对！"

"咱们能下去了吗，诺尔斯先生？"浮士德小姐恳求道。

"我对他说，"诺尔斯说，"'这儿是研发[1]实验室。研发的意思就是找了又找，对吧？所以他们找的是他们曾经找到过但又弄丢了的东西，所以现在必须要找了又找，对吧？你告诉我，他们为什么要修这么一座建筑物，电梯里是美乃滋，楼里的人一个比一个疯？他们找了又找的到底是什么？到底是谁弄丢的？'对，对！"

"非常有意思，"浮士德小姐叹息道，"好了，咱们能下去了吗？"

"咱们只能去一个方向，那就是下，"诺尔斯吼道，"这儿是顶层。要是你叫我往上走，那我可就帮不了你了。对，对！"

"那咱们就下去吧。"浮士德小姐说。

"很快，玛莎。这位先生是来悼念赫尼克博士的吗？"

"对，"我说，"你认识他吗？"

"熟得很。"他说，"知道他死的时候我怎么说吗？"

"不知道。"

"我说：'赫尼克博士啊，他没死。'"

"嗯？"

"只是进入了一个新的维度。对，对！"

他猛敲一个按钮，电梯开始下降。

1　研发research的字面意思是反复探寻。

"你认识赫尼克的孩子们吗？"我问他。

"孩子满身虱子，"他说，"对，对！"

29
永垂不朽

我在伊利昂还有一件事要做。我想去老头子的坟墓拍张照片。于是我回到酒店的客房，发现桑德拉已经走了，我拿上照相机，叫了辆出租车。

雨夹雪还在下，味道是酸的，颜色是灰的。我觉得老头子的墓碑在雨夹雪之中应该很上相，说不定非常适合放在《世界终结之日》的护封上。

墓地的守门人告诉我该怎么找赫尼克的葬身之处。"不可能看错的，"他说，"这儿最大的墓碑就数他的了。"

他没有撒谎。墓碑是个雪花石膏的阳具，高达二十英尺，直径三英尺。雪和冰糊满了墓碑。

"我的上帝啊，"我惊呼道，拿着相机下车，"给原子弹之父立这么一个纪念碑，合适吗？"我放声大笑。

我问司机愿不愿意站在墓碑旁边，为照片增加一些尺度感。然后我请他擦掉盖住逝者名字的冰雪。

他照我说的做。

石柱上刻着几个六英寸高的字母，老天在上，它们拼成一个词：

母亲

30
只是在睡觉

"母亲。"司机不敢相信他的眼睛。

我擦掉更多的冰雪，露出一首小诗：

> **母亲，母亲，我衷心祈祷，**
>
> **盼望你每天护佑我们。**
>
> ——安吉拉·赫尼克

这首小诗底下还有一首小诗：

> **你没有死去，**
>
> **只是在睡觉。**
>
> **我们该微笑，**
>
> **并停止哀哭。**
>
> ——弗兰克林·赫尼克

第二首小诗底下，石柱上嵌着一方水泥，上面印着一个婴儿的掌印。掌印底下有四个字：

婴儿牛顿

"既然这是母亲，"司机说，"他们会给父亲立个什么鬼东西呢？"他就应该立个什么样的墓碑做了个下流的猜测。

我们在旁边找到了父亲。他的墓碑——后来我得知，这是在遗嘱中规定的——是个边长四十厘米的大理石立方体。

上面刻着：

父亲

31
另一个布里德

离开墓地的时候，出租车司机想到要去看看他母亲坟墓的情况。他问我介不介意稍微耽搁一下。

他母亲的墓碑是一块可怜巴巴的小石头，不过这也没什么好奇怪的。

司机又问我介不介意再兜个小圈子，这次是去墓地街对面的墓

碑销售中心。

当时我还不是博克侬教徒，因此我不太情愿地答应了。假如我是博克侬教徒，我当然会欣然去任何人提议的任何一个地方。博克侬有言道："稀奇古怪的行程建议就是神的舞蹈课。"

墓碑店名叫阿夫拉姆·布里德父子公司。司机在和销售人员交谈，我在墓碑之间漫步。这些墓碑都是空白的，目前没有用来缅怀任何人。

我在展示厅里见到了一个庸俗的逗趣玩意儿：一个石雕天使，头顶上方挂着槲寄生，底座上堆着雪松树枝，圣诞树彩灯像项链似的套在她的大理石脖子上。

"她卖多少钱？"我问销售人员。

"非卖品。她有一百岁了。是我曾祖父阿夫拉姆·布里德亲手雕刻的。"

"这家店的历史这么悠久？"

"没错。"

"所以你也是布里德家的人？"

"这儿的第四代了。"

"研发实验室主任阿萨·布里德博士和你是亲戚吗？"

"我是他弟弟。"他说他叫马文·布里德。

"世界真小啊。"我不禁感叹。

"放在一片墓地里就更加小了。"马文·布里德，圆滑而粗俗，精明但容易动感情。

32

炸药挣的钱

"我刚从你哥哥的办公室来。我是个作家。我访问他是想了解赫尼克博士的情况。"我对马文·布里德说。

"那是个古怪的狗崽子——我说的不是我哥哥，而是赫尼克。"

"他妻子的墓碑是你卖给他的吗？"

"是他的孩子们买的。他和那玩意儿没关系。他根本没想到要在她的坟墓上立任何形式的碑。她去世一年多以后，赫尼克的三个孩子来找我：高高大大的那个女儿，带着他儿子和小婴儿。他们想要一块用钱能买到的最大的墓碑，两个比较大的孩子带来了他们写的诗，要我把诗刻在石头上。

"你要嘲笑那块墓碑就尽管嘲笑好了，"马文·布里德说，"但它给孩子们带来的安慰超过了钱能买到的其他任何东西。以前他们一年不知道要来看多少次，献花给母亲。"

"肯定花了很多钱吧？"

"花的是诺贝尔奖的奖金。那笔钱买了两样东西：科德角的一座小别墅，还有那块墓碑。"

"炸药挣的钱。"我感慨道，想到了炸药的暴虐和墓碑与避暑别墅的静谧。

"什么？"

"诺贝尔发明了炸药。"

"嗯，我猜世上有各种各样的……"

假如我当时已经信了博克侬教，在思考炸药挣的钱如何通过错综得不可思议的因果链条流入这家墓碑店时，我很可能会低声说："转啊转啊转个不停。"

我们博克侬教徒想到生活这台大机器是多么复杂和不可预测时，就会低声说"转啊转啊转个不停"。

可惜当时我还是基督徒，因此只能说："生活有时候真的很有意思。"

"而有时候则不。"马文·布里德说。

33
一个不知感恩的人

我问马文·布里德认不认识艾米丽，费利克斯·赫尼克的妻子，安吉拉、弗兰克和牛顿的母亲，埋骨于那怪诞石柱之下的女人。

"认识？"他的音调变得悲戚，"你问我认不认识她，先生？我当然认识她了。我认识艾米丽。我们是伊利昂高中的同学。我们共同担任班级配色委员会的主席。她父亲是伊利昂音乐商店的老板。她会演奏店里所有的乐器。我不可救药地爱上了她，甚至放弃了橄榄球，试着学习小提琴。然后我哥哥阿萨从麻省理工回来度春假，我犯了大错误，介绍他认识我最喜欢的姑娘。"马文·布里德

打个响指，接着说道："他从我身边夺走了她，就这么快。我抓起我那把七十五块钱的小提琴，砸烂在我床尾的黄铜圆球上，然后去花店买了个装一打玫瑰的那种盒子，把砸烂的小提琴放在里面，通过西联的快递员送给她。"

"她很漂亮，对吧？"

"漂亮？"他重复道，"先生，要是上帝有朝一日开恩，肯让我认识一下我的天使女郎，会让我惊讶得合不拢嘴的只可能是她的翅膀，而不是她的脸蛋，因为我已经见过了天地间最美丽的脸蛋。伊利昂县没有哪个男人没有爱上她，区别只在于有人公开，有人不公开。她能得到她想要的任何一个男人。"他朝自己店里的地板啐了一口。"而她却跑去嫁给了那个德国狗崽子！她已经和我哥哥订婚了，然后那个鬼鬼祟祟的小杂种来了镇上。"马文·布里德打个响指，"他从我哥哥怀里抢走了她，就这么快。费利克斯·赫尼克这么一个已经去世的名人，骂他是杂种也许算是叛国、反智、不知好歹和愚昧无知。我知道人们把他形容得多么与世无争、温文尔雅和热爱梦想，说他连一只苍蝇都没伤害过，他不在乎金钱、权力、漂亮衣服、高级轿车和其他等，他和我们其他人如何不一样，他如何优于我们其他人，他清白得简直就是耶稣再世——除了他不是神的儿子……"

马文·布里德觉得没必要说完这个念头，我只好请他继续说下去。

"但什么？"他说，"但什么呢？"他走向正对墓地大门的一扇窗户。"但什么呢？"他对着依稀可辨的墓地大门、雨夹雪和赫

尼克石柱喃喃道。

"但是，"他说，"一个人帮助制造出了原子弹这样的东西，他怎么可能是无辜的呢？而一个人的妻子，全世界最善良、最美丽的女人，在因为缺少爱和理解而逐渐死去的时候，他却能够袖手旁观，他又怎么可能是神志清醒的呢……"

他战栗道："有时候我怀疑他是不是生下来就已经死了。我从没见过哪个人比他对活人更不感兴趣的。有时候我觉得这就是咱们这个世界的问题：太多身居高位者其实是凉透了的死人。"

34
温-迪特

正是在这家墓碑店里，我得到了我的第一个温-迪特，这是个博克侬教的术语，指朝着博克侬的信仰猛然一推，使你开始相信万能上主对你无所不知，而且为你准备了某些非常精密的计划。

我这个温-迪特与槲寄生下的石雕天使有关。出租车司机固执地认为，他必须把那尊天使变成他母亲的墓碑，为此不惜付出任何代价。他站在天使像前，双眼饱含泪水。

马文·布里德依然盯着窗外的墓地大门，刚刚就费利克斯·赫尼克发表完他的演讲。"那个德国小杂种也许是个当代圣徒，"他补充道，"但真他妈该死，他做的任何事情都是他想做的；也真他

妈该死，他得到了他想得到的所有东西。"

"音乐。"他又说。

"什么？"我问。

"她嫁给他的原因。她说他的头脑是依照宇宙间最宏大的音乐调试的，那是群星的音乐。"他摇摇头，"胡扯。"

这时，墓地大门让他想到了他最后一次见到弗兰克·赫尼克的情形，也就是喜欢制作模型和折磨瓶装虫子的浪荡小子。"弗兰克。"他说。

"他怎么了？"

"我最后一次见到那个倒霉的古怪小子时，他从墓地的那扇大门走出来。他父亲的葬礼还没结束。老头子还没埋进土里，弗兰克就走出了那扇门。他朝路过的第一辆车竖起大拇指。那是一辆崭新的庞蒂克，挂着佛罗里达的牌照。车停了。弗兰克跳上车，伊利昂从此再也没有人见过他。"

"听说警察在通缉他。"

"那是个意外，纯属巧合。弗兰克不是犯罪的那块料。他没有那种胆子。他唯一擅长的就是做模型。他唯一做得比较久的工作就是在杰克玩具店里卖模型、做模型和建议别人怎么做模型。他离开这儿之后去了佛罗里达，在萨拉索塔的一家模型店找了份工作。结果模型店是个犯罪组织的幌子，他们偷凯迪拉克，装上旧坦克登陆舰运往古巴。弗兰克就是这么卷进去的。我猜警察之所以没抓到他，是因为他已经死了。他用万能胶往密苏里号战舰上粘炮塔的时候听到了太多的秘密。"

"你知道牛顿的下落吗？"

"我猜他和他姐姐住在印第安纳波利斯。上次听说他的消息是他和那个俄国侏儒搞在一起，被康奈尔的医学预科班踢了出去。你能想象一个侏儒当医生吗？而在同一个多灾多难的家里，还出了个又高又大的笨姑娘，身高超过六英尺。她高中才上到二年级，那个以头脑而闻名的伟大男人就逼着她辍学，这样就又有女人可以照顾他的起居了。她唯一拿得出手的就是曾经在伊利昂高中的'百人前进'乐队里吹过单簧管。"

"她辍学后，"布里德说，"没人约过她。她连一个朋友都没有，老头子没想到过要给她钱，让她去任何地方玩。能猜到她喜欢做什么吗？"

"猜不到。"

"夜里她经常把自己锁在卧室里，一个人播放唱片，跟着唱片吹她的单簧管。要我说，这个女人居然找到了丈夫，这真是本世纪最大的奇迹了。"

"这个天使，你多少钱肯卖给我？"出租车司机问。

"我说过了，那是非卖品。"

"我猜现如今这儿没人能做这样的石雕了。"我插嘴道。

"我有个侄子可以，"布里德说，"阿萨的儿子。他本来能当一个超级厉害的研究性科学家的，结果他们在广岛投下了原子弹，那小子就辞职了，他喝得烂醉来我这儿，说他想去雕石头。"

"现在呢？他在这儿工作？"

"他在罗马，已经是雕塑家了。"

"要是有人给你足够多的钱，"司机说，"你也会卖的，对吧？"

"有可能。但必须是很多钱才行。"

"像这么一个东西，名字该刻在哪儿呢？"司机问。

"已经刻过名字了，在底座上。"我们看不见名字，因为堆放的树枝盖住了底座。

"物主一直没来领走？"我问他。

"一直没付过钱。事情是这样的：有个德国移民，带着老婆往西部去，她感染天花，死在了伊利昂。于是他订购了这尊天使像当她的墓碑，他给我曾祖父看他有足够的钱。但接着他被抢劫了。有人抢走了他身上的每一分钱。他在世上只剩下了他在印第安纳买的一块他还没见过的土地。于是他继续上路了，说他会回来付钱的。"

"但一直没回来过？"我问。

"对。"马文·布里德用脚挪开几根树枝，让我们看底座上的浮雕文字。那是一个姓氏。"这个姓真是够稀奇的，"他说，"要是那个移民有后代，我猜他们肯定把姓氏改得美国化了。他们现在说不定姓琼斯、布莱克或汤普森。"

"那你就大错特错了。"我喃喃道。

房间似乎开始倾斜，墙壁、天花板和地板刹那间变成了诸多隧道的入口，这些隧道通往时间的所有方向。我产生了博克侬教徒的幻觉，觉得一切时间的每一秒和一切流浪的男人、一切流浪的女人、一切流浪的孩童全都合而为一。

幻觉消失后，我说："那你就大错特错了。"

"你认识姓这个的人？"

"对。"

因为它正是我的姓氏。

35
玩具店

回酒店的路上，我一眼瞥见了杰克玩具店，弗兰克林·赫尼克曾经在这儿工作过。我请出租车司机停车，在门口等我。

我走进店里，见到杰克正在拾掇他那些缩微的消防车、火车、飞机、轮船、屋子、路灯柱、树木、坦克、火箭、汽车、门房、售票员、警察、消防员、妈妈、爸爸、猫、狗、鸡、士兵、鸭子和牛的模型。他苍白得像个死人，神情严肃，脏兮兮的，咳个没完。

"弗兰克林·赫尼克是个什么样的孩子？"他重复我的问题，然后咳了一阵又一阵。他摇摇头，向我展示他对弗兰克喜爱得无以复加。"我不需要用语言回答这个问题。我可以向你展示弗兰克林·赫尼克是个什么样的孩子。"他咳了一阵。"你先看，"他说，"然后自己下结论。"

他领我来到店铺的地下室。他就住在这底下。地下室里有双人床、衣柜和电炉。

床没整理过，杰克为此道歉。"我妻子一周前扔下我走了。"

他咳嗽一阵，"我还没把我的生活节奏找回来呢。"

说完他打开一个开关，炫目的光线照亮了地下室的另一端。

我们走向光源，发现那是阳光，照亮了建造在三合板上的神奇小世界，这是个正方形的世界岛，规整得就像堪萨斯的小镇。一个不安分的灵魂若是想去这个世界的翠绿边界之外探索，就真的会从世界边缘掉下去。

等比例缩小的细节是那么精致，材质的纹理和上色是那么巧妙，我不需要眯起眼睛去看，也愿意相信这是一个真实的国度——山丘，湖泊，河流，森林，城镇，任何一个乡土出身的好人会视若珍宝的东西都应有尽有。

而铁轨像意大利面似的四处延伸。

"你看看那些屋子的门。"杰克虔诚地说。

"漂亮。没的说。"

"门上有真正的门把手，门环也真的能动。"

"我的天！"

"你问弗兰克林·赫尼克是个什么样的孩子，告诉你，这东西就是他造的。"杰克哽咽了。

"他一个人？"

"哦，我帮了些忙，但完全按照他的规划做事。那小子是天才。"

"难道还会有人不同意？"

"他家小弟是侏儒，你知道的。"

"当然。"

"他从底下做了些焊接。"

"看上去确实很真实。"

"做得很不容易，而且也不是一个晚上做完的。"

"罗马可不是一天建成的。"

"你知道的，那孩子在家里没有任何生活可言。"

"有所耳闻。"

"这是他真正的家。他在地下室待了几千个小时。有时候他甚至不开火车，只是坐在旁边盯着看，就像咱们现在这样。"

"有很多东西可以看。感觉就像去欧洲，只要你肯去看，你就会发现有那么多东西可以看。"

"他能看见你和我都看不见的东西。他会突然拆掉一座山，虽说那座山在你我看来真得不可能更真了。而他做得对。他会在本来是山的地方建一个湖，在湖面上建一座高架桥，然后这个景象看上去会比先前还要真十倍。"

"这天赋可不是人人都有的。"

"没错！"杰克激动地说。激情的迸发害得他又是好一阵咳嗽。等他咳完，泪水充满了他的双眼。"唉，我对那孩子说，他应该去念大学，学习工程学什么的，这样他就可以去为美国疾风[1]之类的公司效力了——必须是个大公司，能支持他脑子里的那么多好点子。"

"要我说，你对他的支持已经够多的了。"

---

1 American Flyer，美国的玩具火车和火车模型制造公司。

"真希望我有那个能力，真希望我能做到，"杰克哀叹道，"但我没那个资本。只要我有多余的东西，我就会送给他，但这儿的大多数东西，他都是用他在楼上给我打工挣的钱买的。除了在这上面，他从不乱花一分钱。他不喝酒，不抽烟，不看电影，不约姑娘，对战争也没兴趣。"

"这个国家确实需要更多这样的人。"

杰克耸耸肩："唉……我猜是佛罗里达的黑帮杀了他。担心他会乱说话。"

"我猜也是。"

杰克突然崩溃了，泪水决堤。"那些下流的狗杂种，"他呜咽道，"知不知道他们究竟杀死了什么？"

36
喵呜

在我去伊利昂和随后其他地方的这段时间里，我允许一个名叫谢尔曼·克雷布斯的穷苦诗人免费暂住我的纽约公寓。这次散心之旅为期两周，跨越了圣诞前后。我的第二任妻子抛弃了我，理由是我过于悲观，一个乐观主义者无法与我生活。

克雷布斯留着大胡子和白金色的耶稣长发，有一双西班牙人的眼睛。他和我不是密友。我在一个鸡尾酒会上认识了他，他自称全

美诗人与画家支持迫在眉睫的核战争委员会主席。他求我给他一个地方住，能不能防住原子弹并不重要，而我凑巧有空房间。

然而等我回到纽约，还没从伊利昂那尊无主石雕天使的灵性启示中醒过神来，却发现一场虚无主义的狂欢毁灭了我的公寓。克雷布斯走了，但他在离开前打了三百多块钱的长途电话，在我的沙发上放了五把火，弄死了我的猫和我的鳄梨树，还扯掉了药柜的门。

他在厨房的黄色油毡地毯上写了一首诗，事实证明他用的是粪便。

> 我有个厨房，
> 但不是一个完整的厨房。
> 我不会真正地高兴，
> 除非我能彻底释放一下。

另外还有一条留言，是一个女人的笔迹，用口红写在床头上方的墙纸上。话是这么说的："不，不，不，炸鸡说。"

死猫的脖子上挂了个牌子，上面写着："喵呜。"

我再也没见过克雷布斯，但我依然能感觉到他在我的卡拉斯里。假如果真如此，那么他的功能就是个弗朗-弗朗。按照博克侬的说法，弗朗-弗朗是一个人，他会以他本人的生活为典范，通过剪断因果的链路，把人们从正常的生活引向荒谬的境界。

我本来也许会无可无不可地否定石雕天使的意义，然后从那里出发，归向彻底的无意义性。然而等我见到克雷布斯做的一切，尤

其是他杀害了我可爱的猫之后，虚无主义就不再适合我了。

有什么人不希望我投入虚无主义的怀抱。克雷布斯自己也许并不知道，但他的使命就是帮我对那种哲学祛魅。干得好啊，克雷布斯先生，干得好。

37

一位现时代的少将

然后有一天，一个星期天，我发现了该去哪儿找那位逃犯、模型制造者、瓶子里的虫子的耶和华和别西卜[1]——总而言之，我发现了弗兰克林·赫尼克的下落。

他还活着！

消息登在《纽约星期日时报》的特别增刊上。增刊是某个香蕉共和国出钱买版面的广告。封面上是一张侧脸，属于我能在凡间见到的美得最令人心碎的一个姑娘。

姑娘的背景中，推土机正在推倒棕榈树，建造宽阔的大道。大道尽头是三座新建筑物的钢铁骨架。

"圣洛伦佐共和国，"封面配文说，"正在大步向前！一个健康快乐、进步至上、热爱自由的美丽国家焕发出勃勃生机，对美国

---

1 《圣经》中七宗罪里的"暴食"，在《新约》中被称为"魔王"。

投资者和游客都具有不可抗拒的魅力。"

　　我不着急阅读内文。光是看封面女郎就够了——不，不只是够了，因为我从第一眼就爱上了她。她非常年轻，也非常庄重——同时也充满善心和智慧。

　　她棕色的皮肤仿佛巧克力，金色的头发仿佛亚麻。

　　封面说，她叫蒙娜·阿蒙斯·蒙扎诺。她是这个岛国的独裁者的养女。

　　我打开增刊，希望能见到这位令人心醉神迷的混血圣女更多的照片。

　　但我见到的是岛国独裁者"爸爸"米格尔·蒙扎诺的肖像照，他年近八旬，貌若猿猴。

　　"爸爸"的肖像照旁边是另一张照片，上面是个溜肩膀、狐狸脸、似乎不太成熟的年轻男人。他穿雪白的军装，上面挂着某种镶珠宝的旭日徽章。他的双眼挨得很近，底下有黑眼圈。他似乎从小到大都叫理发师只剃两侧和后脑勺，留下头顶别动。他钢丝般的头发梳成鸭尾头，方方正正，烫出波浪，巍然耸立，高得不可思议。

　　配文介绍说这个其貌不扬的年轻人是弗兰克林·赫尼克少将，圣洛伦佐共和国的科学与发展部长。

　　他二十六岁。

38
全世界的梭鱼之都

按照《纽约星期日时报》增刊的说法，圣洛伦佐岛长五十英里，宽二十英里，人口四十五万，"……全都热烈拥护自由世界的理念"。

全岛最高点麦凯布山海拔一万一千英尺。首都玻利瓦尔，"……一座令人惊叹的现代化城市，其港口足以停泊美国海军的所有舰艇"，主要出口商品是蔗糖、咖啡、香蕉、靛蓝和手工艺品。

"经验丰富的渔夫公认此地是全世界无可争议的梭鱼之都。"

我不禁思考弗兰克林·赫尼克，一个连高中都没念完的辍学生，怎么就找到了一份这么光鲜的工作。我在一篇吹嘘圣洛伦佐的文章里找到了部分答案，文章署名"爸爸"蒙扎诺。

"爸爸"称弗兰克为"圣洛伦佐总体规划"的建筑师，规划中包括新建道路、乡村通电、污水处理厂、酒店、医院、诊所、铁路——各种工程应有尽有。尽管文章很短，还被大幅度编辑过，但"爸爸"在文中五次说弗兰克是"费利克斯·赫尼克的亲骨肉"。

这个说法散发着食人族的气味。

"爸爸"显然认为弗兰克是老头子身上的一块肉，同样法力无边。

39
法塔·莫甘娜

增刊中的另一篇文章也透露了少许端倪，这篇天花乱坠的文章题为《圣洛伦佐对一个美国人意味着什么》。我几乎可以确定文章出自代笔的写手，但署名为弗兰克林·赫尼克少将。

弗兰克在文章中宣称他单独驾驶一艘六十八英尺的克里斯游艇在加勒比海航行，途中险些倾覆。他没有说他在船上干什么和为什么独自一人，但白纸黑字地提到了出发地点是古巴。

"这艘豪华游艇正在沉没，即将带走我毫无价值的生命，"文章说，"四天以来，我一共只吃了两块饼干和一只海鸥。食人鲨的背鳍时而劈开我周围温暖的海水，满嘴利齿的梭鱼搅得海水翻腾不已。

"我抬起眼睛，仰望我的造物主，准备接受他对我的一切裁决。而我的视线落在了一座高耸入云的壮丽山峰上。这是法塔·莫甘娜吗，是海市蜃楼在残忍地欺骗我吗？"

读到这儿，我去查了查"法塔·莫甘娜"，发现这个词是海市蜃楼的别名，源于摩根·勒菲，居住在湖底的仙女，以时常在卡拉布里亚与西西里岛之间的墨西拿海峡现身而著称。简而言之，法塔·莫甘娜是诗歌里的胡扯。

弗兰克从正在沉没的游艇里见到的自然不是残忍的法塔·莫甘娜，而是麦凯布山的山顶。温柔的海浪随后把游艇缓缓推向圣洛伦佐怪石嶙峋的海岸，就好像上帝希望他去那儿似的。

弗兰克登上海岸，连鞋都没打湿，询问他这是来到了哪儿。文章没有说，但这个小杂种随身带着一小片九号冰——就装在一个保温杯里。

弗兰克没有护照，被关进了首都玻利瓦尔的监狱。"爸爸"蒙扎诺亲自来监狱找他，问弗兰克会不会凑巧就是不朽伟人费利克斯·赫尼克博士的血亲。

"我承认我是，"弗兰克在文章中说，"从那一刻开始，圣洛伦佐的每一扇机遇之门都为我敞开。"

40
希望与慈悲之家

说来也巧——博克侬会说"就该这么巧"——一家杂志社委托我对圣洛伦佐做个报道。报道的主角不是"爸爸"蒙扎诺或弗兰克，而是美国糖业大亨朱利安·卡斯尔，他在四十岁的时候效仿阿尔贝特·施韦泽，在丛林里创办了一所免费的医院，把生命奉献给了另一个种族的受苦百姓。

卡斯尔的医院名叫"丛林里的希望与慈悲之家"。这个丛林就在圣洛伦佐，位于麦凯布山北坡的野生咖啡树之中。

我飞往圣洛伦佐的时候，朱利安·卡斯尔已经六十岁了。

他已经无私地工作了二十年。

在他自私的岁月中，地摊小报读者熟悉他就像熟悉汤米·曼维尔、阿道夫·希特勒、贝尼托·墨索里尼和芭芭拉·赫顿。他的名声来自好色、酗酒、鲁莽驾驶和逃服兵役。他可以挥霍数百万美元，给人类增添的却只有烦恼，他在这方面拥有罕见的天赋。

他结过五次婚，生过一个儿子。

这个儿子名叫菲利普·卡斯尔，是我打算暂住的那家酒店的老板。酒店名叫卡萨蒙娜，以蒙娜·阿蒙斯·蒙扎诺命名，也就是《纽约星期日时报》增刊封面上的金发黑人女郎。卡萨蒙娜才刚刚开业，增刊封面上的蒙娜以三座崭新的建筑物为背景，其中之一就是这家酒店。

尽管我没有感到海浪在有意识地载着我前往圣洛伦佐，但我觉得爱情正在完成这个任务。法塔·莫甘娜，蒙娜·阿蒙斯·蒙扎诺很可能会喜爱之物的海市蜃楼，已经在我毫无价值的生命中成为一股强大的力量。她能给我带来的快乐一定会远远超过迄今为止其他女人给我带来过的。

41
为两个人组建的卡拉斯

从迈阿密最终飞往圣洛伦佐的飞机上，座位三个一排。说来也巧——"就该这么巧"——与我同一排的乘友是美国驻圣洛伦佐

的新任大使霍利克·明顿和他的妻子克莱尔。两个人都白发苍苍、温文尔雅、弱不禁风。

明顿说他是一名职业外交人员，但也是第一次担任大使。他和妻子曾经任职的国家包括玻利维亚、智利、日本、法国、南斯拉夫、埃及、南非联邦、利比里亚和巴基斯坦。

两个人感情很深，不时用微小的礼物来取悦对方：舷窗外值得一看的风景、读物中好玩或有益的段落、过去的零碎回忆。我觉得他们完美地代表了博克侬所谓的"杜普拉斯"，仅仅由两个人构成的卡拉斯。

"一个真正的杜普拉斯，"博克侬教导我们，"是无法被侵入的，连他们结合生下的孩子也做不到。"

因此，我把明顿夫妇从我的卡拉斯中排除出去，也从弗兰克的卡拉斯、牛顿的卡拉斯、阿萨·布里德的卡拉斯、安吉拉的卡拉斯、莱曼·恩德斯·诺尔斯的卡拉斯、谢尔曼·克雷布斯的卡拉斯中排除了出去。明顿夫妇的卡拉斯非常微小，仅仅由两个人组成。

"我猜你一定感到非常高兴。"我对明顿说。

"我有什么好高兴的？"

"因为你当上了大使。"

从明顿夫妇互相交换的怜悯眼神来看，我猜我肯定说了一句蠢话。但他们给我留了面子。"对，"明顿做个鬼脸，"我非常高兴。"他无力地笑了笑："我深感荣幸。"

我提起的几乎每一个话题都这么收场。我没法让明顿夫妇吐露任何东西。

举例来说。"我猜你们一定会说好几种语言。"我说。

"对，我们加起来有六七种。"明顿说。

"肯定非常愉快吧。"

"什么？"

"能和那么多不同国家的人交谈。"

"非常愉快。"明顿干巴巴地说。

"非常愉快。"他妻子也说。

然后他们继续读一份厚厚的手稿，这东西是用打字机打的，摊在两人之间的座椅扶手上。

"我想知道，"过了一会儿，我说，"你们走遍了世界，觉不觉得所有地方的人心都是一样的？"

"嗯？"明顿问。

"你们觉不觉得无论走到哪儿，人心其实都是一样的？"

他望向妻子，确定她听见的也是这个问题，然后转向我。"无论走到哪儿，人心都差不多。"他赞同道。

"嗯。"我说。

顺便提一句，博克侬教导我们，杜普拉斯的成员总是在一周内相继去世。就明顿夫妇而言，他们死于同一秒钟。

42

送给阿富汗的自行车

机尾有个小沙龙，我去喝了一杯，在那儿认识了另一对美国人：来自伊利诺伊州埃文斯顿的H.洛·克罗斯比和他妻子黑泽尔。

他们五十多岁，身材肥硕，说话带鼻音。克罗斯比说他在芝加哥有一家自行车工厂，雇员对他没有任何感恩之情。他决定把生意迁至懂得感恩的圣洛伦佐。

"你很了解圣洛伦佐吗？"我问。

"这会是我第一次见到这个国家，但我喜欢我听说的一切。"H.洛·克罗斯比说，"他们有纪律。你能指望他们明年和今年一样。他们的政府不鼓励每个人都去当没人听说过的什么职业烦人精。"

"什么意思？"

"我的天，芝加哥现在没人制造自行车了。所有人都在研究人际关系。理论家成天坐在那儿琢磨有什么新办法能让每个人都高兴。你无论如何都不能解雇任何人。要是有人一不小心造出了一辆自行车，工会就会指责我们冷酷无情、没人性，而政府会以退税的名义没收自行车，拿去送给阿富汗的某个盲人。"

"而你认为圣洛伦佐的情况会比较好？"

"我知道肯定比较好。那儿的老百姓足够贫穷、恐惧和无知，因此还不至于没有常识。"

克罗斯比问我叫什么，是干什么的。我告诉了他，他妻子认出我的姓氏是个印第安纳州的特有姓氏。她同样出身于印第安纳州。

"我的天，"她说，"你是山地佬[1]吗？"

我说我是的。

"我也是山地佬，"她兴奋地叫道，"任何人都不该为他是个山地佬而自卑。"

"我不自卑，"我说，"也不认识因为这个而自卑的人。"

"山地佬活得很好。洛和我环球旅行过两次，无论走到哪儿，都会遇到执掌大局的山地佬。"

"真是令人安心呢。"

"认识伊斯坦布尔那家新酒店的经理吗？"

"不认识。"

"他是个山地佬。还有驻东京的那个陆军啥啥啥……"

"专员。"她丈夫说。

"他也是个山地佬，"黑泽尔说，"还有驻南斯拉夫的新大使……"

"山地佬？"我问。

"不只是他，还有《生活》杂志好莱坞版的编辑，还有智利的那个谁……"

"也是山地佬？"

"无论你走到哪儿，都会见到出人头地的山地佬。"她说。

1　Hoosier，印第安纳州人的别称。

"《宾虚》的作者也是山地佬。"

"还有詹姆斯·惠特科姆·赖利[1]。"

"你也是印第安纳州人？"我问她丈夫。

"不是。我是草原州[2]的。人们叫它'林肯之乡'。"

"说起来，"黑泽尔得意地说，"林肯也算山地佬。他在斯宾塞县长大。"

"是哦。"我说。

"我不知道山地佬到底是怎么了，"黑泽尔说，"但他们肯定有点什么不一样的。要是谁肯花时间做个名单，一定会大吃一惊。"

"没错。"我说。

她紧紧地抓住我的胳膊："咱们山地佬应该团结一致。"

"对。"

"你叫我'老妈'好了。"

"什么？"

"每次我遇到一个年轻山地佬，就会说：'你叫我老妈好了。'"

"嗯哼。"

"来，叫一声我听听。"她催促道。

"老妈？"

她微笑，松开我的手。某种时钟机构完成了循环。我叫黑泽尔

---

1 詹姆斯·惠特科姆·赖利（James Whitecomb Riley，1849—1916），美国诗人，以用印第安纳俚语写作而著称。

2 指伊利诺伊州。

"老妈"关闭了它，黑泽尔这会儿正在给它上发条，等待下一个山地佬的出现。

黑泽尔痴迷于在世界各地寻找山地佬，这是"假卡拉斯"的标准范例。假卡拉斯看上去似乎是个队伍，然而就上帝的行事方式而言却毫无意义，是博克侬所谓"格兰法隆"的标准范例。格兰法隆的范例还有美国革命女儿会、通用电气公司、国际奇人共济会，还有一切国家，无论处于哪个时代和哪个地方。

正如博克侬请我们与他一同高唱的：

> 要是你想看清一个格兰法隆，
> 找个玩具气球剥掉外皮就行。

43
示范

H. 洛·克罗斯比认为独裁往往是非常好的好事。他不是坏人，也不是傻瓜。他有资格以某种粗鄙而滑稽的态度看待世界，然而他对散漫人类的诸多看法不但好玩，而且真实。

但是，每当他说到人应该如何度过他们在世上的短暂时光，理性和幽默感就会在这个节骨眼儿上离他而去。

他坚定不移地认为他们应该为他制造自行车。

"希望圣洛伦佐真的有你听说的那么好。"我说。

"我只需要和一个人聊一聊，就会知道是不是真的，"他说，"我只要'爸爸'蒙扎诺能以荣誉对那个小岛上的一切做出承诺。事情现在是这样，以后也永远是这样。"

"我喜欢的一点，"黑泽尔说，"是他们都说英语，而且都是基督徒。这样事情就容易多了。"

"你知道他们怎么处理犯罪吗？"克罗斯比问我。

"不知道。"

"他们根本就没有任何犯罪。'爸爸'蒙扎诺把犯罪变得彻底丧失了吸引力，任何人只要想到犯罪就会犯恶心。我听说可以把皮夹子扔在人行道中间，过一个星期回来，不但皮夹子还在原处，里面的东西也都没被碰过。"

"哦。"

"知道偷东西的惩罚是什么吗？"

"不知道。"

"铁钩，"他说，"不是罚款，不是缓刑，也不是三十天监禁，而是铁钩。偷东西是铁钩，杀人是铁钩，纵火是铁钩，叛国、强奸、偷窥全都是铁钩。只要违反法律，无论是什么该死的条款，惩罚都是铁钩。每个人都明白，于是圣洛伦佐变成了全世界最规矩的国家。"

"铁钩是什么？"

"先搭一个绞刑架，明白吗？两根柱子，一根横梁。然后把一个巨大无比的铁鱼钩挂在横梁上。然后把蠢得居然会去犯罪的人带

出来，把铁钩从他肚子的一侧穿进去，从另一侧穿出来，然后一松手——老天在上，这个破坏法律的倒霉蛋就被挂在上面了。"

"我的好老天啊！"

"我可不会说这有什么好的，"克罗斯比说，"但也不会说它有什么不好的。有时候我在想，要是用上这办法，青少年是不是就不会误入歧途了呢？铁钩对民主社会来说也许有点极端了。公开绞刑大概更合适。吊死几个青少年偷车贼，就吊在他们家门口的路灯柱上，脖子上挂个牌子说：'妈妈，你的崽子回家了。'这么来上几趟，我看点火钥匙就会和露天加座还有踏脚板[1]一样消失了。"

"我们在伦敦蜡像馆的地下室见过那东西。"黑泽尔说。

"什么东西？"我问。

"铁钩。在地下室的恐怖馆里，还搞了个蜡人挂在铁钩上。做得栩栩如生，我都快看吐了。"

"哈里·杜鲁门看上去一点也不像哈里·杜鲁门。"克罗斯比说。

"你说什么？"

"蜡像馆里，"克罗斯比说，"杜鲁门的蜡像不怎么像他本人。"

"但大部分真的很像。"黑泽尔说。

"挂在铁钩上的是个什么名人吗？"我问她。

1　两者都是老式汽车上的设计，前者是一个车身外的折叠座椅，后者是供人站立的车边踏板。

"应该不是。只是个无名之辈。"

"所以只是个示范？"我问。

"对。它前面有一道黑色天鹅绒的帘子，你必须拉开帘子才能看见。帘子上别着一个警告牌，说儿童不得观看。"

"但孩子们当然要看，"克罗斯比说，"地下室有的是孩子，他们全都去看了。"

"那种警告牌就是孩子的猫薄荷。"黑泽尔说。

"孩子们见到铁钩上的人是什么反应？"我问。

"哦，"黑泽尔说，"他们的反应和成年人一样，只是盯着看一会儿，什么都不说，然后就继续向前走，去看下一件展品了。"

"下一件展品是什么？"

"是一把铁椅子，一个人在上面被活活烤死，"克罗斯比说，"烤他是因为他杀了自己的儿子。"

"但是，在他被烤死之后，"黑泽尔淡然道，"警察发现他其实没有杀他的儿子。"

44
同情者

我回到克莱尔和霍利克·明顿这个杜普拉斯旁边的座位上，我知道了有关他们两个人的一些新情况——是克罗斯比夫妇告诉我的。

克罗斯比夫妇并不认识明顿，但听说过他，对他被任命为大使感到义愤填膺。他们说明顿被美国国务院扫地出门，因为他的心肠不够硬，他能够复职也是因为有人使了花招或用了更坏的伎俩。

"后面的小沙龙挺舒服的。"我坐下时对明顿说。

"嗯？"他和妻子还在读放在两人之间的稿子。

"后面的酒吧还不错。"

"哦，好。很高兴听你这么说。"

两个人继续读稿子，显然没兴趣和我聊天。过了一会儿，明顿突然转向我，脸上露出一丝苦笑，问我："好吧，他是谁？"

"谁是谁？"

"在酒吧里和你聊天的男人。我们去后面想喝一杯，刚走到门口就听见你和一个男人在聊天。他的嗓门儿非常大。他说我同情某个主义。"

"一个自行车生产商，叫H. 洛·克罗斯比。"我说，觉得自己的脸红了。

"我被开除是因为悲观，和其他人没关系。"

"是我害得他被开除了，"他妻子说，"对他不利的有力证据只有一个，是我从巴基斯坦写给《纽约时报》的一封信。"

"信里说了什么？"

"说了很多事情，"她答道，"因为我很生气，美国人无法想象不是美国人是一种什么活法，无法想象你不是美国人，居然还能为此而自豪。"

"我明白了。"

"信里有一句话，在忠诚听证会上被引用了无数遍，"明顿叹息道，引用他妻子写给《纽约时报》的信，"'美国人总要在爱不会采取的形态、爱不会存在的地方寻找爱。这肯定和边疆消失的情结有关系'。"

45
美国佬为什么招人恨

克莱尔·明顿写给《纽约时报》的信发表时，刚好是麦卡锡参议员最猖狂的那段时间，报纸印出来还不到十二个小时，她丈夫就被解雇了。

"那封信到底坏在哪儿呢？"我问。

"叛国这个罪名，它最恶劣的情形莫过于，"明顿说，"说美国人并不是无论去哪儿，无论干什么都能千篇一律地受到爱戴。克莱尔想说的问题是，美国外交政策应该认识到恨的存在，而不是一厢情愿地幻想被爱。"

"我猜美国佬在很多地方都挺招人恨的。"

"人在很多地方都很招人恨。克莱尔在信里指出，美国人受到仇恨，只是在接受生而为人的一般性惩罚，而他们过于愚蠢，竟然认为他们应该被豁免于这样的惩罚。但忠诚委员会对这样的事实毫不在意，他们只在乎克莱尔和我居然感觉到美国人不受爱戴。"

"嗯，我很高兴这事情有个好结局。"

"嗯？"明顿说。

"最后的结果还不错嘛，"我说，"你看你不是正在去担任大使的路上了吗？"

明顿和妻子交换了一个杜普拉斯之间的那种悲悯眼神，然后对我说："是啊。彩虹尽头的那坛金子[1]是我们的了。"

46

博克侬教徒如何应付恺撒

我和明顿夫妇谈起弗兰克林·赫尼克的法律状态问题，因为他除了是"爸爸"蒙扎诺政府的要员，毕竟也是美国司法体系的一名逃犯。

"已经一笔勾销了，"明顿说，"他已经不是美国公民了，而且似乎正在圣洛伦佐做好事，所以就这样了。"

"他放弃了美国国籍吗？"

"任何人，只要宣布效忠于其他国家，或者在外国武装部队服役，或者接受外国政府的雇佣，就会自动失去美国国籍。读一读你

1　在英语口语中，"彩虹尽头的一坛金子"常被用来喻指永远得不到的报酬，或可望而不可即的财富。

护照上的文字吧。你不能一边享受花边小报上说的弗兰克过的那种跨国浪漫生活，一边还能躲在山姆大叔的翅膀底下。"

"他在圣洛伦佐受人喜爱吗？"

明顿掂了掂他和妻子一直在读的那份稿子："我还不知道呢。但这本书说并不。"

"那是什么书？"

"关于圣洛伦佐的唯一一本学术著作。"

"算是学术著作吧。"克莱尔说。

"算是学术著作吧，"明顿应和道，"还没出版。这是现有的五份拷贝之一。"他递给我，说只要我喜欢，想怎么读都行。

我翻到标题页，发现这本书名叫《圣洛伦佐：其土，其史，其民》。作者是朱利安·卡斯尔的儿子菲利普·卡斯尔，正是我要去见的那位大慈善家的开酒店的儿子。

我随手翻开一页。说来也巧，就刚好翻到了专门写岛上非法圣人博克侬的那一章。

我眼前的这一页引用了《博克侬之书》中的一句。字词从纸上跃入我的脑海，在那儿受到了热烈的欢迎。

这段文字算是对耶稣劝谕的一个注解，耶稣说的是："这样，恺撒的物当归给恺撒。"[1]

博克侬的注解是："别去管恺撒。恺撒根本不知道在发生什么。"

1　出自《马太福音》。

47

动态张力

我完全掉进了菲利普·卡斯尔的书里，航班经停波多黎各圣胡安十分钟的时候我没有抬起头，有人在我背后激动地悄声说一个侏儒上了飞机，我还是没有抬起头。

过了一会儿，我四处张望，寻找那个侏儒，但没有找到。我看见黑泽尔和H.洛·克罗斯比的前一排多了一个新登机的女人，她长着一张马脸，留着白金色的长发。她旁边的座位似乎没人，然而也有可能坐着一个侏儒，只是椅背挡住了他的头顶而已。

但此刻更吸引我的是圣洛伦佐——其土，其史，其民——因此我没有更认真地去寻找那个侏儒。毕竟侏儒只是用来在无聊和空闲的时候解闷的，而此刻我既不无聊也没空闲，而是沉浸在博克侬所谓的"动态张力"理论里，他在其中讲述了他对善恶之间至关重要的平衡的推断。

第一次在菲利普·卡斯尔的书里见到"动态张力"这个用语时，我发出了我自认高高在上的笑声。按照小卡斯尔著作的说法，这是博克侬最喜欢的用语之一，而我以为我知道一件博克侬不知道的事情：这是个被函授健美教练查尔斯·阿特拉斯[1]庸俗化了的

1　查尔斯·阿特拉斯（Charles Atlas，1892—1972），美国健美运动员，他最著名的是"健美运动"方法及其相关锻炼，该程序催生了具有他的名字和肖像的地标性广告活动。——编者注

用语。

然而往下没读多久，我就发现了博克侬很清楚查尔斯·阿特拉斯是谁。事实上，博克侬曾经在他的健美学校修行过。

查尔斯·阿特拉斯认为，锻炼肌肉其实不需要杠铃或拉力器，只需要用一组肌肉去对抗另一组肌肉就行。

博克侬认为，只有让善对抗恶，让两者之间始终保持强烈的张力，才有可能创造出美好的社会。

我在卡斯尔的书里第一次读到了博克侬教的诗歌，也就是所谓的"卡利普索"。原文如下：

> "爸爸"蒙扎诺，他非常坏，
>
> 但要是没有坏"爸爸"，
>
> 我就会变得非常坏；
>
> 因为要是没有"爸爸"的坏，
>
> 要是你愿意，请你告诉我，
>
> 邪恶的老博克侬
>
> 怎么可能显得好？

48
就像圣奥古斯丁

我从卡斯尔的书里得知，博克侬生于1891年。他是黑人，出生于多巴哥岛，因此生下来就是圣公会教徒和英国人。

他的教名是莱诺尔·博伊德·约翰逊。

他是六个孩子里最小的一个，家里很有钱。家族财富来自博克侬祖父发现的海盗藏宝，那二十五万美元据说是"黑胡子"爱德华·蒂奇的藏宝。

博克侬的家族把"黑胡子"的藏宝投资在了沥青、椰子干、可可、家畜和家禽上。

莱诺尔·博伊德·约翰逊年少时在圣公会学校接受教育，成绩优秀，但最感兴趣的是宗教仪式。身为一名年轻人，他对有组织宗教的外在服饰很感兴趣，似乎也热衷于饮宴作乐，正如他邀请我们和他一起在《第十四号卡利普索》里唱的：

> 我年轻的时候，
>
> 多么快活和暴躁，
>
> 我喝酒，追女人，
>
> 就像年轻的圣奥古斯丁。
>
> 圣人奥古斯丁啊，
>
> 他注定是个圣人。

所以，万一我也注定要成为圣人，

妈妈，请你别给我昏过去。

49

愤怒大海扔上来的一条鱼

莱诺尔·博伊德·约翰逊在求知方面可谓雄心万丈，1911年，他独自驾驶一艘名叫女王拖鞋号的单桅帆船从多巴哥前往伦敦。他去伦敦是为了接受更高级的教育。

伦敦政治经济学院录取了他。

然而第一次世界大战打断了他的求学之路。他被征召加入步兵，表现优异，在战场上获得晋升。战地通讯中四次提到他的名字。他在第二次伊普尔战役中吸入毒气，住院治疗两年后退伍。

他再次驾驶女王拖鞋号，返回故乡多巴哥。

离家只有八十海里的时候，一艘德国的U-99潜艇截停了他。他沦为俘虏，德国丘八把他的小船当作训练的靶子。潜艇还停在水面上的时候，英国驱逐舰渡鸦号突然出现，俘虏了这艘潜艇。

约翰逊和德国佬被带上驱逐舰，英国人击沉了德国潜艇。

渡鸦号本来要前往地中海，然而没能抵达目的地。船舵坏了，因此它只能绝望地随波逐流，或者在洋面上顺时针兜大圈。历经千辛万苦之后，它终于停泊在了佛得角群岛。

约翰逊在佛得角待了八个月，等待能带他去西半球的交通工具。

最后他在一艘渔船上找了份工作。这艘船做的生意是运送非法移民去马萨诸塞州的新贝德福德，却被暴风吹得在罗德岛的纽波特搁浅了。

到了这时候，约翰逊已经得出结论，某些力量出于某种理由要他去某个地方。于是他在纽波特待了一段时间，看他的宿命在不在那儿。他在著名的拉姆福德庄园当园丁兼木匠。

在这段时间里，他见到了拉姆福德庄园招待过的诸多名流，其中有J. P. 摩根、约翰·约瑟夫·潘兴将军、富兰克林·德拉诺·罗斯福、恩里科·卡鲁索、沃伦·加梅利尔·哈丁和哈里·胡迪尼。同样在这段时间里，第一次世界大战结束了，一千多万人因此丧命，另有包括约翰逊在内的两千多万人受伤。

战争结束后，拉姆福德家族的年轻浪子雷明顿·拉姆福德四世决定驾驶蒸汽游艇舍赫拉查德号环游世界，访问西班牙、法国、意大利、希腊、埃及、印度、中国和日本。他邀请约翰逊担任他的大副，约翰逊答应了。

约翰逊在这次航行中见证了许多世界奇迹。

舍赫拉查德号在孟买港遇到大雾被撞沉，全船只有约翰逊一人生还。他在印度待了两年，成为甘地的追随者。他率众卧轨，以抗议英国人的统治，因此遭到逮捕。服刑期满后，皇室出钱送他上船回多巴哥。

他在多巴哥又建造了一艘纵帆船，命名为女王拖鞋二号。

他驾驶这艘船环游加勒比海，继续等待一场暴风送他搁浅，前

往他注定要去的宿命之地。

1922年，他在海地的太子港躲避飓风，这个国家当时被美国海军陆战队占领。

一个头脑聪慧、自学成才的理想主义逃兵找到他，此人名叫厄尔·麦凯布。麦凯布是海军陆战队的下士，偷走了整个连队的娱乐费。他给约翰逊五百块钱，要约翰逊送他去迈阿密。

两人启航前往迈阿密。

但一阵狂风把这艘纵帆船送上了环绕圣洛伦佐的礁石。船沉了，约翰逊和麦凯布两个人光着身子游上岸。博克依本人如此描述这场历险：

> 愤怒的大海，
>
> 扔起一条鱼，
>
> 我上岸喘气，
>
> 我就成了我。

赤身裸体地登上一座陌生岛屿的神秘感迷住了他。他决定让这场历险继续发展下去，看看一个光着身子从咸水中爬上岸的人究竟能走多远。

这是他的重生：

> 要活得像婴儿，
>
> 《圣经》这么说，

于是我就活得像个婴儿，

一直到今天。

他之所以会得到博克侬这个名字，原因非常简单：岛上说的是一种英语方言，而约翰逊的发音就是博克侬。

至于这种方言……

圣洛伦佐方言很容易听懂，但很难写下来。另外，我说很容易听懂只能代表我自己。其他人觉得它像巴斯克语一样难以听懂，因此我能听懂它，靠的也许是心灵感应。

菲利普·卡斯尔在书里用一个例子示范了这种方言的发音，非常出色地抓住了它的神韵。他选择的例子是圣洛伦佐语的《一闪一闪小星星》。

在美国英语里，这首不朽短诗的一个版本是这样的：

一闪一闪小星星，

我思星星为何物，

悬于空中放光明，

仿佛黑夜一茶托，

一闪一闪小星星，

我思星星为何物。

根据卡斯尔的记录，用圣洛伦佐方言念这首诗是这样的：

亚伞亚伞修欣欣，

喔施欣欣埋哈母。

寻于轰冲放宫闳，

风扶虾也亚刹吐，

亚伞亚伞修欣欣，

喔施欣欣埋哈母。

约翰逊变成博克侬后不久，人们在岸边发现了他那艘破船上的救生艇。救生艇后来被漆成金色，改造成小岛最高统治者的卧榻。

"博克侬本人编造了一个传说，"菲利普·卡斯尔在书中写道，"世界末日到来的时候，那艘金船将再次下海航行。"

50
一个好看的侏儒

博克侬的生平我才读到一半，却被 H. 洛·克罗斯比的妻子黑泽尔打断了。她站在我身旁的过道里。"你绝对不会相信的，"她说，"但我刚刚又在飞机上发现了两个山地佬。"

"真是活见鬼了。"

"他们不是天生的山地佬，而是住在那儿。他们住在印第安纳波利斯。"

"非常有意思。"

"想认识一下他们吗？"

"有这个必要吗？"

这个问题难住了她："他们是你的山地老乡啊。"

"他们叫什么？"

"女的姓康纳斯，男的姓赫尼克。他们是姐弟俩，男的是个侏儒，但还挺好看的。"她使个眼色，"一个聪明的好小子。"

"他叫你'老妈'了吗？"

"我险些开口，但想了想没说，我感觉要一个侏儒这么做似乎不太礼貌。"

"胡说八道。"

51

没问题，老妈

于是我走向机尾，与安吉拉·赫尼克·康纳斯和小牛顿·赫尼克交谈，他们都是我的卡拉斯的成员。

我先前注意到的金发马脸女人就是安吉拉。

牛顿确实非常矮小，但并不奇形怪状。他身材匀称，就像格列佛来到了大人国，为人也和格列佛一样机灵和警觉。

他拿着一杯香槟，机票的价钱里包括这杯酒。酒杯之于他，就

像金鱼缸之于一般人，但他喝酒的姿势既优雅又轻松，你会觉得他和酒杯本来就是天生一对。

这个小杂种的行李里用保温杯装着一枚九号冰的晶体，他时乖命蹇的姐姐也一样，而飞机底下就是上帝他老人家创造的一片汪洋——加勒比海。

黑泽尔从介绍山地佬、和山地佬认识中得到了她想要的快乐，然后就撇下我们回去了。"记住，"她离开时对我们说，"从今往后要叫我'老妈'。"

"没问题，老妈。"我说。

"没问题，老妈。"牛顿也说。由于天生声带小，他的嗓门儿很尖，但他成功地给这个声音增添了强烈的男性色彩。

安吉拉固执地把牛顿当作婴儿看待，他以温柔而和蔼的气度原谅了姐姐，我本来以为身量这么小的人不可能拥有这样的气度。

牛顿和安吉拉都记得我，记得我写给他们的信，他们那一排的三个座位有一个空着，他们请我坐下。

安吉拉向我道歉，因为她一直没有给我回信。

"我想不到任何会让读者觉得有意思的事情。我当然可以编一些那天发生的故事，但我不认为你会希望我这么做。事实上，那天只是一个普普通通的日子。"

"你弟弟写了一封非常出色的信给我。"

安吉拉吃了一惊。"牛顿吗？牛顿怎么可能记得任何事情？"她转向弟弟，"亲爱的，你不记得那天发生的任何事情，对吧？当时你只是个婴儿。"

"我记得。"他淡淡地说。

"真希望我看过那封信。"她的言下之意是牛顿还太不成熟，无法直接和外部世界打交道。安吉拉的迟钝可谓登峰造极，她完全不理解矮小对牛顿意味着什么。

"亲爱的，你应该给我看那封信的。"她责备道。

"对不起，"牛顿说，"我做事没过脑子。"

"我不妨直接告诉你，"安吉拉对我说，"布里德博士说我不该配合你。他说你感兴趣的不是公正地描述我父亲。"她向我表达了她多么不喜欢我那么做。

我安慰她，说这本书多半是写不出来的，我早就不知道这本书会写什么和该写什么了。

"嗯，万一你有朝一日真的要写了，最好把我父亲写成圣人，因为他事实上就是个圣人。"

我承诺一定会尽我所能描绘这个形象。我问她和牛顿是不是要去圣洛伦佐和弗兰克团聚。

"弗兰克要结婚了，"安吉拉说，"我们去参加订婚仪式。"

"是吗？那个幸运的姑娘是谁？"

"我给你看。"安吉拉说，从手包里拿出皮夹子，里面有个塑料百褶夹。百褶夹的每个褶里都插着一张照片。安吉拉翻找照片，我瞥见了小牛顿在科德角的沙滩上、费利克斯·赫尼克博士接受诺贝尔奖、安吉拉土气的双胞胎女儿、弗兰克操纵线控模型飞机。

然后她给我看弗兰克要娶的那个姑娘。

她还不如给我腹股沟一拳算了，反正效果相同。

她给我看的照片上是蒙娜·阿蒙斯·蒙扎诺——我一见钟情的女人。

52
无痛

安吉拉一旦打开塑料百褶夹就关不上了，除非你一张一张看完所有的照片。

"这里有我爱过的人们。"她正色道。

于是我开始浏览她爱过的人们。夹在塑料膜里的照片就像困在琥珀里的昆虫化石，所拍摄的对象占据了我的卡拉斯的很大一部分，但不包括我的任何一个格兰法隆。

有很多照片拍的是赫尼克博士，他生下了一颗原子弹、三个孩子和九号冰。他个头不高，理论上是一个男侏儒和一个女巨人的父亲。

在安吉拉的化石收藏里，我最喜欢的老头子的照片是他裹着严严实实的冬装，身穿厚外套，脚穿雨靴，系着围巾，头戴顶上有个大绒球的羊毛针织帽。

安吉拉哽咽着告诉我，这张照片拍摄于海恩尼斯，离老头子去世只有短短三个小时。报社的一名摄影师认出这个看似是圣诞精灵的老人其实是伟大的科学家赫尼克。

"你父亲是在医院里去世的吗？"

"噢，不！他在我们家的别墅里去世，坐在面朝大海的一张白色柳条椅上。牛顿和弗兰克冒着风雪去海滩散步了……"

"那天的雪很暖和，"牛顿说，"就好像走在橙色的花丛里。感觉非常奇特。其他别墅都没人……"

"只有我们家装了暖气。"安吉拉说。

"我们走了几英里，一个人都没遇到，"牛顿回忆道，时至今日依然觉得很惊讶，"然后弗兰克和我在海滩上见到了一条大黑狗——拉布拉多。我们把棍子扔进海里，它跑去叼回来。"

"我去村里买圣诞彩灯了，"安吉拉说，"我们已经有一棵圣诞树了。"

"你父亲喜欢过节在家里放圣诞树吗？"

"他从没说过喜不喜欢。"牛顿说。

"我认为他是喜欢的，"安吉拉说，"他只是不擅长表现出来。有些人就是这样。"

"确实，有些人就是这样。"牛顿说，轻轻地耸了一下肩膀。

"总之，"安吉拉说，"等我们回到家里，发现他坐在椅子里。"她摇摇头："我猜他并没有受苦。他看上去像是睡着了。只要稍微有一丁点儿的痛苦，他就不可能是那个样子。"

她没有提整件事里最有意思的一部分。她没有提正是在那个圣诞前夜，她、弗兰克和小牛顿平分了老头子的九号冰。

53
织技公司的总裁

安吉拉催促我继续看照片。

"那是我，是不是没法相信？"她给我看一个六英尺高的少女。她在照片里拿着单簧管，身穿伊利昂高中乐队的游行制服，头发塞在乐手的帽子里，羞怯的笑容里饱含喜悦。

然后安吉拉——上帝没有赐予这个女人任何吸引男人的优点——给我看她丈夫的照片。

"这就是哈里森·C.康纳斯。"我震惊了。她丈夫英俊得出奇，看上去他自己也知道。他衣着入时，眼睛里含着花花公子的那种慵懒和自得。

"他……他是干什么的？"我问。

"织技公司的总裁。"

"电子方面的公司？"

"就算我知道，也不能告诉你。他做的都是超级机密的政府工作。"

"武器？"

"总之和战争有关系。"

"你是怎么认识他的？"

"他曾经是父亲的一名实验室助理，"安吉拉说，"后来出走印第安纳波利斯，创办了织技公司。"

"所以你和他结婚是多年恋爱的快乐结局？"

"不。我甚至不知道他知不知道有我这么一个活人。我以前认为他挺不错，但我父亲去世前，他从没正眼看过我。

"一天，他来到了伊利昂。我待在我们家的老房子里无事可做，心想我这辈子算是完了……"她描述父亲去世后那段难熬的日子，"我们家的老房子里只有我和小牛顿两个人。弗兰克已经失踪，鬼魂的响动比牛顿和我加起来的还要闹腾十倍。我把我的整个生命都献给了我父亲，开车送他上班，接他下班；天冷了给他一件一件添衣服；天热了帮他一件一件脱衣服；伺候他吃饭；替他付账单……但忽然之间，再也没有事情可以让我做了。我从小到大连一个好朋友都没有，除了牛顿也没人愿意听我倾诉。

"但这时候，"她继续道，"有人敲响了大门，站在门口的是哈里森·康纳斯。他是我见过的最美丽的造物。他走进来，我们谈起父亲最后的这段时间和种种往事。"

安吉拉快要哭了。

"两周之后，我们结婚了。"

54
纳粹、保皇党、空降兵和逃服兵役者

我回到自己的座位上，由于已经把蒙娜·阿蒙斯·蒙扎诺输

给了弗兰克，我只觉得自己可怜到了极点。我继续读菲利普·卡斯尔的书稿。

我在索引里找"蒙扎诺，蒙娜·阿蒙斯"，索引说参见"阿蒙斯，蒙娜"。

然后我去找"阿蒙斯，蒙娜"，发现提到她的页码索引条数几乎和"爸爸"蒙扎诺名字底下的条数一样多。

紧跟着"阿蒙斯，蒙娜"的是"阿蒙斯·内斯特"。我翻看了几个提到他的页码，得知他是蒙娜的父亲，芬兰人，建筑师。

内斯特·阿蒙斯被俄国人俘虏，在第二次世界大战期间被德国人解救。释放他的人不允许他回家，而是强迫他加入国防军的一支工程部队，前往南斯拉夫与游击队作战。切特尼克——忠于塞尔维亚皇室的游击队——首先俘虏了他，然后游击队突袭切特尼克，再次俘虏了他。来偷袭的意大利伞兵又解救了他，把他用船送往意大利。

意大利人命令他为西西里设计防御工事。他在西西里偷了一艘渔船，来到中立的葡萄牙。

正是在葡萄牙，他认识了一个逃服兵役的美国人，后者名叫朱利安·卡斯尔。

卡斯尔得知阿蒙斯是建筑师，于是邀请他一起前往圣洛伦佐岛，为他设计一所名叫"丛林里的希望与慈悲之家"的医院。

阿蒙斯接受了邀请。他设计了医院，在当地娶了一个名叫西莉亚的女人，生了一个完美的女儿，然后撒手人寰。

55
决不要给你自己的书编索引

至于"阿蒙斯，蒙娜"的生平，索引本身就描绘了一幅超现实的纷乱画面，呈现出诸多彼此矛盾的力量如何对她发挥作用和她如何在惊恐中做出反应。

索引说："阿蒙斯，蒙娜：被蒙扎诺收养，以提高蒙扎诺的人望，194-199，216n.；在丛林里的希望与慈悲之家医院内度过的童年，63-81；年少时与P.卡斯尔的情缘，72f；父亲去世，89ff；母亲去世，92f；因国民情欲符号的角色而困窘，80、95f，166n.，209，247n.，400-406，566n.，678；与P.卡斯尔订婚，193；天真的本质，67-71，80，95f，116n.，209，274n.，400-406，566n.，678；与博克侬共同生活，92-98，196-197；关于她的诗，2n.，26，114，119，311，316，477n.，501，507，555n.，689，718ff，799ff，800n.，841，846ff，908n.，971，974；她的诗，89，92，193；回到蒙扎诺身边，199；回到博克侬身边，197；从博克侬身边逃跑，199；从蒙扎诺身边逃跑，197；企图让自己变丑，以不再担任岛民的情欲符号，80，95f，116n.，209，247n.，400-406，566n.，678；接受博克侬的教导，63-80；写信给联合国，200；木琴大师，71。"

我把这条索引拿给明顿夫妇看，问他们是否认为索引本身就构成了一篇引人入胜的传记，传主是一位不情愿的性爱女神。出人意

料的是，我得到了一个非常专业的回答：生活中有时候就是会发生这种事。原因很简单，克莱尔·明顿曾经以编索引为职业。说来惭愧，我根本没听说过存在这么一个行当。

她说她靠做索引师挣的钱供丈夫念完了大学，索引师的薪水很高，能编好索引的人并不多。

她说只有最外行的作者才会为自己的书编索引。我问她觉得菲利普·卡斯尔编得怎么样。

"让作者沾沾自喜，对读者是个侮辱。"她说。"用个'自我'开头的词来形容，"她流露出了专家那既友善又机敏的态度，"就是自我放纵。每次见到作者为自己作品编的索引，我都会替他们感到尴尬。"

"尴尬？"

"作者为自己作品编的索引就像暴露狂，"她告诉我，"在训练有素的眼睛看来，完全是一种不知羞耻的展示行径。"

"她能通过索引看出一个人的性格。"她丈夫说。

"是吗？"我说，"你看出菲利普·卡斯尔的什么来了？"

她淡然一笑："有些事情还是不要告诉陌生人为好。"

"对不起。"

"他显然爱着这个蒙娜·阿蒙斯·蒙扎诺。"她说。

"要是我没弄错，圣洛伦佐的每一个男人都爱她。"

"他对他父亲怀着错综复杂的感情。"她说。

"世上哪个男人不是呢？"我不动声色地激她往下说。

"他缺乏安全感。"

"哪个活人不是呢？"我问。求问是博克侬教的典型行为，只是当时我还不知道。

"他永远无法和她结婚。"

"为什么？"

"我能说的已经全说完了。"她说。

"能认识一位尊重他人隐私的索引师，我感到非常荣幸。"

"决不要给你自己的书编索引。"她做了最终陈述。

博克侬教导我们，在亲密无间的永恒爱情之中，杜普拉斯是个宝贵的工具，能帮助你获取和形成奇异但真实的洞见。明顿夫妇对索引的熟谙探索无疑就是个好例子。博克侬教导我们，杜普拉斯同时也是个可爱但自负的小团体。明顿夫妇的小团体也不例外。

晚些时候，我在飞机的过道里遇到了明顿大使，他妻子不在他身边。他表示我尊重他妻子通过索引看到的东西对他来说很重要。

"知道为什么尽管卡斯尔爱那姑娘，尽管那姑娘也爱他，尽管两个人一起长大，但他们不可能结婚吗？"他压低声音说。

"不，先生，我不知道。"

"因为他是同性恋，"明顿低声说，"这也是她从索引里看出来的。"

56

一个自承重的松鼠笼子

接下来我读到，海浪把莱诺尔·博伊德·约翰逊和厄尔·麦凯布下士赤身裸体地冲上圣洛伦佐的海岸后，他们发现当地人的情况比他们还要惨许多倍。圣洛伦佐的人民除了疾病一无所有，而那些疾病别说治疗了，甚至连名字都叫不上来。与他们相比，约翰逊和麦凯布简直是坐拥金山，他们有文化和野心，有好奇和胆识，有傲慢、健康和幽默感，还有关于外部世界的可观知识。

再次引用一首"卡利普索"：

> 唉，我在这儿发现的，唉唉，
>
> 是个非常倒霉的民族。
>
> 唉，他们没有音乐，
>
> 他们也没有啤酒。
>
> 而所有能够栖身的地方，
>
> 无论是哪儿，
>
> 都属于卡斯尔糖业公司，
>
> 或天主教会。

菲利普·卡斯尔证实，对1922年圣洛伦佐财产分布状况的如此描述完全是准确的。说来也巧，创办卡斯尔糖业的正是菲利普·卡

斯尔的曾祖父。1922年，岛上每一块可耕种的土地都归卡斯尔糖业公司所有。

"卡斯尔糖业在圣洛伦佐的运营，"小卡斯尔写道，"从未实现过盈利。然而，他们不向劳动者支付任何劳动报酬，因此公司每年都能做到收支平衡，挣的钱刚好够向折磨工人的刽子手支付工资。

"圣洛伦佐有个无政府主义的政府，只有在卡斯尔糖业想拥有某些东西或办理某些事务的有限情况下才会发挥作用。在这种情况下，政体就变成了封建主义。构成贵族阶层的是卡斯尔糖业的种植园的老板，他们是来自外部世界的白人，武器精良。构成骑士阶层的是本地要人，为了一点蝇头小利和愚蠢特权而奉命杀人、伤人、折磨人。普罗大众受困于这个恶魔的松鼠笼子，他们的精神需求由一小撮肥胖的神父解决。

"圣洛伦佐天主教堂被炸毁于1923年，曾被普遍视为新世界最伟大的人造奇迹之一。"

57
令人不安的怪梦

麦凯布下士和约翰逊能够执掌圣洛伦佐的权柄，这在任何意义上都算不上一个奇迹。历史上曾有很多人征服过圣洛伦佐，却总是发现自己的位置坐不牢靠。原因非常简单：智慧无穷的上帝把这个

小岛创造得毫无价值。

根据历史记录，第一个徒劳征服圣洛伦佐的是埃尔南·科尔特斯。1519年，科尔特斯率众登岛补充淡水，他为小岛命名，宣布它为查理五世皇帝[1]所有，然后就一去不复返了。后来陆续有探险队来岛上寻找黄金、钻石、红宝石和香料，但都一无所获，只好抓几个本地人当作异端烧死，借此取乐后乘船离开。

"法国在1682年宣布圣洛伦佐为自己所有，"卡斯尔写道，"西班牙人没有提出异议。丹麦人在1699年宣布圣洛伦佐为自己所有，法国人没有提出异议。荷兰人在1704年宣布圣洛伦佐为自己所有，丹麦人没有提出异议。英国人在1706年宣布圣洛伦佐为自己所有，荷兰人没有提出异议。西班牙人在1720年重新宣布圣洛伦佐为自己所有，英国人同样没有提出异议。1786年，一艘英国贩奴船上的非洲黑人夺取了这艘船的控制权，却在圣洛伦佐搁浅，他们宣布圣洛伦佐为一个独立国家——事实上，是由皇帝统治的帝国，西班牙人也没有提出异议。

"这位皇帝名叫图姆–本瓦，有史以来只有他认为这座小岛值得保卫。图姆–本瓦是个躁狂症患者，他兴建了圣洛伦佐大教堂和小岛北岸的坚固工事，现在所谓共和国总统的私人住所就在工事之内。

"工事从没遭受过攻击，也没有任何神志健全的人提出过为什么要攻击它们。它们从没保卫过任何东西。据说有一千四百人死于修建工事，而在这一千四百人之中，半数是因为士气不足而被公开

1　即西班牙国王卡洛斯一世，神圣罗马帝国皇帝。

处决的。"

卡斯尔糖业公司于1916年进入圣洛伦佐，当时正值第一次世界大战的糖业爆发时期。圣洛伦佐不存在任何形式的政府。考虑到飞涨的糖价，卡斯尔糖业公司认为就连圣洛伦佐以黏土和砾石为主的土地都有可能榨取出利润来。没有人提出异议。

麦凯布和约翰逊于1922年来到圣洛伦佐并宣称此处由他们说了算之后，卡斯尔糖业毫无怨言地退却了，就好像从一个令人不安的怪梦中醒来。

58
有差异的暴政

"圣洛伦佐的新征服者至少有一个真正的与众不同之处，"小卡斯尔写道，"麦凯布和约翰逊梦想把圣洛伦佐建成一个乌托邦。为此，麦凯布全面改革了经济制度和法律。约翰逊设计了一种新的宗教。"

卡斯尔再次引用了一首"卡利普索"：

> 我希望一切的一切
>
> 看起来都能有意义，
>
> 因此我们都能快乐，

是的，而不是紧张。

而我编造起了谎言，

它们彼此环环相扣，

而这个凄惨的世界

被我变成了天啊堂。

我正读得入神，有人扯了扯我的衣袖。我抬起头。

小牛顿站在我身旁的过道里。"我觉得你也许想去酒吧坐坐，"他说，"喝上几杯小酒。"

于是我们去喝了几杯小酒，牛顿的话多了起来，非要和我说说津卡，也就是他的俄国侏儒舞女女朋友。他告诉我，他们的爱巢就是他父亲在科德角的别墅。

"我也许永远也结不了婚，但至少我已经享受过了蜜月。"

他向我描述他和他的津卡如何彼此拥抱，无所事事地度过一个又一个小时，偎依在费利克斯·赫尼克面对大海的那把白色柳条椅里。

津卡会为他跳舞。"想象一下，一个女人只为我一个人跳舞。"

"看得出你无怨无悔。"

"她伤透了我的心。我当然不可能喜欢。但那是代价。在这个世界上，有得就必定有失。"

他提议我们豪爽地干他一杯。"敬情人和老婆！"他叫道。

59

请系紧安全带

我和牛顿、H.洛·克罗斯比，还有几个陌生人在酒吧里的时候，圣洛伦佐进入了视线。克罗斯比在聊烦人精："知道我说的'烦人精'是什么吗？"

"我知道这个词，"我说，"但我对它的理解显然和你的理解八竿子也打不到一块儿去。"

克罗斯比喝多了，陷入醉鬼的妄想，以为只要他说得足够动感情，就可以直话直说。于是他动情而坦白地说起了牛顿的个头，在此之前酒吧里还没人提到过这个话题。

"我说的不是他这样的小朋友，"克罗斯比把一只火腿那么大的手搁在牛顿的肩膀上，"一个人是不是烦人精不是由个头决定的，而是由他的思考方式。我见过一些壮汉，他们比这个小朋友高大四倍，却是真正的烦人精。我也见过一些矬子——好吧，不像他这么矮，但老天在上，已经确实非常矮了——而我愿意说他们是真正的男子汉。"

"谢谢。"牛顿愉快地说，甚至没有去看他肩膀上的那只巨手。我从没见过谁能如此坦然面对他这样屈辱的生理残疾。我敬佩得都要打哆嗦了。

"你正在说烦人精呢。"我提醒克罗斯比，希望他能把他沉重的手从牛顿身上拿开。

"没错，我就是。"克罗斯比站直了。

"你还没说烦人精是什么呢。"我说。

"烦人精就是以为自己特别聪明，永远也闭不上嘴巴的那种人。无论别人说什么，他都非要辩上几句。你说你喜欢一样东西，他就非要说你为什么不该喜欢。烦人精会使出浑身解数，让你无时无刻不觉得自己是个傻子。无论你说什么，他都比你更懂。"

"真不是个叫人喜欢的性格。"我接茬儿道。

"我女儿曾经想嫁给一个烦人精。"克罗斯比阴森森地说。

"是吗？"

"我像踩虫子似的弄死了他。"克罗斯比回想起那个烦人精的言行，不禁一拳砸在吧台上。"我的天！"他说，"好像谁没上过大学似的！"他的视线又落在牛顿身上："你上过大学吗？"

"康奈尔。"牛顿说。

"康奈尔！"克罗斯比愉快地叫道，"上帝啊，我也是康奈尔。"

"他也是。"牛顿朝我点点头。

"三个康奈尔校友，在一架飞机上！"克罗斯比说，于是我们又多了个格兰法隆的节日要庆祝。

闹腾完一阵之后，克罗斯比问牛顿是干什么的。

"玩刷子的。"

"油漆刷？"

"画刷。"

"真是见鬼了。"克罗斯比说。

"请乘客回到自己的座位上，系好安全带。"女乘务员提醒我们，"飞机即将在圣洛伦佐玻利瓦尔的蒙扎诺机场降落。"

"我的天！稍微等一下，"克罗斯比低头盯着牛顿，说，"我突然想起来了，我听到过你这个姓。"

"我父亲是'原子弹之父'。"牛顿没说费利克斯·赫尼克是原子弹的"父亲"之一，而是单数的"原子弹之父"。

"真的？"克罗斯比问。

"真的。"

"我想到的不是这个。"克罗斯比说。他不得不努力回想："好像和一个舞女有关。"

"我觉得咱们该回座位上去了。"牛顿说，紧张了起来。

"好像和一个俄国舞女有关。"酒精已经麻痹了克罗斯比的大脑，他不认为把心里想的事情大声说出来有什么不好的，"我记得好像有篇社论说那个舞女可能是间谍。"

"先生们，"女乘务员说，"你们必须回到座位上并系好安全带了。"

牛顿一脸天真地仰望H.洛·克罗斯比："你确定是姓赫尼克吗？"为了消除记错名字的最后一丝可能性，他一个字母一个字母地拼给克罗斯比听。

"也许是我弄错了。"H.洛·克罗斯比说。

60
一个贫困国家

从空中俯瞰，这个小岛呈方形，规则得不可思议。凶恶尖利、毫无用处的礁石在波涛中伸头探脑，在小岛四周围成一圈。

小岛南端是港口城市玻利瓦尔。

玻利瓦尔是全岛唯一的城市，也是圣洛伦佐的首都。

它坐落在一块遍布沼泽的台地上。蒙扎诺机场的跑道位于它滨水的岸边。

山峰在玻利瓦尔以北拔地而起，陡峭的嶙峋怪石环绕小岛其余的土地。它们名叫基督宝血山脉，但在我看来更像一群猪堵在食槽前。

玻利瓦尔有很多名字，其中包括卡兹-玛-卡兹-玛、圣玛利亚、圣路易斯、圣乔治和光荣港。约翰逊和麦凯布于1922年给它起了现在这个名字，旨在纪念西蒙·玻利瓦尔——拉丁美洲伟大的理想主义者和英雄。

约翰逊和麦凯布第一次见到这座城市的时候，建造它的材料是树枝、铁皮、木箱和泥巴，它脚下的窝巢栖息着百亿只快乐的食腐动物，包围窝巢的则是腐臭的沼泽，其中混合了粪便、浮渣和黏液。

我见到的玻利瓦尔差不多还是这个样子，除了海滨用来充门面的那些崭新建筑物。

约翰逊和麦凯布没能从苦难和泥淖中拯救人们。

"爸爸"蒙扎诺也失败了。

所有人都注定失败,因为圣洛伦佐是一块不毛之地,与撒哈拉或极地冰盖不分高下。

另外,圣洛伦佐的人口出奇地稠密,仅次于印度。平均每一平方英里不适合人类居住的土地上都居住着四百五十人。

"在麦凯布和约翰逊重整圣洛伦佐的理想主义时期,他们宣布将把全国的总收入平均分配给所有成年国民,"菲利普·卡斯尔写道,"这个方案只试行过一次,结果每一份只有六美元多点,不到七美元。"

61

一个下士值多少

蒙扎诺机场的海关要求查验所有人的行李,我们打算在圣洛伦佐花的钱全都要兑换成当地货币——下士。"爸爸"蒙扎诺坚持的汇率是一个下士值五十美分。

崭新的海关干干净净,但墙上已经乱糟糟地贴了很多告示。

一张告示说:**圣洛伦佐禁止从事博克侬教活动,一旦发现就钩刑处死。**

另一张告示上配有博克侬的照片,他是个瘦骨嶙峋的老黑人,

嘴里叼着一支雪茄，看上去睿智、慈祥而愉快。

照片底下的文字说：**悬赏捉拿，死活不论，奖金一万下士！**

我仔细看了看那张告示，发现最底下是博克侬早在1929年填写的警方登记表。复制它并放在告示上，显然是为了把博克侬的指纹和笔迹告诉赏金猎人们。

然而吸引了我的注意力的，却是1929年博克侬选择了哪些词语填在空格上。只要有可能，他就会从宇宙观的角度考虑问题，例如生命的短暂和永恒的漫长。

他在业余爱好一栏填："活着"。

他在主要职业一栏填："死了"。

另一张告示写着：**这是个基督徒的国家！玩脚将被处以钩刑！**我看不懂这句话，因为当时我还不知道博克侬教徒通过把脚底板抵在一起，让他们的灵魂交融。

由于我还没读完菲利普·卡斯尔的书，因此最大的不解之谜莫过于博克侬既然是麦凯布下士的至交好友，为什么会成为一名法外狂徒。

62
黑泽尔为什么不害怕

在圣洛伦佐下飞机的一共有七个人：牛顿和安吉拉，明顿大

使夫妇，H. 洛·克罗斯比夫妇，还有我。清关后，我们被赶到门外，登上检阅台。

面对我们的是非常安静的人群。

五千来个圣洛伦佐人瞪着我们。岛上居民的皮肤是燕麦色，一个个都很瘦。目光所及，见不到哪怕一个胖子。每个人都缺了牙齿。很多人的腿不是罗圈就是肿胀。

没有一双眼睛是透亮的。

女人赤裸着干瘪的乳房。男人的缠腰布几乎遮不住足有落地钟钟摆那么大的阳具。

狗很多，但没有一条敢叫。婴儿也很多，但没有一个敢哭。偶尔有人咳嗽，这就是全部的声音了。

军乐队立正站在人群前，但没有奏乐。

乐队前有个护旗队，他们举着两面国旗，一面是星条旗，另一面是圣洛伦佐的国旗。圣洛伦佐的国旗由海军蓝的背景和海军陆战队下士的臂章组成。没有风，两面国旗没精打采地耷拉着。

我似乎听见鼓槌敲打铜鼓的隆隆响声从远方传来。这个声音并不真的存在。我的灵魂只是在与圣洛伦佐嘈杂而铿锵有力的热浪共鸣。

"还好这是个基督教国家，"黑泽尔·克罗斯比低声对丈夫说，"否则我肯定会有点害怕。"

我们背后有一把木琴。

木琴上有个亮闪闪的牌子，牌子是用石榴石和莱茵石制作的。

牌子上刻着：**蒙娜**。

63
虔诚和自由

　　检阅台左侧，六架螺旋桨战斗机排成一排，那是美国对圣洛伦佐的军事援助。每架飞机的油箱上都用幼稚的嗜血笔法画着巨蟒正在绞杀魔鬼，魔鬼被缠得七窍流血，长叉从手中滑落。

　　每架飞机前都站着一个燕麦色皮肤的飞行员，他们同样默不作声。

　　然后，从庞然的寂静之中飘出了歌声，这歌声像蚊子哼哼似的恼人。一个塞壬正在接近，这个塞壬坐在"爸爸"熠熠生辉的黑色凯迪拉克豪华轿车上。

　　豪华轿车开到我们面前停下，轮胎冒出青烟。

　　从车里下来三个人："爸爸"蒙扎诺、他的养女蒙娜·阿蒙斯·蒙扎诺和弗兰克林·赫尼克。

　　"爸爸"威严地随便一挥手，人群唱起了圣洛伦佐国歌。国歌用了《牧场上的家》[1]的曲调，歌词写于1922年，作者是莱诺尔·博伊德·约翰逊，也就是博克侬。歌词如下：

　　　　噢，我们的家是这片土地，

1　美国西部民谣，创作于1872年，被称为美国西部非官方的国歌，1947年被定为堪萨斯州的州歌。

这里的生活奢侈又美好，

男人勇敢无畏就像鲨鱼；

女人纯洁无瑕，

而我们永远确定

我们的孩子会准时规矩。

圣、圣洛伦佐！

多么富饶而幸运的小岛！

我们的敌人望而生畏，

因为他们知道

这里的人民虔诚而自由，

而他们必将失败。

64

和平与富足

唱完，死寂重新笼罩了人群。

"爸爸"带着蒙娜和弗兰克走上我们所在的检阅台。小军鼓为他们的步点伴奏。"爸爸"指了一下鼓手，鼓声戛然而止。

"爸爸"在军服外佩戴着枪套，里面装着一把镀铬的点四五手枪。他是个非常老的老人，我的卡拉斯里有许多成员都是这样的老人。他状态很差。他的步子很小，欠缺轻快的感觉。他依然很胖，

但看得出脂肪正在快速燃烧，因为简朴的军服松松垮垮地穿在他身上。他像癞蛤蟆般突出的眼珠是黄色的，双手也在颤抖。

他的贴身保镖是弗兰克林·赫尼克少将，后者身穿雪白的军服。溜肩膀、细胳膊细腿的弗兰克看上去像个孩子，上床时间过了很久还赖着不肯去睡觉。他胸前别着一枚勋章。

我想观察"爸爸"和弗兰克这两个人，但很难集中精神，倒不是因为有人遮挡了我的视线，而是我无法把目光从蒙娜身上移开。我既激动又心碎，既欣喜又痴狂。我对理想女性的所有不切实际的贪婪妄想都在蒙娜身上成为现实。愿上帝怜爱她温暖而饱满的灵魂，她就是和平与富足的永恒化身。

那姑娘只有十八岁，但安详得惊心动魄。她似乎了解天地间可被了解的所有事物。《博克侬之书》对她直呼其名。博克侬多次提到她，其中一句是："蒙娜掌握了一切的简单本性。"

> 她身穿白色的希腊式衣裙。
>
> 她棕色的玉足穿着平底凉鞋。
>
> 她淡金色的头发长且直。
>
> 她的臀部犹如七弦竖琴。
>
> 我的上帝啊。
>
> 她是和平与富足的永恒化身。

她是圣洛伦佐最美丽的姑娘。她是国家的珍宝。按照菲利普·卡斯尔的说法，"爸爸"收养她是为了用神性调和他的严酷

统治。

有人把木琴推到检阅台前。蒙娜过去演奏。她演奏的是《当白昼已尽》，从头到尾都是颤音，一时间高涨，继而低吟，随后重新高涨。

美丽迷醉了人群。

接下来轮到"爸爸"接见我们了。

65
造访圣洛伦佐的好时光

"爸爸"自学成才，曾经是麦凯布下士的管家。他从没离开过小岛。他的美国英语算是过得去。

我们每个人在检阅台上的发言都通过高音喇叭播放给人群听，雷霆般的声响犹如末日号角。

从喇叭里传出去的声音穿过人群背后一条短而宽的林荫道，撞在林荫道尽头那三座崭新的玻璃墙面大楼上，支离破碎地反弹回来。

"爸爸"说："欢迎，你们来到了美国有史以来最好的朋友家里。美国在很多地方遭受误解，但在这里不会，大使先生。"他朝H.洛·克罗斯比微微鞠躬，把自行车生产商当作了新任大使。

"我知道您这里是个美好的国家，总统先生，"克罗斯比说，

"我听到的一切都让我振奋不已。但只有一个小小的问题……"

"是吗？"

"我不是大使，"克罗斯比说，"我也希望我是，但我仅仅是个普普通通的商人。"他痛苦地指出谁才是真正的大使："这位先生才是我们的大人物。"

"啊哈！""爸爸"为自己的错误忍俊不禁。但笑容忽然消失了。他体内的某种疼痛让他龇牙咧嘴，继而让他弯下腰，闭上眼睛——他必须集中精神，才能熬过这阵剧痛。

弗兰克·赫尼克连忙过来，用他无力的臂膀搀扶"爸爸"："你还好吗？"

"不好意思。""爸爸"稍微站直了一点，最终轻声说。他眼睛里含着泪水。他擦掉眼泪，完全站直，道："请原谅。"

他一时间似乎不知道自己身处何方和他应该做什么。然后他想了起来。他握住霍利克·明顿的手："来到这里，你就在朋友们之中了。"

"我敢肯定。"明顿温和地说。

"基督徒。""爸爸"说。

"很好。"

"你选了个非常好的时间来到这里，""爸爸"说，"明天将是我们国家历史上最快乐的一天。明天将是我们最重要的全国节日，一百民主烈士纪念日。明天同时也将是赫尼克少将与蒙娜·阿蒙斯·蒙扎诺订婚的日子，他将迎娶我和圣洛伦佐的生命中最宝贵的人。"

"那我就祝你幸福了，蒙扎诺小姐，"明顿热情地说，"也恭喜你，赫尼克将军。"

两个年轻人用点头表示感谢。

明顿开始赞颂所谓的一百民主烈士，他撒了个弥天大谎："美国的学校里没有哪个孩子不知道圣洛伦佐在第二次世界大战中做出崇高牺牲的故事。明天就是那一百个勇敢的圣洛伦佐人的纪念日了，他们献出了一个热爱和平的人能献出的一切。美国总统请我代表他出席明天的纪念仪式，向大海投一个花环，以此表达美国人民对圣洛伦佐人民的敬意。"

"圣洛伦佐的人们感谢你和贵国总统，也感谢慷慨的美国人民对我们的关心，""爸爸"说，"假如你愿意在明天的订婚仪式上把花环投入大海，那我们将感到不胜荣幸。"

"是我深感荣幸才对。"

"爸爸"要我们全都赏光参加明天的投花环仪式和订婚宴会，我们应该在正午时分抵达他的宫殿。

"这两个年轻人会生出什么样的孩子啊?！""爸爸"说，请我们欣赏弗兰克和蒙娜的模样，"什么样的血统?！什么样的美貌?！"

剧痛再次袭来。

他再次闭上眼睛，蜷缩起来躲避剧痛。

他等待剧痛过去，但它不肯离开。

他痛苦地转过去面对人群和麦克风。他想朝人群打个手势，但抬不起手。他想对人群说些什么，但开不了口。

他好不容易才挤出几个字。"回家，"他挣扎着喊道，"回家吧！"

人群像落叶般散去。

"爸爸"转回来面对我们，依然疼得面目狰狞……

然后他倒下了。

66
最强大的东西

他没死。

但看上去真的像死了；除了看似死亡的僵硬身体偶尔会颤抖着抽搐一下。

弗兰克大声澄清说"爸爸"没死，他不可能死。他疯狂地大叫："'爸爸'！你不能死！不能死啊！"

弗兰克松开"爸爸"的衣领和军服，揉搓他的手腕："让他透透气！让'爸爸'透透气！"

战斗机飞行员跑过来帮助我们。其中一个还算有脑子，跑去叫机场的救护车了。

乐队和护旗队没有得到任何命令，只能继续颤巍巍地立正。

我望向蒙娜，发现她依然安详，已经退到了检阅台的栏杆前。死亡（假如真的会死人）没有让她惊慌。

一名飞行员站在她身旁。他没有看她，但他额头冒汗，满脸放光，我归咎于他离蒙娜太近了。

"爸爸"恢复了些许神志。他抬起一只抖得像笼中鸟似的手，指着弗兰克说："你……"

我们全都沉默下来，等着听他的遗言。

他的嘴唇在动，但我们只听见了喉咙里冒出来的咯咯声。

有人想到了一个在当时似乎绝妙的点子，但回想起来实在是骇人听闻。一个人（我记得是个飞行员）从支架上拿起麦克风，举到"爸爸"发出咯咯声的嘴唇前，希望能放大他说话的声音。

于是濒死的呼吸声和痉挛中发出的各种怪异气音回荡在崭新的建筑物之间。

然后终于有了清晰的字词。

"你，"他用喑哑的嗓门儿对弗兰克说，"你，弗兰克林·赫尼克，由你担任圣洛伦佐的下一任总统。科学，你有科学。科学是最强大的东西。"

"科学，""爸爸"说，"冰。"他黄色的眼珠往上一翻，再次失去了知觉。

我望向蒙娜。

她的表情没有改变。

但她身旁的飞行员却像是正在接受国会荣誉勋章，表情僵硬，既像是紧张症发作，又像是陷入了狂喜。

我向下望去，看见了我不该看见的一幕。

蒙娜脱掉了凉鞋，棕色的小脚裸露着。

她正在用这只脚揉搓——没完没了地揉搓，淫荡下流地揉搓——飞行员靴子的脚背。

67

呵-呜-呜克-库！

"爸爸"没有死——当时没有死。

机场的红色大救护车把他运走了。

一辆美国的豪华轿车送明顿夫妇去大使馆。

一辆圣洛伦佐的豪华轿车送牛顿和安吉拉去弗兰克家。

圣洛伦佐唯一的出租车送克罗斯比夫妇和我去卡萨蒙娜大酒店，这是一辆1939年产的克莱斯勒豪华轿车，带车外的露天加座，外形酷似灵车。车身上刷着卡斯尔交运公司的名字。出租车的老板是菲利普·卡斯尔，他也是卡萨蒙娜的业主，我要访问的正是他父亲，那位绝对无私的慈善家。

克罗斯比夫妇和我都心神不宁。我们的惊恐化作问题，必须立刻得到解答。克罗斯比夫妇想知道博克侬是谁。想到竟然会有人反对"爸爸"蒙扎诺，两个人都生出了巨大的反感。

而我的疑问与此毫无关系，我发觉我必须立刻搞清楚那一百位民主烈士是什么人。

克罗斯比夫妇的问题首先得到解答。他们听不懂圣洛伦佐方

言，我只好为他们翻译。克罗斯比问司机的问题很简单："这个叫博克侬的烦人精到底是谁？"

"非常坏的人。"司机答道。他实际上的发音是："灰常瓦个宁。"

"他有追随者吗？"克罗斯比听完我的翻译就问。

"什么？"

"有人觉得他说得对吗？"

"哦，不，先生，"司机假惺惺地说，"没人那么疯狂。"

"他为什么一直没落网？"克罗斯比追问。

"很难找到他，"司机说，"他非常狡猾。"

"嗯，肯定有人窝藏他，给他饭吃，否则他早就落网了。"

"没人窝藏他，没人给他饭吃。我们都太狡猾，知道不该这么做。"

"你确定？"

"嗯，确定，"司机说，"谁敢给那个疯狂的老头子饭吃，谁敢给他一个睡觉的地方，就会被挂在钩子上。没人想被挂上钩子。"

他把最后这个词念成："呵-呜-呜克-库。"

68
一百民主烈士

我问司机一百民主烈士都是什么人。我注意到我们所行驶的这条路就叫一百民主烈士大道。

司机说，珍珠港遭受袭击后不到一个小时，圣洛伦佐就向德国和日本宣战了。

圣洛伦佐征募了一百名士兵去为民主而战斗。这一百人上了一艘驶向美国的船，将会在美国领取武器和接受训练。

船刚开出玻利瓦尔港口，就被一艘德国潜艇击沉了。

"他们，先生，"他用方言说，"就是一百民主烈士。"

69
一幅巨大的镶嵌画

克罗斯比夫妇和我是新酒店的第一批客人，这番经历不可谓不离奇。我们率先在卡萨蒙娜的登记册上签下了名字。

克罗斯比夫妇先走到前台，但完全空白的登记册吓住了H.洛·克罗斯比，他无法鼓起勇气在上面签字。他必须缓一缓才行。

"你来签吧。"他对我说。为了不让我觉得他迷信，他声称他

想去给一个人拍张照片，那个人正在大堂新铺的灰泥墙面上拼合一幅巨大的镶嵌画。

镶嵌画里是蒙娜·阿蒙斯·蒙扎诺的肖像，高达二十英尺。正在拼镶嵌画的是个肌肉发达的年轻人。他坐在梯子的顶上，只穿了一条白色帆布裤。

他是白人。

这位镶嵌画家正在用金屑绘制蒙娜优美脖颈上的汗毛。

克罗斯比走过去给他拍照，回来时声称他从没见过这么烦人的烦人精。克罗斯比说话时面颊涨成了番茄酱的颜色："无论你和他说什么，他都非要反过来饬你两句。"

于是我走到镶嵌画家脚下，看了一会儿，然后说："我嫉妒你。"

"我早知道，"他叹息道，"只要我等得足够久，就肯定会有人来嫉妒我。我总是对自己说，你要有耐心，迟早会有个嫉妒成性的人来找你。"

"你是美国人吗？"

"倒是有这个荣幸。"他继续作画，完全不在乎我长什么样子，"你也想拍我的照片？"

"你介意吗？"

"我思，故我在，故可拍照。"

"可惜我没带照相机。"

"唉，我的天哪，还不快去拿？你不会是那种信任自己记性的人吧？"

129

"我认为我永远不会忘记你很快就要画到的那张脸了。"

"等你死了就会忘记的，我也一样。等我死了，我会忘记一切。我劝你也这么做。"

"她是为这幅画当过模特，还是你参考了照片或什么？"

"我参考的是什么。"

"什么？"

"我参考的就是这个什么。"他用手指点了点太阳穴，"全都在我这个令人嫉妒的脑袋里呢。"

"你认识她？"

"那是我的荣幸。"

"弗兰克·赫尼克非常幸运。"

"弗兰克·赫尼克狗屁不如。"

"你显然很坦诚。"

"我还很有钱。"

"很高兴听你这么说。"

"想听一个专业人士的看法吗？金钱未必总会让人快乐。"

"谢谢你的提点。你省去了我很多的麻烦呢。我正想给自己挣笔小钱。"

"怎么挣？"

"靠写作。"

"我写过一本书。"

"叫什么？"

"《圣洛伦佐：其土，其史，其民》。"他答道。

70
博克侬的教导

"所以要是我没弄错,"我对镶嵌画家说,"你就是菲利普·卡斯尔,朱利安·卡斯尔的儿子。"

"那是我的荣幸。"

"我来是为了见你父亲。"

"你是卖阿司匹林的?"

"不是。"

"真可惜。家父的阿司匹林不够了。奇迹药呢?家父喜欢隔三岔五搞个奇迹出来玩玩。"

"我不是卖药的,而是码字的。"

"你凭什么认为码字的不能卖药?"

"有道理,是我不对,我认错。"

"家父需要能读给即将去世或正在经受痛苦折磨的病患听的书。我猜你写的不是那种书。"

"还没写过。"

"再给你一个有价值的提示,我觉得写这种书有钱挣。"

"我看我可以把诗篇第二十三篇[1]拆开,前后稍微调换一下,这样就没人能看出来不是我写的了。"

---

1 《圣经》中最著名的篇章之一,即"我虽行过死荫的幽谷"一篇,常用于葬礼。

"博克侬试过把它改头换面，"他说，"却发现他连一个字都没法改。"

"你也认识他？"

"那是我的荣幸。他是我小时候的家庭教师。"他饱含深情地朝镶嵌画打个手势，"他也是蒙娜的家庭教师。"

"他这个教师做得好吗？"

"蒙娜和我都能读会写和做简单的加法，"卡斯尔说，"但你问的不是这个吧？"

71

身为美国人的快乐

H. 洛·克罗斯比走过来，再次尝试和烦人精卡斯尔搭话。

"你管自己叫什么？"克罗斯比轻蔑地说，"披头族还是什么？"

"我管自己叫博克侬教徒。"

"在这个国家是违法的，对吧？"

"我碰巧很荣幸地是个美国人，因此只要我愿意，我随时都可以说我是博克侬教徒，总之到目前为止，还没人来找过我的麻烦。"

"我认为无论来到哪个国家，都应该遵守当地的法律。"

"能说点什么新鲜的吗？"

克罗斯比气得面无血色："滚你的吧，小崽子！"

"滚你的吧，大崽子。"卡斯尔淡然道，"也滚你的吧，母亲节和圣诞节。"

克罗斯比怒气冲冲地穿过大堂，对前台的接待员说："我要投诉那个烦人精，所谓的艺术家。你们这儿是个美丽的小国家，想要吸引游客和外来投资。但他居然用那种态度和我说话，我可再也不想见到圣洛伦佐了。要是有朋友问我圣洛伦佐怎么样，我会说你他妈千万别去。你们墙上也许会多一幅漂亮的画，但老天在上，作画的那个人却是我这辈子见过的最会侮辱人、最让人丧气的龟孙子。"

接待员的脸色很难看："先生……"

"我听着呢。"克罗斯比怒气冲天地说。

"先生——他是酒店的老板。"

72
烦人精希尔顿

H. 洛·克罗斯比夫妇从卡萨蒙娜退房了。克罗斯比管这儿叫"烦人精希尔顿"，他去求美国大使馆要了个容身之处。

于是我成了这家拥有一百间客房的酒店里唯一的客人。

我的房间相当舒适。它和其他所有的房间一样，也面对一百民主烈士大道、蒙扎诺机场和玻利瓦尔港。卡萨蒙娜被造得像个书

柜，有着坚固的侧面和背面，正面是蓝绿色的玻璃。肮脏和穷困的城区都位于卡萨蒙娜的两侧和背后，因此根本看不见。

我的房间有空调，甚至有点冷。从铁锤般的热浪中忽然来到凉飕飕的地方，我忍不住打起了喷嚏。

床头柜上摆着鲜花，然而床还没铺过，甚至连个枕头都没有，光秃秃的，只有一个崭新的床垫。衣柜里没有衣架，卫生间里也没有厕纸。

于是我离开房间，想去看看走廊里有没有服务员能帮我补充一下物资。走廊里空无一人，但走廊尽头有一扇门开着，隐约能听见活人的响动。

我走到这扇门的门口，发现里面是个宽敞的套房，铺满了罩布。房间正在粉刷，不过我出现的时候，两个油漆工并没有在干活儿。落地窗的那面墙边有个等长的架子，他们就坐在架子上。

两个人都脱掉了鞋，他们闭着眼睛，面对面坐在那儿。

他们把光脚的脚底抵在一起。

两个人抓着各自的脚腕，身体弯成僵直的三角形。

我清了清喉咙。

两个人翻身跳下架子，落在溅着油漆的罩布上。他们双手双膝着地，保持这个姿势不动，屁股撅在半空中，鼻子贴近地面。

他们在等待被处死。

"对不起。"我说，我看呆了。

"别说出去，"一个油漆工哀怨地恳求道，"求求你，别说出去。"

"说什么？"

"说你看见了什么！"

"我什么都没看见。"

"要是你说出去，"他说着，把面颊贴在地上，哀求地仰望我，"要是你说出去，我们就会死在铁钩上。"

"我说，朋友们，"我说，"不管我是来得太早还是太晚，但我重复一遍，我没看见任何值得告诉别人的事情。行了，快起来吧。"

他们爬起来，依然盯着我。他们瑟瑟发抖，畏畏缩缩。我好不容易才说服他们相信我不会把我见到的东西告诉任何人。

当然了，我见到的正是博克侬教的博克-马鲁仪式，又称觉知混合仪式。

我们博克侬教徒相信你可以和另一个人对脚底，但你不一定非要爱对方，需要的仅仅是两个人的脚都很干净，而且保养得足够好。

对脚仪式的根据是这首"卡利普索"：

我们的脚会彼此触碰，对，
是的，哪怕是死也要触碰，
我们会爱彼此，对，
是的，就像我们爱地球母亲。

73
黑死病

我回到自己的房间里，发现菲利普·卡斯尔——镶嵌画家、历史学家、自编索引者、烦人精和酒店老板——正在卫生间里装卷筒纸。

"非常感谢。"我说。

"用不着客气。"

"这就是我说的用心做服务的酒店。有几个酒店老板会直接关心客人住得舒不舒服？"

"你见过几个老板的酒店只招待一个客人？"

"你本来有三个的。"

"好汉不提当年勇。"

"说起来，也许是我太唐突了，但我觉得很难理解，一个有你这样志趣和天赋的人，怎么会响应酒店业的召唤呢？"

他困惑地皱起眉头："我对客人似乎还不够体贴，是这样吗？"

"我在康奈尔大学的酒店管理学院认识几个人，我忍不住觉得他们对待克罗斯比夫妇的态度也许会不太一样。"

他不快地点点头。"我知道，我知道。"他甩了甩胳膊。"要是我知道我为什么造这个酒店就好了——我猜肯定和我的人生有什么关系。我想找些事情干，免得感到寂寞。"他摇摇头，"要么当隐士，要么开酒店，不存在折中的出路。"

"你是在你父亲的医院长大的，对吧？"

"没错。我和蒙娜都是在那儿长大的。"

"嗯，你难道就一点也不想效仿你父亲，像他那样度过你的人生吗？"

小卡斯尔无力地笑了笑，没有直接回答我。"我父亲啊，他是个很有意思的人，"他说，"我猜你会喜欢他的。"

"我想也是。世上像他那么无私的人可不多见。"

"有一次，"卡斯尔说，"我十五岁的时候，一艘从中国香港运送柳编家具去哈瓦那的船开到这附近，船员突然哗变了。哗变的船员占领了船，但不知道该怎么开船，结果船在离'爸爸'蒙扎诺的城堡不远处触礁了。人全都淹死了，只有老鼠活了下来。老鼠和柳编家具一起被冲上了岸。"

故事似乎说完了，但我不敢确定："然后呢？"

"然后有些人捡到了免费的家具，而有些人感染了腺鼠疫。十天之内，一千四百人在我父亲的医院里死去。你见过死于腺鼠疫的人吗？"

"我没福分享受这样的荣幸。"

"腹股沟和腋窝的淋巴腺会肿得像葡萄柚那么大。"

"我完全可以相信。"

"人死以后，尸体会变成黑色——在圣洛伦佐这儿呢，就是黑得像运往纽卡斯尔的煤块。瘟疫横扫小岛的时候，丛林里的希望与慈悲之家简直就是奥斯威辛或布痕瓦尔德。死人堆得像小山，推土机把尸体往万人坑里铲，连开都开不动。我父亲忙得连觉都顾不

上睡，但也没救回来几条命。"

我房间里的电话响了，打断了卡斯尔可怕的故事。

"我的天，"卡斯尔说，"我都不知道电话已经接通了。"

我拿起听筒："哪位？"

电话是弗兰克林·赫尼克少将打来的。他听上去呼吸困难，吓得魂不附体："听着！你必须立刻来我家。咱们必须谈一谈。这有可能是你这辈子最重要的事情。"

"能说说是怎么一回事吗？"

"不能在电话上，电话上不能说。快来我家。立刻就来！求你了！"

"好的。"

"我不是在开玩笑。真的是你这辈子最重要的事情。是有史以来最重要的事情。"他挂断了。

"什么事？"卡斯尔问。

"我完全没听懂。弗兰克·赫尼克想立刻见我。"

"不着急，慢慢来。他是个白痴。"

"他说事情很重要。"

"他怎么知道重不重要？老子用香蕉都能雕个比他更像样的人出来。"

"好吧，先说完你的故事。"

"说到哪儿了？"

"腺鼠疫。埋尸体的推土机都开不动了。"

"哦，对。总之，一天夜里我睡不着，去陪我父亲熬夜。我们

能做的仅仅是找个还活着的病人，看看能给点什么治疗。但我们看了一张又一张病床，见到的全是死人。"

"然后我父亲开始咯咯笑。"卡斯尔继续道。

"他笑得停不下来。他拿着手电筒走到外面的黑夜里，但还在咯咯笑。他用手电筒乱照堆在外面的尸体。他抬起手摸我的脑袋，你知道这位伟人对我说了什么吗？"卡斯尔问。

"不知道。"

"'儿子啊，'我父亲对我说，'有朝一日，这一切都会属于你。'"

74
猫的摇篮

圣洛伦佐唯一的出租车送我去弗兰克家。

我们经过一幕又一幕骇人的匮乏景象。车爬上麦凯布山的山坡。气温逐渐变得凉爽。车窗外雾气弥漫。

弗兰克家曾经是内斯特·阿蒙斯的家，他是蒙娜的生父，建造了丛林里的希望与慈悲之家。

这座屋子是阿蒙斯设计的。

它横跨一道瀑布，悬臂支撑的露台伸进瀑布升腾的水雾。精巧的格架由非常轻的钢柱和钢梁构成。格架之间的空隙各不相同，镶

嵌着本地产的釉面石块或用成块的帆布遮盖。

就视觉效果而言，这屋子不像一个挡风遮雨的地方，更像是宣告有个人曾经在这儿实现过他的异想天开。

一个仆人彬彬有礼地迎接我，说弗兰克还没到家，但随时都有可能回来。弗兰克留下的命令是尽量让我过得舒服和快乐，要招待我吃晚饭和过夜。这位仆人自称他叫斯坦利，是我在圣洛伦佐见到的第一个胖子。

斯坦利领我去我的房间；他带我绕过屋子的中心，走下楼梯，楼梯上铺着未经琢磨的石块，方形钢架的护栏时而有，时而无。我的床是一块泡沫橡胶垫，底下照例是未经琢磨的石块。我房间的墙上挂着一块块帆布。斯坦利教我怎么把帆布卷起来和放下去，具体是卷是放全看我的心情。

我问斯坦利家里有没有其他人，他说只有牛顿在家，正在悬臂露台上作画。安吉拉去丛林里的希望与慈悲之家观光了。

我来到横跨瀑布、让人胆寒的露台上，发现小牛顿躺在一把黄色蝶形椅里睡觉。

牛顿正在画的那幅画摆在铝合金栏杆前的画架上。水雾氤氲的天空、大海和山谷就是画框。

牛顿的画很小，黑乎乎、脏兮兮的。

构成这幅画的是许多道厚涂的黑色划痕。这些划痕织成了某种蛛网，我不由觉得这黏糊糊的罗网也许就是人类的徒劳挣扎，晾在一个无星无月的夜里等待风干。

我没有叫醒创作出如此可怕画面的侏儒。我抽了支烟，在水声

中想象人说话的声音。

底下远处突然响起的爆炸声唤醒了小牛顿。巨响在山谷中回荡，飘向浩渺的天空。弗兰克的管家告诉我，那门炮在玻利瓦尔的海岸边，每天五点都会打响。

小牛顿翻了个身。

他依然鼻息粗重，被颜料染成黑色的双手捂住嘴和下巴，留下了几道黑色的污迹。他揉了揉眼睛，也在眼睛周围留下了黑色的污迹。

"你好。"他睡眼惺忪地对我说。

"你好，"我说，"我喜欢你的画。"

"看出来画的是什么了吗？"

"我觉得不同的人会看出不同的意思来。"

"是猫的摇篮。"

"啊哈，"我说，"非常好。所以划痕是绳子，对吧？"

"猫的摇篮，现存最古老的游戏之一。连因纽特人都会玩。"

"不是吧？"

"十几万年以来，成年人一直在织绳扣给孩子看。"

"嗯。"

牛顿依然蜷缩在椅子里。他伸出被颜料涂黑的双手，就好像手指之间穿着一个猫的摇篮："难怪孩子们长大了要发疯。猫的摇篮只是其他人双手之间的一堆X，孩子盯着这些X看了又看，看了又看……"

"然后？"

"他妈的没有猫，也他妈的没有摇篮。"

75
替我向阿尔贝特·施韦泽问好

这时，牛顿的瘦麻秆姐姐安吉拉·赫尼克·康纳斯和朱利安·卡斯尔一起来了，后者是菲利普的父亲，也是丛林里的希望与慈悲之家的创办者。卡斯尔穿一身宽松的白色亚麻正装，打一条细领带。他留着乱蓬蓬的胡子，光头，骨瘦如柴。我觉得他是个圣人。

他在悬臂露台上向我和牛顿做自我介绍。他说话时声音从嘴角飘出来，活像电影里的黑帮，他有可能是圣人的一切迹象随即烟消云散。

"按照我的理解，您是阿尔贝特·施韦泽的追随者。"我对他说。

"遥望他的背影……"他发出罪犯的那种嗤笑声，"从没见过那位先生。"

"他肯定知道你的功绩，就像你也知道他的。"

"也许吧。你见过他吗？"

"没有。"

"希望见到他吗？"

"也许有一天会见到的。"

"好吧，"朱利安·卡斯尔说，"万一你不小心在路上碰到了他，记得替我带个话：他不是我的榜样。"他点了支大雪茄。

等雪茄稳定地烧了起来，他用红通通的那一头指着我。"你可以告诉他，他不是我的榜样，"他说，"你还可以告诉他，多亏了他，耶稣基督是我的榜样。"

"我觉得他一定会很高兴听你这么说的。"

"我才不在乎他高不高兴呢。那是耶稣和我之间的事情。"

76
朱利安·卡斯尔赞同牛顿的看法，
一切都毫无意义

朱利安·卡斯尔和安吉拉走过去看牛顿的画。卡斯尔弯曲食指，眯起眼睛，从手指做成的圆孔里端详那幅画。

"你怎么看？"我问他。

"黑乎乎的。画的是什么——地狱？"

"你觉得是什么就是什么。"牛顿说。

"那就是地狱了。"卡斯尔没好气地说。

"刚才他还说这是猫的摇篮。"我说。

"内部消息永远靠得住。"卡斯尔说。

"我觉得不怎么好看，"安吉拉唱反调道，"我觉得很难看，

但我对现代艺术一窍不通。有时候我希望牛顿能去上上课，这样他就会知道他画得好不好了。"

"你是自学的？"朱利安·卡斯尔问牛顿。

"谁不是呢？"牛顿反问道。

"答得好，非常好。"卡斯尔怀着敬意道。

我开始解释猫的摇篮的深层含义，因为牛顿似乎不愿老调重弹再说一遍了。

而卡斯尔像是听懂了，他点点头："所以你画的就是无意义性本身。我不可能更加赞同了。"

"你真的赞同吗？"我问，"一分钟之前你还在说耶稣什么的呢。"

"哪个耶稣？"卡斯尔说。

"耶稣基督那个耶稣？"

"哦，"卡斯尔说，"他啊。"他耸耸肩："人嘛，总是要说点什么的，只是为了保持声门正常工作而已，这样等他们真的想到什么特别有意义的话了，就会有个好用的声门可用。"

"我懂了。"看来我要费些周折才能拿他写一篇受人欢迎的文章了。我必须集中笔力写他圣人般的行迹，完全无视他疯狂变态的胡言乱语。

"你可以引用我的话，"他说，"'人是坏的，没做过任何值得做的事情，不知道任何值得了解的东西'。"

他弯腰，握住小牛顿被颜料染黑的手："对吧？"

小牛顿点点头，一时间似乎怀疑这话用在这儿是不是有点夸张

了："对。"

圣人于是走到画架前，拿起牛顿的画。他朝在场所有人粲然一笑："垃圾——就像其他的一切。"

说完，他把画扔下了悬臂露台。它随着上行气流向外飞，停顿片刻，然后像飞去来器一样转回来，一头扎进了瀑布。

小牛顿自然无话可说。

安吉拉首先开口："亲爱的，你把颜料弄得满脸都是。去洗一洗吧。"

77

阿司匹林和博克–马鲁

"说起来，医生，"我对朱利安·卡斯尔说，"'爸爸'蒙扎诺这个人怎么样？"

"我怎么知道？"

"我以为你应该在为他治病。"

"但我们并不交谈……"卡斯尔微笑道，"更确切地说，他不和我说话。他最后一次和我说话是三年前，说的是我之所以还没上铁钩，唯一的原因就是我的美国人身份。"

"你怎么冒犯他了？你来到这儿，用你自己的钱开办医院，为他的人民治病，而且还不要钱……"

"'爸爸'不喜欢我们医治完整个人的方式，"卡斯尔说，"尤其是即将去世的完整个人。在丛林里的希望与慈悲之家，我们会对需要的人施行博克侬教的临终仪式。"

"仪式是什么样的？"

"非常简单。从一问一答地读经开始。你想回答吗？"

"不好意思，我现在离去世还没那么近呢。"

他对我使个阴险的眼色："你这么谨慎就很明智。接受临终仪式的人会根据提示走向死亡。不过呢，只要不碰脚，我觉得是可以不让你一条路走到底的。"

"碰脚？"

他告诉我博克侬教徒对脚的看法。

"这就解释了我在酒店里见到的情景。"我向他描述那两个油漆工如何坐在架子上对脚。

"说起来，真的有用，"他说，"这么做的人真的会更爱彼此和整个世界。"

"哦。"

"博克–马鲁。"

"什么？"

"脚的这整个仪式就叫博克–马鲁，"卡斯尔说，"真的有用。我喜欢真的有用的东西。真的有用的东西并不多，你知道的。"

"我看也是。"

"要是没有阿司匹林和博克–马鲁，我就不可能把我那家医院开到今天了。"

"看来，"我说，"岛上还是有几个博克侬教徒的，尽管法律禁止，尽管有铁钩……"

他大笑："你还没转过弯来吗？"

"什么弯？"

"虽说有钩刑，但圣洛伦佐的每一个人都是虔诚的博克侬教徒。"

78
铁桶

"多年前，博克侬和麦凯布接管这个倒霉的国家之后，"朱利安·卡斯尔说，"把传教士赶了出去。然后博克侬像开玩笑似的，以愤世嫉俗的态度创造了一个新的宗教。"

"我知道。"我说。

"嗯，后来他们发现，无论政府和经济怎么改革，都不可能让人民活得不是那么凄惨，于是宗教就成了给人以希望的唯一工具。真相是人民的仇敌，因为真相太可怕了。因此博克侬给自己安排了一个任务，那就是向人民提供越来越美丽的谎言。"

"那他怎么会变成了逃犯呢？"

"是他自己的主意。他请麦凯布宣布他为逃犯，他的宗教为非法，这样就能让人民的宗教生活更加刺激和有激情了。说起来，他

还就此写了一首小诗呢。"

卡斯尔引用了这首《博克侬之书》没有收录的小诗：

> 于是我和政府说了拜拜，
>
> 而我给出我的理由：
>
> 一个真正好的宗教
>
> 就是一种形式的背叛。

"钩刑也是博克侬出的主意，说这样的惩罚正适合博克侬教徒。"他说，"这是他在杜莎夫人蜡像馆恐怖厅里看来的。"他使了个可怕的眼神："这也是为了增加激情。"

"死在铁钩上的人多吗？"

"刚开始不多，真的不多。刚开始只是为了装样子。关于处决的流言被偷偷摸摸地传来传去，但没人知道有谁真的死在铁钩上。有段时间，麦凯布用血淋淋的刑罚威胁博克侬教徒，其实就是所有人，他玩得非常开心。

"而博克侬舒舒服服地躲在丛林里，"卡斯尔继续道，"每天从早到晚写作和宣教，吃信徒拿来的好东西。

"麦凯布会组织起无业游民，其实也还是所有人，举行盛大的追杀博克侬活动。

"每隔六个月，麦凯布就会得意扬扬地宣布博克侬已经被围在铁桶阵里了，而包围圈正在无情地逐步缩小。

"然后无情的包围圈的领头人会来见麦凯布，一脸懊悔和震怒

地报告说博克侬做出了不可思议的事情。

"他逃掉了，原地蒸发了，活下去继续传教了。奇迹！"

79
麦凯布的灵魂为何腐化

"麦凯布和博克侬没能把生活水平提高到一般认为的尚可水平，"卡斯尔说，"事实上，本地人和以前一样短命，生活还是那么野蛮和卑贱。

"但现在人们不是非要去在乎可怕的真相了。活生生的传奇故事正在上演，城里是个残酷的暴君，森林里有个温和的圣人，因此人民的快乐也与日俱增。他们都变成了全职演员，出演一部所有人都心照不宣的大戏，无论你生活在哪儿，只要你是人类的一员，都能看懂这部戏并为之鼓掌。"

"于是生活就变成了艺术作品。"我感叹道。

"对。但只有一个问题。"

"嗯？"

"这部戏对麦凯布和博克侬这两个主角的灵魂非常残酷。年轻的时候，他们很像，都一半是天使，一半是海盗。

"但剧情要求磨灭博克侬的海盗那一半和麦凯布的天使那一半。为了人民的快乐，麦凯布和博克侬付出了惨痛的代价——麦

凯布，他知道扮演暴君的痛苦；而博克侬，他知道扮演圣人的痛苦。两个人事实上都发疯了。"

卡斯尔弯曲左手的食指："然后，真的有人开始死于钩刑。"

"但博克侬一直没被抓住？"我问。

"麦凯布终究没那么疯狂。他没有真的投入力量去抓博克侬。抓他其实易如反掌。"

"他为什么不抓博克侬？"

"麦凯布一直到死，头脑也还算清醒，明白要是没有圣人供他开战，他就会变得毫无意义。'爸爸'蒙扎诺也理解这一点。"

"还有人死在铁钩上吗？"

"必死无疑，没有例外。"

"我是说，"我说，"'爸爸'真的这么处决罪犯吗？"

"他每隔一两年就会处决一次，怎么说呢，只是为了不让火灭掉。"他叹了口气，仰望傍晚将至的天空，"转啊转啊转个不停。"

"什么？"

"这是我们博克侬教徒的口头禅，"他说，"每次感觉到神秘莫测的事情正在发生，我们就会这么说。"

"你？"我惊呼，"你也是博克侬教徒？"

他冷冷地看着我："你也是。你会知道的。"

80

瀑布粗滤网

安吉拉和牛顿、朱利安·卡斯尔和我，我们四个人在悬臂露台上喝鸡尾酒，弗兰克依然音讯全无。

我发现安吉拉和牛顿都很能喝。卡斯尔告诉我，他当花花公子的那些日子害得他丢了一个肾，因此尽管一万个不愿意，但现在他只能喝喝姜汁汽水了。

几杯酒下肚，安吉拉开始抱怨这个世界如何诓骗她的父亲："他付出了那么多，得到的却那么少。"

我请她举例说明这个世界到底是怎么个小气法，最好能说说具体的数字。"他的研究每申请到一项专利，通用铸造与锻造公司就会给他四十五块钱。"她说，"公司里所有人的专利奖金都是这个数。"她哀伤地摇摇头："四十五块钱——但你想一想那些专利都是干什么的啊！"

"呃，"我说，"我猜他还有一份工资吧？"

"他薪水最高的时候每年也只有两万八。"

"我觉得这已经很高了。"

她气得七窍生烟："你知道电影明星挣多少吗？"

"很多很多——有时候。"

"你知道布里德博士的年薪比我父亲高一万块吗？"

"确实不公平。"

"我受够了不公平。"

她的嗓门儿变得尖厉，我连忙改变话题。我问朱利安·卡斯尔，他觉得被他扔下瀑布的那幅画会飘到哪儿去。

"底下有个小村子，"他对我说，"其实就是五六个，顶多十个窝棚。说来有趣，'爸爸'蒙扎诺刚好就是在那儿出生的。瀑布的水流进那儿的一个大石潭。

"石潭有个缺口，水流出去汇入一条河。村民用铁丝做了个网，架在那个缺口上。"

"所以你认为牛顿的画已经在网里了？"我问。

"这个国家很穷——你应该已经注意到了，"卡斯尔说，"任何东西都不会在网里停留太久。我猜牛顿的画这会儿正在太阳底下晾着呢，旁边就是我的雪茄烟头。四平方英尺[1]上过胶的帆布、画框那四根斜接的印花木条，还有几根钉子，再加上一截雪茄。对一个穷人来说，这是一笔相当可观的收入。"

"有时候想到某些人挣了那么多钱，而我父亲的收入是那么微薄，但他又付出了那么多，"安吉拉说，"我就忍不住要尖叫。"她离号啕大哭只差一步了。

"别哭。"牛顿温柔地请求她。

"有时候我就是忍不住。"她说。

"去拿你的单簧管，"牛顿建议道，"吹一曲总能让你平静下来。"

1　英制面积单位，1平方英尺约等于0.09平方米。——编者注

刚开始我以为牛顿是在哄姐姐开心，然而看着安吉拉的反应，我意识到他的建议既认真又实际。

"要是我情绪上来了，"她对卡斯尔和我说，"有时候只有这个能让我平静下来。"

但她不好意思立刻去拿单簧管。我们不得不再三恳求她表演一下，而她不得不又喝了两杯壮胆。

"她真的很厉害。"小牛顿信誓旦旦地说。

"我太想听你演奏了。"卡斯尔说。

"好吧，"安吉拉终于晃晃悠悠地站了起来，说，"好吧——那我就勉为其难了。"

等她走出能听见我们说话的范围，牛顿替她道歉："她过得很不顺，需要放松一下。"

"是生病了吗？"我问。

"她丈夫对她非常不好。"牛顿告诉我们他到底多么痛恨安吉拉英俊年轻的丈夫，混得风生水起的哈里森·C.康纳斯，织技公司的总裁，"他几乎不着家，就算偶尔回来，也总是喝得醉醺醺的，浑身都是口红印。"

"看她说话的样子，"我说，"我还以为他们的婚姻很美满呢。"

小牛顿把双手分开六英寸左右，伸直手指："看见猫了吗？看见摇篮了吗？"

81

卧车行李员之子的白色新娘

我不知道安吉拉能从单簧管里吹出什么来。没人能想象她的单簧管能吹出什么样的曲调。

我猜会有些病态，但我没想到那病态之美会如此令人难以承受，会拥有如此的深度和强度。

安吉拉润湿吹口，含在嘴里预热了一下，但没有试着吹响任何一个音符。她眼神恍惚，瘦骨嶙峋的细长手指无声地在按键上跳动。

我等得心焦，想到马文·布里德告诉过我，安吉拉与父亲的生活单调而凄苦，她唯一的逃避方式就是躲进自己的房间，锁上门，跟着唱片吹单簧管。

牛顿走进连接露台的房间，在落地唱机上播放黑胶唱片。他拿着唱片封套回来，递给我看。

唱片名叫《猫舍钢琴》，是米德·勒克斯·刘易斯的无伴奏钢琴独奏。

为了加深入神的程度，安吉拉让刘易斯演奏第一首曲子，没有加入合奏，于是我读了读封套上对刘易斯的介绍文案。

"刘易斯先生于1905年出生于肯塔基州路易斯维尔，"我读道，"直到十六岁生日过后才对音乐产生兴趣，而他父亲给他的乐器是小提琴。一年后，刘易斯在偶然间听到吉米·扬西演奏钢琴。按照刘易斯的回忆：'这才是真家伙。'很快，刘易斯自学了布基

伍基钢琴，吸收了先辈扬西的所有养分，后者在去世前一直是刘易斯先生的密友和偶像。由于他父亲是一名卧车行李员，刘易斯一家住在铁路附近。火车的节奏对刘易斯来说是一种天然的旋律，他创作的布基伍基独奏曲成为这个类型的经典作品，也就是著名的《下等酒吧火车布鲁斯》。"

读完，我抬起头。唱片的第一首曲子已经结束。唱针缓缓地穿过两首曲子之间的空白，走向第二首曲子。唱片封套说，第二首曲子名叫《龙布鲁斯》。

米德·勒克斯·刘易斯独奏了四个音节，安吉拉·赫尼克开始合奏。

她闭着眼睛。

我目瞪口呆。

她堪称伟大。

她围绕卧车行李员之子的音乐即兴演奏，从流畅的抒情到刺耳的放纵，从受惊孩童的胆怯尖叫到吸食海洛因成瘾的噩梦。

她用滑音讲述天堂与地狱以及两者之间的一切。

这么一个女人演奏出这样的音乐，她不是精神分裂就是恶魔附体。

我的汗毛根根竖起，就好像安吉拉在地上打滚儿，口吐白沫，用流利的巴比伦语胡说八道。

一曲奏罢，我对同样听得无法动弹的朱利安·卡斯尔叫道："我的上帝啊！生活，谁敢说他理解了哪怕短短的一分钟？"

"别多想，"他说，"假装明白就好。"

"这……这是个非常好的建议。"我两腿发软。

卡斯尔又引用了一首诗：

老虎要狩猎，

鸟要飞翔；

人要坐下思索："为什么啊，为什么？"

老虎要睡觉，

鸟要落下；

人要告诉自己，他明白了。

"哪儿来的？"我问。

"还能是哪儿？当然是《博克侬之书》了。"

"我很想搞一本看看。"

"很难找到成书，"卡斯尔说，"不是印刷的，而是人手抄的。而且也不存在完整版，因为博克侬每天都在增添新的内容。"

小牛顿嗤之以鼻："宗教！"

"宗教怎么了？"卡斯尔说。

"看见猫了吗？"牛顿问，"看见摇篮了吗？"

82
扎-玛-基-波

弗兰克林·赫尼克少将没回家吃晚饭。

他打来电话，不找其他人，而是坚持要和我说话。他告诉我，他正在给"爸爸"送终，而"爸爸"正在巨大的痛苦中死去。弗兰克听上去既害怕又孤独。

"呃，"我说，"不如我先回酒店吧，晚些时候等危机解除，咱们再碰头好好聊聊？"

"不，不，别走。你就待在那儿！我要你待在我能去找到你的地方！"想到我有可能溜出他的掌心，他惊恐了起来。而我无法解释他为什么对我感兴趣，因此也跟着惊恐了起来。

"能说说你到底为什么想见我吗？"我问。

"不能在电话上说。"

"和你父亲有关？"

"和你有关。"

"我做的某些事情？"

"你将要做的某些事情。"

我在弗兰克那头的背景声中听见了母鸡的咯咯叫声。我听见有人开门，然后是木琴的声音从某个房间飘出来。演奏的依然是《当白昼已尽》。然后那扇门关上，我不再能听见音乐声了。

"要是你能给个小小的提示，让我知道你希望我做什么，那我

会感激不尽的——这样我也能稍微准备一下嘛。"我说。

"扎-玛-基-波。"

"什么？"

"这是个博克侬教的说法。"

"但博克侬教的说法我连一个都不懂。"

"朱利安·卡斯尔在吗？"

"在。"

"去问他，"弗兰克说，"我得挂电话了。"电话断了。

于是我去问朱利安·卡斯尔，扎-玛-基-波究竟是什么意思。

"你想要什么样的答案，是简单的，还是完整的？"

"先说说简单的吧。"

"命运，无法避免的宿命。"

83

施利希特·冯·柯尼希斯瓦尔德医生
达到盈亏平衡点

吃晚饭的时候，我告诉朱利安·卡斯尔，"爸爸"正在痛苦中死去，他说："癌症。"

"什么癌？"

"从头到脚。你说他今天在检阅台上倒下了？"

"没错。"安吉拉说。

"那是药物的作用，"卡斯尔解释道，"他现在的状态是药物和痛苦刚好彼此平衡。加大药物的用量就会杀死他。"

"换了是我，我肯定会自杀。"牛顿嘟囔道。他坐在可折叠的高脚椅上，这把椅子由铝合金管和帆布制成，他出门在外时会随身携带。"比坐在字典、地图册和电话黄页上强。"他打开椅子的时候这么说。

"麦凯布下士就是这么干的，"卡斯尔说，"他指定由管家继承他的职位，然后开枪打死了自己。"

"也是癌症吗？"我问。

"我不确定，但我认为不是。没完没了地扮演反派耗尽了他的精神——不过这是我的猜测，那毕竟是我来之前发生的事情了。"

"真是个令人愉快的话题啊！"安吉拉说。

"我猜所有人都会同意，这些都是令人愉快的时候。"卡斯尔说。

"哎，"我对他说，"要我说，考虑到你这一生中做出的成就，你比绝大多数人都有理由能感到愉快。"

"说起来，我还曾经有一艘游艇呢。"

"我不明白你的意思。"

"拥有游艇也是能比绝大多数人感到愉快的理由。"

"既然你不是'爸爸'的医生，"我说，"那他的医生是谁？"

"我的一名手下，施利希特·冯·柯尼希斯瓦尔德医生。"

"德国人？"

"应该吧。他在纳粹冲锋队干了十四年，其中六年在奥斯威辛集中营当医生。"

"所以他来丛林里的希望与慈悲之家是为了赎罪？"

"对，"卡斯尔说，"而且成就斐然，到处救死扶伤。"

"真是不错。"

"是啊。按照他目前的这个效率，夜以继日地工作，干到3010年，他救的人命就能和被他送上死路的人命一样多了。"

于是我的卡拉斯又多了一名成员：施利希特·冯·柯尼希斯瓦尔德医生。

84
大断电

晚饭过后三个小时，弗兰克还是没回来。朱利安·卡斯尔告退，回丛林里的希望与慈悲之家去了。

安吉拉、牛顿和我坐在悬臂露台上。玻利瓦尔的灯火在我们脚下铺成一幅美景。蒙扎诺机场办公楼的顶上有个巨大的发光十字架。它由马达驱动，缓缓转动，电能把虔诚送往罗盘的各个方向。

岛上还有另外几个灯火通明的地方，位于我们的北面。山挡住了视线，因此我们无法直接看到它们，但能在天空中看见那几团光亮。我问弗兰克·赫尼克的管家斯坦利，那些光亮的源头都

是哪儿。

他逆时针指给我看："丛林里的希望与慈悲之家、'爸爸'的宫殿和耶稣堡。"

"耶稣堡？"

"我国士兵的训练营。"

"以耶稣基督命名？"

"没错。难道不行吗？"

北方又多了一团迅速移动的光亮。我还没来得及问那是什么，它就现出了真容：车头灯翻过山脊，朝着我们而来。这些车头灯属于一个车队。

车队由五辆美国制造的军用卡车组成。车头顶上固定着机枪。

车队开到弗兰克家的车道上停下。士兵们跳下车，立刻忙碌起来，有的挖散兵坑，有的筑机枪掩体。我和弗兰克的管家一起看向窗户外，问带头的军官这是在干什么。

"我们受命来保护圣洛伦佐的下一任总统。"军官用圣洛伦佐方言答道。

"他还没回来呢。"我告诉他。

"这我就不知道了，"他说，"我收到的命令是来这儿挖坑。我只知道这个。"

我把情况告诉安吉拉和牛顿。

"你认为会遇到真正的危险吗？"安吉拉问我。

"我也是今天才来的啊。"我说。

话音刚落，断电了。圣洛伦佐所有的电灯都随之熄灭。

85
一坨福麻

弗兰克家的仆人给我们拿来了油灯，他们说断电在圣洛伦佐是家常便饭，完全没必要紧张。然而我很难卸下心中的不安，因为弗兰克提到了我的扎-玛-基-波。

他让我觉得，我就像一头被送进芝加哥屠宰场的猪，我的自由意志也和外部世界没有任何关系。

我再次想到伊利昂的石雕天使。

我听着士兵在外面忙碌，听着他们叮叮咣咣地干活儿，嘀嘀咕咕地抱怨。

尽管安吉拉和牛顿说到了一个相当有意思的话题，但我无法集中精神听他们在说什么。他们告诉我，他们的父亲有个同卵双胞胎。他们没见过他，他名叫鲁道夫。最后一次听说他的消息时，他在瑞士苏黎世生活，是一名音乐盒生产商。

"父亲几乎从不提到他。"安吉拉说。

"父亲几乎从不提到任何人。"牛顿澄清道。

他们说，老头子还有个妹妹。她叫西莉亚，在纽约的谢尔特岛养了一群巨型雪纳瑞。

"她每年都会寄圣诞卡来。"安吉拉说。

"上面永远有一张雪纳瑞的照片。"小牛顿说。

"人在不同的家庭里真的会变得完全不一样啊。"安吉拉感

叹道。

"说得好，确实如此。"我附和道。我向两位酩酊大醉的同伴告退，问管家斯坦利，家里会不会凑巧有一本《博克侬之书》。

斯坦利假装不知道我在说什么，然后嘟囔着说《博克侬之书》充满污秽，然后坚称读这本书的人都该死在铁钩上，然后他从弗兰克床头拿了一本给我。

这本书沉甸甸的，尺寸和一整本字典差不多，而且是手抄的。我拿着它回到卧室，投向粗石上的那块橡胶垫。

书里没有索引，因此难以找到提及"扎-玛-基-波"的地方，事实上，那天晚上我根本没找到。

虽说我了解了一些教义，但恐怕都没什么用处。举例来说，我了解了博克侬教的宇宙观，波拉西西（也就是太阳）把帕布（也就是月亮）抱在怀中，希望帕布能给他生一个火性的孩子。

但可怜的帕布，她生下来的孩子都冷冰冰的，燃不起半点火星，于是波拉西西嫌恶地抛弃了他们。他们就是行星，隔着一段安全的距离，围绕他们可怕的父亲运转。

然后可怜的帕布本人也被抛弃了，她去和她最喜欢的孩子（也就是地球）住在一起。帕布之所以最喜欢地球，是因为地球上有人；人们一抬头就能看见她、爱她，也同情她。

博克侬对他自己的宇宙观有什么看法呢？

"福麻！谎话！"他写道，"一坨福麻！"

86

两个小保温杯

很难想象我居然能睡着，但我肯定睡着了，因为要是我没睡着，怎么会被一连串的砰砰声和强烈的光线惊醒呢？

第一声砰然巨响传来的时候，我一骨碌从床上起来，奔向屋子的正中心，有勇无谋的狂热劲头像极了义务消防员。

我发现我迎面撞上了牛顿和安吉拉，他们也从自己的床上逃了出来。

我们三个登时站住，不好意思地分析起了周围那恐怖的声音是什么，确定它们分别来自收音机、电动洗碗机和水泵——由于供电恢复，机器都恢复了运转。

我们三个都完全清醒了，觉得我们的处境其实很可笑，觉得对于这么一个看似生死攸关但实则不然的局面，我们的应对方式都有人性得可笑。然后，仅仅为了表示我能控制我莫测的命运，我去关掉了收音机。

我们三个嗦嗦笑了一阵。

为了找补，我们三个争先恐后地当起了人性最伟大的研究者、幽默感最充足的一个人。

牛顿反应最快，他指出我手里拿着护照、钱夹和手表。我不知道我为什么会在死神面前抓起这些东西，我甚至不知道我拿了任何东西。

我愉快地反唇相讥，问安吉拉和牛顿他们俩为什么都拿着小保温杯，他们的保温杯一模一样，都是红色与灰色的小玩意儿，能装三杯咖啡。

他们也都是才知道自己拿着什么。两个人看着各自手里的保温杯，都惊呆了。

外面又是一阵砰砰声，省去了他们思考该怎么解释的工夫。我非要搞清楚这砰砰声是什么不可。我硬着头皮出去——和先前的惊恐一样毫无道理——发现弗兰克·赫尼克正在鼓捣一台车载发电机。

发电机是供电的新来源。驱动发电机的汽油马达在逆火和冒烟。弗兰克正在手忙脚乱地修理它。

他身旁是天使般的蒙娜。她望着弗兰克，神情一如既往地严肃。

"哥们儿，我有消息要告诉你！"他朝我喊道，领着我回到了屋子里。

安吉拉和牛顿依然在会客室里，但已经把古怪的保温杯藏了起来，我不知道他们是怎么做到的，也不知道保温杯去了哪儿。

当然了，这两个保温杯里装的正是费利克斯·赫尼克博士的遗产的一部分，也就是我的卡拉斯的万彼得的一部分：九号冰的碎片。

弗兰克把我拉到一旁："你有多清醒？"

"能有多清醒就有多清醒。"

"我希望你真的非常清醒，因为我们必须现在就谈一谈。"

"那就开始谈吧。"

"咱们找个能说话的地方。"弗兰克对蒙娜说她可以自便，"我们需要你了会叫你的。"

我望着蒙娜，整个人都在融化，我觉得我不可能像想拥有她那样想拥有任何人。

87
我的堂堂仪表

关于这位弗兰克林·赫尼克，他是个瘦长脸的年轻人，说话的音调和自信心都让人想起卡祖笛。我在军队里听说过一个说法，某某人说起话来就好像直肠是纸糊的。赫尼克少将就是这么一个人。可怜的弗兰克，他几乎没有和任何人交谈的经验，童年时过得鬼鬼祟祟，素有特工X-9之称。

这会儿，他希望他能表现得诚恳而善于言辞，对我说着各种空洞的废话，例如"我喜欢你堂堂的仪表"，又例如"我想和你推心置腹，像男人和男人那样谈一谈"。

他领我下楼，走向他所谓的"据点"，为的是我们可以"直来直去，不需要考虑那么多"。

于是我们走下在山崖中凿出来的台阶，钻进位于瀑布背后的天然洞穴。这儿摆着两张制图桌、三把只有骨架的白色北欧风格椅子和一个书柜，书柜里全是建筑学书籍，语言包括德语、法语、芬兰

语、意大利语和英语。

照亮洞穴的是电灯，灯光随着发电机的喘息节奏而忽明忽暗。

洞穴里最惊人的东西莫过于石壁上的绘画了，笔法像幼儿园习作那么大胆，颜料是原始人使用的黏土、泥土和木炭。我不需要问弗兰克这些洞穴壁画有多么久远。我能从作画的题材判断它们的年代。它们画的不是猛犸象、剑齿虎或勃起的穴居熊。

所有的画都只有一个主题，那就是年幼时的蒙娜·阿蒙斯·蒙扎诺。

"这是……这是蒙娜父亲的工作室？"我问。

"没错。他就是设计了丛林里的希望与慈悲之家的芬兰人。"

"这我知道。"

"我带你下来不是为了谈这个。"

"那是为了谈什么？和你父亲有关吗？"

"不，和你有关。"弗兰克抬起手，按着我的肩膀，直视我的眼睛。他看得我心里发慌。弗兰克的本意是想激起同志情谊，但他的脑袋活像一只怪模怪样的小猫头鹰，蹲在一根高高的白色木柱上，被强光照得看不见东西。

"你最好还是直话直说吧。"

"兜圈子是没有意义的，"他说，"允许我自吹自擂一句，我这人很会判断性格，而我喜欢你堂堂的仪表。"

"谢谢。"

"我认为你和我肯定非常合得来。"

"毫无疑问。"

"咱们俩肯定能够互相交融。"

他总算从我肩膀上拿开了他的手，我不禁松了一口气。他把两只手的手指像齿轮似的交织在一起。我猜其中一只手代表他，另一只手代表我。

"咱们需要彼此。"他晃动手指，向我演示齿轮的工作原理。

我沉默了一阵，但表情还是友好的。

"你明白我的意思了吗？"弗兰克最终问。

"你和我——咱们要一起做些什么？"

"没错！"弗兰克猛拍巴掌，"你见过世面，习惯于面对公众；而我是个技术型的人，习惯于幕后工作，让事情运转起来。"

"你怎么可能知道我是个什么样的人？咱们才刚刚认识。"

"你的衣着，你的言谈举止。"他的手又放在了我的肩膀上，"我喜欢你堂堂的仪表！"

"你说过了。"

弗兰克怀着巨大的热忱，发疯般地期待我说完他的想法，但我依然摸不着头脑："我该怎么理解呢……你是想给我安排一份什么工作吗？在圣洛伦佐？"

他猛拍巴掌，喜出望外："没错！年薪十万美元，你说怎么样？"

"我的好老天！"我叫道，"我要干什么才能挣这么多钱？"

"事实上，什么都不需要干。而且每天晚上都可以用金杯喝酒，用金碗吃饭，拥有一整座宫殿。"

"到底是什么工作？"

"圣洛伦佐共和国的总统。"

88

弗兰克为什么不能当总统

"我？总统？"我惊呼。

"这儿难道还有别人吗？"

"你发疯了！"

"别急着下结论，你先仔细想一想再说。"弗兰克焦急地看着我。

"没门儿！"

"你还没仔细想清楚呢。"

"够清楚了，知道你是在发疯。"

弗兰克又用手指比画齿轮："咱们可以合作。我会一直在背后支持你的。"

"很好。我在前面吃枪子儿，你在背后也躲不过。"

"吃枪子儿？"

"遇刺！暗杀！"

弗兰克大惑不解："为什么会有人朝你开枪？"

"这样他就可以当总统了。"

弗兰克使劲摇头。"圣洛伦佐没人想当总统，"他向我保证，"这违反他们的宗教。"

"也违反你的宗教吗？我以为下一任总统就是你。"

"我……"他说，然后就说不下去了。他一脸痛苦。

"你怎么了？"我问。

他转向洞口的水帘。"按照我的理解，所谓成熟，"他对我说，"就是知道你自己的局限性。"

他对成熟的定义与博克侬的相差不远。"成熟，"博克侬告诉我们，"是一种痛苦的失望，不可能得到弥补，除非你坚持认为笑能弥补一切。"

"我知道我的局限性，"弗兰克继续道，"其实和我父亲的是一样的。"

"是吗？"

"我有很多好主意，就像我父亲那样，"弗兰克对我和瀑布说，"但他不擅长和大众打交道，我也是。"

89
达福尔

"你愿意接下这份工作吗？"弗兰克焦急地问我。

"不愿意。"我答道。

"那你知道有谁也许会愿意吗？"弗兰克正在完美地演示博克侬所谓的达福尔。在博克侬教的信徒看来，所谓达福尔，就是把千百万人的命运放在一个斯图帕的手中。斯图帕是个稀里糊涂的孩子。

我大笑。

"有什么好笑的吗？"

"我笑的时候你别理我就行了，"我恳求他，"我在这方面是个臭名昭著的变态。"

"你在嘲笑我吗？"

我摇摇头："不是。"

"你发誓？"

"我发誓。"

"人们总是取笑我。"

"肯定是你的想象。"

"他们经常朝我喊叫一些难听的话。那可不是我的想象。"

"有时候，人会不自觉地做刻薄的事情。"我安慰他道。至于这个，我就没法向他发誓保证了。

"你知道他们叫我什么吗？"

"不知道。"

"他们会对我喊：'喂，X-9，你这是要去哪儿？'"

"好像没什么恶意嘛。"

"他们以前就这么叫我，"弗兰克陷入阴郁的回忆，"'秘密特工X-9'。"

我没说我早就知道了。

"'你这是要去哪儿，X-9？'"弗兰克重复道。

我想象当初嘲笑他的都是什么样的人，想象命运最终驱赶他们去了什么地方。朝着弗兰克喊叫的那些机灵鬼，如今多半都堕入了生不如死的工作地狱，不是在通用铸造与锻造公司，就是在伊利昂

电力与照明公司或者电话公司……

而老天在上，秘密特工X-9却来到了这儿，成为一名少将，提议我当国家元首……更别说这儿还是个藏在热带瀑布背后的洞穴了。

"要是我真的停下，告诉他们我去哪儿，他们肯定会大吃一惊的。"

"你是说你早就预见到了你会来这儿？"这是个博克侬式的问题。

"我去杰克的玩具店。"他说，没有意识到这么说很煞风景。

"哦。"

"他们都知道我要去那儿，但没人知道我去那儿干什么。要是他们知道了究竟在发生什么，肯定会大吃一惊的，尤其是女孩子。姑娘们觉得我对女性一无所知。"

"所以究竟在发生什么？"

"我每天都在睡杰克的老婆。所以我上高中的时候才会总是打瞌睡。所以我才一直没有发挥出我全部的潜力。"

他从肮脏的回忆中醒来："求你了。你来当圣洛伦佐的总统吧。按照你的这个性格，一定会干得很出色的。如何？"

90
只有一个陷阱

那一夜的时光、洞穴、瀑布——还有伊利昂的石雕天使……

还有二十五万支香烟和三千夸脱烈酒，还有两个老婆和没有老婆……

还有任何地方都没有爱人等着我……

还有代笔码字工的倦怠生活……

还有月亮帕布和太阳波拉西西，还有他们的孩子……

所有东西合谋，构成了一个无所不包的温-迪特，朝着博克侬教狠狠地推了我一把，促使我相信神在摆布我的生活，他有事情要我去做。

于是，我的内心撒拢[1]了，也就是说，我默许了似乎是我的温-迪特在要我去做的事情。

我的内心答应了担任圣洛伦佐的下一任总统。

但在表面上，我依然警惕和怀疑。"肯定有什么陷阱。"我开始兜圈子。

"没有。"

"要举行选举？"

"这儿从不选举。我们直接宣布新总统是谁。"

---

1 《博克侬之书》中的宗教名词。——编者注

"没人会反对？"

"没人反对任何事情。民众不感兴趣，也不在乎。"

"肯定有什么陷阱！"

"好吧，算是有一个。"弗兰克承认道。

"我就知道！"我开始逃避我的温-迪特，"是什么？是什么陷阱？"

"呃，其实也不是真正的陷阱，因为要是你不愿意，也不是非做不可。但这似乎是个好主意。"

"给我听听你这个了不起的主意。"

"好吧，假如你要当总统，那我认为你就应该和蒙娜结婚。但要是你不愿意，也不是非要和她结婚。这事你说了算。"

"她愿意嫁给我？"

"既然她愿意嫁给我，那就会愿意嫁给你。你只需要问她一声就行。"

"她有什么理由要答应呢？"

"《博克侬之书》预言她会嫁给圣洛伦佐的下一任总统。"弗兰克说。

91
蒙娜

弗兰克把蒙娜领进她父亲的洞穴，留下我和她两个人独处。

刚开始，我们都不知道该说什么才好。我很害羞。

她的睡袍又薄又透。她的睡袍是天蓝色的。这件睡袍款式简单，只在腰间用一根纱带轻轻系住，此外所有的高低起伏都是由蒙娜的身体决定的。她的胸部像两个石榴，或者你愿意怎么形容都行，但最相似的还是一个年轻女人的胸部。

她赤着脚，指甲经过精心修剪。她聊胜于无的凉鞋是金色的。

"你……你好吗？"我问。我的心脏怦怦乱跳，血液在我耳朵里沸腾。

"犯错是不可能的。"她安慰我道。

我不知道博克侬教徒遇到生性羞怯的人时是不是都会这么打招呼。因此，我的回应是热烈地和她探讨起了到底有没有可能犯错。

"我的天，你都没法想象我已经犯了多少错。你眼前的这个人，就是世界犯错冠军。"我脱口而出，怎么都停不下来，"你知道弗兰克刚刚和我说了什么吗？"

"关于我吗？"

"关于一切，但尤其是关于你。"

"他说只要你愿意，就可以和我结婚。"

"对。"

"这是真的。"

"我……我……我……"

"怎么了？"

"我不知道该说什么好。"

"博克-马鲁会有用的。"她提示我。

"什么？"

"你脱掉鞋子。"她命令我。她脱掉凉鞋，动作优雅得无以复加。

我这人见过世面。根据我某次做过的统计，我曾经睡过五十三个以上的女人。我可以说我见过女人以有可能做到的一切方式脱衣服。我观赏过这最后一幕开幕形式的所有变化。

然而，这个女人仅仅是脱掉凉鞋，我就已经看得不由自主地呻吟起来了。

我连忙开始解鞋带。没有哪个新郎有可能比我更笨手笨脚的了。我脱掉了一只鞋，却把另一只鞋的鞋带打成了死结。我在这个死结上弄断了大拇指的指甲，最后干脆不解鞋带了，直接把鞋硬扯下来了事。

然后我脱掉袜子。

蒙娜已经坐在地上了，她伸直双腿，她圆润的手臂伸到背后，支撑身体，她向后仰起头，闭上双眼。

现在轮到我主动了，我即将完成我人生中的第一次——第一次——第一次，天啊……

博克-马鲁。

92

诗人庆祝他的第一次博克-马鲁

以下不是博克侬写的，而是我的作品。

> 甜蜜的幽灵啊，
>
> 不可见的浓雾是……
>
> 我是——
>
> 我的灵魂——
>
> 相思的孤独幽灵，
>
> 孤独的一个人：
>
> 能遇到另一个甜蜜的灵魂吗？
>
> 我早已
>
> 建议害病的你
>
> 前往两个灵魂
>
> 有可能相遇的地点。
>
> 我的脚底，我的脚底！
>
> 我的灵魂，我的灵魂，
>
> 去那里吧，
>
> 甜蜜的灵魂；
>
> 接受亲吻吧。
>
> 呜呜嗯嗯。

93

我如何险些失去我的蒙娜

"现在是不是觉得更容易开口了？"蒙娜问我。

"感觉就像我一千年前就认识了你。"我坦白道。我想哭：
"我爱你，蒙娜。"

"我爱你。"她回答得很简单。

"弗兰克真是个大傻瓜！"

"嗯？"

"他居然会放弃你。"

"他并不爱我。他娶我只是因为'爸爸'要他娶我。他爱的是
另一个人。"

"谁？"

"他在伊利昂认识的一个女人。"

那个幸运的女人，肯定是杰克玩具店的老板娘。我问蒙娜：
"他告诉你的？"

"就是今天晚上，他放我自由，让我和你结婚的时候。"

"蒙娜？"

"嗯？"

"你……你还有其他人吗？"

她被问住了。"很多。"她最终说。

"你爱的人？"

"我爱每一个人。"

"和……和爱我一样深？"

"对。"她似乎不明白这会给我带来烦恼。

我从地上爬起来，坐进一把椅子，重新穿上鞋袜。

"我猜你——你和其他人也做过——咱们刚刚做的事情？"

"博克-马鲁？"

"博克-马鲁。"

"当然。"

"从现在开始，我不许你和其他人做了。"我正色道。

泪水充满了她的双眼。她喜爱乱交。我企图让她感到羞耻，她因此而气恼："我让人们快乐。爱是好的，不是坏的。"

"作为你的丈夫，我想拥有你全部的爱。"

她瞪大眼睛看着我："一个辛-瓦特！"

"那是什么？"

"一个辛-瓦特！"她叫道，"就是一个想占有别人全部的爱的男人，非常坏。"

"就婚姻而言，我觉得这非常好。也是唯一的做法。"

她依然坐在地上，而我已经穿好鞋袜，站了起来。我觉得我非常高大，尽管我的个头并不高大；我觉得我非常强壮，尽管我的体魄并不强壮；我觉得我的声音既可敬又陌生。我的声音里前所未有地多了一种斩钉截铁的权威感。

随着我继续用这种铿锵有力的声音说话，我明白了正在发生什么——不，已经发生了什么。我已经开始统治了。

我告诉蒙娜，我来到圣洛伦佐后不久，就在检阅台上见过她和一名飞行员搞某种垂直的博克-马鲁。"你不能再和他有任何来往了，"我命令她，"他叫什么？"

"我都不知道。"她低声说，垂着眼睛不看我。

"那菲利普·卡斯尔呢？"

"你是说博克-马鲁？"

"我是说任何关系、一切关系。要是我没弄错，你和他是一起长大的。"

"对。"

"博克侬是你们俩的家庭教师？"

"对。"回忆让她再次绽放笑容。

"我猜那时候你们一定没少博克-马鲁吧。"

"嗯，对！"她高兴地说。

"你再也不能见他了。听懂了吗？"

"不。"

"不？"

"我不会嫁给一个辛-瓦特的。"她站起来，"再见。"

"再见？"我觉得像是天崩地裂了。

"博克侬教导我们，不一视同仁地爱所有人是非常错误的。你的宗教怎么说？"

"我……我不信宗教。"

"但我信。"

我的统治已经结束了。"我注意到了。"我说。

"再见，不信宗教的男人。"她走向石阶。

"蒙娜……"

她停下了："怎么？"

"要是我愿意，能皈依你的宗教吗？"

"当然能。"

"我愿意。"

"很好。我爱你。"

"我也爱你。"我叹息道。

94
最高峰

就这样，我在破晓时分和全世界最美丽的女人订了婚，也同意了担任圣洛伦佐的下一任总统。

"爸爸"还没去世，弗兰克认为只要有可能，我就应该去争取"爸爸"的祝福。就这样，在太阳波拉西西升起的时候，弗兰克和我从保护下一任总统的卫队中征用了一辆吉普车，开着它前往"爸爸"的城堡。

蒙娜留在弗兰克家。我神圣地亲吻她，她去睡她神圣的觉了。

弗兰克和我翻山越岭，穿过野生咖啡树的丛林，辉煌的日出位于我们右侧。

正是在这朝阳中，我见到了岛上的最高峰麦凯布山犹如巨鲸的巍峨仪容。这是个令人畏惧的庞然大物，就像一条蓝鲸，顶峰是耸立在山脊上的一块嶙峋怪石。换算成鲸鱼的比例，这块怪石约等于一支捕鲸叉的断桩，而且似乎与麦凯布山本身格格不入，于是我问那东西是不是人造的。

他说那是自然形成的。不但如此，他还声称据他所知，没有任何人爬上过麦凯布山的峰顶。

"看上去并不难爬嘛。"我说。除了山顶的巨石，这座山似乎并不比县政府门前的台阶更令人望而生畏。而怪石本身也遍布斜坡和横脊，至少从远处望去似乎并不难爬。

"是个什么圣地吗？"我问。

"也许曾经是。但自从有了博克侬之后就不可能了。"

"那为什么没人爬上去过？"

"一直没人想爬呗。"

"也许我会去试试看。"

"悉听尊便。没人会拦你。"

我们在沉默中向前开。

"对博克侬教的信徒来说，有什么是神圣的吗？"我过了一会儿问他。

"据我所知，连神都不是。"

"真的没有？"

"只有一样东西。"

我乱猜道："大海？太阳？"

"人，"弗兰克说，"就是人。没别的了。"

95
亲眼见到铁钩

我们终于抵达了城堡。

它黑乎乎的，低矮而凶恶。

古老的加农炮依然踞伏在城垛上。藤蔓和鸟巢塞满了垛口、堞眼和射击孔。

城堡北面的挡墙连着一道陡坡，陡坡所在的悬崖直落六百英尺，通向温暖的海水。

所有类似的石头堆都构成了一个疑问，这座城堡也不例外：渺小的人类是如何移动这么巨大的石块的？另外，与所有类似的石头堆一样，这个疑问本身就是它的答案。是愚蠢和恐惧移动了这么巨大的石块。

城堡是按照图姆-本瓦的意愿建造的，圣洛伦佐的这个皇帝是逃奴，也是疯子。据说设计图是图姆-本瓦在一本儿童图画书里找到的。

肯定是一本让人恶心的坏书。

就在我们开到王宫大门口之前，车辙带着我们穿过了一道乡土气息浓厚的拱门，它由两根电线杆和一根横梁搭成。

悬在横梁中央的是个巨大的铁钩。铁钩上挂着一块牌子。

牌子上写着："**此铁钩为博克侬本人预留。**"

我扭头又看了一眼铁钩，那个锐利的铁家伙告诉我，我真的要统治这个岛国了。我一定会砍掉这个铁钩的！

然后我给自己打气，我一定会成为一个果决、公正和仁慈的统治者，我的国家必将繁荣昌盛。

法塔·莫甘娜。

海市蜃楼！

96
摇铃、书和帽盒里的鸡

弗兰克和我没能立刻见到"爸爸"。负责照看他的施利希特·冯·柯尼希斯瓦尔德医生说我们必须等半小时左右。

于是弗兰克和我在"爸爸"套房的前厅等待。这个房间没有窗户，面积约为三十平方英尺，摆着几把粗糙的长椅和一张牌桌。牌桌上有一台电扇。墙壁是石板砌成的。墙上没挂照片，也没有任何形式的装饰。

墙上在七英尺的高度固定着一些铁环，彼此相距六英尺左右。我问弗兰克这个房间以前是不是拷问室。

他说是的，我脚下就是水牢的盖子。

前厅里有个没精打采的卫兵，还有一名基督教的牧师，负责在"爸爸"产生灵性需求的时候提供相应服务。他有一个黄铜的餐桌摇铃、一个打了些窟窿的帽盒、一本《圣经》和一把屠宰刀——全都摆在他身旁的长椅上。

他说帽盒里有一只活鸡。他说鸡很安静，因为他喂鸡吃了镇定药。

和所有年过二十五的圣洛伦佐人一样，他看上去至少六十岁了。他说他是沃克斯·休曼纳博士，名字来自管风琴的音栓[1]，1923年圣洛伦佐大教堂被炸毁时，这个音栓击中了他母亲。他毫无羞愧之色地说，他不知道他父亲是谁。

我问他代表的是基督教的哪个宗派，我坦白地说，就我对基督教信仰的了解而言，活鸡和屠宰刀无论对哪个宗派来说都是闻所未闻的新鲜事物。

"摇铃，"我又说，"我倒是完全能理解摇铃是干什么的。"

结果我发现他是个有智慧的人。他邀请我检验他的博士证书，颁发学位的是阿肯色州小石城的西半球圣经大学。他告诉我，他通过《大众机械》杂志上的分类广告联系上了这所大学。他说这所学校的校训也成了他的座右铭，它解释了为什么会有活鸡和屠宰刀。校训是这么说的：

让宗教活起来！

1　沃克斯·休曼纳是Vox Humana的音译，是管风琴中模仿人声的音栓的名称。

他说他必须在基督教信仰方面自己摸索道路，因为天主教和新教连同博克侬教一起被宣布为非法了。

"因此，假如我必须在这些前提条件下当一名基督徒，就不得不自己创造很多新东西了。"

这句话他是用当地方言说的。

施利希特·冯·柯尼希斯瓦尔德医生终于走出了"爸爸"的套房。他看上去非常像个德国人，也非常疲惫："你们可以去见'爸爸'了。"

"我们会尽量不累着他的。"弗兰克保证道。

"要是你们能杀了他，"冯·柯尼希斯瓦尔德说，"我认为他会感激不尽的。"

97

该死的基督徒

"爸爸"蒙扎诺和他无情的疾病躺在床上，这张床是一艘金色的小划艇——从舵柄、系艇索到桨架和其他一切，全都被涂成金色。他的床曾经是博克侬的女王拖鞋号帆船的救生艇，多年前，正是这艘救生艇所属的帆船载着博克侬和麦凯布下士来到了圣洛伦佐。

房间的墙壁是白色的。但"爸爸"放射出的痛苦是那么炽热和明亮，墙壁似乎沐浴在了狂暴的红色之中。

他从腰部以上光着上半身，油光锃亮的腹部遍布硬结，肚子像风帆摆动似的微微颤抖。

他脖子上挂着一根链子，链子上拴着一个小圆筒，尺寸和步枪子弹差不多。我猜圆筒里装着某种护身符。但我错了。里面装的是一小片九号冰。

"爸爸"几乎说不出话来。他的牙齿咔咔打架，呼吸已经不受控制。

"爸爸"正在遭受折磨的脑袋向后仰起，搁在小划艇的船首上。

蒙娜的木琴放在床边。昨晚她大概想用音乐安抚"爸爸"的情绪。

"'爸爸'？"弗兰克轻声说。

"再见。""爸爸"喘息道。他双眼突出，失去焦点。

"我带来了一个朋友。"

"再见。"

"他将担任圣洛伦佐的下一任总统。他当总统会比我称职得多。"

"冰！""爸爸"呜咽道。

"他说他要冰，"冯·柯尼希斯瓦尔德说，"但等我们拿来了，他又不要。"

"爸爸"翻了个白眼。他放松颈部，把身体的重量从头顶卸下来。但随后他又拱起颈部。"无论谁当，"他说，"总统……"他说不下去了。

我替他说完："圣洛伦佐的总统？"

"圣洛伦佐。"他重复道。他挤出一丝苦笑。"祝你好运！"他用沙哑的声音说。

"谢谢你，先生。"我说。

"不重要！博克侬。去抓博克侬。"

我绞尽脑汁，想对他最后的命令给出一个意味深长的回应。我想到，为了人民的快乐，博克侬必须永远在逃，永远不能落网："我会抓住他的。"

"告诉他……"

我凑近他，为的是听清楚"爸爸"要我给博克侬带个什么口信。

"告诉他，没能杀死他，我很抱歉。""爸爸"说。

"我会的。"

"你要杀死他。"

"遵命，先生。"

"爸爸"好不容易才驾驭住声音，在其中灌注了足够多的命令口吻："我说的是真的！"

对此我无话可说。我并不怎么想杀人。

"他教导人民的都是谎言，没完没了的谎言。杀死他，把真相告诉人民。"

"遵命，先生。"

"你和赫尼克，你们要教人民科学。"

"遵命，先生，我们会的。"我向他保证。

"科学是真材实料的魔法。"

188

他沉默下去，放松身体，闭上眼睛。然后他轻声说："临终仪式。"

冯·柯尼希斯瓦尔德叫沃克斯·休曼纳博士进来。休曼纳博士从帽盒里取出吃了镇定药的活鸡，准备施行他所理解的基督教临终仪式。

"爸爸"睁开一只眼睛。"不是你，"他朝休曼纳博士冷笑道，"滚出去！"

"先生？"休曼纳博士困惑道。

"我信的是博克侬教，""爸爸"喘着气说，"滚出去，你这个该死的基督徒。"

98
临终仪式

于是我有幸目睹了博克侬教的临终仪式。

我们费了点时间，在士兵和仆人中找到了一个愿意承认他熟悉临终仪式并愿为"爸爸"主持的人，但没人肯出面为"爸爸"施行。考虑到铁钩和水牢就近在咫尺，我并不感到惊讶。

于是，冯·柯尼希斯瓦尔德医生说他愿意试试看。他本人没施行过这种仪式，但朱利安·卡斯尔曾经在他面前施行过几百次。

"你是博克侬教徒吗？"我问他。

"我赞同博克侬教的一个理念。我赞同包括博克侬教在内的所有宗教都完全是谎言。"

"你从事的是科学工作，"我问他，"会影响你施行这样的仪式吗？"

"我是个非常差劲的科学家。只要能让一个人感觉好一点，我什么都愿意做，就算不科学也在所不辞。名副其实的科学家不可能说出那种话。"

说完，他爬进"爸爸"所在的金色小船。他在船尾坐下。空间狭小，他不得不把金色的舵柄夹在胳膊底下。

他穿的是凉鞋，没穿袜子，他脱掉凉鞋。然后他掀开床脚的被单，露出"爸爸"光着的双脚。他用脚底抵住"爸爸"的脚底，做出博克-马鲁的标准姿势。

99
神造了泥

"Gott mate mutt."冯·柯尼希斯瓦尔德博士吟诵道。

"Dyot meet mat.""爸爸"蒙扎诺回应道。

他们说的是"神造了泥土"，只是各自带着自己的口音。以下我就不再援引方言的发音了。

"神感到寂寞。"冯·柯尼希斯瓦尔德说。

"神感到寂寞。"

"于是神对一小块泥土说：'坐起来！'"

"于是神对一小块泥土说：'坐起来！'"

"'看我造了什么，'神说，'山、海、天空、群星。'"

"'看我造了什么，'神说，'山、海、天空、群星。'"

"而我就是坐起来四处看的那一小块泥土。"

"而我就是坐起来四处看的那一小块泥土。"

"幸运的我，幸运的泥土。"

"幸运的我，幸运的泥土。"泪水沿着"爸爸"的面颊汩汩流淌。

"我，泥土，坐起来，见到上帝的工作是多么出色。"

"我，泥土，坐起来，见到上帝的工作是多么出色。"

"干得好啊，上帝！"

"干得好啊，上帝！""爸爸"衷心地说。

"上帝，除了你，没人能做到！我当然做不到。"

"上帝，除了你，没人能做到！我当然做不到。"

"与你相比，我觉得极其渺小。"

"与你相比，我觉得极其渺小。"

"只有在想到还有那么多泥土没能坐起来四处看的时候，我才会感觉到我有那么一丁点儿的重要。"

"只有在想到还有那么多泥土没能坐起来四处看的时候，我才会感觉到我有那么一丁点儿的重要。"

"我得到了这么多，而大多数泥土得到的是那么少。"

"我得到了这么多，而大多数泥土得到的是那么少。"

"Deng you vote da on-oh！"冯·柯尼希斯瓦尔德叫道。

"Tz-yenk voo vote lo yon-yo！""爸爸"喘息道。

他们说的是"谢谢你赐我的荣耀"。

"现在泥土要重新躺下，去睡觉了。"

"现在泥土要重新躺下，去睡觉了。"

"泥土得到了多么宝贵的记忆啊！"

"泥土得到了多么宝贵的记忆啊！"

"我遇到了多么有趣的其他坐起来的泥土啊！"

"我遇到了多么有趣的其他坐起来的泥土啊！"

"我爱我见过的一切！"

"我爱我见过的一切！"

"晚安。"

"晚安。"

"现在我要去天堂了。"

"现在我要去天堂了。"

"我等不及……"

"我等不及……"

"去发现我的万彼得究竟是什么……"

"去发现我的万彼得究竟是什么……"

"以及我的卡拉斯里都有谁……"

"以及我的卡拉斯里都有谁……"

"还有我们的卡拉斯都为你做过什么好事。"

"还有我们的卡拉斯都为你做过什么好事。"

"阿门。"

"阿门。"

100
弗兰克下水牢

但"爸爸"没有死，也没有上天堂——暂时还没有。

我问弗兰克什么时候适合宣布我登上了总统宝座。他帮不了我，他没有任何想法，完全交给我处理。

"你不是说你会在背后支持我吗？"我抱怨道。

"只要和技术有关系就交给我。"弗兰克对此寸步不让。我无法破坏他作为一名技术人员的诚信，无法逼迫他超越他的职责界限。

"我明白了。"

"无论你想怎么管理人民，我都能接受。那是你的职责。"

弗兰克如此断然让渡一切人事权力，这让我感到既震惊又气恼，我揶揄他道："介意指点我一下吗？从纯粹技术性的角度说，今天这个特别的日子应该做些什么？"

我得到了纯粹技术性的回答："修理发电厂，举办飞行表演。"

"好极了！这样作为总统，我的第一个伟大胜利就是恢复人民的供电。"

弗兰克不认为这有什么可笑的。他向我敬个礼："我会努力的，先生。我会尽我所能辅佐你的，先生。但我没法保证供电要过多久才能恢复。"

"我想要的正是这个，一个活力四射的国家。"

"我会尽我所能的，先生。"弗兰克再次向我敬礼。

"还有飞行表演呢？"我问，"那是什么？"

他的回答依然一板一眼："今天下午一点，先生，圣洛伦佐空军的六架飞机将飞过这座王宫，射击海面上的靶子。这是一百民主烈士纪念日的庆祝活动之一。美国大使也计划向海中投花环。"

于是我初步决定，在投花环仪式和飞行表演之后，就立刻让弗兰克宣布我的继位。

"你觉得如何？"我问弗兰克。

"你是老大，先生。"

"我看我最好准备一份讲稿，"我说，"还应该有个什么宣誓就职环节，让一切都显得更加庄严和正式。"

"你是老大，先生。"每次他说出这几个字，声音都似乎从更缥缈的远方飘来，就好像弗兰克正沿着竖井的梯级爬向地底深处，而我不得不留在地面上。

而我懊恼地意识到，正是因为我同意了当老大，弗兰克才能重获自由，去做他最想做的其他事情，步他父亲的后尘：一方面接受荣誉和舒适的生活，另一方面也逃避生而为人的责任。他走进灵性的水牢，从而完成了任务。

101

和我的前任一样，我宣布博克侬为逃犯

于是我在一座塔楼的底下找了个光秃秃的空房间，静下心来撰写我的演讲稿。我写出来的演讲稿也同样贫瘠、空洞和缺乏内容。

但它充满希望，语气谦卑。

而我发现我不可能不仰仗上帝。我以前从没需要过这样的支持，也从没相信过这样的支持是存在的。

但现在，我发现我必须相信，于是我就相信了。

除此之外，我还会需要人们的帮助。我查阅了将要参加仪式的宾客名单，发现没有邀请朱利安·卡斯尔和他儿子。我立刻派信使去邀请他们，因为除博克侬之外，他们比任何人都了解我的人民。

至于博克侬：

我考虑要不要请他加入我的政府，就此为我的人民开创某种太平盛世。我考虑要不要在欢欣鼓舞的高潮时刻，下令取掉王宫大门口那个可怕的铁钩。

但随即我想通了，太平盛世所要承诺的东西可不只是一个位高权重的圣人，还必须人人都能得到充足的可口食物、舒适居所、良好教育、健康体魄和愉快时光，还有想工作的人都能有事可做。然而无论是博克侬还是我，都没有能力提供这些东西。

因此，善恶必须继续分隔，善在丛林里，恶在宫殿里。两者相持，所产生的娱乐就是我们能够提供给人民的一切了。

有人轻轻敲门。一个仆人告诉我，宾客开始陆续抵达了。

于是我把演讲稿揣进衣袋，沿着旋转楼梯爬上我的塔楼。我走到城堡最高处的城垛前，望着我的宾客、我的仆人、我的悬崖和我温暖的海水。

102
自由的仇敌

想到城堡最高处的这些人时，博克侬的《第一百一十九号卡利普索》浮现在了我的脑海里，他邀请我们与他一同高唱：

> "我的老伙计都去哪儿了？"
>
> 我听见一个悲伤的人说。
>
> 我在悲伤的人耳边低语：
>
> "你的老伙计都死绝了。"

在场的有霍利克·明顿大使夫妇、自行车制造商H. 洛·克罗斯比及夫人黑泽尔、人道主义者与慈善家朱利安·卡斯尔医生和他儿子——作家与酒店老板菲利普·卡斯尔、画家小牛顿·赫尼克及其音乐家姐姐哈里森·C. 康纳斯夫人、我的天使蒙娜、弗兰克林·赫尼克少将和二十来个形形色色的圣洛伦佐官僚及军人。

死了——现在几乎全死了。

正如博克侬教导我们的，"说一声再见永远不会犯错"。

我的城垛前摆着自助餐台，上面满是当地美食：烤莺鸟的小小外皮是用它们自己的蓝绿色羽毛做成的；紫色地蟹的肉从壳中取出，剁碎，在椰子油中炸熟，然后放回壳里；一指长的小梭鱼，肚子里填着香蕉酱；不发酵的淡味玉米华夫饼上放着一口量的煮鸟肉。

他们说，鸟就是从自助餐台所在的这个望楼上打下来的。

供应的饮料有两种，都未经冰镇，一种是百事可乐，另一种是当地的朗姆酒。百事可乐装在塑料啤酒杯里，朗姆酒装在椰子壳里。朗姆酒有一种甜香味，我辨别不出究竟是什么，但不知为何，它让我想起了我的青春早期。

弗兰克替我说出了甜香味的来源："丙酮。"

"丙酮？"

"模型飞机的黏合剂里有这个成分。"

我没喝朗姆酒。

明顿大使频繁举起椰子壳，做了许多次贪杯使节应该做的祝酒，假装爱世上所有的人和滋养他们的所有饮料。但我没看见他真的喝酒。说起来，我注意到他带着一件我先前没见过的行李。它有点像装法国号的乐器箱，后来我知道里面就装着要扔进大海的那个悼念花环。

我只看见一个人在喝朗姆酒。H. 洛·克罗斯比显然没有嗅觉，他玩得很开心，捧着椰子壳喝丙酮，坐在加农炮上，用他偌大

的屁股堵住火门。他用一副巨大的日本造望远镜眺望洋面。他看的是安装在海中浮筏上的靶标。

靶标是用硬纸板剪成的人形。

圣洛伦佐空军的六架飞机将扫射和轰炸它们，用以炫耀武力。

每个靶标都是一个真人的漫画像，人名写在靶标的前后两面上。

我问画家是谁，得知正是沃克斯·休曼纳博士。这位基督教牧师就站在我身旁。

"我不知道你还有这方面的天赋。"

"嗯，对。我年轻的时候，考虑了很久究竟要走哪条路。"

"看来你选择了一条正确的路。"

"我祈求上天指引我前进。"

"你得到了指引。"

H. 洛·克罗斯比把望远镜递给妻子："离我们最近的是卡斯特罗老兄。"

"还有希特勒老兄，"黑泽尔哧哧笑道，看得分外开心，"还有墨索里尼老兄和某个日本鬼子老兄。"

"还有威廉二世老兄，戴着尖帽子什么的，"黑泽尔喃喃道，"没想到还能再见到他。"

"他会被打中吗？"黑泽尔问，"他会得到人生中的大惊喜吗？想一想就让人兴奋呢。"

"自由世界几乎所有的敌人一个个都在海上了。"H. 洛·克罗斯比郑重宣告。

103
对作家罢工之影响的医学意见

没有一个客人知道我将会成为总统，也没人知道"爸爸"即将与世长辞。弗兰克给出的官方说法是"爸爸"正在安静地休息，"爸爸"向来做客的所有人问好。

弗兰克宣布，纪念仪式的活动顺序是这样的：首先由明顿大使把花环扔进大海，向一百烈士致敬；然后飞机射击海上的靶标；最后由弗兰克向众人致辞。

他没有告诉大家，他说完之后，我将发表演讲。

因此人们对待我就像对待一个来访的记者，而我得以和我的格兰法隆说几句闲话。

"你好，老妈。"我对黑泽尔·克罗斯比说。

"哎呀，这不是我的好孩子吗？"黑泽尔给我一个香喷喷的拥抱，同时对所有人说，"这小子是个山地佬！"

卡斯尔父子与其他众人保持了一段距离。他们长久以来不受"爸爸"宫殿的欢迎，此刻很好奇为什么也会得到邀请。

小卡斯尔叫我"独家新闻"："早上好，独家新闻。码字界有什么新消息吗？"

"我也想这么问你呢。"我答道。

"我打算呼吁来一场所有作家的总罢工，直到全人类最终恢复神志。你支持吗？"

"作家有权罢工吗？我怎么感觉就像警察或消防员罢工示威呢？"

"还有大学教授。"

"还有大学教授。"我赞同道。我摇摇头："不，我看良知不会允许我支持这样的罢工。我认为一个人成为作家之后，他就承担起了某种神圣的义务，必须以最快速度产出美、启迪和安慰。"

"我就是忍不住会去想，要是突然间没有了新书、新剧、新历史著作、新诗歌，人们会陷入什么样的可怕惊惶……"

"看着人们像苍蝇似的死去，你会感到多么自豪？"我问。

"我猜他们会死得更像疯狗——彼此狂吠和撕扯，企图咬断自己的尾巴。"

我转向老卡斯尔："先生，要是一个人被剥夺了文学的抚慰，他会如何死去呢？"

"两种可能性，"他答道，"不是心脏石化，就是神经系统萎缩。"

"听上去都不怎么令人愉快。"我推测道。

"是的，"老卡斯尔答道，"以上帝的爱发誓，你们两位请坚持写下去吧！"

104
磺胺噻唑

我的天使蒙娜没有走向我，也没有用脉脉含情的眼神招呼我去她的身旁。她主动扮演起了女主人的角色，此刻正在介绍安吉拉和小牛顿与圣洛伦佐政要认识。

此刻我在思考这个姑娘的为人，我想到她在"爸爸"倒下时的无动于衷，想到她与我的婚约，我的判断在轻浮和下贱之间徘徊。

她代表的是女性灵性的最高形态吗？

还是说她麻木不仁，天性冷淡——她事实上没有感情，沉溺于木琴、崇拜美的异教和博克-马鲁？

我永远不可能知道。

博克依教导我们：

情人就是骗子，

他对自己撒谎。

求真者不知什么是爱，

他们的眼睛犹如牡蛎！

我猜我得到的教诲非常明确。我只需要记住我的蒙娜是多么出类拔萃就行。

"说起来，"我在一百民主烈士纪念日的活动上问菲利普·卡

斯尔，"你今天和你的朋友兼仰慕者H.洛·克罗斯比聊过吗？"

"我今天西装革履打领带，他根本没认出我来，"小卡斯尔答道，"我们已经愉快地谈了一次自行车。说不定还会再聊一次呢。"

我发现克罗斯比想在圣洛伦佐生产自行车的念头不再让我觉得可笑了。作为这个岛国的首席执行官，我非常想要一个自行车生产厂。我突然对H.洛·克罗斯比这个人和他能做到的事情产生了敬意。

"你认为圣洛伦佐的人民对工业化会有什么看法？"我问卡斯尔父子二人。

"圣洛伦佐的人民，"父亲回答我，"只对三件事感兴趣：捕鱼、通奸和博克侬教。"

"你认为他们对进步不感兴趣吗？"

"他们见过一些进步。只有一个方面的进步让他们欢欣鼓舞。"

"什么方面？"

"电吉他。"

我告退，走向克罗斯比夫妇。

弗兰克·赫尼克正在和他们交谈，向他们解释博克侬是谁和他反对什么："他反对科学。"

"一个脑子正常的人怎么可能反对科学呢？"克罗斯比问。

"要不是有青霉素，我早就死了，"黑泽尔说，"我母亲也一样。"

"你母亲多少岁了？"我问她。

"一百零六岁。是不是很了不起？"

"当然是。"我赞同道。

"要不是医生那次给我丈夫用的药，我也早就是寡妇了。"黑泽尔说。她不记得那种药叫什么了，只好去问丈夫："亲爱的，那次救了你老命的药叫什么来着？"

"磺胺噻唑。"

我顺手从托盘上拿了一块鸟肉开胃点心，真是个可怕的错误。

105
止痛药

说来也巧——博克侬会说"就该这么巧"——鸟肉和我太合不来了，我刚咽下第一口，胃里就开始翻腾。我不得不跑下旋转楼梯去寻找卫生间。我冲进了连着"爸爸"套房的那个卫生间。

等我蹒跚着走出来，算是舒服了一些，迎面撞见了施利希特·冯·柯尼希斯瓦尔德医生。他从"爸爸"的卧室里蹿出来，表情狂乱，一把抓住我的胳膊，叫道："那是什么？他挂在脖子上的到底是什么东西？"

"你说什么？"

"他吞了下去！'爸爸'把小圆筒里的东西吞了下去，天晓得是什么——现在他死了。"

我想到了"爸爸"挂在脖子上的小圆筒，对它里面的东西做了

个显而易见的猜测："氰化物？"

"氰化物？氰化物会在一秒钟之内把一个人变成水泥？"

"水泥？"

"大理石！铁块！我从没见过尸体能这么僵硬。无论你敲哪儿，都会听见马林巴琴的那种叮叮咚咚！你来看！"冯·柯尼希斯瓦尔德拖着我走进"爸爸"的卧室。

金色小划艇改造成的床上，是一个骇人得让人无法直视的东西。"爸爸"死了，但对着这具尸体，你无论如何也没法说他"终于安息了"。

"爸爸"的脑袋向后拱到极限，身体形成一座桥，桥拱伸向天花板，重量压在头顶和脚底上。他活像壁炉里支撑木柴的薪架。

显而易见，他死于小圆筒里的东西。他一只手拿着小圆筒，小圆筒的盖子拧开了。他另一只手的大拇指和食指卡在上下两排牙齿之间，像是刚刚放开了一撮什么东西。

冯·柯尼希斯瓦尔德医生走到镀金划艇的舷缘前，抓着桨耳，从卡槽中取下桨架。他用精钢的桨架敲了敲"爸爸"的腹部，"爸爸"发出的声音确实很像马林巴琴。

"爸爸"的嘴唇、鼻孔和眼球都蒙着一层蓝白色的薄霜。

老天做证，到了今天，这个症状已经不再稀奇了。但在当时还没人见过。"爸爸"蒙扎诺是历史上第一个死于九号冰的人。

不管有没有价值，反正我都要把事实记录下来。"全都写下来。"博克侬教导我们。当然了，其实他想教导我们的是书写或阅读历史毫无意义可言。"若是不准确地记录过去，怎么能指望人避

免在未来犯下严重的错误呢？"他讽刺地问。

因此，我再重复一遍："爸爸"蒙扎诺是历史上第一个死于九号冰的人。

106
博克侬教徒在自杀时会说什么

冯·柯尼希斯瓦尔德医生，人道主义者，因为奥斯威辛在仁爱账户上欠下了惊人的债务，他是第二个死于九号冰的人。

正如我前面提到过的，他正在谈论尸僵的问题。

"尸僵不会在几秒钟之内形成，"他告诉我，"我转过去背对'爸爸'才一眨眼的工夫。他在胡言乱语……"

"说什么？"我问。

"疼痛、冰、蒙娜，各种乱七八糟的。然后'爸爸'说：'现在我要毁灭整个世界了。'"

"这话是什么意思？"

"博克侬教徒在自杀前都会这么说。"冯·柯尼希斯瓦尔德走向一个水盆，显然是想去洗手。"等我再转过来看他，"他双手举在水面上方，对我说，"他已经死了，而且就像你看见的，硬得像一尊雕像。他的嘴唇看上去太不寻常了，我忍不住摸了摸。"

他把双手放进水里。"什么样的化学品能够……"他没有说

完这个问题。

冯·柯尼希斯瓦尔德举起双手，顺便带起了水盆里所有的水。水已经不再是液体，而是一团半球形的九号冰了。

冯·柯尼希斯瓦尔德用舌尖舔了舔那蓝白色的神秘物质。

薄霜在他的嘴唇上迅速扩散，身体随之变硬，他蹒跚两步，倒在了地上。

蓝白色的半球摔碎了，碎块稀里哗啦地散了一地。

我跑到门口，喊人来帮忙。

士兵和仆人跑来了。

我命令他们去找弗兰克、牛顿和安吉拉，把他们立刻带到"爸爸"的卧室来。

我终于见到了九号冰！

107
大饱眼福吧！

我把费利克斯·赫尼克博士的三个孩子放进"爸爸"蒙扎诺的卧室，然后关上门，后背靠在门上。我的心情既痛苦又庄重。我知道九号冰是什么东西。我经常梦见它。

毫无疑问，是弗兰克把九号冰给了"爸爸"。另外，既然弗兰克能把九号冰送给别人，那么安吉拉和小牛顿同样也可以。

于是我朝他们三个人咆哮，说他们要为这恐怖的罪行负责。我说他们东窗事发了，我知道他们和九号冰的名堂。我想警告他们，让他们明白九号冰能终结地球上的一切生命。我说得义正词严，他们根本没想到要问我是怎么知道九号冰的。

"大饱眼福吧！"我说。

嗯，正如博克侬的教诲："上帝这一辈子就没写过一部好戏。""爸爸"卧室里的这一幕自然不缺乏勾人的主题和奇异的道具，而我的开场白更是恰到好处。

可惜某位赫尼克的第一反应毁灭了这宏大的气氛。

小牛顿吐了。

108
弗兰克告诉我们该怎么办

然后我们全都想吐了。

小牛顿的反应当然恰如其分。

"我不可能更赞同了。"我对牛顿说。然后我对安吉拉和弗兰克吼道："我们现在知道牛顿的态度了，我想听听你们二位的看法。"

"呕。"安吉拉蜷着身体说，舌头伸得老长。她的脸色像是被刮上了一层腻子。

"你也是这个反应吗？"我问弗兰克，"'呕'？将军阁下，你说的是这个吗？"

弗兰克咧着嘴露出紧咬的牙关，呼吸急促，气流在齿缝中吹出哨音。

"就像那条狗。"小牛顿喃喃道，低头看着冯·柯尼希斯瓦尔德。

"什么狗？"

牛顿低声回答，嗫嚅背后几乎没有气息。但这个房间的石板墙壁有着极好的声学条件，因此我们听清楚了他说的每一个字，就像在听水晶铃铛的叮咚响声。

"圣诞前夜，父亲去世的那天。"

牛顿在自言自语。我请他告诉我他父亲去世当晚那条狗出了什么事，他仰头看着我的眼神就好像我侵入了他的梦境。他觉得我是个局外人。

但他的哥哥和姐姐属于梦境。他在那个噩梦中对他哥哥说话。他对弗兰克说："你把它给了他，所以才能得到这个了不起的职位，对吧？"牛顿惊异地问弗兰克："你是怎么说的？说你有比氢弹还厉害的武器？"

弗兰克似乎没有听见弟弟的问题。他目光灼灼地扫视整个房间，把一切尽收眼底。他松开牙关，上下两排牙齿咔咔碰撞，每响一声他就眨一下眼睛。他脸上逐渐恢复了血色。然后他这么说："听着，咱们必须收拾干净这个烂摊子。"

109
弗兰克为自己辩护

"将军阁下,"我对弗兰克说,"这肯定是一位少将今年发表的最令人信服的声明了。作为我的科技顾问,请问你建议该怎么——按照你的原话——'收拾干净这个烂摊子'?"

弗兰克回答得直截了当。他打个响指。我看得出他正在让自己脱离这个烂摊子的因果,带着越来越强烈的尊严和热情,把自己的身份确定为净化者、世界救星、打扫专家。

"扫帚、簸箕、喷灯、炉子、水桶。"他下令道,一下一下地打着响指。

"你提议用喷灯烧尸体?"我问。

弗兰克已经完全陷入技术思维,跟着响指的节拍跳起了踢踏舞。"咱们先扫掉地上的大块,在水桶里用炉子融化。然后咱们用喷灯烧一遍整个房间,不放过任何一毫米的地方,以免还留下细微的颗粒。至于尸体,还有床……"他不得不停下,进一步思索。

"火葬!"他叫道,对自己的急智非常满意,"我去叫人在铁钩旁边堆一个巨大的火葬柴堆,咱们把尸体和床抬出去,然后扔到上面烧掉。"

他正要出去,命令人们架起柴堆,准备我们用来清理房间的工具,却被安吉拉叫住了。

"你怎么能这么做?"她诘问道。

弗兰克给她一个假笑："一切都会好起来的。"

"你怎么能把它给'爸爸'蒙扎诺这样的人？"安吉拉问他。

"咱们先把烂摊子收拾好，然后再讨论这些。"

安吉拉抓住他的胳膊，不肯放他离开："你怎么能这么做？！"她使劲摇晃他。

弗兰克掰开姐姐的手。他的假笑消失了，一时间凶相毕露——这一刻稍纵即逝。他以极度轻蔑的语气对她说："我给自己换了个职位，就像你给自己换了个英俊丈夫，就像牛顿给自己换了与一个俄国侏儒在科德角鬼混一个星期！"

假笑回到了他脸上。

弗兰克出去，重重地摔上房门。

110
第十四书

"有时候普尔-啪，"博克侬教导我们，"超出了人类的评论能力。"博克侬在《博克侬之书》中的某处把普尔-啪翻译成"狗屎风暴"，在另一处翻译成"神怒"。

根据弗兰克在摔门而去前说的那些话，我得出结论，拥有九号冰的并不只是圣洛伦佐共和国和赫尼克三姐弟。显而易见，美利坚合众国和苏维埃社会主义共和国联盟也有。美国通过安吉拉的丈夫

得到了九号冰，这就解释了他在印第安纳波利斯的工厂为什么被电网包围，还有嗜血成性的德国牧羊犬看守。而苏联通过牛顿的小津卡——乌克兰芭蕾舞团那个迷人的钓饵——得到了九号冰。

我无话可说。

我低下头，闭上眼睛，等待弗兰克带着那些低贱的工具回来，然后我们会用它们清理这间卧室——全世界独一无二的一间卧室，被九号冰污染了的一间卧室。

在犹如紫色天鹅绒的混沌思绪之中，我听见安吉拉对我说了些什么。她没有为自己辩护，而是为小牛顿辩护："牛顿没有给她，是她偷走的。"

我对她的解释不感兴趣。

"世间几乎所有的男男女女都是短视的儿童，"我心想，"而费利克斯·赫尼克那样的人会把九号冰那样的玩具送给他们。人类还能有什么希望呢？"

这时我想到了昨晚我从头到尾读了一遍的《博克侬之书第十四书》。《第十四书》的标题是《考虑到过去百万年的经验，一个有脑子的人还能对地上的人类有什么指望？》

读完《第十四书》用不了多久。它只有一个词和一个标点。

引用如下。

"无。"

111

小憩

弗兰克带着几副扫帚和簸箕、一个喷灯和一个煤油炉回来了，当然也没忘记水桶和橡胶手套。

我们戴上手套，以免九号冰污染手部。弗兰克把炉子架在天使蒙娜的木琴上，把水桶搁在炉子上。

我们从地上捡起大块的九号冰，直接扔进破旧的水桶，冰块很快融化，变成了普普通通的甘甜清水。

安吉拉和我扫地，小牛顿在家具底下搜寻漏网的九号冰碎片。弗兰克跟着我们扫地的路线，用喷灯的火焰清洗地面。

仆役深夜干活儿时往往会陷入无知无明的沉静状态，此刻我们也陷入了类似的情绪。在一个乱糟糟的世界上，我们至少把自己的小角落收拾干净了。

我忍不住开口，用聊天的语气请求牛顿、安吉拉和弗兰克讲述老头子去世的圣诞前夜发生了什么，告诉我那条狗究竟是怎么一回事。

赫尼克姐弟幼稚地以为仅仅通过扫地就能让一切回到正轨上，于是向我讲述了事情的经过。

事情是这么发生的。

在那个决定命运的圣诞前夜，安吉拉去镇上买圣诞树彩灯了，牛顿和弗兰克去冷清的冬季海滩散步，他们在海滩上遇到了一条黑

色拉布拉多。和所有的拉布拉多一样，这条狗也很友善，跟着弗兰克和小牛顿回到他们家里。

三个孩子出去之后，费利克斯·赫尼克死了，死在他那把面对大海的白色柳条椅里。老头子一整天都在拿九号冰逗弄三个孩子，他给他们看装九号冰的小瓶子，他在瓶子的标签上画了一个骷髅头和交叉的大腿骨，还写了一句话："危险！九号冰！远离湿气！"

老头子在三个孩子的耳朵边唠叨了一整天，用欢快的语气说什么："来想一想，活动一下你们的头脑。我说过它的融点是一百一十四点四华氏度，也说过它只由氢和氧构成。所以解释它是什么？快开动脑筋！别害怕使用你们的小脑袋，那是用不坏的。"

"他总是叫我们活动一下头脑。"弗兰克说，缅怀过去的时光。

"我不知道从几岁开始就放弃活动我的头脑了，"安吉拉坦白道，倚着扫帚站在那儿，"我甚至没法听他谈论科学。我只是使劲点头，假装正在活动头脑，但我可怜的头脑啊，在科学这方面，它的活动性都比不上一根用废了的吊袜带。"

在坐进柳条椅死去之前，老头子似乎在厨房里用水和锅碗瓢盆玩了好一阵九号冰。他肯定反复把水转变成九号冰，然后重新转变成水，因为所有的煮锅和煎锅都摆在厨台上。烤肉用的温度计也在外面，因此老头子肯定测量过物体的温度。

老头子大概只打算在椅子上小憩片刻，因为他在厨房里留下了好一个烂摊子。在乱七八糟的东西之中，有一只炖锅里装满了固态的九号冰。他无疑打算在小憩片刻过后，把这一锅九号冰重新融化，这样全世界的九号冰资源就会重新缩减成小瓶里的一小块。

然而，正如博克侬教导我们的，"任何人都能决定什么时候去小憩片刻，但没人能说得准这个片刻会持续多久"。

112
牛顿母亲的网格包

"我进门的那一刻就该知道他已经死了，"安吉拉又倚在了扫帚上，"柳条椅静悄悄地不发出任何声音。只要我父亲坐在椅子上，哪怕他睡着了，椅子也会吱吱嘎嘎响个没完。"

但安吉拉以为她父亲在打瞌睡，于是去装饰圣诞树了。

牛顿和弗兰克带着拉布拉多回家。他们去厨房，想找点东西给狗吃。他们发现老头子把水弄得到处都是。

地上有水，于是小牛顿拿起一块抹布，擦掉地上的水。他把湿抹布扔在厨台上。

说来也巧，抹布掉进了装九号冰的锅里。

弗兰克以为锅里装的是蛋糕糖霜，他把锅拿给牛顿，让牛顿看他乱扔抹布造成的后果。

牛顿从冰的表面把抹布剥下来，发现抹布的质地变得很奇怪，像金属似的坚韧，仿佛是用细密金线织成的网格包。

"我之所以说金色网格包，"小牛顿在"爸爸"的卧室里说，"是因为它立刻让我想到了母亲的网格包，摸上去就是那种触感。"

安吉拉感伤地解释道，牛顿小时候把母亲的金色网格包当作宝贝。我猜那是个搭配晚礼服的小手包。

"摸起来的感觉很古怪，和我碰到过的其他东西都不一样，"牛顿说，重温他童年时对那个网格包的喜爱，"不知道它后来去哪儿了。"

"我对很多东西都怀着同样的疑问。"安吉拉说。她的困惑在时光长河中回荡，语气懊悔而失落。

闲话少说，总之牛顿把摸起来像网格包的那块抹布递给狗，狗伸出舌头舔了舔，立刻冻成了冰棍。

牛顿跑去告诉父亲有条狗被冻硬了，发现他父亲也已经硬了。

113
历史

我们终于把"爸爸"的卧室收拾干净了。

但我们还必须把尸体搬出去火化。我们决定这应该是个庄严肃穆的仪式，因此应该等一百民主烈士的纪念活动结束后再动手。

我们做的最后一件事情是把冯·柯尼希斯瓦尔德竖起来，方便我们净化他躺的那块地方。然后我们把他竖着藏在了"爸爸"的衣橱里。

我不太确定我们为什么要把他藏起来。我猜大概是为了让场面

看起来干净一些。

　　至于牛顿、安吉拉和弗兰克是如何在那个圣诞节分割全世界仅存的那点九号冰资源的，在他们说到罪行细节的时候，具体经过却一点一点消失了。赫尼克三姐弟不记得有谁说什么话来正当化他们把九号冰当作私有财产的行为。他们谈到了九号冰是什么，回忆了老头子如何叫他们活动头脑，但唯独没人提起伦理道德。

　　"是谁动手分的？"我问。

　　赫尼克三姐弟把事件本身的记忆删了个一干二净，他们甚至连这么基础的细节都没法告诉我。

　　"不是牛顿，"安吉拉最后说，"我可以肯定。"

　　"也不是你或我。"弗兰克冥思苦想道。

　　"是你从厨房的架子上拿来了三个大口瓶，"安吉拉说，"直到第二天，咱们才搞来了三个小热水瓶。"

　　"对，"弗兰克赞同道，"然后你拿起冰锥，从锅里凿出九号冰的碎屑。"

　　"没错，"安吉拉说，"是我。然后有人从卫生间拿来了镊子。"

　　牛顿举起他的小手："是我。"

　　安吉拉和牛顿回想起小牛顿是多么能干，不禁都大为惊异。

　　"是我夹起冰屑放进大口瓶的。"牛顿回忆道，他懒得掩饰他内心洋溢的得意情绪。

　　"那条狗你们是怎么处理的？"我无力地问。

　　"放进烤箱了，"弗兰克答道，"我们只能这么做。"

"历史！"博克侬写道，"读吧，流泪吧！"

114
当我感觉子弹打进我的心脏

于是我再次沿着旋转楼梯爬上我的塔楼，再次来到我的城堡最高处的城垛前，再次望着我的宾客、我的仆人、我的悬崖和我温暖的海水。

赫尼克三姐弟和我在一起。我们锁上"爸爸"卧室的门，告诉仆人们"爸爸"感觉好多了。

士兵正在铁钩旁垒火葬用的柴堆。他们不知道这个柴堆是干什么用的。

那一天有很多很多的秘密。

转啊转啊转个不停。

我认为纪念活动现在可以开始了，就吩咐弗兰克去请霍利克·明顿大使上台演讲。

明顿大使走向面向大海的挡墙，纪念花环依然装在箱子里。他发表了一篇赞颂一百民主烈士的伟大演讲。他说"一百民主烈士"时换成了岛国方言，以此向死者、他们的祖国和他们所献出的生命致敬。这几个方言词语他说得既优雅又轻松。

他演讲的其他部分则完全是美式英语。他手里有一份书面的

讲稿，我猜那东西肯定写得非常矫揉造作。他注意到在场的宾客寥寥无几，而且大部分还都是他的美国同胞，于是把正式讲稿扔到了一旁。

轻柔的海风撩动他稀疏的头发。"我想说点非常不符合大使身份的话，"他对众人说，"我要告诉你们我的真实感受。"

也许明顿吸入了太多的丙酮气体，也许他未卜先知，觉察到了除我之外的所有人即将发生什么。总而言之，他的演讲出奇地有博克侬教的味道。

"朋友们，今天我们齐聚一堂，"他说，"是为了向一百民主烈士致敬，这些孩子死了，全都死了，全都死在了战争中。在这样的日子里，按照惯例，我应该称呼这些牺牲的孩子为男人。但我无法称他们为男人，原因非常简单：夺去一百民主烈士生命的这同一场战争，也夺去了我儿子的生命。

"我的灵魂坚持认为，我所哀悼的不是一个男人，而是一个孩子。

"我说的不是假如他们不得不牺牲的话，参加战争的孩子们不能像男人那样死去。他们永恒的光荣和我们永恒的耻辱在上，他们死得确实像是男人，因此我们才有可能纪念这个充满男子气概的爱国节日。

"但另一方面，他们依然是死于非命的孩子。

"而我向诸位提议，假如我们真的要向圣洛伦佐失去的这一百个孩子致以诚挚的敬意，那我们就应该在这一天里蔑视害得他们牺牲的东西，也就是说，全人类的愚蠢和刻毒。

"当我们缅怀战争的时候，也许我们应该脱光衣服，把身体涂成蓝色，然后一整天四肢着地爬行，像猪猡似的哼哼。这么做肯定比郑重其事的演讲、挥舞着的旗帜和保养良好的枪支更体面。

"我不是在说我们不该愉快地欣赏即将上演的军事表演——这必将是一场动人心魄的壮观表演……"

他扫视我们每个人的眼睛，然后非常轻柔地说了下去，把吐出来的这几个字投入风中："而我要为动人心魄的表演欢呼。"

我们不得不伸长耳朵听明顿接下来要说的话。

"但是，既然今天我们要向一百个被战争夺去生命的孩子致敬，"他说，"这个日子难道真的适合举办这样动人心魄的表演吗？"

"答案是肯定的，但有一个条件：我们这些参加庆祝活动的人，都正在有意识和不知疲倦地竭力减少我们自己和全人类的愚蠢和刻毒。"

他啪的一声打开箱子上的锁扣。

"看看我带来了什么？"他问我们。

他打开箱子，向我们展示猩红色的内衬和金色的花环。花环是用铁丝和假月桂叶子制作的，而且喷了一遍散热器涂料。

花环上扎着一条奶白色的丝带，上面印着"Pro Patria"[1]。

明顿引用埃德加·李·马斯特斯《匙河集》里的一首诗，听众里的圣洛伦佐人肯定听不懂——说到听不懂，H. 洛·克罗斯比

1　拉丁文，意为"为了祖国"。

和黑泽尔、安吉拉和弗兰克肯定同样听不懂。

　　　　我是传教士岭战役收割的第一批果实。
　　　　当我感觉到子弹打进我的心脏时，
　　　　我真希望我待在家里或者
　　　　因为偷窃科尔·特雷纳里的猪进了监狱，
　　　　而不是离家出走并参军打仗。
　　　　宁可进一千次县监狱，
　　　　也好过在长翅膀的大理石雕像下长眠，
　　　　压在我身上的还有这个花岗岩的底座，
　　　　上面刻着几个字："Pro Patria."
　　　　哎，这到底是什么意思呢？

　　"哎，这到底是什么意思呢？"霍利克·明顿重复道，"意思是，'为了祖国'。"然后他又甩出一句："随便哪个国家。"他轻声说。

　　"我带来的花环是一个国家的人民送给另一个国家的人民的礼物。请暂时忘记国家，想一想人民……

　　"还有死于战争的孩子……

　　"任何一个国家的孩子。

　　"想一想和平。

　　"想一想手足之情。

　　"想一想富足的生活。

"想一想，假如人类能够变得仁慈和睿智，世界会是一个什么样的天堂。

"尽管人类是这么愚蠢和刻毒，今天依然是个美好的日子，"霍利克·明顿大使说，"我，以我本人的心意，也代表美利坚合众国爱好和平的人民，谨在此对一百民主烈士死在这么一个美好的日子表示深切的同情。"

说完，他把花环扔出了挡墙。

空中传来嗡嗡声。圣洛伦佐空军的六架飞机来了，它们掠过我的温暖海水，前来扫射H. 洛·克罗斯比所谓"自由世界几乎所有的敌人"的画像。

115
说来也巧

我们走到面向大海的挡墙前观看表演。飞机并不比黑胡椒粒大到哪儿去。我们之所以能看见它们，是因为说来也巧，其中一架的尾巴在冒烟。

我们以为冒烟是飞行表演的一部分。

我旁边是H. 洛·克罗斯比，说来也巧，他吃一口鸟肉，喝一口本地的朗姆酒，就这么交替着来。他的嘴唇油光锃亮，呼吸散发着飞机模型黏合剂的气味。我刚刚过去的反胃又回来了。

我独自回到面向陆地的挡墙前，大口呼吸新鲜空气。我和其他人之间隔着六十英尺的石板地面。

我意识到飞机会低飞接近，从城堡底下超低空掠过，我待在这儿会错过精彩的表演。但反胃消除了我的兴趣。我扭头望着飞机呼啸而来的方向。就在机枪开始扫射的时候，其中一架飞机——就是先前冒烟的那架——突然出现在了我的视线内，它机腹朝上，喷出火焰。

它再次掉出我的视野，撞在了城堡下的峭壁上。它携带的炸弹和油箱爆炸了。

另外几架飞机掉头而去，引擎声越来越小，最终变得像是蚊子在哼哼。

这时响起了山崩地裂的巨响，"爸爸"城堡的地基遭到破坏，一座高耸的塔楼塌进了大海。

面向大海的挡墙前的人们目瞪口呆地望着塔楼留下的空洞。这时我听见了山崩的声音，它们或高或低，此起彼伏，几乎像是乐队在齐奏。

齐奏的节拍非常快，其他的声音也陆续加入。那是城堡的梁木在哀叹自己的负担变得过于沉重了。

一道裂缝像闪电似的贯穿了屋顶，离我蜷起来的脚趾还不到十英尺。

它把我和我的伙伴们分开了。

城堡大声呻吟和哀号。

其他人意识到了自己的处境岌岌可危。成吨的砖石建筑即将载

着他们坠入大海。尽管裂缝只有一英尺宽，他们跳过它的动作却像是要去赴汤蹈火。

只有我的蒙娜不为所动，只是轻轻迈了一步就跨过了裂缝。

裂缝合上，然后又重新张开，嘲弄着众人。现在被困在那一角危险地带的还有H.洛·克罗斯比和他妻子黑泽尔、霍利克·明顿大使和他妻子克莱尔。

菲利普·卡斯尔、弗兰克和我伸出手臂，拽着克罗斯比夫妇越过深渊。我们再次伸出手臂，恳求明顿夫妇过来。

他们一脸淡然的表情。至于他们的脑袋里在转什么念头，我猜他们首先考虑的是尊严，是应该如何分配情绪。

惊慌不是他们的风格。我觉得自杀也不是他们的风格。害死他们的是优雅的风度，因为那块新月形的城堡碎片不可阻挡地离我们而去，就像远洋邮轮徐徐离开码头。

正在坠入大海的明顿夫妇似乎也想到了出海，因为他们朝我们挥了挥手，动作既凄凉又亲切。

他们手拉手。

他们转身面向大海。

那块城堡碎片滑了出去，然后以灾难性的速度急坠而下，他们消失了！

116
宏大的阿-轰

参差的地缝边缘离我蜷缩的脚趾只剩下几英寸了。我低头望去。温暖的海水已经吞没了一切。一团尘雾懒洋洋地飘向外海，那是曾经有东西坠落的唯一证据。

宫殿摘掉了面向大海的宏伟面具，朝着北方露出麻风病患者的笑容，牙齿歪扭，毛发蓬乱。所谓的毛发，是梁木劈裂的断头。就在我的脚下，一个大房间陡然敞开胸怀。这个房间的地面失去了支撑物，像跳台似的伸进虚空。

有那么一瞬间，我幻想我跳到那个平台上，然后一跃而起，做出让人看得瞠目结舌的燕式跳水动作，双臂微张，身体像匕首似的直插与血一样温热的永恒大海，不溅起任何水花。

一只鸟从我头顶掠过，它的叫声把我从幻想中叫醒。它似乎在问我发生了什么。"普蒂-弗威特？"鸟问我。

我们一起仰望那只鸟，然后面面相觑。

我们一步步后退，逐渐远离深渊，心中满怀恐惧。我刚走下支撑我的那块石板，石板就开始摇晃，它并不比跷跷板更牢固，此刻就架在跳台上来回摆动。

它最终砸在平台上，平台于是变成了斜坡。底下房间里仅剩下的几件家具顺着斜坡滑了下去。

首先飞出去的是一台木琴，它在小小的轮子上跑得飞快。然后

是一个床头柜和一盏弹跳的喷灯，两者你追我赶，唯恐落后。接下来是几把椅子，它们发疯般地彼此追逐。

底下房间里我们看不见的某处，一个不怎么愿意挪动的东西也动了起来。

它缓缓爬下斜坡。终于，它金色的船首露了出来。这正是"爸爸"尸体所在的小船。

它来到了斜坡尽头。船首微微摆动。它掉了下去，它向下坠落，在空中翻滚。

"爸爸"被甩了出去，单独坠落。

我闭上眼睛。

随后传来的声音仿佛一扇门徐徐关闭，但这扇门像天空那么辽阔，那是天堂的大门在向我们关闭。这是一声宏大的阿-轰。

我睁开眼睛——整个大海变成了九号冰。

潮湿的绿色土地变成了蓝白色的珍珠。

天空变暗了。太阳波拉西西变成了一个病恹恹的黄色圆球，既小又冷酷。

天空中充满了蠕虫。蠕虫其实是龙卷风。

117
避难所

我仰望鸟儿曾经飞翔的天空。硕大无朋的蠕虫在我头顶上张开了紫色的巨口。它像蜂群似的嗡嗡作响。它扭摆身体，吞噬空气，令人恶心地蠕动着。

我们人类分头逃窜，跑下我粉碎的屋顶，滚下朝着陆地一面的楼梯。

只有H. 洛·克罗斯比和他妻子黑泽尔在喊叫。"美国人！美国人！"他们叫道，就好像龙卷风会在乎牺牲品属于哪个格兰法隆似的。

我看不见克罗斯比夫妇。他们从另一道楼梯下去了。他们的叫声和其他人喘息奔跑的声音穿过城堡的走廊，含混地传到我的耳朵里。只有我的天使蒙娜在我身边，她跟着我，没有发出任何声音。

我刚一犹豫，她就从我旁边挤过去，打开"爸爸"套房的前厅门。前厅的墙壁和屋顶已经不见了，但石板铺的地面还在。地面中央是水牢入口的盖子。遍布蠕虫的天空之下，想要吃掉我们的龙卷风从巨口中不断喷吐紫色闪电，我掀起了那个盖子。

水牢的通道里安装了铸铁的梯级。我进去后把盖子归位。我们顺着铸铁梯级向下爬。

我们在竖梯底下发现了国家机密。"爸爸"蒙扎诺下令在这儿修建了一个舒适的防空洞。它有通风井，有用固定自行车驱动的排

气扇。一面墙里嵌着一个水箱。甘甜的水依然是液态，没有被九号冰污染。这儿有用化学品处理排泄物的厕所、短波收音机和西尔斯百货的邮购目录；还有成箱的佳肴、美酒和蜡烛；还有二十年来的《国家地理》杂志合订本。

还有一套《博克侬之书》。

还有两张双人床。

我点了支蜡烛，打开一罐坎贝尔的鸡肉秋葵浓汤，用煤油炉加热。然后我倒了两杯维京群岛朗姆酒。

蒙娜坐在一张床上。我坐在另一张床上。

"我想说一句话，男人肯定曾经无数次地向女人说过这句话，"我对她说，"但是，我不认为这句话承载的分量有可能比此刻更大。"

"什么话？"

我摊开双手："就这样了。"

118
铁处女和水牢

《博克侬之书》的《第六书》专门说痛苦，尤其是人对他人的折磨。"万一我真的要被挂上铁钩处死，"博克侬提醒我们，"那可是非常有人性的处刑。"

然后他说到拉肢台、拇指夹、铁处女、长醒架和水牢。

总而言之，必定少不了的是惨叫。
只有水牢允许你在死去时沉思。

蒙娜和我的石窟之中亦是如此。至少我们还能思考。我想到的一点是，尽管水牢里提供了一切的物质享受，却丝毫无法改变我们受到监禁的根本事实。

我们在地下度过的第一个日夜里，龙卷风每小时都会许多次地撼动水牢的盖子。地洞里的气压每一次都会突然降低，我们的耳膜会向外鼓出，脑袋会嗡嗡作响。

至于收音机，除了噼噼啪啪的静电噪声，它没有收到其他任何信号。从短波频道的一头拨到另一头，我没听见哪怕一个字，甚至连电报的嘀嘀声都没有。就算外面某处还有生命存活，它反正也没有通过无线电广播信号。

直到今天，生命也还是没有广播信号。

我猜情况是这样的：龙卷风把九号冰的蓝白色毒霜播撒到世界各地，把地表的所有人和东西全撕成了碎片。侥幸活下来的生物很快也死于饥渴，或愤怒，或不再在乎。

于是我投入《博克侬之书》的怀抱，当时我还不熟悉这部著作，以为它能给我的灵魂带来慰藉。我飞快地跳过了《第一书》扉页上的警告：

别傻了！快合上这本书！书里除了福麻，什么都没有！

福麻，当然了，就是谎言。

然后我读到了这一段：

> 起初，上帝造了地球，他在寂寞的宇宙中审视它。
>
> 而上帝说："我要从泥土中造生命，让泥土看我的功业。"于是上帝造了现在存活的所有生命，其中之一就是人。在泥土造的生命之中，只有人能说话。上帝凑近细看，而人从泥土中坐起来，环顾四周，开口说话。人眨了眨眼睛，很有礼貌地问："这一切都是为了什么呢？"
>
> "难道一切都必须有个目的吗？"上帝问。
>
> "当然了。"人说。
>
> "那就留给你去为这一切思考一个目的吧。"上帝说完就走了。

我觉得这完全是垃圾。

"当然就是垃圾了！"博克侬说。

于是我转向我的天使蒙娜，想在她身上寻求一些更加深刻的秘密，借此来安慰心灵。

我隔着分开我们两张床的空间凝视她，能够想象在她醉人眼眸背后潜藏着与夏娃一样古老的秘密。

随后那龌龊的性爱过程我就不再赘述了，光是说一句我既令人

厌恶又受到厌恶就足够了。

她对繁殖不感兴趣，甚至憎恨这整个概念。在我们的扭打结束之前，她和我本人都对我给予了充分的肯定，因为我竟然发明了这个哼哼唧唧、汗流浃背的怪异勾当，用来繁衍下一代的新人类。

我回到我的床上，磨着牙齿，心想她还真的完全不知道做爱是怎么一回事呢。但这时她开口了，她轻轻地对我说："现在生孩子是非常可悲的，你同意吗？"

"同意。"我阴郁地赞同道。

"唉，但刚才那么做就会生出孩子来，你不会不知道吧？"

119
蒙娜感谢我

"今天我会是比利时的教育部长，"博克侬教导我们，"明天我会是特洛伊的海伦。"他的意思不可能更清楚了：我们每个人都必须扮演自己应该扮演的角色。而在水牢里，我想的大体而言就是这个——感谢《博克侬之书》的帮助。

博克侬邀请我和他一起高唱：

> 我们要做，做啊做啊，做啊做啊，做啊做啊，
>
> 我们泥人，泥人必须，泥人必须，泥人必须；

必须做的，做啊做啊，做啊做啊，做啊做啊，

直到爆炸，身体爆炸，身体爆炸，身体爆炸。

我编了一首小曲配歌词，我低声哼着这首歌，蹬自行车驱动排气扇，把新鲜空气灌进岩洞。

"人吸入氧气，吐出二氧化碳。"我对蒙娜大声说。

"什么？"

"科学。"

"哦。"

"人花了很长时间才了解的一个生物秘密是：这个动物吸入的就是那个动物呼出的，反之亦然。"

"我不知道。"

"你现在知道了。"

"谢谢你。"

"不客气。"

等岩洞里的空气变得新鲜香甜，我跳下自行车，爬上铸铁梯级，去看上面的天气情况。我每天都要去看几次天气。那天是第四天，透过掀开盖子的新月形缝隙，我看见天气算是稳定了下来。

这个稳定是一种狂暴的动态稳定，因为龙卷风的数量还是那么众多，龙卷风直到今天也还是那么多。但龙卷风的巨口不再忙着吞吃土地了。朝着四面八方的巨口谨慎地退到了半英里左右的空中，它们的高度很少随着时间改变，你甚至会觉得像是有一层防龙卷风的玻璃在保护圣洛伦佐。

我们又等了三天，确定龙卷风真的像看上去那样平静了下来。然后我们用水箱里的水灌满了几个水壶，爬出地洞，回到地面上。

空气干燥、炽热而死寂。

有人曾经说过，温带的季节应该分成六个，而不是四个：夏季、秋季、封冻季、冬季、解冻季和春季。我爬出地洞后直起腰来，想到的就是这个，我瞪着眼睛看，竖着耳朵听，深吸气嗅闻。

没有任何气味。没有任何动静。每走一步，我脚下的蓝白色冰霜都会发出砾石摩擦的嘎吱声。每一次嘎吱声都会产生嘈杂的回声。封冻季已经结束。地球已经冻成了一团坚冰。

现在是冬天了，永恒的冬天。

我拉着蒙娜爬出洞口。我提醒她不要用手碰蓝白色的冰霜，也不要用手碰嘴唇。"死亡从没像现在这样容易降临，"我对她说，"你摸一下地面，再摸一下嘴唇，然后你就完了。"

她摇头感叹："一个非常坏的母亲。"

"什么？"

"地球母亲——她不再是个好母亲了。"

"你好？有人吗？"我在宫殿的废墟中大喊。可怕的狂风在巨大的石砌建筑物中犁出了一道道深沟。蒙娜和我半心半意地搜寻幸存者，之所以半心半意，是因为我们觉察不到任何生机。连乱啃乱咬、鼻尖亮晶晶的老鼠都没能活下来一只。

宫殿的拱门是唯一没被毁坏的人造建筑物。蒙娜和我走了过去。拱门的基座上用白色油漆写着一首博克侬教的"卡利普索"。笔迹很漂亮，时间很新。这证明还有其他人也逃过了龙卷风的劫

难。这首"卡利普索"是这样的：

某一天，某一天，这个疯狂世界必定会完蛋，
而我们的上帝会收回他借给我们的所有东西。
假如到了那个倒霉日子你想责备我们的上帝，
不如就直接去责备他。他只会笑眯眯地点头。

120
敬启者

我回想起一个广告，它兜售的是一套名叫《知识百科》的童书。广告里，一个男孩和一个女孩用信任的眼神仰望父亲。"爸爸，"其中一个孩子问，"天空为什么是蓝的呢？"你多半能在《知识百科》里找到答案。

蒙娜和我沿着宫殿门前的道路向外走，假如我老爸刚好在我身旁，我一定会紧紧地拉着他的手，把我肚子里的一万个问题扔给他："爸爸，为什么树全都倒了呢？爸爸，为什么鸟全都死了呢？爸爸，天空为什么变得这么恶心，爬满虫子呢？爸爸，大海为什么硬邦邦地一动不动呢？"

我意识到，我很可能比其他任何一个人类都更有资格回答这些严酷的问题，当然前提是还有其他的人类活了下来。要是有人感兴

趣，我可以告诉他究竟发生了什么，连事情具体是在哪儿发生的、怎么发生的，都能说得明明白白。

但那又怎样呢？

我思考尸体都去了哪儿。蒙娜和我离开水牢后走了一英里多，但还没见过哪怕一个死人。

我对活人却没什么兴趣，很可能是因为我明确地意识到我首先会见到的应该是许多死人。我没看见或许有之的篝火烟柱，然而在漫天飞舞的蠖虫之中，就算真的存在烟柱，我恐怕也很难看清。

有一样东西吸引了我的视线：一个淡紫色的花冠，套在麦凯布山状如肛塞的峰顶上。它似乎在召唤我，我有个傻乎乎的念头，想和蒙娜一起像演电影似的爬上山峰。但那有什么意义呢？

我们来到了麦凯布山脚下的丘陵地带。蒙娜像是漫无目的地离开我，离开大路，爬上了一座小丘。我跟着她走。

来到山梁顶端，我来到她身旁。她目不转睛地望着底下自然形成的宽阔盆地。她没有哭。

她应该哭的。

盆地里是成千上万的死人。每一具尸体的嘴唇上都沾着九号冰的蓝白色薄霜。

尸体并没有散开，也没有躺得七零八落，因此他们显然是在狂风撤退后聚集在这儿的。另外，每一具尸体的手指都放在嘴唇边，因此我认为他们每个人都是主动来到这个抑郁之地的，然后又自愿用九号冰毒死了自己。

这里有男人，有女人，也有儿童，其中很多人摆出博克-马鲁

的姿势。他们全都面对盆地中央，就好像是圆形剧场里的观众。

蒙娜和我望向所有结霜眼眸的焦点中心，望向盆地的正中央。那儿是一块圆形的空地，很可能有人站在那儿发表过演讲。

蒙娜和我小心翼翼地走向那块空地，在恐怖的群雕之中绕来绕去。我们发现空地里有块石头。石头底下压着一张字条。

敬启者：

你周围的这些人差不多就是圣洛伦佐遭遇海洋冰冻和风灾之后的所有幸存者。这些人抓住了一个名叫博克侬的伪圣人，把他带到这儿来，让他站在他们中央，命令他告诉他们万能上主究竟打算干什么和他们现在应该怎么做。这个大骗子说，上帝现在肯定只想弄死他们，很可能是因为他受够了他们，他们应该识相一点自己去死。如你所见，他们确实这么做了。

字条最后署名：博克侬。

121
我答得太慢

"真是个玩世不恭的家伙！"我惊呼道。我从字条上抬起头，

扫视遍地死者的盆地："他在这儿吗？"

"我没看见他。"蒙娜不咸不淡地说。她既不忧郁，也不生气。事实上，她似乎快要笑出来了："他总说他永远不会接受自己的建议，因为他知道他的建议毫无价值。"

"他应该在这儿才对！"我气呼呼地说，"这家伙太恶毒了，竟然建议这些人一起自杀。"

蒙娜真的笑了。我从没听见过她大笑。她的笑声低沉而粗野得令人震惊。

"你觉得很好笑吗？"

她懒洋洋地举起手臂："我笑的是竟然这么简单，没别的意思。这么简单的办法，却解决了这么多人这么严重的问题。"

她在成千上万具僵尸之间信步游荡，一直笑个没完。她在山坡半中腰停下，转身面对我。她朝着底下的我喊道："要是可以的话，你希望这些人里的哪一个活过来？以最快速度回答我。"

半分钟过后，她顽皮地喊道："你回答得太慢了。"然后她一边哧哧地笑着，一边用手指摸了摸地面，她直起腰，用手指摸了摸嘴唇，死了。

我哭了吗？他们说我哭了。我跌跌撞撞地走在路上，H. 洛·克罗斯比、他妻子黑泽尔和小牛顿发现了我。他们坐在玻利瓦尔唯一的出租车里，这辆车也从风暴中幸免于难了。他们说我在哭。黑泽尔也哭了，但她是喜极而泣，因为我还活着。

他们拉着我坐进出租车。

黑泽尔搂住我："你和老妈在一起了，现在什么都不需要担

心了。"

我放空我的头脑，闭上我的眼睛。我靠在这个肉墩墩、潮乎乎的乡下傻瓜身上，像白痴似的如释重负。

122
瑞士家庭鲁滨孙[1]

他们带我来到弗兰克·赫尼克在瀑布顶上的豪宅。豪宅只剩下了瀑布背后的山洞，九号冰的蓝白色半透明圆顶笼罩着它，把它变成了某种冰屋。

这一伙人由弗兰克、小牛顿和克罗斯比夫妇组成。他们在宫殿的地牢里躲过劫难，地牢不如水牢那么深，条件也没那么优渥。风势刚减弱，他们就搬了出来，而蒙娜和我在地下又躲了三天。

说来也巧，他们发现那辆出租车奇迹般地在宫殿的拱门下等着他们。他们发现了一罐白漆，弗兰克在出租车前门上画了些白色的星星，在车顶上写了一个格兰法隆：美国。

"你把油漆留在了拱门底下。"我说。

"你怎么知道？"克罗斯比问。

"后来有其他人路过，写了一首诗。"

1　瑞士作家约翰·大卫·怀斯的同名小说，讲述一家人流落荒岛的鲁滨孙式生活。

我没有立刻问安吉拉·赫尼克·康纳斯、菲利普·卡斯尔和朱利安·卡斯尔是怎么死的，因为这会儿我没法提到蒙娜。我还没准备好。

我尤其不想提到蒙娜的死，因为坐在出租车里，我觉察到克罗斯比夫妇和小牛顿似乎格外高兴，高兴得不合时宜。

黑泽尔让我明白了他们为什么这么开心："等你看见我们是怎么生活的再说。我们有各种各样的美味佳肴。要是想喝水了，只需要生火化冰就行。我们管自己叫'瑞士家庭鲁滨孙'。"

123
鼠与人

怪诞的六个月匆匆而过，我在这六个月里写了这本书。黑泽尔称我们这个小团体为"瑞士家庭鲁滨孙"倒是很贴切，因为我们从一场暴风中活了下来，现在与世隔绝，而生活变得颇为轻松愉快，甚至不无迪士尼乐园的某种魅力。

没有动物或植物幸免于难，这是真的。但九号冰冷藏了大量猪、牛、小鹿、禽鸟和浆果，等待我们去解冻和烹煮。除此之外，玻利瓦尔的废墟里还有数以吨计的罐头等待我们去挖掘。而整个圣洛伦佐似乎只剩下了我们这几个活人。

食物不是问题，衣物和居所也不是问题，因为天气一成不变地

干燥、死寂和炎热。我们的身体也总是很健康。细菌似乎也全被冻死了，至少也是休眠了。

我们的生活环境令人满意，我们也适应得自得其乐，因此当黑泽尔说"蚊子绝种终归是件好事"的时候，没人感到惊讶或提出异议。

她坐在一块空地上的一个三腿板凳上，弗兰克的家曾经就耸立在那里。她就像贝琪·罗斯[1]，正在用红白蓝三色的布条缝美国国旗。大家都很友好，不忍心告诉她，她使用的红色其实是桃红色，她使用的蓝色更接近青绿色，她剪的五十颗星星也不是美国国旗的五角星，而是大卫的六角星。

她丈夫本来就是个好厨子，这会儿正在一旁的篝火上用铁锅慢炖什么菜。他为我们所有人做饭，他喜欢烹饪。

"看上去不赖，闻着更香。"我评论道。

他朝我使个眼色："对厨子好一点。他已经尽力了。"

我们有一搭没一搭地聊着天，弗兰克做的自动发报机用烦人的嘀嘀嘀、嗒嗒嗒伴奏。它在没日没夜地呼救。

"拯救我们的灵魂吧[2]，"黑泽尔一边缝布条，一边跟着发报机哼唱，"拯救我们的灵魂吧。"

"书写得怎么样？"黑泽尔问我。

"挺好，老妈，挺好的。"

1　贝琪·罗斯（Betsy Ross，1752—1836），美国女裁缝，据说应乔治·华盛顿的请求制作了第一面美国国旗。

2　Save our souls的缩写即是SOS。

"什么时候能给我们看一看？"

"等我准备好了，老妈，等我准备好了。"

"山地佬出了很多著名作家。"

"我知道。"

"那个名单很长很长，你会挤进去的。"她满怀期待地笑了笑，"你的书好玩吗？"

"我希望如此，老妈。"

"我想好好地笑一场。"

"我知道。"

"这儿每个人都有自己的特长，都能为其他人做些什么。你写书逗我们笑，弗兰克做他的科学玩意儿，而小牛顿——小牛顿为我们所有人画画，我缝纫，洛做饭。"

"'众人拾柴火焰高。'中国谚语。"

"中国人啊，他们在许多方面都很有见地。"

"是啊。"

"现在我真希望我认真研究过他们。"

"嗯，就算在理性的环境下，这个难度也不小。"

"现在我真希望我认真研究过许多东西。"

"咱们都有后悔的事情，老妈。"

"所谓覆水难收嘛。"

"正如一位诗人说的，在老鼠和人说过的一切话里，最可悲的莫过于'本来可以如何如何'。"

"这话很美，也很真实。"

124
弗兰克的蚂蚁农场

我不想看见黑泽尔缝好她的国旗,因为她围绕国旗琢磨出了一整套怪诞的计划,而我光是想一想就发怵。她认定我已经同意了去把那该死的玩意儿插上麦凯布山的峰顶。

"要是洛和我年轻几岁,我们就自己去了。现在我们只能把旗帜交给你,并送上我们衷心的祝福。"

"老妈,我觉得那儿未必是个插国旗的好地方。"

"还有更好的地方吗?"

"容我好好想一想。"我告退,去岩洞里看弗兰克在干什么。

他没有任何新想法。他在观察他搭建的蚂蚁农场。他在玻利瓦尔废墟的三维世界中挖出了几只幸存的蚂蚁,然后用两块玻璃做了个泥土蚂蚁三明治,把维度缩小成了二维。弗兰克不但抓住了这些蚂蚁,还对它们的行为品头论足,但蚂蚁对此无能为力。

实验在短时间内解答了蚂蚁如何在无水世界生存的疑问。据我所知,存活下来的昆虫只有蚂蚁。它们会用身体围绕九号冰的颗粒紧紧地抱成一团,由此产生的热量会杀死半数成员,但也会融化出一滴水。这滴水是可以喝的,那些尸体是可以吃的。

"吃,喝,尽情享乐吧,因为到了明天,我们都会死去。"我对弗兰克和他小小的同类相食者们说。

他的回应永远是一通暴躁的演说,讲述人类能从蚂蚁身上学到

的各种美德。

我的回应也永远是照本宣科："大自然非常神奇，弗兰克。大自然确实非常神奇。"

"你知道蚂蚁为什么这么成功吗？"他第一千次地问我，"它们会分、工、合、作。"

"这个词可真是不赖——分工合作。"

"谁教它们如何取水的？"

"谁教我如何取水的？"

"你这么回答就没意思了，你自己也知道。"

"对不起。"

"有段时间，我会把别人逗趣的回答当真。我已经过了那个阶段了。"

"里程碑。"

"我成长了很多。"

"但这个世界付出了相当巨大的代价。"我尽可以对弗兰克说这种话，因为我百分之百确定他根本听不进去。

"有段时间，人们不费吹灰之力就能吓住我，因为我缺乏自信。"

"削减地球上的活人数量，这离解决你特定的社交问题还差了十万八千里呢。"我说。我的话依然像是石沉大海。

"告诉我，你告诉我，是谁教会了这些蚂蚁怎么取水？"他再次诘问我。

有那么几次，我提出显而易见的推测：是上帝教会了它们。而

一次又一次的经验告诉我，他既不会反对也不会接受这个推测。他只会变得越来越愤怒，反复抛出这同一个问题。

按照《博克侬之书》的教诲，我从弗兰克身旁走开。"有些人会想方设法了解一样东西，但了解后会发现自己并不比之前更加睿智，你们要当心这种人。"博克侬教导我们，"另一些人虽然无知，但没有通过艰苦的方式获得无知。前者对后者充满了能杀人的憎恶。"

我去找我们的画家小牛顿了。

125
塔斯马尼亚人

我在岩洞四分之一英里之外找到了小牛顿，他正在画一幅万物萧条的风景画，他问我愿不愿意开车送他去玻利瓦尔搜罗颜料。他的脚够不到踏板，因此没法自己开车。

于是我们出发了，我在路上问他有没有性冲动。我哀叹说我没了，连春梦都不做，完全没有了。

"我以前会梦见二三十、三四十英尺高的女人，"他答道，"但现在？我的天，我甚至不记得我那个乌克兰小美女长什么样了。"

我想到我读过的塔斯马尼亚土著的资料，他们习惯于裸体，

十七世纪与白人相遇时，他们对农业、畜牧业、任何形式的建筑都一无所知，很可能甚至不知道火是什么。在白人眼中，他们太无知了，因此不配被当作人类。最初的殖民者——英国流放的罪犯——以狩猎他们为消遣。土著觉得生活毫无吸引力可言，于是放弃了繁殖。

我对牛顿说，类似的绝望现在也阉割了我们。

牛顿的看法堪称精妙："我猜很多人没有意识到，床上的一切刺激都与让人类繁衍延续的刺激因素息息相关。"

"当然了，要是咱们之中有个正当育龄的女人，局势恐怕就完全不一样了。可怜的黑泽尔，她年纪太大，现在连个先天痴呆儿都生不出来了。"

牛顿告诉我，他对先天痴呆儿的了解相当全面。他上过一段时间残疾儿童学校，有几个同学就是先天痴呆儿。"我们班最好的写手就是个先天痴呆儿，名叫莫娜——我指的是书法，而不是她写的内容。上帝啊，我好些年没想到过她了。"

"你的学校好吗？"

"我只记得校长成天吆五喝六。我们要是搞出什么烂摊子，他就会在内部广播里训斥我们，开头第一句永远是'我受够了，真的累了……'"

"用来形容我绝大多数时候的心情倒是不错。"

"也许你就应该是这个心情呢。"

"牛顿啊，你说话很像博克侬教徒了。"

"有什么不好的？据我所知，在所有的宗教里，只有博克侬教

提了一嘴侏儒。"

我不写作的时候，就会去钻研《博克侬之书》，但我没留意书里是怎么说侏儒的。多亏了牛顿的提醒，我这才注意到这句两行诗，它深刻地反映了博克侬教思想残酷的自相矛盾：一方面是用谎言掩盖现实那令人心碎的必要性，另一方面是谎言无法掩盖现实那令人心碎的不可能性。

> 侏儒，侏儒，小侏儒，看他昂首阔步乱抛眼色，
>
> 因为他知道一个人的心思有多大，人就有多大！

126
轻柔的管乐，继续吹奏吧

"多么压抑的宗教啊！"我叫道。我把话题引向乌托邦，探讨假如这世界有朝一日能解冻，它可能是个什么样，应该变成什么样，有什么会留下来。

但博克侬也涉足过这个领域了，甚至就乌托邦写了整整一册书。那是《博克侬之书》中的《第七书》，标题为《博克侬的理想国》。这本书里有他的一些骇人警句。

> 给药店盘货的手统治世界。

咱们从一个连锁药店、一个连锁杂货店、一个连锁毒气室和一种国民运动开始建设咱们的理想国。然后，咱们就可以编写咱们的宪法了。

我说博克侬是个黑皮的杂种，然后我再次改变话题。我说起一些个人别具深意的行为。我尤其钦佩卡斯尔父子选择的死法。龙卷风还在肆虐的时候，他们徒步走向丛林里的希望与慈悲之家，去奉献他们所有的希望与慈悲。还有可怜的安吉拉，我在她的死法中也看到了人性的光辉。她在玻利瓦尔的瓦砾堆里见到一支单簧管，全然不顾管嘴有没有受到九号冰的污染，捡起来直接就吹。

"轻柔的管乐，继续吹奏吧。"我用沙哑的声音喃喃道。

"好的，也许你也能给自己找个干净利落的死法。"牛顿说。

这话很有博克侬教的味道。

我随口说起我的梦想，我希望能爬上麦凯布山，把某种显眼的象征物插在峰顶。我暂时松开方向盘向他比画，告诉他象征物都是多么空洞。"但究竟该找个什么象征物才合适呢？到底该是什么呢？"我重新抓住方向盘，"你看看外面，世界已经终结；你看看我，差不多是最后一个人了；你看看那儿，视线内最高的山峰。我现在明白我的卡拉斯到底在干什么了，牛顿，它夜以继日地忙活了五十万年，就是为了怂恿我爬上那座山。"我摇摇头，快要哭了："但是，以上帝的爱做证，我手里究竟应该拿着什么呢？"

提出这个问题的时候，我正茫然地望着车窗外。我对一切都视而不见，因此过了一英里左右才意识到我刚才和一个老黑人对视了

片刻，那是个活生生会喘气的黑人，就坐在路边。

然后我放慢车速。然后我停车。我抬手捂住眼睛。

"怎么了？"牛顿问。

"我刚才看见博克侬了。"

127
完

他坐在一块石头上，光着脚，九号冰的薄霜覆盖了两只脚。他只披着一条蓝色簇绒的白色床罩。簇绒拼出的文字是"卡萨蒙娜"。他对我们的到来不理不睬。他一只手拿着铅笔，另一只手拿着纸。

"博克侬？"

"什么事？"

"我能问一下你在想什么吗？"

"年轻人，我在想《博克侬之书》的最后一句该怎么写。现在该写最后一句了。"

"想到什么了吗？"

他耸耸肩，递给我一张纸。

纸上写着：

要是我还年轻，我会写一本书，讲述人类犯蠢的历史；然后我会爬到麦凯布山的峰顶躺下，用我这本历史书当枕头；然后我会从地上沾一点能把人变成雕像的蓝白色毒药；然后我会把自己也变成雕像，就那么平躺在地上，满脸狰狞的笑容，朝你知道的那谁谁做个嘲讽的怪相。

读客®
彩条文库

外国文学读彩条，大师经典任你挑。

扫一扫，立即查看彩条文库全书目，
收集下一本文学好书！